元遗山论

（增订版）

降大任 著

山西出版传媒集团
三晋出版社

元遗山墓（山西忻州市韩岩村）

野史亭（山西忻州遗山墓园）

元遗山铜像（山西忻州遗山墓园）

◀“野史亭”，晚清名臣、山西学者徐继畬书

▶“元墓”，清乾隆年间忻州知州汪本直书

河南内乡元好问展览馆

▲《元遗山新论》原版书影

欽定四庫全書提要

遺山集四十卷附錄一卷金元好問撰好問字裕之秀容人登興定五年進士歷內鄉令天興中除左司都事轉行尚書省左司員外郎金亡不仕事蹟具金史文藝傳是集凡詩十四卷文二十六卷爲明儲巏家藏本宏治戊午沁州李翰爲刊版以行前有李冶徐世隆二序末有王鶚杜仁傑二跋集末附錄一卷則儲巏所裒輯也好問才雄學贍金元之際屹然爲文章大宗所撰中州集意在以詩存史去取尙不盡精至所自作則興象深邃風格遒上無宋南渡末江湖諸人之習亦無江西流派生拗粗獷之失至

光緒七年重鐫

元遺山先生全集

讀書山房刻本

秀容書院藏板

▲ 光绪七年重镌《元遗山先生全集》，读书山房刻本，秀容书院藏板

2 54601

元遺山年譜序

遺山先生金亡不仕幾三十年其舊都之感故君之思幽憂慷慨之端悱惻纏綿之故不可明言者悉寓之於詩顧其詩集分體而不編年其出處又皆散見于他書閱之者但擷取其辭華剽襲其體格而已究未能得其寓托之所在也乾隆四十六年辛丑歲客居揚州讀先生之詩而愛之展卷之際身世漠不相關古今渺不相接然而其情之可以移人者常一往而不可窮其誠之可以動物者每三復而不能置茫茫然而求怦怦焉欲動不自知其何心也旣而取金史本傳及文集排比而

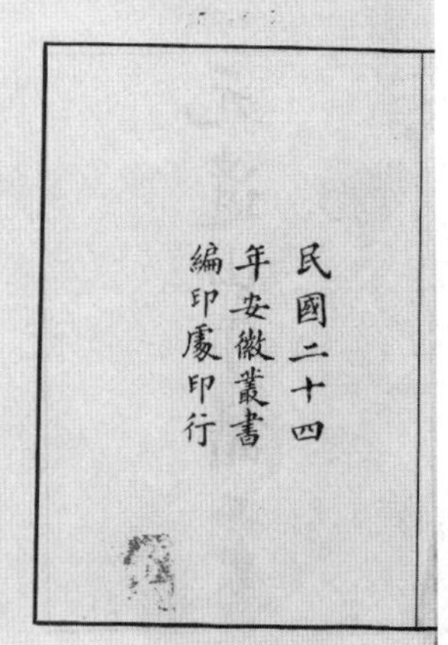
民國二十四年安徽叢書編印處印行

◀凌廷堪《元遗山先生年谱》二卷，民国二十四年影印本

再版序

1989年由北岳文艺出版社出版的拙作《元遗山新论》，是笔者撰写的第一部比较正规的元好问（遗山）研究的学术性专著。该书发行后引起金元文史研究界好评。1990年5月2日《光明日报》刊登了一篇短评，1991年第2期《中国社会科学》期刊上又发表了金代文学研究者周惠泉先生的专文评价，给予肯定。这些都给了笔者极大的鼓励。这本书算得上1949年以来大陆学界关于元好问研究的第一本专著，影响所及，似乎为大陆学界继续开展金元文史研究起到了促进作用。随着元好问研究会的成立，笔者供职的《晋阳学刊》开辟了《金元文学与元好问研究》的专栏，全国不少期刊相继发表了不少专论元好问的学术文章，为学界打开了新局面。

笔者这部专著较为全面地以文史哲一体的研究法，对元好问的生平、气节问题、交游及历史文化贡献进行了新的探研，论证了元好问不仅是金元之际中国文学、史学上的巨匠，而且是金元之际中华文化的先进代表。通过剖析元好问这一典型，辨明了评价中国历史人物的所谓气节问题，不能只看其人是否有忠君的乃至以死殉君的结局，而更重要的是考察其人是否忠于中华民族根本利益为之奋斗的大节。史家对民族英雄人物的评价，不仅应该表彰那些为中华民族的整体利益敢于慷慨赴死的如岳飞、文天祥式的烈士，还应看到那些不肯为殉君而死，隐忍负谤，坚持弘扬中原先进文化而不懈奋斗，进行如鲁迅称扬的“韧”的战斗的志士。他们都是中国的脊梁，而元好问就是这样一位抱有弘扬中华民族进步文化，以“国亡史存”而抗争的具有有高度文化自信的伟人。这与明末顾炎武所辩亡国与亡天下之别（天下兴亡，匹夫有责）的志节之士相一致，这也符合先秦进步士人（孔孟）提倡的“圣达节，次守节，下失节”的道义原则。因为历史的进步并非只是勇于慷慨就义的英雄人物造就的，而是由包括为民族利益不懈奋争的一大批仁人志士和全体民众共同缔造的。这也就是笔者致力于元好问研究，坚持唯物史观的原动力的基本立场。以往的元好问研究，多注重元好问在文史方面的成就，而忽视元好问乃是金元之际先进文化的坚定维护者和代表性人物。但是，似乎学界对此尚未有足够重视，所以尽管这方面的研究获得不少成果，却至今似乎没有全面的定论，这是笔者略感遗憾之处。此后笔者又发表了若干篇有关的专论，对以往的成果有所补充。所以这次三晋出版社肯于在纸质传媒不景气的条件下再版《元遗山新论》，并加入了笔者的上述几篇专论，改书名为《元遗山论》。这是使我深感欣慰的。所以，这里特别要感谢三晋出版社社长张继红先生的积极支持和帮助编校整理此书的张勇耀女士的辛苦付出。

不过，虽然这本专著增订重印值得庆幸，但是笔者不敢自以为是，此书的出版还要待广大学者及同道的严肃评判。倘能得到读书界朋友的严格批评，以匡我不逮，那就更值得额手称庆了。

是为再版序。

降大任

2017年6月10日

初版序

年轻时读元遗山慷慨悲凉的诗句，很受感动，却从未想到要研究元遗山。在读古诗也被指责为吸收封建主义遗毒的年代，读已经是犯忌，哪里有研究的条件和可能。尽管偶尔也看到报刊上发表的零星研究遗山诗歌的文章，但觉得那只是个别老先生才有资格去写的，属于网开一面的特例，年轻学子是不应仿效，去耗费精力的。事实上，凡是致力于古代文化研究事业的人，那时均不免成为大批判矛头指向的明显的或潜在的靶子。在好学上进的青年来说，从古书中讨学问不是正路，而是将被逐步淘汰的旧意识的表现。倘若贸然效尤，很可能变成“封资修的孝子贤孙”，丧失做人的权利。已经被扣上“白专道路”帽子的我，读遗山诗或其他古人著述便是罪状，遑论研究！这种提心吊胆的心理并非无因。“文革”十年，终于看到了现实教训。从古书中讨学问的老先生们统统成了“黑帮”，扫进“历史垃圾堆”。由于涉世浅、年纪轻，我个人虽未受“揪斗”的冲击，保住了大学毕业后的“饭碗”，却始终被指令去划清那永远划不清的同修正主义的界限，背上卸不下那只无形的反动的“黑锅”。

实在说，我并非嗜古如命，单喜欢从古书中讨学问。只是觉得读古诗是一种消遣性的学习，有些兴味而已。不是说无产阶级文化应当吸收前人精神遗产的精华吗？不学习，怎么吸收？从哪里去吸收？这问题，教人实在弄不明白。凡是倒行逆施的东西，终究不能长久，及至“四害”清除，拨乱反正，一切真相大白：不仅读读古诗没有错，而且从事研究更应当得到肯定、称赞。于是，我又想起了元遗山。

这回已不限于欣赏元遗山的诗了，而是下决心去研究一下。当然，这个动机的产生也有客观条件。一是我从 1980 年 10 月结束了在西藏日报社的工作，调回山西省社会科学院，当这里学术刊物的历史编辑（有时也编文学稿件），打算选个业余科研的题目，充实自己；二是元遗山是历来探讨较少的历史人物，值得进一步研究，何况他又是我乡里的先贤。研究他既能显出科研工作的地方特色，又具有一定程度的普遍性意义，谁不知道元遗山是历史上金元之际的文坛盟主呢？兴趣和条件，推动我选中了元遗山这个研究题目。

这个工作开始于 1983 年后半年。首先要干的是读书思考，再陆陆续续写文章；而且从 1985 年起，还在《晋阳学刊》开辟了“元好问与金元文化研究”专栏，以期在省内外学术界引起重视，得到响应。

刊物上的专栏确实发生了影响。两年多来，以山西为主，国内学术界研究元遗山及金元文化已蔚成声势，成果可观，1985 年 9 月在遗山故乡山西忻州市召开全国元遗山研究学术会议便是明证。这是学界诸公共同努力的结果，不敢掠美，只敢说，个人对推动这一研究的开展尽了微力而已。反过来，再谈自己的研究。

我以往对遗山所知甚少，无非是读了他几首诗，也只知他著名的《论诗绝句》。要进一步研究，从何下手呢？我采取的方法是了解全貌，突破重点，在这个基础上，选出专题，逐步拓展。要达到这一目的，仅仅知道遗山几首诗显然是不行的。研读有关遗山研究的著述文章，我发现谈论诗文及其史学成就者居多，全面评价者很少，而且比较浅略。由于我一向主张研究学问要避熟就生、人弃我取，所以从全面评价着眼，我打算从弄清有关元遗山的气节问题入手。

一个著名的历史人物，大节有亏，并不等于学问文章便无价值。从事科研，不可只执一端，因人废言。但是，如果大节很坏，那文章学问的价值是不是要贬值？不是说对人的评价是有成分，不唯成分，重在表现吗？但这讲的是政治立场问题，能否施诸学问文章的评价呢？我觉得不能死套，既要注意政治与学问文章的区别，也要注意其间微妙的联系。然而，对历史人物如遗山来说，他在金元易代之际的气节问题，却是政治问题与民族问题相交织的大节问题，主要还不是学问文章问题。在学术界，称赞遗山学问文章的著述极多，一谈到气节问题，便都像当年我同修正主义划界限一样，引张颔先生的诗来形容，便是："界线一缕似游丝，苍狗白云多幻姿。"从古及今，对遗山的气节，指责甚多，只有少数学者说过一些"弯弯绕"的回护之词，终究含糊不清。

经过对此问题有关材料的全面考察，我写了一组三篇文章《〈外家别业上梁文〉释考》《元遗山气节问题诸说平议》《且莫枉罪元遗山》，总题为《重评元遗山的气节问题》。目的在为遗山翻案，驳斥加诸遗山气节上的不实之词。

历史研究的第一要义是求真实。然而，求真实谈何容易。文章写作中，我感到遗山真是历史上的大不幸者。生当乱世，出身士大夫阶层，看到了朝代更迭的已成之势。作为亡金遗臣，身背纲常名教的枷锁，要保持住世俗间子臣的"清白"，不能出仕新朝，又要为民族做点好事，保护进步文化，因手中无尺寸之权，不得不借重人家的权势，内心真是痛苦极了，矛盾极了。他临终前，便深知身后要遭人议论，嘱咐弟子立墓碑只题"诗人元遗山之墓"，可见对声名已视之蔑如。世间谁不讲"人死留名，豹死留皮"？有功于史却自求无闻，一生苦争却徒罹恶名，这需要何等宽容的襟怀，何等坚毅的气魄，又何等可悲！结果不出所料，从遗山晚年至逝后几百年间，甚至及至今天，都不断有人谴责他的气节问题。那理由是什么，又有什么事实根据呢？无非是"忠君"二字（这个君还特指亡国昏君金哀宗）。在民族矛盾中，指责者也从来不问遗山所作所为是否有利于整个中华民族的人民，只是一味批评他“境外之交”，周旋新贵，根本不管他实际上为了什么，做了些什么。如果说在黑暗的封建时代，这种荒谬的评价尚可解释，那么，到今天，我们已经有了历史唯物主义的理论武器，还有什么必要重复封建时代的滥调呢？因此，我觉得，这个案非翻不可。记得元初著名诗人刘因有诗叹道：“纪录纷纷已失真，语言轻重在词臣。若将字字论心术，恐有无边受屈人！”这真是慨乎言之。不过，作为一孔之见，这个翻案文章能否做好，我尚不敢固必，愿意多多聆取读者的指教。

解决元遗山气节问题，所涉及的材料是有限度的。遗山气节问题是应当研究的重点之一，并非全面的评价。全面的评价要尽可能详细地掌握有关遗山的全面情况，特别是要了解他的社会关系，同时了解他所处的时代条件和特点，这样才能顾及全貌，不致陷于片面。在重评气节之前，我已经对涉及此事的有关人物做了考察，接着便下决心进一步扩大范围，将遗山一生交往的绝大部分人物的有关材料加以搜集。这个工作技术性强，繁琐而且枯燥，但只能静下心来读书、抄录、整理、考证。这需要阅读遗山现存的全部文字、有关的金元史料和文集，并收集有关的碑刻文字和新发现的材料。这项工作花费了我将近一年的工夫，于是便产生了本书中的《元遗山交游考》《元遗山交游僧道考》和《元遗山亲属考》。这三篇考证性文章，便成为全面评价遗山，进一步研究遗山的最重要的依据，使后来有关的论述建立在可信可靠的基础上；而且，这三篇文章也可以为其他研究者提供线索和工具。遗山是一位集大成的人物，可研究的方面与题目很多，我只能选其重要者或他人未涉及者作初步的研究，不可能面面俱到。学术乃天下之公器，为方便别的研究者，少走弯路，多出成果，所以，我愿意将这些文章收入本书，向同道者公开，为他们提供参考。

前面提到，以往学术界研究元遗山多谈论诗文和有关史学成就，人所易知，故而我选择题目的原则是人弃我取。这些题目是：

元遗山对李杜苏黄诗风之继承

元遗山诗歌理论探微

元遗山的哲学思想

元遗山的教育思想与实践

元遗山与太原

前两篇是论诗和诗歌理论的，均系他人研究未及或不够全面者。另一方面，既然要着眼于全面研究，仅仅从一种学科来研究，那是不能奏效的，所以，无论哪一个题目的研究，我都尽可能注意采用文史哲一体的研究法，这也是由作为一个历史时代的文化代表元遗山这个特定研究对象的复杂性所决定的。只是由于个人学植浅薄，知识面狭隘，愿望虽好，却未必运用得成功。如今，学术界方法论很多很新，使我大有自惭形秽之感。自己口称采用文史哲一体研究法，仍不敢自信，无非是定一个努力方向，借以自慰自勉；何况，这也算不得什么创新，邯郸学步而已。

本书在撰写中曾遇到许多困难，特别是材料缺乏，不易寻求。幸有许多师友热情支持帮助，为我排难分忧，特别是山西省考古研究所名誉所长张颔先生，山西大学历史系李裕民教授，吉林大学历史系金史专家张博泉教授，吉林省社会科学院文学研究所副研究员、辽金文学专家周惠泉先生，原香港中文大学许

---

① 1233 年金亡前，汴京城破后二日（夏历四月二十二日），遗山毅然投书蒙古国中书令耶律楚材，请求保护、资助、任用金廷材士五十四人。以此事“系天下斯文甚重”“衣冠礼乐、纪纲文章尽在于是”，可助楚材实现“致太平之功”（见《元遗山先生全集》卷三十九）。

礼平先生，北京师范大学中文系李真瑜同志，人民日报总编室柯愈春同志，山西忻州地区师专刘泽同志等，或切蹉探讨，或提供资料，或指引线索，均助人为乐，勉我奋进，使我不胜铭感。特于此向诸位师友表示衷心谢意。

本书后附有《元遗山年谱要编》及《参考文献目录》，既为己所用，且表明对前辈学人和同道者学术成果之尊重，亦便利他人参考。如有疏误和遗漏，谨祈有识者补正之。

此外，这里抄录个人咏元遗山的几首旧体诗，权作对研治遗山有关学术问题的纪录，表达自己的一点心得和感慨吧。

咏元遗山先生（6首）

皇权正统辨君臣，枉罪遗山有夙因。
青史标名翻旧案，先生不独是诗人！

草木风腥化牧场，哀哀驱口泪沾裳。
累臣心事昭天日，含愤长歌记汴梁。

围城变乱血成河，难挽金源逐逝波。
一纸投书生死重①，君轻民贵志难磨。

天下斯文重付君，两朝旧事漫纷纭。

① 1234 年金亡后，遗山被羁管于山东聊城时作《南冠录引》，文云：“十八，先府君教之民政，出死以为民。”又云：“自少日有志于世，雅以气节自许，不甘落人后。”（见《元遗山先生全集》卷三十七）

千秋功罪模糊甚，血泪丰碑自入云。

歌谣慷慨济刚柔，史笔纵横正气遒。
李杜苏黄谁继世，文星朗照见忻州。

从来三晋号多才，改革洪流动地来。
元子遗风争前列[①]，今朝振厉越高台。

（诗作于1985年9月忻州全国元好问学术研究会议期间，1987年9月笔者识）

目　录

且莫枉罪元遗山

——重评元遗山的气节问题之一

一个人有功于世，却不被世人理解，固属不幸；在其去世之后，犹受种种訾议，则尤其不幸；倘至数百年后的今天，其历史功绩仍未获得公正评断，可谓大不幸。本文即试为这样一位大不幸者——金元之际的北方文雄，社会文化活动家元遗山洗刷沉冤。

元遗山（1190—1257），名好问，字裕之，遗山是他的号，山西秀容（今忻州市）人。遗山是金元之际大动乱时期做出重大历史贡献的杰出人物，但在其晚年和身后却长期为世诟病，原因主要在于他的气节问题，涉及他金亡前参与的崔立碑事件和金亡后与蒙古国重要人物的关系这两个方面。前者属政治气

本文有关元遗山的主要资料、引文，见于《元遗山先生文集》（读书山房本）及其附录，《金史》有关列传，施国祁《元遗山诗集笺注》及诸序、附录（人民文学出版社1958年版），《中州集》及附录（中华书局1962年版），陈沚斋《元好问诗选》前言（广东人民出版社1985年版），穆德全《元代山西史家二刘考》（见《山西大学学报》1984第4期增刊）。另，对遗山晚节持贬斥态度的文章，还有赵廷鹏等合作的《赋到沧桑句便工》（见《文学遗产》1986年第6期）等，刘祁《归潜志》卷十二及该书点校说明、诸跋（中华书局1983年版）等，不另注明。

节问题，后者属民族气节问题。本文即就这两大问题着手讨论。有关的史料考辨和对以往诸家歧说得失的论析，则见本文之后所附两篇文章，即《〈外家别业上梁文〉释考》及《元遗山气节问题诸说平议》。因这两篇文章系本文的基础，谨供读者参阅。

一

元遗山的政治气节问题，是针对他在君民关系上的态度而言的，直接起因于金亡前一年（1233）的崔立碑事件。其时蒙古军围困金都汴梁（今河南开封市），金哀宗逃往归德。遗山陷身围城，被守汴叛将崔立胁迫，参与为他撰写"功德碑"文。事后遭到士议非难，后人亦对之多所考辨、争议。明人储巏曾指出，其时已有人"谓金之亡、崔立之变，死生辞受之际，遗山处之，有不能逭人之议者"。至清代，有翁方纲、凌廷堪等人力为辩白，或以遗山与碑事并无牵涉。但多数学者文人则认为遗山名节有亏，如施国祁感慨云："名职之累人，不敢为先生讳。"全祖望叹惜："此手岂可使著贼，吾不能不为诸君（指遗山等人——笔者注）惜也。"[①]赵翼亦言："遗山以崔立功德碑一事，大不理于众口。"[②]余则如李北苑、毕沅[③]、四库馆臣等，几于众口一声，微词婉讽。而今世亦犹有人称此为遗山"本人历史的大污点"，并薄其事后"文过饰非""逃避罪名"。

其实，倘说遗山与碑事无涉，情理难通。其时受崔党胁迫撰碑者有王若虚、

①全祖望《读〈归潜志〉》，《鲒埼亭集·外编》（四部丛刊本）卷三十一。

②赵翼《瓯北诗话》卷八，另参《廿二史札记》卷二十七。

③毕沅说见《续资治通鉴》。

元遗山、刘祁、麻革诸人，遗山时任左事都司，文名藉甚，受制于崔立，欲求避累，势不可行。不过，要澄清此案是非，本来也并不复杂，因为仅仅被迫参与撰碑，尚不构成气节问题，关键是要看碑文是否为崔立颂功。崔立是贪狡淫暴、惟一己私利是图的民族败类、独夫民贼，倘为之颂功，理属大错。但据《金史·王若虚传》言，碑文“直叙其事而已”。传文所采的第一手材料，即指责遗山的发难者刘祁的文章更承认碑文“止实叙事，亦无褒称（崔）立言”。这就说明遗山并未附逆颂功，而是坚持了直笔，谈不上失节。

联系有关材料进一步考查，遗山坚持直笔，可以得到印证。

1. 崔党胁迫翰林学士王若虚撰碑，王对遗山言：“不从则死，作之则名节扫地，贻笑将来，不若死之为愈也。”嗣后，王以门下人不宜为主帅诵功德拒绝受命，“执义不回”。王若虚这种“外若逊词，而实欲以死守之”的态度，“时议称焉”。遗山在其去世后，特作《内翰王公墓表》及《中州集》王若虚小传表而出之，《金史》《大金国志》均从此。王若虚与遗山为知交，临危之际，亲自相商，可知两人意见相投，王若虚的态度当可反映遗山抵制撰碑的态度。

2. 崔立挟制梁王监国，滥封官职，亦以遗山为“左右司员外郎”。但遗山始终没有承认接受此职，其诗文自称围城时官职为左曹之都司、东曹掾知杂权都司、东曹都事、掾东曹、东曹掾吏部主事臣、东曹掾属，皆“左司都事”之同义语，可知遗山与崔党的不合作态度。

3. 崔立强迫遗山撰碑曰：“汝等何时立一石，书吾反状邪？”气焰逼人，形于辞色。其党“恃势作威，颐指如意，人或少忤，则横遭谗构，立见屠灭”，遗山险遭凶害，曾言：“癸巳（1233）正月之变，逆党中有欲谋害己者，赖（李）仲华力为营护得释。”崔立被刺身死，遗山为之称快，作《即事》诗比崔为董卓，又于《杂著九首》（其五）诗中比崔立碑如秦始皇刻石颂功，均可见当时遗山与崔立矛盾之深。

4. 金亡后遗山作《外家别业上梁文》云："初，一军构乱，群小归功。劫太学之名流，文郑人之逆节。命由威制，佞岂愿为……蜀家降款，具存李昊之世修，赵王禅文，何预陆机之手迹……果吮痈舐痔之自甘，虽窜海投山其何恨？"又《秋夜》诗云："春雷谩说惊坯户，皎日何曾入覆盆""百年世事兼身事，尊酒何人与细论"，申述因碑事受谤之郁愤心情，均反映出遗山虽参与碑事，却并未附逆颂功的实情。

5. 刘祁指责遗山的文中引曹通甫诗、杨叔能词为旁证，然诗词今已不传，难以落实。但曹、杨与遗山今存赠答诗文，却可证碑事后彼此相重的厚谊，绝不见互诿过错之词。此外，同样参与碑事的麻革终生敬仰遗山，有《寄元裕之》诗，表抒"明日关河对双泪，只将幽愤寄秋风"的不平之感，与刘祁态度判然。刘祁参与撰碑仅以"为二亲计"自我开脱，与遗山在围城中的种种爱国忘身表现亦大不相同。其文又将以死拒命的王若虚反说成撰碑主谋，且一味牵遗山与王若虚入罪，文中于碑事始末情节，多自相抵牾，翁方纲、凌廷堪等人考辨甚详，不烦俱引。均可反证遗山确实含冤受谤，而刘祁所言未可全信。

要之，刘祁由于其事猝发，骤遭连累，不免在碑事一案上对遗山有所误解、埋怨，其情可以理解；但指责遗山附逆颂功，却失之偏激。现存有关材料，是足可以证明这一点的。

遗山撰碑时坚持直书其事，算不上失节。考之古来南董直笔，众口称尚，移之遗山，却遭非议，何厚此而薄彼！说到底，无非是因为遗山未能在崔立之变中为金哀宗殉节而死。同情遗山的储巏尚说遗山"唯欠一死"，施国祁亦言遗山"不能奋身一决"，可见纠缠于碑事只是现象问题，认为遗山违背了"君臣之大防"的封建正统原则才是实质。清乾隆帝便直截了当地严斥："崔立卖国图篡，稍有人心者，即应捐躯讨贼。王若虚辈业已偷生恋爵，即不作碑文，岂能幸免失身之罪乎？至元好问于金亡之后，以史事为己任，托文词以自盖其不死之羞，实堪鄙弃。”①这种论调，正是政治上君权至上的封建正统论的典型观点。但在今天，我们评价历史人物的政治气节，却不应再沿袭这种臣必殉君的狭隘封建正统论。在忠君的气节问题上，进行历史的具体分析，我们只能在君王与民众一道共赴国难，产生某种利益上的一致性时，对忠君气节给予一定程度的肯定。如果君王背弃了民众的利益，那么民众对君王的背弃，就是理所当然的。如南宋抗金名将岳飞，他忠君卫国，坚持正义战争，其忠君的政治气节，值得赞扬；但他囿于愚忠，奉诏撤军，就仅仅是为宋高宗尽节，而对南宋广大军民亏了节，这便是他的缺点了。在金元之际的金哀宗，本是一个政治反动，临难而逃，置民众生死于不顾，导致亡国的无道昏君，元遗山不肯为他殉节，是完全正当的。那么，遗山之所以不死，是不是因为“偷生恋爵”“名职之累”的个人利益呢？不是的。他当时有着比殉君更重要的追求，这就是：

1. 救民之志

围城期间，蒙古军大兵压境，国势危殆，但守汴金廷将相，腐败无能，不可复振。如守将白撒贪鄙恇怯，临危自保，竟无耻地令遗山起草致仕表。另一守将赤盏合喜则借口蒙古军暂时退兵，曾召遗山指派文士作表贺功，冒功邀赏。这些不战误国的卑劣行为使遗山极度愤慨。“围城十月鬼为邻”，嗣后城中食尽，出现人吃人的惨状，上下汹惧，人心惶惶，一时投降空气弥漫朝野。连遗山一向尊敬的皇室，密国公完颜璹也对金哀宗言：“兵势如此，不能支，止可以降。”哀宗惊恐万状，束手无策，终于采取可耻的逃跑主义态度，弃城一走了之。遗山对金廷的忠心化为失望。在《壬辰十二月车驾东狩后即事》诗中，含着血泪痛呼：“惨淡龙蛇日斗争，干戈直欲尽生灵”“精卫有冤填瀚海，包胥无泪哭

---

①乾隆《御批通鉴辑览》宋理宗绍定五年、金天兴元年（1232）。

秦庭！”尽管回天无力，遗山并没有泯灭救国救民的热诚，他极力为保护皇族与民众脱险奔走。天兴三年（1238）正月，他向留守汴京的二相完颜奴申、完颜习捏阿不转呈了省令史许安国的建议：召集百官、僧道、士庶询问救国之计。他质问二相：“民间汹汹，皆谓国家欲弃京城，相公何以处之？”岂料二相一筹莫展，只答：“吾二人惟有一死耳。”对此，遗山激愤地指责：“死不难，诚能安社稷、救生灵，死而可也。如其不然，徒欲一身饱五十红衲军（即红袄军），亦谓之死耶！”显然，他是把“安社稷、救生灵”置于个人生死问题之上的。

2. 修史之任

遗山学识渊博，精于史学，曾任国史院编修官，久怀修史之愿，围城时任左事都司，谙悉政事得失。他认为，国可亡，史不可亡。如郝经言，遗山“每以著作自任，以金源氏有天下，典章法度几及汉唐，国亡史兴，己所当为”。金亡之势已定，遗山为史籍亡散焦虑不已，曾请携带国史随哀宗出走，未获准允。他的担心并非无据，而是来自贞祐南渡时前朝史籍散失的历史鉴戒，深恐有金一代的史籍文献，“又复与辽书等矣，可不惜哉！”认为“夫文章天地之元气，无终绝之理，他日有史学自任者，出诸公之事，未必不自予发之，故不敢以文不足起其事为之辞”。遗山是从保存中华民族传统文化的高度来认识修史的崇高责任的。这一任务之重大，超过一朝之兴亡，更远远超过个人的区区名节。此外，围城期间，遗山又目睹了金方臣民中涌现的大批爱国志士英勇抗暴、宁死不屈的感人事迹，使他深感有责任将所见所闻记录下来，表彰先烈，垂示后人。这种认识，均在遗山的文章中有明确反映，他还以诗明志云：“国史经丧乱，天幸有所归。但恨后十年，时事无人知……朝我何所营，暮我何所思。胸中有茹噎，欲得快吐之。湿薪烟满眼，破砚冰生髭。造物留此笔，吾贫复何辞！”储巏曾举遗山围城中“志聂女之墓”为例，说明他当时“隐忍激烈”“有待而为”，可谓道出了遗山的心迹。遗山修史，不仅有足够的才能，也有当时公认的资格，而且后来为此历尽艰辛，以为修史“虽溘死道边无恨”的精神，实践了自己的志向，为后世留下不朽的业绩，这是众所周知的。遗山以自身背负的“失节”骂名，换来大批志士仁人名垂史册的光彩，忍辱负重，存史传贤，成人之美。考之前代，惟司马迁可以方之，绝非乾隆帝所言“托文词自盖其不死之羞”可以一笔抹杀的。遗山的修史之功，其意义远比仅仅保持愚忠的名节更为重大，是毋庸置疑的。

3. 道义之托

遗山笃于师友情谊，门生知交半天下。围城中，故交沦落，他自身亦处境险恶，几遭凶害。好友蒲察琦不屈殉国，临终以死相托，请他料理后事，昭示清白。世交枢密判官白华随哀宗出奔，留下七岁幼子白朴，请为代抚。遗山肩担道义，慨然自任。后白朴“尝罹疫，遗山昼夜抱持，凡六日，竟于臂上得汗而愈，盖视亲子侄不啻过之”[①]。遗山对白朴始终负责到底，在他指授下，白朴成为著名文学家，名重一时。遗山于艰危之际，不暇自顾，反尽力顾人，表现出令人感动的高尚道德情操。这比起仅仅为昏君殉节来，也是理应称许的。

遗山不为金哀宗一人而死的动机和表现，反映出他具有进步的气节观。他曾申述初志：“十八，先府君教之民政，从仕十年，出死以为民。自少日有志于世，雅以气节自许，不甘落人后。”遗山坚持这种“出死以为民”的政治气节，始终不渝。这种气节观来自遗山自幼接受的进步思想的熏陶。先秦儒家的创始人孔子本来并不倡导一味愚忠。孔子认为君也应该忠于民，所谓“上思利民，忠也”，“所谓大臣者，以道事君，不可则止”，应当合则留，不合则去，忠君应以行道为前提。孟子更明确提出民贵君轻的观点。荀子亦言“从道不从君”。无条件地绝对忠君只是汉以后一些儒家的政治原则，但也为不少进步思想家不

①白朴《天籁集》王博文序。

取。如清初唐甄便认为无条件地要求人们殉君，是“愚夫悍妇之行也，君子不为也”。他认为，“君子之道，先爱其身。不立乱朝，不事暗君。屈身以从小人，固可丑也；杀身以徇小人，亦自轻也”[①]。遗山生于金元之际，能够有选择地吸收前人的进步思想，且早于唐甄四百余年，付诸实践，是难能可贵的。尽管当时他要“安”的社稷是封建地主阶级的国家，要“救”的生灵是封建社会的顺民，他又不屑与反金的忠义红袄军为伍，这些都带有地主阶级的局限性；但在君与民的利益发生尖锐对立的时刻，他能在一定程度上突破封建愚忠观念，坚持“出死以为民”的政治气节，客观上将民众的利益置于君王私利之上，这是符合历史进步要求的。古人云：“慷慨赴死易，从容就义难。”元遗山称得上是为民重义的气节之士，在忠君问题上苛责他的政治气节，是毫无道理的。

二

元遗山的民族气节问题，与政治气节问题密切关联，是就他对民族关系的态度而言的。它涉及“夷夏之大防”这一封建原则，而这一原则是“君臣之大防”在民族关系上的体现。就是说，在君权至上的封建时代，政治上是一姓皇帝为正统；民族关系上，该姓皇帝所属的民族也应是统治民族，是正统。后人从这种狭隘的民族正统论出发，指责元遗山的民族气节有亏，主要是指他与蒙古国关系上如下三方面的事实。这些事实，有的同志已基本考证清楚，就是：其一，汴京城破后两日，遗山曾上书蒙古国中书令耶律楚材，请他保护资助五十四名金朝秀民材士，酌加任用。其二，金亡后，遗山与蒙古国在中原的汉人世侯及其大批幕府人物保持着长期的密切往来。其三，1252年，遗山同张德辉北上觐

---

①唐甄《潜书》之《利才》《有为》篇。

见尚在潜邸（指皇帝即位前的住所）的忽必烈，请他为儒教大宗师，并请准免除儒户兵赋。考证的文章指出，遗山在当时“很早意识到了保存亡金士大夫的意义，而且为此进行了持久的活动”；由于“游牧的蒙古征服者适应中原的农业封建文明是一种历史的必然”，“元好问这方面的实际活动，体现了这种历史的必然，促进了这个历史前进的过程”；“元好问同耶律楚材、忽必烈一样，是一个促进了十三世纪中国历史发展的人物”[①]。

元遗山有功于历史，却在民族气节上受到后人责难，这是因为他的社会活动是借助了蒙古国上述一些军政人物进行的，从而触犯了“夷夏之大防”。如赵翼就批评遗山上书耶律楚材：“遗山仕金，正当危乱，尤不当有境外之交。”全祖望遗憾遗山不能如南宋的龚开、郑所南，洁身远引，不事新朝，而是“可以已而不已”，屈事“蒙面异姓”。今世学者亦认为他“晚年依违于新贵之间，诚不无可议”，“细行不加谨慎，终不免盛德之累”[②]。看来，要客观评价元遗山的民族气节，并不是一个事实出入问题，而是应当如何正确认识中国历史上民族斗争时期历史人物活动的理论问题。

所谓“夷夏之大防”，原出于先秦儒家的理论。以孔子为代表的儒家认为当时占据中原的华夏民族具有独尊的地位，绝不能屈事周边的蛮夷之邦。汉以后的封建统治者出于巩固封建大一统势力范围的需要，遂将这一理论抬高为立国信条，成为处理民族关系的准则。这种狭隘的民族正统论带有浓厚的大汉族主义色彩，实际上成为民族压迫的理论工具。当中原王朝的社会生产力处于相对先进阶段，又遭受周边少数民族政权主动挑起的军事进攻时，倡言“夷夏之大防”，似尚有某些积极意义。但一般地讲，它往往是中原统治者无理攻伐周

①黄时鉴《元好问与蒙古国关系考辨》，《历史研究》1981 年第 1 期。
②陈中凡《元好问及其丧乱诗》，《文学研究》1958 年第 2 期。

边少数民族，或中原统治者向少数民族统治者争权夺利的一种借口，这时宣扬“夷夏之大防”，就谈不上丝毫积极意义。就元遗山及其所处的时代条件而言，元遗山出身于鲜卑族后裔，出仕于女真族完颜氏统治的金朝，在南宋、金、蒙古国三方鼎立时期，旧史家认为南宋是“夏”，是正统，那么，遗山便属“夷”，他晚年的活动便是“以夷事夷”；如强调遗山已是汉化了的鲜卑族人，或认为金是“夏”，是正统，那么，遗山的活动就是“以夏变夷”。这在先秦儒家那里，也是未可厚非的。如孔子就称赞推行中原礼制的管仲：“微管仲，吾披发左衽矣！”孟子也说：“吾闻用夏变夷者，未闻变于夷者也。”还赞扬南方蛮夷学者陈良仰慕周孔之道，北学于中原，是“豪杰之士”。这样看，遗山不也是豪杰之士么？所以，遗山充其量不过是违背了汉以后某些儒士宣扬的狭隘正统论而已。

那么，究竟应当怎样看待元遗山这种违背狭隘民族正统论的行为呢？笔者认为，首先要弄清这样一个基本前提：从秦汉至鸦片战争这一历史阶段，中国历史上发生的民族矛盾和斗争，是中华民族内部各兄弟民族之间的矛盾和斗争，属于“兄弟相争”“同室操戈”的性质。这种民族战争的特定性质，既与后期与近代发生的外来民族与中华民族的战争（后期战争如明之抗倭、清初郑成功驱逐荷兰侵略者等）不同，又与其他单一民族构成的国家之间的战争不同。认定了这种民族战争的性质，在判断战争的正义性或非正义性时，就应以是否符合中华民族共同的根本利益为基本标准。这里，所谓“共同的根本利益”，指的是中华民族整体的社会生产力的发展。这也就是说，判断战争的是非以及评价战争时期历史人物的活动，既要看其是否符合参战的某一民族的利益，同时更要看其是否符合中华民族的共同根本利益，即应从这两种利益的一致性上去考察。在具体分析时，还要坚持阶级的历史的观点，即要对参战各方不同阶级、阶层及不同政治派别和集团加以区别，其中特别要注重从各族广大人民的共同要求和态度去考察，也就是从阶级斗争与民族斗争的一致性上去考察；同时还应该从其产生的直接后果与长远历史后果（即对中华民族整体的历史发展）上分别考察。笔者认为，上述理论原则是符合历史唯物主义的，也是切合中华民族历史发展的实际进程的。

具体到元遗山所处的金元之际，金朝与蒙古国的战争，也是中华民族内部兄弟民族之间的战争。在这场战争中，双方诚然是敌国，但都是当时中国的国中之“国”，实质上是两个不同的民族政权。这种兄弟民族政权之战，诚然应有正义与非正义之分。蒙古国发动战争，是对被压迫的各兄弟民族的征服，这种战争不符合中华各族人民的共同根本利益，实质上也违背蒙古族人民的意愿，因而是非正义的。相反，中华各族人民反对这种征服的战争，是正义的，它符合包括蒙古族在内的中华各族人民的共同根本利益。正因为如此，我们赞扬金国各族人民反对蒙古国的战争，认为他们不仅坚持了本民族的民族气节，同时也坚持了中华民族的民族气节。像金朝残民以逞的叛将崔立则丧失了这种民族气节，理应遭到中华各族人民的一致唾弃。另一方面，在敌国一方的耶律楚材，从青年时弃金投奔成吉思汗，到窝阔台时担任蒙古国中书令，虽无法以个人力量阻止非正义战争，却始终以“衣冠异域真余志，礼乐中原乃我荣”为职志，坚持反屠城、重经济，“以汉法治汉地”的政治主张，有利于恢复发展社会生产力。这不仅符合蒙古族人民的利益，也有利于中华各族人民。耶律楚材不愧为杰出的少数民族政治家。如果仅仅因为他曾背弃金朝就是丧失民族气节，是不妥当的。再如忽必烈，他继续了征服金与南宋的战争，给各族人民带来直接灾难；但他又“知人善任使，信用儒术，用能以夏变夷，立经陈纪”（《元史·世祖纪》赞），成一代之制，而促进蒙古国落后上层建筑向先进转化，终于统一祖国，创立元朝。这有利于缩小各兄弟民族区域生产力发展不平衡的差距，也有利于中华民族后来的整体发展。鉴于忽必烈在历史上有功又有过这种复杂情况，我们就不宜笼统地肯定或否定他的民族气节，而应对其历史功过分别进行实事求是的评价。

至于元遗山，身遭战争的苦难和亡国之痛，其兄元敏之惨死于蒙古军屠忻州之役，对非正义战争抱有强烈的憎恶。他一生没有做蒙古国的官，从金亡时至临终，从未同好战嗜杀的蒙古国上层保守势力合作，且写作了大量诗文，控诉非正义战争的罪恶，抒发爱国深情，反映各族人民的疾苦。他上书耶律楚材，请求保护、资助五十四名秀民材士，是因为“天当草昧之时，极君子经纶之道”，此事“系斯文为甚重”，目的在于推荐人才，支持耶律楚材，用“衣冠礼乐、纪纲文章”，像汉唐良相那样“致太平之功”。他同中原汉人世侯的往来，除了谋生之外，主要是社会文化活动。他在这一时期所写的诗文中，固不免个别地方对这些世侯武功的赞词，但大量内容是颂扬他们开仓廪、拯流亡、修水利、务农桑、通商贾、筑城市等政绩，尤其称道他们兴庙学、尊儒道、选人才、办教育的文治。他联络交结的社会名人与大批幕府人物，如孔元措、刘秉忠、杨奂、雷膺、刘祁、刘郁、王若虚、李冶、许楫、杨果、张德辉、王鹗、乐夔、敬铉、郝经、李昶、徐世隆、徒单公履、高鸣、张特立、康晔、刘肃、宋子贞、商挺、魏璠、魏初、姚枢、许衡、赵复、王恽、阎复、徐琰、李谦、孟祺等，多是志同道合的师友弟子，其中不少是忽必烈汗廷和地方政权中参与政治、经济、文化决策大计的贤能之士。遗山身为文坛盟主，名望甚高，他不遗余力地支持、推动这一大批人物从事进步的社会活动，形成一股强有力的政治势力，不啻是这个政治势力的精神领袖。故徐世隆说：“自中州斫丧，文气奄奄几绝，起衰救坏，时望在遗山。遗山虽无位柄，亦自知天之所以畀付为不轻，故力以斯文为己任，周流乎齐鲁燕赵晋魏之间。”遗山后来与张德辉一道北上觐见忽必烈，显然也出于上述同一目的。遗山晚年殚精竭虑，惨淡经营，致力于修史，更是把修史当作是保存中原先进文化的重要部分来看待。遗山金亡后的全部社会括动，构成了从耶律楚材，直到忽必烈前后推动蒙古国落后上层建筑向先进转化这一长期而痛苦的历史过程中的中间环节，客观上维护了包括被压迫的各族人民在内的中华民族的共同根本利益。因此，我们称元遗山是金元之际杰出的社会活动家，他的民族气节是完全应当肯定的。南宋末家铉翁评价遗山所编的《中州集》说："盛矣哉，元子之为此名也；广矣哉，元子之用心也。夫生于中原，而视九州四海之人物，犹吾同国之人；生于数十百年之后，而视数十百年前，犹吾并世之人……余于是知元子胸怀卓荦，过人远甚。彼小智自私，同室藩篱，一家尔汝，视元子之宏度伟识，溟涬下风矣。"倘如实指明遗山从事的活动尚有维护封建统治的阶级局限性，我以为，上面这些话是不妨移用来评价他的民族气节的。

元遗山之所以能有那样高尚的志向、恢宏的胸襟和深远的眼光，首先是因为他对千年以来中华民族历史文明深沉的热爱和高度的社会责任感。他目睹了山河改易、人民受难、故国沦亡的浩劫，也深怀故国之思，尝自言"我家食先朝禄七十余年"，感念之情溢于言表。但他没有在痛苦中沉沦、消极，而能够正视现实，以天下斯文为己任，承担疗救战争造成的巨大创伤的历史职责。"日月尽随天北转，古今谁见海西流"，他认为，保存、宣扬先进的中原文化，便是振兴中华的首要途径。为此，他不得不与蒙古国军政人物周旋，借助他们的力量。当他看到忽必烈崇儒重道，欲大有为于天下，看到汉人世侯注意到仁政文治时，他才表示支持和称赞，认为"文统绍开，天意为可见矣"，"道统开矣，文治兴矣，若人者必当戒覆车之辙，以适改新之路"。他的治国主张有着明显的倾向性，与贪图个人利禄，甘当蒙古国好战的保守派走狗，不可同日而语。正因为如此，遗山并不盲从狭隘的民族正统观。他的弟子郝经就认为，蒙古国的首脑人物倘"能用士而能行中国之道，则中国之主也"。郝经又说："天无必与，唯善是与；民无必从，唯德是从。中国（此指中原王朝）既而亡矣，岂必中国之人而善治哉？圣人有云，夷进于中国则中国之，苟有善者，与之可也，从之可也。”[1]这种认识，未尝不是遗山思想教育影响的结果。也正因为如此，遗山为着从事进步的社会文化活动，激发了坚韧不拔、百折不回的勇气和毅力，使他在颠沛流离的困苦生活中知难而进，面对世俗的流言蜚语素志不改。当他因上书耶律楚材受人非议时，依然“耿孤怀之自信，听众口之合攻”“以流言之自止，知神理之可凭”。他自信俯仰无愧于天人，“立心于毁誉失真之后而无所恤，横身于利害相磨之场而莫之避”。尽管有人对他“百谤百骂，嬉笑姗侮”，他不愿“以不赀之躯，蹈覆车之辙而试不测之渊”，但他目标如一，勇往直前，奋争不懈。遗山的这种忘我精神和卓越努力，理所当然地受到当时明智特达之士的称赞。耶律楚材曾赠诗云：“元氏从来多慷慨，并门自古出英雄。”李冶亦惋惜他未及忽必烈重用而早逝：“向使遗山不死，则登銮坡、掌纶诰，称内相久矣。奈何遇千载而心违，际昌辰而身往，此非君遗恨也耶！”后世史学大师王国维也曾评论遗山上书耶律楚材一事：“此诚仁人之用心，是知论人者不可不论其世也。”[2]这些看法，是比较客观的。

历史事实证明，我们中华民族之所以伟大，之所以迭经千年血与火的考验，不仅没有衰落、散亡，反而排除了非正义战争的毒焰，冲破了剥削阶级狭隘自私的偏见和分裂阴谋，更增强了各兄弟民族人民的向心力和内聚力，逐渐形成了今天这样一个紧密团结的民族大家庭，并以悠久而灿烂的文明屹立于世界民族之林，这正是历代中华各族人民与志士仁人长期共同奋斗的结果。元遗山就属于这样的志士仁人。他不是那种慷慨捐躯、壮烈殉国、众所瞩目的英雄，而是刚强坚毅、锲而不舍、默默奋斗的志士。我们应当赞扬历史上坚持正义战争的英雄们的民族气节，也应当肯定元遗山这种冲破狭隘的民族畛域，维护中华

① 《郝文忠公集》卷三十七《与宋两淮制置使书》、卷十九《时务》。

② 王国维《耶律文正公年谱·余记》。

民族整体利益的民族气节。这两种类型的民族气节是同样可贵的，都属于中华民族优良传统和精神财富中有价值的遗产。所以，在今天看来，沿袭古代“夷夏之大防”的正统观，苛责元遗山的民族气节，固属错误；就是避而不谈或一味只从道德上称赞他金亡不仕的“气节”，将遗山说成是遁世无争的隐士，也是不妥当、不确切的。

当然，元遗山能够在历史上做出卓越贡献，并不单是他个人奋斗所致。这不仅因为他当时周围有一大批进步人士相互配合，齐心协力，形成了社会势力，更主要的是遗山所处时代的要求使然。郝经在分析当时蒙古国攻蜀、师久无功的原因时指出：“国家建极开统垂五十年，而一之以兵，遗黎残姓，游气惊魂，虔刘劘首，殆欲歼尽。自古用兵未有如是之久且多也，其力安得不弊乎！且括兵赋，朝下令而夕出师，躬擐甲胄，跋履山川，合国大举，以之伐宋而图混一。以志则锐，以力则强，以土则大，而其术则未尽也。”为此，他建议：“苟于诸国既平之后，息师抚民，致治成化，创法立制，敷布条纲，上下井井，不挠不紊。任老成为辅相，起英特为将帅，选贤能为任使，鸠智计为机衡，平赋以足用，屯农以足食”，方能“内治既举，外御亦备……而后伺隙观衅，以正天伐”（《元史·郝经传》）。郝经这种倡行政、行文治的主张，明显地符合了蒙古国上层明智的改革派首脑人物改弦易辙以求统一天下的要求，也在客观上反映了广大军士和各族人民希望休养生息、发展经济的共同意愿，这正是遗山等人的社会活动获得成效的客观条件。所以，尽管遗山宣扬的中原文化大体不出传统的儒家治国原则范畴，在当时南方地区也算不得高明的新鲜见解和主张，但在蒙古族入主中原，历史进程发生逆转，需要兜一个圈子曲折前进的形势下，这种传统的儒家理论却能焕发出异样光彩，适应社会的需要，起到加速历史逆转后重新起步的作用。从这个意义上说，元遗山的历史功绩正是时代造就的。

元遗山的气节问题一直争论了数百年难以定论，使这位杰出的历史人物蒙受了巨大屈辱。陈腐的“君臣夷夏之大防”的封建正统论，不仅禁锢了古代人们的头脑，至今仍然纠缠着一些现代人的思想。遗山在生前对可能遭受的世俗攻击，并非没有隐忧，他临终嘱咐家人弟子在死后墓碑上仅仅镌刻“诗人元遗山之墓”七字，不以亡金故臣自命，就说明他忧谗畏讥，深怀顾虑。连敬仰他的学生郝经为他申辩赋诗，亦只言“且莫独罪元遗山”，并未湔拔他于枉罪的污泥之中，元遗山生前岂能有更高的企求？但遗山毕竟从忽必烈的政绩中看到了些微希望的曙光，他晚年吟道：“六十七年强健在，不妨林下看升平”，“林下升平有他日”，“风流成二老，林下看升平”。尽管众口铄金，积毁难消，传统的惰性是那样顽固，历史的负担是那样沉重，他还是真诚地盼望着，自有可慰。他当然不理解即将兴起的新的封建王朝仍然是各族劳动人民的牢笼，但历史终究在血与火的里程中前进了。元遗山在艰难曲折的一生中奋争，做出了力所能及的历史贡献，站在了所处时代的前列。古人尚有“圣达节，次守节，下失节”（《左传·成公十五年》）的遗训，今天我们更有责任为遗山洗刷沉冤，重新肯定他卓特通达的政治气节与民族气节的历史进步性。我们应当说：“且莫枉罪元遗山！”

（本文提纲曾发表于《光明日报》1985年9月18日）

《外家别业上梁文》释考

——重评元遗山的气节问题之二

《外家别业上梁文》是元遗山一篇极其重要的文章。所谓上梁文，是从六朝时出现并沿用下来的骈体应用文，本是在兴建宫室、择吉上梁时由工匠诵读的颂祝性文字；但元遗山此文却并非单为安居祈福，其主要内容系追述他在汴梁围城中与金朝叛将崔立建功德碑一事的关涉，为自己辩白雪谤。元遗山因与崔立碑事牵连，在当时很招士议非难，后世一些学者对此多有考辨、评论，乃至聚讼不已，形成一桩公案。从封建社会的忠君观念看，此事直接关系到遗山一生的名节问题，性质之严重，固不待言。今天我们研究元遗山，当不必再受这一陈腐观念的束缚。但遗山与崔立碑事的纠葛，毕竟还是评价元遗山的一个不能回避的问题，值得认真探讨。这就不能不对这篇《外家别业上梁文》特别注意。因为它是遗山亲作的唯一自辩之文，是今存的少数有关第一手材料中的重要文献。由于此文系用骈体形式写成，用典较多，含意深曲，要弄明文意，就需要略加注释、考辨。本文略作尝试，以就教于读者。

在考辨之前，先将该文反映的历史背景和有关事件简要交代一下。金哀宗天兴元年（1232）正月，蒙古大军南攻，蒙古大将速不台围攻金国的汴京（时称南京）。哀宗以侄儿曹王完颜讹可，出为人质求和。四月，蒙古退军河洛。十二月，汴京粮尽援绝，哀宗出奔河北，速不台复围汴京。天兴二年（1233）正月，哀宗渡黄河攻卫州（治今河南卫辉市）惨败，复走归德（今河南商丘市）。此时汴京原留守有完颜奴申、完颜习捏阿不二丞相及诸将。月底，诸将之一西面之帅崔立发动叛变，杀二丞相，立金之卫王子完颜从恪为梁王，监国，以汴京投降蒙古。四月二十日，蒙古军入汴京，大掠。二十二日，遗山在城中有书上蒙古中书令耶律楚材。二十九日，遗山同金室官员被蒙古军押送出城，羁管于山东聊城。天兴三年（1234）正月，金哀宗自缢于归德，金亡。六月，崔立被刺身亡。

崔立建碑事发生在天兴二年（1233）正月底崔立之变初期，遗山适在围城中。崔立的党羽翟奕等召集城中著名文士，以崔立降蒙古拯救一城生命为词，命他们撰写功德碑，并拟将旧存宋徽宗所书甘露碑磨掉，重刻碑文，为崔立歌功颂德。撰碑一事牵涉的人物，除遗山外，尚有张信之、王若虚（字从之）、刘祁（字京叔）、麻革（字信之）等。崔立其人，本系贪狡淫虐、残暴凶狠之徒，其叛金纯系为着个人权益。叛金后，他纵火杀人，大肆搜刮财物，抢占妇女，罪恶累累，还将金室皇族男女五百余人，送往蒙古军所据的青城，全部屠杀。无论从哪方面看，崔立都是一个十恶不赦的历史罪人。为这样一个坏人撰碑颂功，当然是错误的。元遗山被此事牵涉，虽系因胁迫，情节可悯，但究未以死抗争，尽节于金君，遭受世人谴责，固属难免。然对遗山来说，他别有大志，有着比死生更重大的职责所在，不得不苟全性命，降志辱身，故对纷纷物议，不屑置辩。但令他痛心的是同时参与撰碑的刘祁在事后将主要责任推到他头上。刘祁两年后作《录崔立碑事》一文（见《归潜志》卷十二）指责遗山是撰碑主谋，嫁祸他人，使遗山深感愤懑难忍。遗山于聊城脱离羁管后，流寓山东数年，在蒙古太宗九年（1237）回到故乡忻州，营建外家别业，遂借撰写《外家别业上梁文》之题，写下了这篇极为重要的申辩文章，可视为对士议的答复。

兹就《外家别业上梁文》主体部分，按内容分作五节，逐节分别注释、考辨，着重于与遗山有关史事的说明，其他则略言之。

（一）

穷于途者返于家，乃人情之必至。劳以生而佚以老，亦天道之自然。方属风霜匽薄之余〔一〕，而有里社浮湛之渐〔二〕。兹焉卜筑，今也落成。

注释：

〔一〕匽薄，通偃薄。遗山《九日读书山用陶诗……为韵赋十诗》有句："霜气一匽薄，杳杳秋山空。"

〔二〕里社浮湛，指隐居乡里村社。湛通沈。据考，遗山外家在今忻府区元家山村。

考辨：

风霜匽薄，意指时令属秋，或有迭经丧乱，年衰苟生之喻。据李光廷《广元遗山先生年谱》（以下简称《年谱》）考订，外家别业营建于蒙古太宗九年（1237）秋，时遗山从冠氏（今山东冠县）归故里。别业落成后，是年冬，遗山复往冠氏。其时遗山四十八岁。

（二）

遗山道人蟫蠹书痴，鸡虫禄薄。猥以勃窣槃跚之迹，仕于危急存亡之秋〔一〕。左曹之斗食未迁，东道之戈船已御，久矣公私之俱罄，困于春夏之长围。穷甚析骸，死惟束手〔二〕。人望荆兄之通好，义均纪季之附庸〔三〕。出涕而女于吴，莫追于既往；下车而封之杞，有觊于方来〔四〕。谋则佥同，议当孰抗〔五〕？

注释：

〔一〕蟫蠹，蠹鱼，即蛀书虫。《尔雅·释虫》："蟫，白鱼。"注："衣书中虫……”书痴，唐人窦威，耽习文史，诸兄笑称其为“书痴”，见《旧唐书·窦威传》。以上系遗山自比之词。勃窣槃跚，俯行貌，见司马相如《子虚赋》：“媻珊勃窣上金堤。”《文选》注引韦昭曰：“媻珊勃窣，匍匐上也。”媻珊通槃跚、蹣跚。此系遗山自谦之词。遗山《写真自赞》：“短小精悍，大有孟浪，勃窣槃跚。”仕于危急存亡之秋，指天兴间汴京围城，形势危殆，遗山在城中，任金朝左司都事之官，见《金史·文艺下·元好问传》。

〔二〕左曹之斗食未迁，此遗山自言围城期间受任金朝左司都事之职，并未迁官。“斗食”事，见刘祁《归潜志》卷十一《录大梁事》：“（天兴二年）冬十月，果下令自亲王宰相已下，皆存三月粮，计口留之，人三斗，余入官，隐匿者处死。”东道之戈船已御，指哀宗将离汴京。遗山《南冠录引》：“知舟师有东狩之役。”事详《金史》。公私之俱罄，指汴京被围，公私乏食，见《金史·完颜奴申传》：“汴受围数月，仓库匮乏。”刘祁《归潜志》卷十一《录大梁事》：“时外围不解，上下如在陷井中，且相继殍死。”又云：“百姓食尽，无以自生，米升直银二两，贫民往往食人殍，死者相望……凡可食者，皆煮而食之。”是年十二月，粮尽援绝，哀宗遂出奔，故下句言“困于春夏之长围，穷甚析骸，死惟束手”。

〔三〕“人望荆兄之通好，义均纪季之附庸”，刘祁《录大梁事》：“时外围不解……议者以为上（即哀宗）既去国，推立皇兄荆王（守纯），以城降，庶可救一城生灵，且望不绝完颜氏之祀。是亦《春秋》纪侯大去其国，纪季以酅入于齐之义，不得已者。况北兵中有曹王也，朝士皆知，莫敢言。”《金史·完颜奴申传》所载据此，意同而文有省改。所谓“议者”系指白华。《金史·哀宗纪下》：“（哀宗）天兴元年（1232），十二月丙子朔，以事势危急，遣近侍即白华问计。华对以纪季以酅入齐之义，遂以为右司郎中。”《金史·白华传》载白华奏言云：“车驾当出就外兵，可留皇兄荆王使之监国，任其裁处。圣主既出，遣使告语北朝……京师今付之荆王，乞我一二州以老耳。如此则太后皇族可存，正如《春秋》纪季入齐为附庸之事，圣主亦得少宽矣。”纪季事见《春秋》及《左传》庄公三年，俱云：“秋，纪季以酅入于齐。”《传》文又云：“纪于是乎始判。”杨伯峻注：“判，分也。纪分为二：纪侯居纪，纪季以酅入齐为附庸。”《公羊传》庄公三年何休注云：“齐大纪小，季知必亡，故以酅首服，先祖有罪于齐，请为五庙之后，以酅供祭祀，有存先祖之功。按庄三年《经》云：‘纪叔姬归于酅。’可知纪季入齐，犹奉纪祀。”《国语·齐语》述齐桓公初年正其封疆云：“东至于纪酅。”综上，言纪国不敌齐，纪季知国必亡，首先臣服，请齐允许在酅地设宗庙祭祀，保存纪之世系。白华以此为例，建议哀宗出汴，以荆王留京监国，表示臣服于蒙古，请蒙古国划定一处地方给金室，保全完颜氏的宗庙和皇族。议上，哀宗遂出奔。后汴京留守二丞相曰：“当以死守。”旋发生崔立叛变，蒙古军遂入于汴（参《金史·完颜奴申传》）。

〔四〕出涕而女于吴，语出《孟子·离娄上》：“齐景公曰：既不能令，又不受命，是绝物也。涕出而女于吴。”又《说苑·权谋篇》云，齐景公送女嫁于吴王阖庐，高梦子加以劝阻，景公曰：“余有齐国之固，不能以令诸侯，又不能听，是生乱也。寡人闻之，不能令，则莫若从。”遂嫁之。遗山借此以言议者之主张：金不能令蒙古，又不受蒙古之命，是自绝之道，唯求和庶可自存。下车而封之杞，见《礼记·乐记》：“武王克殷……下车而封夏后氏之后于杞。”言武王行仁政，克殷后对先代贤王之后加以分封。遗山借此言金求和于蒙古，以求受封，将来或有复国机会。

〔五〕“谋则佥同，议当孰抗”，此指上述向蒙古求和建议，为金室众臣赞同，并无反对者。刘祁《录大梁事》言当时“朝议以食尽无策，末帝亲出东征”。《金史·白华传》载：“初，亲巡（指哀宗出奔）之计决，诸将皆预其议。”

考辨：

此节遗山追述哀宗问计白华而出奔并以荆王监国，与蒙古议和作缓兵之计之情况，并不违言自己预闻甚事。其中“左曹之斗食未迁”语，言遗山受任金朝左司都事之职，并未迁官。然《金史·崔立传》《金史·王若虚传》并载，崔立叛变时，授元好问为左右司员外郎之职。后人对遗山受伪职多所訾议。施国祁《元遗山先生年谱》(以下简称《年谱》)云：“污伪职，纳降款，剃发改巾……名职之累人，不敢为先生讳。”然翁方纲《元遗山先生年谱》(以下简称《年谱》)力辨谓此次授官，《王若虚传》所述前后颇自抵牾，翁方纲云：“果有其事，亦必崔党畏先生名重，署之官以自为也，与先生固无预，而况史所载，多参错致疑哉？此予反复致辨于癸巳春署官一节之未足深论也。”按，此授官事，《金史》之《崔立传》及《王若虚传》后半，均据刘祁《录大梁事》，遗山从未承认接受此职。考遗山事后所作《中州鼓吹翰苑英华序》《南冠录引》《赵闲闲真赞》《赠镇南军节度使良佐碑》《归德府总管范阳张公先德碑》《病中感寓赠徐威卿兼简曹益甫、高圣举》诗等，自言围城中所任之官分别为“掾东曹”“东曹都事”“东曹掾知杂权都司”“东曹掾吏部主事臣”“左曹之都司”“东曹掾属”，均为“左司都事”之异称，足证翁之考辨确当。刘祁一面之词据崔党所为，有名无实。

（三）

爰自上书宰相，所谓试微躯于万仞不测之渊〔一〕；至于喋血京师，亦常保百族于群盗垂涎之口〔二〕。皇天后土，实闻存赵之谋，枯木死灰，无复秦庭之泪〔三〕。

注释：

〔一〕此句言遗山城破后冒生命危险上书蒙古国中书令耶律楚材，原文见《遗山先生文集》（四部丛刊本）卷三十九《癸巳岁寄中书耶律公书》。时在天兴二年（1233）四月二十二日，蒙古军入汴后二日。该书向耶律楚材推荐秀民材士五十四人，请求保护、救助和日后任用。遗山认为此事“系斯文为甚重”，“他日阁下求百执事之人，随左右而取之，衣冠礼乐、纪纲文章尽在于是”。耶律楚材原系金臣，贞祐间已投奔蒙古，围城时任蒙古国之中书令。

〔二〕此句言崔立之变前后，遗山曾极力从事保全皇族、僚友及百姓的营护活动。《金史·完颜奴申传》载：“天兴二年（1233）正月丙寅，省令史许安国诣讲议所言：‘古者有大疑，谋及卿士，谋及庶人。今事势如此，可集百官及僧道士庶，问保社稷、活生灵之计。’左司都事元好问以安国之言白奴申，奴申曰：‘此论甚佳，可与副枢议之。’副枢亦以安国之言为然。好问曰：‘自车驾出京，今二十日许，又使遣迎两宫。民间汹汹，皆谓国家欲弃京城，相公何以处之？’阿不曰：‘吾二人惟有一死耳。’好问曰：‘死不难，诚能安社稷、救生灵，死而可也。如其不然，徒欲一身饱五十红衲军，亦谓之死耶？’阿不款语曰：‘今日惟吾二人，何言不可。’好问乃曰：‘闻中外人言，欲立二王监国，以全两宫与皇族耳。’阿不曰：‘我知之矣，我知之矣。’即命召京城官民，明日皆聚省中，谕以事势危急当如之何。有父老七人陈词云云，二相命好问受其词。白之奴申，顾曰：‘亦为此事也……’”《金史·忠义传》又载，遗山好友蒲察琦崔立之变中欲尽节而死，遗山探望，蒲察琦以死生大事相托。《金史·聂天骥传》载聂天骥父女崔立之变中死难，遗山为之撰碑（碑文见《遗山先生文集》卷二十一、二十五）。崔立之流召京城名士撰碑颂功，遗山对刘祁、麻革，似已曲为营护。另，遗山为围城中死难殉国者撰碑志甚多，其名均见聂女墓志所列举，又见《溱水郡侯耶律公墓志铭》。要之，遗山围城中实因有所为而不死，如拯危救民、存史传贤、受道义之托代抚友人白华之子白朴等。重责在肩，利国利人之事非只一端。

〔三〕存赵之谋，此用战国时信陵君窃符救赵之典，见《史记·信陵君列传》。秦庭之泪，用春秋时申包胥哭秦庭，借兵复楚之典故，见《左传》定公四至五年及《战国策·楚策》《史记·秦本纪》《史记·楚世家》。此二句遗山言天地可鉴，自己确曾参与救国拯民之谋；惟以亡国之势已属必然，一切努力均付无望。

考辨：

遗山于崔立之变中，先请二丞相设法保全金室皇族宗祀，安定百姓，有觊于方来，事不果。对崔立授官，似采取默拒态度。时崔立逞暴，“人少有忤，则谗构立见屠灭”（刘祁《录大梁事》）。遗山以微薄之力，临危之躯，冒万死为救国拯民奔走，不暇自顾，反而尽力顾人，史实俱在，不可抹杀。又上书耶律楚材，请求助养秀民材士，保护文化，其心志实堪钦敬。考遗山进言二相始末，刘祁《录大梁事》失载，可知遗山其时不以自身存亡为计，一意从事“安社稷、救生灵”之心事，已为刘祁所不瞭，况局外人乎？事后刘祁却以遗山为崔立撰碑主谋，斥为嫁祸，遗山确有深沉隐痛，处于难于剖白之困境。但刘祁《录崔立碑事》亦明言“其文止实叙事，亦无褒称（崔）立言”，《金史·王若虚传》亦云“然只直叙其事而已”。既然直书其事，固系史德所尚，又何须置辩。遗山从青年时便立志“出死以为民”，“雅以气节自许，不甘落人后”（《南冠录引》），其围城中言行可谓不负初衷。笔者于此，固当表而出之。所宜辨者，惟在遗山对反金起义的红袄军，称之为“贼”，持反对态度，是遗山阶级局限性使然，此正无须为讳也。

（四）

初，一军构乱，群小归功。劫太学之名流，文郑人之逆节。命由威制，佞岂愿为？就磨甘露御书之碑，细刻锦溪书叟之笔〔一〕。蜀家降款，具存李昊之世修；赵王禅文，何预陆机之手迹？伊谁受赏，于我嫁名？〔二〕悼同声同气之间，有无罪无辜之谤〔三〕。耿孤怀之自信，听众口之合攻。果吮痈舐痔之自甘，虽窜海投山其何恨〔四〕？唯彼证龟而作鳖，始于养虺以成蛇。追韩之骑甫还，射羿之弓随彀。以流言之自止，知神圣之可凭〔五〕。

注释：

〔一〕太学之名流，指刘祁、麻革，其时二人为太学生，未入仕，见刘祁《录崔立碑》。郑人，指崔立。崔立叛变后自称郑王，见《金史·崔立传》。就磨甘露御书之碑，刘祁《录崔立碑事》云，崔立之党命诸人撰写碑文后，求刻石，“省门左旧有宋徽宗时甘露碑，有司取而磨之，工书人张君庸者求书”。参见该文所附郝经《辨磨甘露碑》诗。锦溪书叟，金代书法家张天锡，字君用，号锦溪书叟，河中（今山西永济县）人，见《书史会要》。此句用以代指碑文书写者。以上言崔立胁迫诸人建功德碑事，详见《归潜志》卷十二、《金史·崔立传》、《金史·王若虚传》、《大金国志·王若虚传》、遗山《内翰王公墓表》及《中州集·王若虚小传》等。遗山言“命由威制，佞岂愿为”，已申明自身与崔立碑有关涉，但系由胁迫，并非自愿，更非附逆与撰碑主谋。

〔二〕蜀家降款、李昊世修，李昊，五代至宋初人，仕蜀五十年，前蜀降唐，后蜀降宋，先后均由李昊起草降表，蜀人潜署其门曰“世修降表李家”以示讥刺，事见《宋史》卷四百七十九《李昊传》。赵王禅文、陆机手迹，遗山自注：“《文选·谢平原内史表》。”赵王，即赵王伦。公元300年，西晋“八王之乱”，赵王伦杀贾后，自为相国，引陆机为相国参军。旋伦称帝，陆机进为中书郎。次年，赵王伦被诛，齐王冏逮捕陆机，欲治罪，遇赦而止，事见《晋书·陆机传》。《传》文为：“伦将篡位，以（机）为中书郎。伦之诛也，齐王冏以机职在中书，九锡文及禅诏疑机与焉，遂收机等九人付廷尉。”陆机后获免，归附成都王司马颖，颖荐为平原内史。陆机到官作《谢平原内史表》自明其冤（见《文选》卷三十七）。表云：“陪臣陆机言……横为故齐王冏所见枉陷，诬臣与众人共作禅文（李善注引王隐《晋书》云：“齐王冏，字景治，赵天伦篡位，冏举兵征讨，临阵斩之。”禅文，伦受禅之文），幽执囹圄，当为诛治，臣之微诚，不负天地……片言只字，不关其间；事踪笔迹，皆可推校（李善注引王隐《晋书》云：“机与吴王晏表曰：‘禅文本草，今见在中书，一字一迹自可分别……’”）。”遗山此以降款、禅文喻崔立叛变及立碑事，并以陆机自比，言自己并无美化崔立之词。与刘祁《录崔立碑事》云“然其文（指碑文）止实叙事，亦无褒称（崔）立言”及《金史·王若虚传》所载相一致。“伊谁受赏，于我嫁名”，指刘祁等撰碑受崔立之赏。刘祁《录崔立碑事》载：“（撰碑）后数日，（崔）立坐朝堂，诸宰执，首领官共献其文以为寿，遂召余、信之（即麻革）等俱诣立第受官。余辈深惧见立。俄而，诸首领赍告身三通以出，付余辈曰：‘特赐进士出身。’因为余辈贺。”“嫁名”，则指当时士议指责遗山参与撰碑事。后刘祁作《录崔立碑事》亦言：“诸公（包括遗山在内）自以仕金显达，欲避其名以嫁诸布衣”，“欲避其名以卖布衣之士”，“彼欲嫁名于余，余安得而辞也”，并指责遗山系主谋之一，对自己有所催迫。然刘祁罹罹横祸，亦属无辜，故对遗山有过激批评，情有可原。惟指遗山附逆，洵属言过其实。

〔三〕同声同气，当指刘祁。刘祁系遗山晚辈，曾甚受遗山推许。遗山有《赠答刘御史云卿》诗：“阿京（刘祁字京叔）吾所畏，早生号能文。”云卿即刘祁之父。《中州集》刘云卿小传云：“（云卿）二子，祁字京叔，郁字文季，俱有名于时。”围城中，遗山上耶律楚材书荐秀民材士五十四人，中亦有刘祁兄弟。无罪无辜之谤，言士议对己之指责，实属无辜受谤。

〔四〕听，听任。吮痈舐痔，指谄媚无耻、巴结权贵以牟利的小人，语出《庄子·列御寇》：“秦王有病召医，破痈溃痤者，得车一乘；舐痔者，得车五乘。”《史记·佞幸传》载汉文帝臣邓通为帝吮痈事。遗山借指为崔立效劳者。窜海投山，窜，窜逐，指流放；投，投放，亦指放逐。此数句言自信无罪，任凭他人造谤；倘确有谄附崔立之事，甘受放逐于山海远地的惩罚。

〔五〕虺，毒蛇，与蛇均代指造谤者。追韩之骑，用萧何追还韩信，向汉高祖荐为大将的典故，见《史记·淮阴侯列传》。射羿之弓，用逢蒙学射于后羿，艺成反欲射杀后羿的典故，见《孟子·离娄》：“逢蒙学射于羿，尽羿之道，思天下惟羿为愈己，于是杀羿。”遗山自注：“予北渡初，献书中令，请以一寺观之费，养天下名士，造谤二三（二或作“者”）亦书中枚举之类也。”按，遗山上书列举推荐五十四人中便有刘祁兄弟，疑即造谤者。此数句言事实证明，招致诽谤者系自己知人不明，养蛇反遭蛇噬。其人素受遗山知赏推许，却于崔立碑事后反而嫁祸遗山。如此恩将仇报，令人愤慨，然自己坚信流言必止，天神不可欺妄，是非终将澄清。

考辨：

关于遗山与崔立碑事的关涉，现存的第一手材料，除遗山此文之外，即上引刘祁《录崔立碑事》为最详，另郝经《辨磨甘露碑》诗亦为重要旁证，其余史籍所载，上文已有引述。后世学者就此述评、考辨，见于清人凌廷堪、翁方纲、施国祁、李光廷各自为遗山所作的《年谱》，以及明人储巏为《遗山先生文集》所作后序，《归潜志》李北苑、鲍廷博、四库馆臣等诸跋，清人汤运泰《金源纪事诗》，全祖望《鲒埼亭集·外编》之《读〈归潜志〉》《跋遗山集》，赵翼《瓯北诗话》卷八、《廿二史札记》卷二十七等。其中翁方纲、凌廷堪于遗山受谤之冤考辨最力，全祖望指责遗山措辞激烈，余子则依违其间，虽同情遗山遭际，却终以遗山名节有染，难以为讳。要之，诸家之说均以封建忠君原则为准绳，各申所见，互有异同。而从事实本身则可确认遗山系受胁迫，惟枝节原委未能较然明晰，至今悬疑，结论不过如赵翼所言“遗山于此事，终有干涉”。笔者认为，有关遗山参与崔立碑事史实，前人多已钩稽殆尽，且仅就事论事、辩难纠缠，实无法作一公允定论。只有突破忠君观念之陈见，运用历史唯物主义原理，联系遗山所处的时代特点、历史趋势，结合其具体的特定环境、条件与其一生行事大节，全面考察，方能探明遗山忍辱负重，所为何事，有何意义，从而正确评价。

（五）

复齿平民，仅延残喘。泽畔而湘累已老，楼中而楚望奚穷〔一〕？怀先人之敝庐，可怜焦土；眷外家之宅相，更愧前途。岂谓事有幸成，计尤私便〔二〕？东诸侯助竹水之养，王录事寄草堂之赀〔三〕。占松声之一丘，近桃花之三洞〔四〕。东墙西壁，无补拆之劳；上雨旁风，有闭藏之固。已与编户细民而杂处，敢用失侯故将而自名。因之挫锐以解纷，且以安常而处顺。老盆浊酒，便当接田父之欢；春韭晚菘，尚愧夺园夫之利〔五〕。彼扶摇直上，击水三千；韦杜城南，去天尺五；坐庙堂佐天子，盖有命焉〔六〕；使乡里称善人，斯亦足矣〔七〕。

注释：

〔一〕湘累，指屈原，见扬雄《反离骚》："钦吊楚之湘累。"累，古称无罪而死。此遗山以屈原自比。楚望，语出《左传·哀公六年》："（昭）王曰：'三代命祀，祭不越望。江汉睢漳，楚之望也。'"注云："诸侯望祀境内山川星辰也，四水者，楚界者也。"按，遗山《俳体雪香亭杂咏》句云："若为常得熙春在，时上高层望宋州。"凌廷堪、李光廷、施国祁三家《年谱》均考定该诗作于天兴二年（1233）围城时，凌谱谓"是时哀宗车驾尚在归德。曰'望宋州'者，借登楼而念君臣之琐尾也"。熙春，阁名，兵火仅存者。遗山《云峡》诗："梦想熙春百花里。"此阁名亦见于《归潜志》。又按，宋州，《金史·地理志》云："归德府，属南京路，故宋州。"即今商丘、睢县一带，为古睢水流经之地，恰符楚望之境。楼中楚望，当指遗山登楼遥瞻哀宗出奔之地。奚穷，何穷。奚，何也。指怀念之情不可尽也。此上述数句言围城中，遗山以屈原自比，年老忧国之情，无穷无尽。

〔二〕此数句言先人旧居毁于兵乱，萦念不已，而自身前途无望，安于乡里，非徒私计。

〔三〕东诸侯助竹木之养，语出《左传》襄公十八年："刘难，士弱率诸侯之师焚申池之竹木。"此反用之，言东诸侯资助营建别业。东诸侯指严实。严实，《元史》有传，原系金将，率三十万户降蒙古，受任为东平（今山东东平县）帅，为世侯。遗山脱离聊城羁管，居其幕下，多受保护（详见本书《元遗山交游考》）。王录事寄草堂之赀，典出杜甫诗《王录事许修草堂，赀不到，聊小诘》："为嗔王录事，不寄草堂赀。昨属愁春雨，能忘欲漏时？"李光廷《年谱》云，此借指王君璋。君璋，原名玉汝，《元史》有传，为严实臣僚，任行台令史。耶律楚材有赠东平主事王玉汝诗，见《湛然居士集》。遗山《云峡》诗序云"君璋启事西凉"，故此云"寄"。又《濮州刺史毕侯神道铭》云，乙卯（1255）时君璋尚任东平参佐。此二句言别业营建，由严实资助，王君璋寄金。

〔四〕松声一丘，遗山自注："东皋子（唐·王绩）《北山赋》：'菊花两岸，松声一丘。'"桃花三洞，遗山自注："予此别业与白子西所居相近。"李光廷《年谱》云："地在凤山，见《两山行记》（遗山文）。"按，白子西即宋白皞，凤山即凤凰山，在今山西代县，与遗山归隐之读书山近。此二句言别业风光优美。

〔五〕失侯故将，指亡国遗臣。此句言遗山归隐，不敢以亡国之臣自名。此似寓有未曾效忠亡金之意。直至临终，遗山犹遗嘱弟子以"诗人元遗山之墓"七字志其墓碑，不称金臣。见魏初《青崖集》卷五《书元遗山墓石后》（墓石今存山西忻州韩岩村遗山墓）。挫锐，克服偏激情绪。春芽韭晚菘，语出《南史·周朗传》载周颙语，意指山中常食的鲜菜。以上数句言但愿安居别业，为一平民。

〔六〕扶摇直上、击水三千，语出《庄子·逍遥游》，此喻仕于蒙古者。"韦杜城南，去天尺五"，语见《辛氏三秦记》："城南韦杜，去天尺五。"天，指帝王。唐代韦氏、杜氏世为望族，分居韦曲、杜曲，在长安城南，近于天子所居，时称韦杜。此数句言仕于蒙古者，为新朝重臣，将有作为，盖由命定。

〔七〕“使乡里称善人，斯亦足矣”，见《后汉书·马援传》，马援引其从弟马少游语：“士生一世，但取衣食裁足，乘下泽车，御款段马，为郡掾史，守坟墓，乡里称善人，可矣。致求盈余，但自苦耳。”此句言遗山只愿隐居乡里，做个受人称道的好人。

考辨：

此节遗山申明归隐之志，但愿“里社浮湛”，做个“善人”，与世无争。但考之实际，遗山虽不仕于蒙古，用世之志、政治热情并未消沉。他筑野史亭，撰述金史，四方碑版争趋其门，写下了许多珍贵的文献。同时他仍多次外出奔走，甚至在1252年应召与张德辉一道北上，觐见元世祖忽必烈（《元史·张德辉传》，又参见黄时鉴《元好问与蒙古国关系考辨》），宣扬儒教治国之道，保护人才，提倡文化，提携后进等。所有这些活动，都适应了游牧的蒙古征服者吸收中原农业封建文明的历史要求，有利于当时社会安定、经济恢复发展和民族融合，促进了历史进步，其功绩是应当充分肯定的。遗山在围城中与崔立碑事发生关涉，反映了他为爱国利民事业而奋争，完成一生重大政治转折的激烈冲突和曲折经历，是他“出死以为民”的崇高政治理想与以天下斯文为己任的社会责任感的突出表现。在社会动荡的关键时刻，遗山能够坚持为民第一、忠君第二的原则，以中华民族整体利益为重，这在千年来的封建社会里，是极为难能可贵的。前人仅据遗山金亡不仕的表象，将其冠以“亡金遗民”的美称，实不足以概括遗山奋斗进取的大节，反而贬低了他所从事的进步历史活动的意义。这是需要彻底纠正的。

余　论

笔者认为遗山这篇《外家别业上梁文》，已明言“命由威制，佞岂愿为”，本没有讳言参与碑事，只因事由胁迫，横遭牵连而已。文中申述“蜀家降款，具存李昊之世修；赵王禅文，何预陆机之手迹？伊谁受赏？与我嫁名！”遗山所争固不在否认与事无关，而在没有颂功附逆，更非撰碑主谋。刘祁在其《录崔立碑事》中也承认碑文定稿：“止实叙事，亦无褒称（崔）立之言。”前辈学者于碑事枝节纠缠不休，治丝益棼，却不顾及当事人双方实质上的共同之词。前人诸说对遗山或同情而回护，或卫道而严责，各执一词，莫衷一是，均旨在维护君臣华夷大防而已。事实上，“止实叙事”已揭明要害，即胁迫撰碑，势无所逃，立言褒贬，秉笔由我。敢于坚持直笔，耻于夸饰受赏，即使衡以为臣之道，亦无所谓失节可言。古来南董直笔，传为美谈。后世称道不置，移之遗山，反招纷纷责难，何厚彼薄此如此！有的同志认为刘祁文中能“坦率地承认，这（指撰碑）是自己‘年少之过’”，与遗山此文“文过饰非”相差“何啻千里之别”（见《归潜志》崔文印《点校说明》），殊不知刘祁奉命撰碑，骤遭横祸，可谓无辜，但于起事始末并不了然，于遗山心事尤未深知。事后畏于物议，指责遗山，情有可原，言辞过激，固属难免。然论者对此失于深辨，只问细节是非，不看实质要害，强分曲直，畸轻畸重，终于事出有因，查无实据，千年而下，迄无定论。今人欲定此案，应当详察史实，探其本质，庶免舍本逐末，迷而不返，尤不可陷入前人“忠君守节”的陈腐观念，画地为牢，作茧自缚。至于遗山文本用骈俪之体，征采典实，文意含蓄，是为形式要求所致，并非作者有意回避。“文过饰非”云云，实不敢苟同。

笔者学识浅陋，试作释考，未必达文深旨，谨俟方家指正，窃有望焉；倘能有助于昭白遗山心迹于万一，则曷幸哉！

（原载于《晋阳学刊》1985 年第 1 期）

元遗山气节问题诸说平议

——重评元遗山的气节问题之三

元遗山作为金元之际杰出的诗人、历史学者、文化活动家，在我国古代文学史和史学史上具有公认的地位。然而，在遗山生前和身后很长的时期里，人们对他后半生的政治气节与民族气节问题却颇有纷议与批评。气节问题，直接影响到对遗山一生的评价。鉴于前代学者对这两方面的问题多有考辨、争议，以至构成了数百年聚讼不已的一桩公案，因而有必要对此案有关的第一手材料以及前代与当代学者的诸种说法全面考察，以期做出客观的结论。

甲、刘祁的呈述与遗山的申明

遗山的这桩公案最先是从政治气节问题提出的，集中地反映在崔立碑事件上。

围城期间发生了崔立碑事件，很快引起了“士议”的非难，撰碑参与者受到了舆论的压力。金亡后两年（1235），撰碑者之一刘祁作《归潜志》一书，内有《录崔立碑事》一文，披露了该事件发生的始末和若干情节。刘祁承认自己参与撰碑是“年少之过”，但又指出，这个过失实由遗山等人“嫁名”“迫促”

图书在版编目（CIP）数据

元遗山论／降大任著 .--太原：三晋出版社，
2017.11
ISBN 978-7-5457-1616-0

Ⅰ.①元… Ⅱ.①降… Ⅲ.①元好问（1190-1257）
—人物研究 Ⅳ.①K825.6

中国版本图书馆CIP数据核字（2017）第270497号

元遗山论（增订版）

著　　者：降大任
责任编辑：张继红
特邀编辑：张勇耀
责任印制：李佳音

出 版 者：山西出版传媒集团·三晋出版社（原山西古籍出版社）
地　　址：太原市建设南路21号
邮　　编：030012
电　　话：0351-4922268（发行中心）
0351-4956036（总编室）
0351-4922203（印制部）
网　　址：http://www.sjcbs.cn

经 销 者：新华书店
承 印 者：山西臣功印刷包装有限公司

开　　本：720mm×1020mm　1／16
印　　张：33
字　　数：456千字
版　　次：2017年11月 第1版
印　　次：2017年11月 第1次印刷
书　　号：ISBN 978-7-5457-1616-0
定　　价：98.00元

所致，遗山应负一部分主要责任。《归潜志》写就后，又两年（1237），遗山从山东聊城脱离羁管，返回故乡忻州重建外家别业，作《外家别业上梁文》，文中复述了围城中崔立碑事的有关情况，为自己申辩雪谤。此文不妨看作是对刘祁文的答复。刘祁文与遗山文便成为现存有关崔立碑事件的两份第一手资料。

刘祁，山西浑源人，原是遗山好友刘从益之子。刘祁与其弟刘郁青少年时曾受到遗山的推重与知赏。刘祁在围城期间直接参与撰碑，事后作《录崔立碑事》一文，对遗山责难，便使他由事件参与者成为遗山罪案有力的原告人。

刘祁文中呈述崔立碑事的主要情节如下：

> 崔立既变，以南京（即汴京）降，自负其有救一城生灵功，谓左司员外郎元裕之曰："汝等何时立一石书吾反状耶？"时立国柄入手，生杀在一言，省庭日流血，上下震悚，诸在位者畏之，于是乎有立碑颂功德议。

下述与麻革（时与刘祁同为太学生）同被张信之（崔立之党）、元裕之召见，翰林学士王若虚以"在京官吏父老心"的名义，委托刘祁、麻革撰碑文。

刘祁"于是阴悟诸公自以仕金显达，欲避其名以嫁诸布衣"，"因逊让而别，连延数日，又被督促。知不能辞，即略为草定，付裕之。一二日后，一省卒来召"。刘祁赴省，复与张、元、王共议修订碑文。当夜，"裕之引纸落笔草其事……其铭词则王丈（若虚）、裕之、信之及存予旧数言，其碑序全裕之笔也。然其文止实叙事，亦无褒称立言"，"后数日……诸首领官赍告身三通以出，付余辈曰：'特赐进士出身。'因为余辈贺……省门左旧有宋徽宗御书甘露碑，有司取而磨之"，刻写碑文。文末，刘祁申辩云："呜呼，诸公本畏立祸，不敢不成其言，已而又欲避名以卖布衣之士（指刘、麻原未任官职）……故余隐忍保身为二亲计，且其文皆众笔，非余全文。彼欲嫁名于余，余安得而辞也？今天下士议往往知裕之所为，且有曹通甫诗、杨叔能词在，亦不待余辩也。”

刘祁文意很明白：参与撰碑是由遗山等“畏祸”“嫁名”而逼迫所致，自己出于考虑赡养二亲计，不得不然。故“天下士议往往知裕之所为”，并有曹通甫诗、杨叔能词为旁证。

崔立本属贪狡淫虐之徒，其以汴京叛金降蒙古，杀人放火，抢掠财物，霸占妇女，无恶不作，是一个无耻的民族败类、历史罪人。为这样一个坏人歌功颂德，当然是不能宽容的错误，这在今天看来也是应当谴责的。刘祁已自承有过，又指出遗山应负主要责任。刘祁这一指责是不是属实，显然不能只以刘祁的一面之词为据。但刘祁所举曹通甫诗与杨叔能词的旁证，今已不存，这就必须参照遗山《外家别业上梁文》及有关文献材料，进行必要的考证。

关于遗山《外家别业上梁文》，因系骈体，文意含蓄深曲，为澄清是非，笔者已作《元遗山〈外家别业上梁文〉释考》（见前），就文中疑难字句及有关史实作了必要注释、考辨，以揭示遗山当时身处险境，别有隐衷，不容以死殉国的心迹。笔者认为，遗山文明言“命由威制，佞岂愿为”，并非讳言参与撰碑，其所争只在没有附逆而已。刘祁虽指责遗山，但其文亦云碑文定稿“止实叙事，亦无褒称（崔）立言”。《金史·王若虚传》从之。可见，受命撰碑，乃系胁迫，势无所逃；然立言褒贬，执笔由我。既已坚持直笔，便属难能可贵，复何失节之有？

遗山对遭受诽谤颇为愤慨。其文云：“劫太学之名流，文郑人之逆节”，“蜀家降款，具存李昊之世修；赵王禅文，何预陆机之手迹”，“伊谁受赏，于我嫁名？悼同声同气之间，有无罪无辜之谤。耿孤怀之自信，听众口之合攻”，“惟彼证龟而作鳖，始于养虺以成蛇。追韩之骑甫还，射羿之弓随彀”。考上述文意，当是刘祁等所撰碑文原稿可能有夸饰崔立之词，定稿时由遗山削去，仅存直笔。

而遗山对久所知赏的刘祁事后反而诿过于己，尤觉痛心。

从刘祁一方讲，围城之中身家不保，骤然受迫撰碑，犹如祸从天降。且遗山为一代文坛盟主，任事于省庭，复与撰碑事有涉。刘祁因不瞭该事本末原委，更不知遗山心事，事后指责遗山，言词不免激烈过当，然其情却有可原。可见，争执本由双方发生极大误会所致，固无须深责焉。

乙、郝经作诗为遗山辩护

如上所述，刘祁所举曹通甫诗与杨叔能词均已不传。但可资旁证者，尚有遗山的学生、元初著名学者郝经事后所作《辨磨甘露碑》一诗（见《陵川集》卷八，中华书局出版《归潜志》卷十一附）。诗云：

> 国贼反城以为功，万段不足仍推崇。勒文颂德召学士，滹南先生付一死。林希更不顾名节，兄为起草弟亲刻。省前便磨甘露碑，书丹即用宰相血。百年涵养一涂地，父老来看暗流涕。数尊黄封几斛米，卖却家声都不计。盗据中原责金源，吠尧极口不覥颜。作诗为告曹听翁，且莫独罪元遗山。

诗中曹听翁即刘祁所讲的曹通甫。元人鲜于枢《困学斋杂录》：“通甫，名居一，一字听翁，号南湖散人。金末进士，仕元为行台员外郎。”曹与刘祁的好友李夷交往颇深，对刘祁当有了解（见《归潜志》卷二）。遗山亦与曹有交往，遗山集中有《送曹吉甫及通甫》诗。刘祁曾引曹诗为援证，可知曹亦系指责遗山者之一。郝经“作诗为告”，当是为遗山辩护。

详郝经诗意，批评碑文“责金源”“吠尧极口”，是指撰碑原有攻击金廷之词。诗又云“兄为起草弟亲刻”，这兄弟二人当是负主要责任者，遗山并非主谋。兄弟指谁？诗未指明。“林希更不顾名节”又暗示谁人？亦须落实。不过，郝诗末云“且莫独罪”，并非指遗山无罪，不过是认为遗山不应承担全部责任。所以，郝经的辩护是有保留、有分寸的。考之实情，刘祁以太学生无端奉命撰碑，必由遗山、王若虚、张信之等传意。所以，问题不在刘祁没有抱怨的权利，只是刘祁仅以二亲计不得不屈从，理由不无勉强之处，难以取谅于“士议”。

丙、前代学者的考辨与评论

郝经诗指出崔立碑事的若干情况，其中一些可以得到史籍文献的印证，但在谁是谁非的关键问题上，仍然模糊。不过，从郝经诗中可以看出，遗山的气节问题在他生活的时代，已经引起争议。明人储巏在重刊《遗山先生文集》后序中已指出，当时有人“谓金之亡、崔立之变，死生辞受之际，遗山处之，有不能逭人之议者”，足见事关重大。鉴此，金元以降的前代学者对这一悬案亦多有考辨或评论。只是，诸家考辨、评论各有侧重，见解不一。有的专考崔立碑事有关事实，并由此涉及遗山未能殉君的政治气节问题，有的更引申涉及遗山与蒙古国关系的民族气节问题，也有的专主议论、评判是非或别有寄寓、讽时劝世。见仁见智，歧见杂陈，有必要对诸家说法撮要列举，逐一平议，判其得失，择善而从，以便重新评价遗山。

一、郭元釪

清人郭元釪作《金诗纪事》内有专论崔立碑事之条，是一篇较早的考辨文字。郭氏引遗山《秋夜》诗“九死余生气息存，萧条门巷似荒村。春雷谩说惊坯户，皎日何曾入覆盆。济水有情添别泪，吴云无梦寄归魂。百年世事兼身事，尊酒何人与细论”指出：“此诗为汴京之难言之也。”郭氏据《金史·文艺传》

所载史实言:“当时碑文皆以为裕之所作,其不免于物议可知。诗中‘悲衔坯户’‘冤抱覆盆’,伤九死之余生,慨百年之身世,曹听耳食,实繁有徒,尊酒细论,所以叹息于告语之无人也。”郭元钎又引郝经诗与遗山《外家别业上梁文》,认为“似乎当时碑文仍出刘京叔手”,遗山文“既受赏者有人,悲嫁名为无罪,乍返追韩之骑,已关射羿之弓,其言隐痛,必有所指”,且“(文中自注)所云中令君盖即耶律楚材”;又据遗山上耶律楚材书所举五十四人,“内刘、麻二人之名皆在焉,然则所云‘造谤二三’得毋即指之邪?”但遗山与麻信之交情素厚,平素又推重刘祁兄弟,对照文中称撰碑者为“名流”,“不斥其人,诿之曰‘劫’,明其非得已也,复为解曰‘命由威制’,则又似乎京叔之撰文,翟奕、张信之辈实使裕之促之者。更为解曰‘佞岂愿为’,又似乎京叔属草之后,裕之亦尝略为删改者,后乃尽举过归之一人”。郭氏又考郝经诗有“林希更不顾名节,兄为起草弟亲刻”,提出“岂京叔撰文,其弟文季(刘郁)亦在围城中便为之上石耶?”认为“但林希二字殊不可解”,疑系暗喻麻信之(革)。诗“末云‘作诗为告曹听翁,且莫独罪元遗山’,则所以为裕之讼冤者虽切,然亦未尝谓不与其事者,盖裕之自尚书省掾迁左右司员外郎,实为崔立所署,其受谤亦未为无因也。”

〔**平议**〕

郭氏所论系崔立碑事,其据《金史·文艺传》是指该传中《王若虚传》。《传》文云:“(碑文)(刘)祁即为草定,以付好问。好问意未惬,乃自为之,既成,以示若虚,乃共删定数字,然止直叙其事而已。”故郭氏言“当时碑文皆以为裕之所作”。殊不知此《传》文采自《归潜志》,本属刘祁的说法。此外,郭氏所论,大半为疑似之词而无判断。造成这种状况的原因是郭氏未见《归潜志》卷十二《录崔立碑事》。翁方纲曾指出:“今《归潜志》行止八卷,是以前辈皆未见此事源委。”(见翁撰《年谱》)凌廷堪亦讥之:“宜乎(郭氏)论(遗山）先生此事不能得其要领也。”（见凌撰《年谱》）尽管如此，郭氏指出《金史》与遗山文、郝经诗之抵牾处，不作臆断，亦自有矜慎处。

郭氏的粗疏失误有两点：一、不知郝诗“曹听”即实指曹通甫其人，而以为是泛指。二、以为“林希”是暗喻麻革，不知此乃征引宋人林希事。对此，翁方纲、凌廷堪均有订正。按《宋史·林希传》载，林希原系元祐党人，后投靠章惇，攻击吕大防、刘挚、苏轼兄弟，博取高官。一次草制时，林希掷笔叹曰：“坏了名节矣！”故郝经诗借其人喻变节之士，并非专指麻革。

总的看来，郭氏疑刘祁为致遗山受谤者之一，疑碑文由刘祁属稿，遗山略为删改，均可从遗山文（参笔者《元遗山〈外家别业上梁文〉释考》）印证，而非专信刘祁一面之词。这些都是比较合乎情理的。

二、朱鹤龄

朱鹤龄是明末清初学者，擅长笺疏之学，其所撰《愚庵小集》卷十三《杂著二》有《书元裕之集后》一文。此文以妇女再嫁与遗山入元比照，文云：“人臣身仕两姓犹女子再醮，当从后夫节制，于先夫之事悯默不言可也……吾读裕之集而深有感也。裕之举金兴定中进士，历官左司员外郎，陷汴京围城中，痛愤作诗，指斥蒙古，不啻杜子美于禄山、思明也。及金亡遂不仕，隐居秀容之系舟山，时往来严实万户所，诗文无一语指斥者，裕之于元不可谓再醮女。然既足践其土，口茹其毛，即无诟詈之理，非独免咎，亦谊（同“义”）当然也。”

〔平议〕

朱氏既论遗山政治气节问题，又论民族气节问题。他指出遗山金亡之前痛斥蒙古，金亡之后不再指斥当局，既可免咎，亦合于义理，如再嫁之妇顺从后夫节制，不当有所抱怨。

朱氏以臣之事君守节与女之事夫守节并论，是旧时卫道士惯用的比拟之词，实不足道。但朱氏在客观上指出遗山在金亡前后政治态度的变化，本属事实。

惟朱氏认为遗山这一变化的原因在于，受制于蒙古，“既足践其土，口茹其毛，即无诟詈之理”，意谓遗山徒以免咎与衣食之谋，不得不然，这便大谬不然。观遗山入蒙古国后全部活动，谋食求生固不免四方奔走，但更抱有宣扬仁政、文治的政治目的，孜孜以求。朱氏知其然，不知其所以然，实属皮相之谈。

今人陈中凡先生在其《元好问及其丧乱诗》(见《文学研究》1958年第1期)一文中，引朱氏的话评遗山丧乱诗，认为是“持平之论”，并说：“于此可见好问晚年依违于新贵之间，诚不无可议，但终不能因此即抹杀他的所有诗篇。”这意思是说遗山在气节上不免“盛德之累”，但他的丧乱诗应当肯定。然而，我们正要研究所谓“盛德之累”究竟是指什么。按陈氏见解，似乎金亡之后继续痛斥蒙古新贵，方是坚持了气节。这无异是要遗山找死，死了才能保持气节。那么遗山为何不死？又为何与蒙古新贵周旋？遗山不死是否就是大节有亏？要解答这些问题，显然不能单靠义愤为依据，而要结合遗山后半生的全部活动来细加考察。

三、翁方纲

翁方纲是乾隆时著名学者，他在为遗山所撰的《年谱》中，着力为遗山辨诬。其要点有五：

1. 翁氏照录郭元釪《金诗纪事》的主要说法，纠正其将林希误为暗喻麻革的疏失，同意郭说遗山文主要针对刘祁而发的观点。

2. 引遗山《壬辰十二月车驾东狩后即事》诗，说明遗山在崔立之变前始终“关心国是”，知遗山“之志不在区区为一己出处申辩”。换言之，遗山对亡国变故早有预料，崔立叛变后，仍一心忧国为民，自处有道，并非专意逆附崔党。作《外家别业上梁文》亦非为个人得失申辩。

3. 引薛应旂《续通鉴》中所据刘祁文的有关记述，与《金史·王若虚传》、郝经诗相对照，指出其相互不合之处。如《传》云“碑不果立”，而郝经诗有

“起草亲刻”“父老来看”之语，是碑已树立，此不合一也；郝经诗批评碑文“极口吠尧”（指攻击金廷）之语，而《传》云“止直叙其事”，此不合二也；遗山遭崔立之乱凡三个月，遗山自云其时“斗食未迁”，而《传》云已受崔立左右司员外郎之职，此不合三也；《传》中所述崔立碑事发生地点、时间，忽云在置官之后，忽说仍在尚书省，忽又似乎在未署官时，此不合四也；《传》文既述王若虚决定以死抗拒崔立，又谓若虚后来参与删定碑文，此不合五也。这五点矛盾之处，说明此事本末参错难晓。而郝经诗云“且莫独罪元遗山”，仍是笼统之语，当因郝经当时年仅十一岁，或恐于此不尽详知所致。

4. 明人储巏指出，当时有人责难遗山在围城中“有不能逭人之议者”的说法，本系失于详考。故储巏曰：“观其（遗山）对奴申之语，志聂女之墓，隐忍激烈，意盖有待而为也。”翁氏同意储巏这一见解，认为遗山围城中不容即死，确系“有待而为”。其所待者有二：一是崔立变中，遗山上言留守二相完颜奴申和完颜习捏阿不，要求设法“安社稷、救生灵”，不赞同徒以一死殉君了事（见《金史・完颜奴申传》），此即储巏“对奴申之语”所指。二是围城中，遗山为金室左右司员外郎聂天骥及其女殉国之举，分别作墓志（见《遗山文集》卷二十一、二十五），加以表彰，足见遗山存史垂训之志，此即巏“志聂女之墓”所指。这些事实，可证遗山不死，确有所待，并非逆附崔党。翁氏论及聂天骥死于左右司员外郎之职，不应遗山亦同时任此。倘遗山果受此职，不当于墓志中复书聂天骥官职，此“亦必崔党畏先生名重署之官，以自为地，与先生固无豫，而况史所载多参错致疑哉！”按，遗山职在左司，聂在右司，翁论混为一谈，误。

5. 据刘祁文与遗山文对照，翁氏认为“碑文当日为刘祁作无疑。《金史・王若虚传》前半依遗山文（指遗山《内翰王公墓表》，见《遗山文集》卷十九），后半则依刘祁文（指《录大梁事》）”。刘祁文言若虚已参与撰碑，但《金史》前半言若虚决定以死抗命，加以称扬，后半于遗山撰碑却不无微词，可见对二人褒贬失当。又，遗山文对刘祁只是隐指，并无明斥；刘祁文指责遗山屡屡直称，惟恐他人不知。究竟是谁“嫁名”，当自有公论。且刘祁文述撰碑过程先后，时间上亦有矛盾；其言崔立变后，滥封官职，“除拜无虚日”，也足证遗山受崔立署官，本属虚妄不足道。此外，郝经诗言碑文“极口吠尧”，有赞逆斥金之词，必目见此文，有所亲知；倘仅如刘祁所言“止实叙事”，郝经就不会那样激愤地批评碑文撰写者。

〔**平议**〕

翁方纲主要就崔立碑事来考辨遗山政治气节问题。他从刘祁文与遗山文中内证，与其他材料的外证相参照，揭出刘祁文中自相矛盾之处，为遗山辩护，考证亦颇细致。故李光廷认为“甘露碑事为先生终身之恨，盖由刘京叔尽诿过也。翁谱辨之不遗余力，可称元氏功臣”（见李撰《年谱》）。

翁辨引遗山诗文说明遗山于围城艰危之际，关心国事，其志不在区区为一己出处申辩。又引储巏言，遗山对奴申之语，志聂女之墓，可知其确系“有待而为”，均极有理。翁辨遗山署官事，不很得力。但从遗山诗文从未承认接受“左右司员外郎”之职却能得到进一步证实。笔者于《元遗山〈外家别业上梁文〉释考》中，已指出遗山对围城一段时间的任职，从来自称为“左司都事”一职（如左曹之都司、东曹掾知杂权都司、东曹都事、掾东曹、东曹掾吏部主事臣、东曹掾属，皆“左司都事”之同义语，分见《遗山文集》卷二十八《归德府总管范阳张公先德碑》、卷三十八《赵闲闲真赞》、卷三十七《南冠录引》、卷二十七《赠镇南军节度使良佐碑》及《中州集》之《中州鼓吹翰苑英华序》、遗山诗《病中感寓赠徐威卿兼简曹益甫、高圣举先生》）。翁氏认为崔立署官“与先生固无预”，颇有道理。翁辨以刘祁指责遗山失当，意谓刘祁颇有恩将仇报之嫌，诿过嫁名之迹，亦自成理。

不过，刘祁苛责遗山，措词激烈，亦情有可原。因为他以碑事横遭牵连，实属无妄之灾。他本不知碑事全过程，也不了解遗山“有待而为”的动机，事后受到舆论压力，自然要全力申辩，抱怨遗山。但刘祁毕竟尊重他经历的史实。他承认撰碑是“年少之过”，肯定碑文定稿“止实叙事”，态度是比较客观的。这恰证明遗山秉笔删润原稿时坚持了直笔原则，并无附逆失节之实。所以，可以认为，刘祁苛责遗山一方面是由于舆论所迫，一方面是对遗山有所误解造成的。

然而，翁氏却不相信刘祁所言碑文定稿“止实叙事”。他以郝经有“极口吠尧”之词，认为碑文仍有指斥金廷之处。他还认为郝经诗有“父老来看”之语，可见碑已竖立，而刘祁言“碑不果立”便是假话。翁氏这些观点，在情理上是说不通的。试想，倘若遗山定稿确有斥金之词，刘祁作文本为自己辩护，归咎遗山，自应举碑文为口实，何以反而讳之仅言“止实叙事”呢？倘若碑已竖立，有目共睹，引原刻岂不更得力？何以略而不载呢？既然郝经时年仅十一岁，涉世甚浅，其诗云“极口吠尧”“父老来看”，究属亲睹，抑或得之传闻，均应存疑。翁氏对此毫不虑及，为遗山辩解而全部否定刘祁文的真实性，固不免偏袒而畸轻畸重了。从遗山与刘祁两文第一手材料看，遗山言“劫太学之名流，文郑人之逆节”，刘祁自认“年少之过”，碑文草稿有刘祁称扬崔立之词，是可能的。这些谀词被遗山定稿时削去，刘祁也承认“止实叙事”，这当是属实的。刘祁当时为二亲计不得不然，固有可议。遗山为文不加显斥，仅隐指其事，说明遗山深知刘祁困境，居心宽厚。刘祁尽管诿过遗山，却未歪曲定稿直笔的事实。可见，在崔立碑一事上，遗山本无所谓气节问题。专就此枝节纠缠不休，实无意义，徒然治丝益棼，淆乱视听而已。事实上，应当考察的是：遗山何以不抗暴而死？其有待而为，所为何事？又何以于城破之日上书耶律楚材？这些才是属于遗山气节上的关键问题所在。储罐所言遗山“对奴申之语，志聂女之墓”，已在一定程度上触及问题实质，循此而进，深入探讨，才是破疑解惑的正确途径。

四、凌廷堪

凌廷堪是清初常州学派的著名考据家。他的考辨与翁氏类同，仍集中于崔立碑事，见于他所撰的《年谱》。凌氏针对刘祁文而发，并对郭元钎《金诗纪事》的考辨全面驳正，其要点有五：

1. 凌氏认为刘祁文“其语皆游疑无定”。刘祁文中以扬雄《剧秦美新赋》自比，表露出撰碑后的惭意；借口为二亲计自释其罪，实为讳过；既自承碑文属草，又言“其文皆众笔”；既言撰碑后受赏不辞，又抱怨“诸公欲嫁名”，难以取信于人。刘祁又言碑文无褒称崔立之言，然郝经诗有“极口吠尧”之语，可见已有褒贬。况《金史·王若虚传》（按，该传前半实据遗山《内翰王公墓表》）有王若虚以死拒绝撰碑之语，而刘祁却云“王丈为定数字”，与前者矛盾。如此等等，说明碑文“为刘京叔所撰无疑”。刘祁文旨在攀援他人，以分己谤，《金诗纪事》未见《归潜志》足本，乃谓“先生受谤不为无因”，是昧于知人论世。

2. 凌氏亦纠正《金诗纪事》将郝经诗“曹听翁”本指曹通甫误为泛指，将“林希”本系宋人误为暗喻麻革等失考之处。又指明《金史·王若虚传》前半本遗山《内翰王公墓表》，后半据刘祁文，而作史者不能抉择，牵连采入。认为《传》文载撰碑时“好问意未惬，乃自为之”之语，不可为据。凌氏曰：“夫当时立碑撰文，不过畏崔立之祸，非必取文辞之工，有京叔属草已足塞立之请，何取更为之耶！”

3. 凌氏认为《金诗纪事》言遗山《外家别业上梁文》暗指刘祁等人造谤，是不识遗山忠厚之心。遗山以修史为己任，曾受阻于乐夔，但遗山集中尚有赠乐之诗；对刘祁所举曹通甫、杨叔能，遗山亦无指责。“夫先生著作关乎国史，岂肯以一己之恩怨，紊千古之是非？”遗山对刘祁也应有所原谅，不会斥其造谤的。所以《金诗纪事》以遗山文系自解其过，完全颠倒了是非。

4. 凌氏对《全诗纪事》言遗山受崔立署官，受谤不为无因，辨之曰：“《金史》称凡除拜皆以监国为词，安得谓崔立所署？必若所云，则陶潜之建威参军不得为晋处士，管宁之太中大夫不得为汉逸民也。”《金诗纪事》又以郝经诗于遗山有微词，不知郝经“原为白先生之冤而作，故（诗题）首冠以‘辨’字，几于大声疾呼”，《金诗纪事》是不独诬遗山并诬郝经了。

5. 凌氏举遗山《杂著》诗：“六国孱王走下风，神人鞭血海波红。无端一片云亭石，杀尽苍生有底功！”认为此系借秦始皇事讥崔立碑而作，可知遗山对崔立碑的反对态度。

〔**平议**〕

凌氏专就崔立碑事为遗山辨冤，亦与翁方纲同样不遗余力。其指出刘祁文内自相抵牾或游疑之词，可补翁氏不足；然将撰碑归之刘祁一人，与遗山、王若虚无关，实无道理。刘祁区区布衣，不可能主动撰碑自污，而遗山、王若虚均为文坛高手，威望职务所系，受命撰碑，势无所逃，遗山文明言“命由威制，佞岂愿为”，便可为证。遗山、王若虚以“门下士”不宜为主帅颂功为辞，崔立之党转求于刘祁、麻革。遗山等原无意使人代为受祸，不料竟使刘、麻二人入罪，实非出于本心。且刘祁等属草，由遗山等删润，本属势所必至。但定稿“止实叙事”，自亦大节无亏。考之古史，南董直笔，世所称尚，遗山固无须抱愧焉。故遗山所争不在参与撰碑，而在未曾颂功附逆。凌氏所辨，失于偏颇。

凌氏又论《金史·王若虚传》之后半据刘祁文，不可信，而前半据遗山文，则为可信，并以遗山处心宽厚，且以修史为己任，故未曾介意于受谤，“紊千古之是非”。这一看法，虽自成理，然遗山之《外家别业上梁文》何为而作？遗山营建外家别业，作上梁文，通篇却重在述及崔立碑事始末，非自辩而何？凌氏又言遗山署官当受之监国，非受于崔立。然崔立其时国柄入手，生杀之权操之一身，以监国之名授官岂能不加左右？且遗山险恶处境，显非陶潜、管宁可比。于此言遗山对署官未曾认可，应属可信；言受官于监国始合理，则无情理可言。凌辨诚不无偏袒失中之嫌。

凌氏又以郝经诗专为遗山雪冤，并无指责遗山微词。然郝诗“且莫独罪”，只是不同意独罪遗山，并未完全出脱遗山于可罪之列。以当时士议衡之，以忠君尽节为最高准则，郝经深知乃师人格，抱以极大同情是实。若言郝经一反士议，以遗山为毫无过失，恐非其诗之旨。凌辨失之。

凌氏举遗山《杂著》诗，以此诗为讥崔立碑而作，然实不如解为感叹崔立建碑无功有罪，更觉合理。遗山对崔立其人深恶痛绝，理有固然。崔立遇刺身亡，遗山作《即事》诗，比崔立为董卓，极口痛斥，可为明证。但这些诗均事后所作，并不能说明遗山于建碑时已公然有所抗拒。

总之，凌辨可补翁氏之不足，但欲否定遗山于撰碑有涉，尚不能成立。其主要看法与翁氏略同，前述对翁辨之平议，亦可移用于凌辨。关键问题仍在须继续深究遗山于围城何故不死，之后又何以与蒙古国发生密切关系。

五、赵翼

赵翼系清乾隆间著名诗人、历史学家，其考辨除了着重崔立碑事外，复涉及遗山上书耶律楚材事，见于《瓯北诗话》卷八及《廿二史札记》卷二十七。其不同于翁、凌二人者如下：

赵翼认为在崔立碑事上，所谓遗山、刘祁“共以碑谄附逆贼”（四库馆臣《归潜志》提要语）的说法，不免是浑沦之词，但“遗山于此事，终有干涉”。因为遗山与崔立情分素熟，借撰碑事曾保护多人（包括刘祁），又上书耶律楚材，请求资助、保护五十四位金廷材士，旨在利国利民，是做了好事，故不必深究参与撰碑之过。

其次，遗山上书耶律楚材，自称“门下士”，赵翼认为，“遗山仕金，正当危乱，尤不当有境外之交（即私下通敌）”，所以，“究不无可议”。但是，遗山金亡后“惟始终不仕新朝（蒙古国），尚为完节耳”。他推论说：“设使遗山后死数年，见用于中统、至元中，亦不过入翰林、知制诰，号称内相而已；

岂若‘金亡不仕’四字垂之史册哉！”因而，赵翼自信地说：“余尝题其集（指遗山文集）云：‘无官未害餐周粟，有史深愁失楚弓。’颇道着遗山心事矣。”

〔**平议**〕

赵氏的考辨，在方法上没有局限于崔立碑事本身就事而论，而是试图将此与上书耶律楚材等事相联系、相比较，显示了他历史学家的特长。

赵氏认为遗山与撰碑“终有干涉”，是符合事实的。他虽认为遗山未必谄附崔立，但毕竟有过失，只是因遗山与崔立情熟，保护多人，不必以一眚掩大德而苛责遗山。但是，遗山上书耶律楚材，请求救助金廷材士发生在崔立碑事之后，何由知撰碑时亦保护刘祁？赵氏仅举《金史·王若虚传》“召刘祁、麻革至省，遗山以众议咸属二君为嘱（撰碑）”一语，认为“是遗山已为之关说，原不必论碑文之作与否矣”，论据显得薄弱。因为，遗山是否为刘祁关说、曲为营护属一问题，遗山是否参与撰碑为另一问题，二者性质不同，无须相混。且赵氏言遗山与崔立“情分素熟”，亦于史无据，难怪此点遭到施国祁反驳（见下）。按，遗山平素推重刘祁，因力辞草撰碑文反而令刘祁被祸，欲免刘祁遭受凶害而曲为营护，是可能的。惟此中心事已为刘祁所不瞭，遗山亦无法剖白。观遗山删润原稿，碑文最终“止实叙事”，非但坚持了直笔，同时亦成全了刘祁；其《外家别业上梁文》对刘祁未曾直斥其名，宽厚之心，灼然可见。遗山参与撰碑，本未讳言，其所争只在没有失节附逆，已见前议，固不待赵氏之原谅也。“止实叙事”，已无过可言，何小过之有？

赵氏又以遗山虽有“境外之交”，“不无可议”，但极称遗山“金亡不仕”。然以忠君论，遗山未能尽节而死；以民族关系论，遗山不独上书敌国中书令耶律楚材，且后半生与蒙古国发生种种关系，均系违背封建正统的君臣华夷之辨，罪不容死。遗山“金亡不仕”原属有名无实，赵氏虽指出遗山保护人才的苦心，终未摆脱封建正统观念的束缚，自谓道着遗山心事，实未必尽然，其结论亦不免与翁、凌两家殊途同归。惟赵氏力求从遗山一生有关活动考察其气节，在方法上颇有可取之处。

六、全祖望

全祖望是清乾隆间著名学者。有关遗山气节问题的议论见其《鲒埼亭集·外编》卷三十一《跋遗山集》与《读〈归潜志〉》两文。

全氏同情遗山围城中的处境。他说：“遗山之于金，虽有为崔立撰碑之累，事由劫胁，要其志节不可尽殁也。其力求修史，亦思以效忠于金……惟是，遗山以求修史之故，不能不委蛇于元之贵臣。”但全氏这种同情是有限度的。在气节问题上，他丝毫不肯通融，认为遗山等人确有过失。他引刘祁文与遗山《内翰王公墓表》，认为：“元裕之与刘京叔互诿撰崔立碑……予平情考之，滹南（即王若虚）与裕之实不欲撰碑而又不敢抗，故强付之京叔与麻信之。京叔二人亦不能抗而卒挽裕之以共谤。文人遭此，亦可悲也。”他又引郝经诗，认为“遗山之不能无罪，亦可见矣，特不应使独受过耳”。又惋惜地感慨：“（遗山）胡不早去，而栖栖于围城之中以自贻伊戚？吾乃叹宋之亡，相率引身而遁者，自审不能为文丞相（即文天祥）家参政，而又惧遭吴坚、贾余庆（均南宋降臣）之辱。虽其于殉国之义有愧，而洁身则得矣，正未可深罪之也。或曰：‘是时四郊皆兵，殆欲去而不能，不然裕之辈不若是之愚也。’虽然，此手岂可使著贼？吾不能不为诸君惜也。”他还严厉批评遗山上书耶律楚材，要求保护和资助金廷人士，是“劝其引去，是非可以已而不已者耶？”他说：“‘愿言呼诸子，相从颍水滨’，昔人风节尚哉！要之，遗山只成为文章之士，后世之蒙面异姓，而托于国史以自脱者，皆此等阶之厉也。呜呼，宗社亡矣，宁为圣予、所南（指南宋遗民龚开，郑所南不向蒙古国屈节，隐居自守）之介，不可为遗山之通。岂予之过为责备哉？”

〔平议〕

全祖望恪守君臣华夷之辨的信条，虽对遗山不乏同情，但他认为生死事小，失节事大，遗山倘能以一死殉君为最善，倘不能为君尽节，也不妨像南宋遗民龚开、郑所南那样远遁山林、洁身自好，不至有污名节，岂可为逆贼崔立撰碑？又岂可为敌国推荐故国之臣？这些都有悖于为臣之道。遗山为修史而苟存，又为后世屈膝投敌者开了恶劣先例，是不能容忍的罪过。

全祖望实际上驳斥了赵翼对遗山参与撰碑一事的原谅，严正地指责了遗山政治上和民族关系上的“失节”。他的议论同他的思想认识完全合拍，因为他入清后怀念亡明，不满于满族统治者的民族高压政策，故十分强调恪守封建正统原则。这种态度与赵翼的顺从清廷是大不相同的。

全氏的观点放在今天来看，是站不住脚的。首先他将崔立碑事与忠君尽节混为一谈。遗山在崔立碑事上坚持了直笔，本未逆附崔党，实质上并未失节于国，其态度是严正的，无可指责。至于金室将亡，遗山没有抗暴而死，为哀宗尽节，显系“有待而为”。这就要考察遗山是何所待以及这种“有待”与殉君，究竟哪一样有益于国家和人民。同理，全氏认为遗山上书是“可以已而不已”，这亦应追究遗山为什么“不已”，这种“不已”究竟是对还是不对。全氏客观上已指出了遗山当时为修史而自存，为保护金廷材士而上书的目的，却没有进一步深考遗山这动机与效果在当时特定历史背景下的重大意义。然而这正是全面正确地价遗山气节问题的关键。当然，全氏的这种不足是由他自身历史的局限性与阶级的局限性决定的，不应苛求于他。

七、施国祁

施国祁是清乾嘉时期知名学者、金史专家。他撰有《元遗山先生年谱》，并作《元遗山诗集笺注》，是研究遗山的重要著作。

施氏的观点是针对全祖望与赵翼的。他在所撰《年谱》的附论中提出异议：

“全谢山(即祖望)论甘露碑事,以先生在围城,何不早去,‘此手岂可使著贼?’不知遗山重名,与张正伦(崔立手下之官员)为崔立采望授官,辕驹促缩,何处可逃?赵云松(即赵翼)论先生云:‘事有干涉,与崔立情分素熟。’夫‘反状’一语,明挟威制,刀锯满前,情分安在?谢山又以碑文中先太师、先东平之称为降辱。大抵因朝臣所讳,系后人所改。云松作诗又有‘国家不幸诗家幸’一语。人生至于零落栖迟,呼天抢地,悲愤从血性中流出,恐无此心。要之,先生有志恨之辞,有解嘲之句,自悲身世,已不愿为第一流人,品量自定矣。至其晚年见元世祖于潜邸,卒以终身不仕,比之集中诸人如陈时可、杨正卿、徐世隆、李辅之、王万庆、李治、王鹗辈有间矣。区区碑事,乃先生之不幸也,何足以累先生哉!”

施氏这段话的要点是;

1. 遗山受崔立署官并非遗山不愿及早免身,退隐避祸,而是由于名望很高,而且身处困境,无处可逃。

2. 遗山所撰诸碑文有“先太师”“先东平”等降辱之称,非遗山原文,乃后人所改,不可归罪遗山。

3. 赵翼言遗山与崔立“情分素熟”,但《归潜志》卷十一载崔立威胁遗山语:“汝等何时立一石书吾反状耶?”且崔立凶暴,杀人如麻,这些均足见遗山与崔立并无情分可言。

4. 遗山虽晚年觐见忽必烈,但终身不仕蒙古,比起陈时可等人身事“异族”,任职新朝,大有区别。

〔平议〕

施氏论崔立碑事四点有得有失。如前所述,遗山在碑事上并无失节。遗山身处困境,无处可逃,始与碑事发生牵连是实,而崔立封之以“左右司员外郎”,遗山从未承认,也是事实,这些可无须置辩。至于遗山与崔立情分如何,施氏驳之得力。其时崔党“颐指如意，人或少忤则横遭谗构，立见屠灭”（见遗山《内翰王公墓表》），与遗山何来情分？遗山有《杂著》（见前凌廷堪引）、《即事》二诗，对崔立极表痛恨。后一诗云：“逆竖终当鲙缕分，挥刀今得快三军。燃脐易尽嗟何及，遗臭无穷古未闻。京观岂当诬翟义，衰衣自合从高勋。秋风一掬孤臣泪，叫断苍梧日暮云。”对崔立之罪深恶痛绝，对崔立被刺极口称快，均已情现乎辞，足见赵翼之看法是错误的。

施氏以遗山无所可逃，不可能像龚开、郑所南那样从容退隐，可谓善于为遗山设身处地着想。然退隐比之全祖望推崇的殉君毕竟尚差一间，遗山何以不肯殉君而死？施氏并无释词。施氏又认为遗山所撰诸碑有“先太师”“先东平”之称系后人所改，亦无证据能以取信于人。至于遗山并无心于国家危难之时但求一己诗名之幸，固然属实，而赵翼“国家不幸诗人幸”一语，本由诗歌创作的客观社会效果而言，并非斥遗山有猎名之初心。此外，遗山虽不若陈时可等出仕蒙古，却始终未曾停止过社会活动。这些活动中就包括有觐见忽必烈，劝勉朋友参与蒙古政治、以图有为等事实，本质上与出仕蒙古无别，甚至对影响蒙古政治作用更大，可谓“不仕之仕”。这恰恰证明遗山政治上已背弃了金廷，投向蒙古。所以，施氏实难完满解释遗山政治气节、民族气节上的疑问。不独此也，即连施氏也不得不说：“先生此时……遂至污伪职、纳降款、剃发改巾，甚而碑序功德，幸门一开，他日临川、东涧辈（前者指仕元的郝经，临川或系陵川之误；东涧指投靠清廷的钱谦益，钱号东涧老人），得以藉口……名职之累人，不敢为先生讳。”要之，施国祁虽批驳了赵翼的个别推论与全祖望的苛责，但以遗山气节发生问题只是顾惜利禄、“名职累人”，更低估了遗山的政治品质。施氏非但没有为遗山雪冤，相反认为遗山罪不当讳，说明他仍未跳出君臣华夷之大防的封建正统观念的圈子。

八、毕沅

毕沅为清乾隆间著名历史学家，曾撰《续资治通鉴》，颇负盛名。在该书卷一百六十六《考异》中，毕氏引刘祁文与遗山《外家别业上梁文》，专考崔立碑事。其云："当日变起仓卒，好问诸人不能洁身远去，巽词免祸，均有不得辞其咎者。事过之后，互相推诿，恐皆未得其平允也。"他认为郝经诗"勒文颂德召学士……且莫独罪元遗山"句，乃"持平之论也"。

〔平议〕

毕氏《考异》，以刘祁、遗山提供的第一手材料，认为"互相推诿"，"未得其平允"，并以郝经追忆十一岁时经历所作《辨磨甘露碑》诗为"持平之论"，可谓本末倒置。毕氏只罗列刘祁与遗山材料，不加分析，述而不论，一味持"纯客观"态度，双方各打五十板。看来不像全祖望那样是非判然，褒贬有则，富有封建正统的原则性，却将所谓"气节"之争，归之于双方个人恩怨，文过饰非。这对解决遗山评价中的实质性问题，毫无意义，置之不论可也。

九、汤运泰

汤运泰后于上述诸家，作有《金源纪事诗》。该诗卷八有《功德碑》一诗，专咏崔立碑事。诗云：

> 崔立碑，何屹屹。辞者王，倡者翟。太学生，祁与革，兄为起草弟亲刻，丞相之血为书额。元家遗山迹难白，辨其诬者只一郝。横流沧海疑无地，仓卒徒为免死计。观其完节在大元，当日知与干进异。莫漫拟，后村平章启、放翁南园记。

诗中"辞者王"，据遗山《内翰王公墓表》，指王若虚曾表示以死拒绝撰碑事。"倡者翟"，指崔党翟奕首倡撰碑颂功事。诗意同情遗山境遇，但以遗山旨在

“免死”，不无微词。且遗山金亡不仕，说明并非干进求禄之徒，是保了大节，不像刘后村（即刘克庄）谄事奸臣贾似道，向贾进呈谢启、贺启〔贾似道于宋度宗咸淳三年（1267）任平章军国重事，故云“平章”。刘之谢启、贺启颇多，见《后村先生全集》卷一百十七至一百二十〕，也不像陆游晚年为权臣韩侂胄撰《南园阅古泉记》（作者认为韩系权奸），均系出于自愿，故可予以谅解。该诗集还有《野史亭》一首，对遗山晚年修撰金史、保存文献之功，备极赞扬，可资参阅。

〔平议〕

此诗承郝经诗而作，并无新意。其称道遗山金亡不仕，“完节在大元”，已为赵翼等道及，本有名无实，兹不赘议。惟汤氏仍以遗山涉及撰碑事，系但求“免死”所致，而遗山实非贪生之辈，观其对二相语“死不难，诚能安社稷、救生灵，死而可也”可知，不可不辨。“安社稷、救生灵”，遗山不死于殉君，其志伟矣，论者尤当留意焉。

十、王国维

晚清史学大师王国维作《耶律文正公（楚材）年谱》，其“余记”中涉及遗山上书耶律楚材事云：“元遗山以金源遗臣，金亡后上耶律中书书（按，上书时金将亡而未亡），荐士至数十人，昔人恒以为诟病。然观其书则云‘以阁下之力使脱指使之辱，息奔走之役，聚养之，分处之，学馆之，奉不必尽具，饘粥足以糊口，布絮足以蔽体，无甚大费’云云，盖此数十人中皆蒙古之‘驱口’（奴隶）也。不但求免为民而必聚养之、分处之者，则金亡之后，河朔为墟，即使免驱为良，亦无所得食，终必馁死故也。遗山此书，诚仁人之用心，是知论人者不可不论其世也。”

〔平议〕

王国维专论遗山上书耶律楚材事，涉及对遗山民族气节问题的评价。在方法上，他提出“论人者不可不论其世”的观点，实在可贵。王氏没有苛责遗山上书耶律楚材“通敌”失节，客观上没有将华夷之大防当作评量气节问题的神圣原则。他正视遗山所处的严酷历史环境，认为其时蒙古征服金朝的战争，使“河朔为墟”，民生涂炭，知识分子不免沦为奴隶。遗山对此痛心疾首，故冒“境外之交”之大不韪，请耶律楚材救助金朝材士（这与遗山日后觐见忽必烈，请求免除儒户兵赋以及大量社会活动，是一脉相承的）。这些无疑具有保存先进文化典章的积极意义。王氏肯定遗山这一上书行动，是“仁人之用心”，是完全正确的。相形之下，赵翼指责遗山是“境外之交”，全祖望指责遗山是“可以已而不已”，便是不知“论其世”的偏执之见。惜乎王氏未暇纵论遗山一生大节，这些尚须留待后人了。

十一、鲁迅

鲁迅先生有一篇论述遗山的文章《儒术》，收入《且介亭杂文》集。此文依据凌廷堪《年谱》，认为关于崔立碑一案，“刘祁之未尝决死如王若虚，因为一生大玷，但不能更有所推诿，以致成为‘塞责’之具（指凌氏言当时撰碑“有京叔属草已足塞立之请”，遗山不必更求文辞之工而删改），却也可以说是十分晦气的”。这无异是指责遗山以刘祁代己受祸。鲁迅虽未明言遗山负有重责，却指出：“然而，元遗山生平还有一宗大事，见于《元史·张德辉传》。”这是指《传》文所载遗山晚年与张德辉觐见忽必烈，请忽必烈为“儒教大宗师”，忽必烈“悦而受之”，又准遗山二人蠲免儒户兵赋之请这一史实。鲁迅就此论道：“以拓跋魏的后人（指遗山）与德辉，请蒙古小酋长为‘汉儿’的‘儒教大宗师’，在现在看来，未免有些滑稽，但当时却似乎并无訾议。盖蠲除兵赋，‘儒户’均沾利益，清议操之于士，利益既沾，虽已将‘儒教’呈献，也不想再来开口了。”鲁迅此论与全文联系来看，意在讽刺遗山与张德辉尊崇蒙古族的忽必烈，并请准免除儒户兵赋，因当时金廷士人均受利益，故对遗山此举避而不谈，不再批评。

〔平议〕

鲁迅先生认为遗山在崔立碑事中以刘祁为"塞责"之具,因全据凌氏《年谱》引申推论，失于细考。遗山本无意使刘祁代己受祸，刘祁被崔党物色虽为势之所至,确非遗山所料。事后刘祁归咎遗山,本系二人发生误会。故遗山为文申辩,亦未显斥刘祁。鲁迅此论，实非允当。

鲁迅此文本系以古讽今,有为而发。其论遗山觐见忽必烈,士议获益而不斥,原是比附1934年有人在广播中宣传《颜氏家训》中的《勉学篇》，劝人研习儒书，即或沦为亡国奴，亦可自保身家利益的谬论。此文作于日本帝国主义占领东三省，虎视眈眈欲鲸吞中国的严峻形势下，有着反对尊孔读经的卖国文化政策的强烈现实针对性，本系文艺性杂文，而非严格意义上的历史研究论文。故文中不暇区别金元之际国内民族矛盾，与20世纪30年代中国人民与日本帝国主义者之间民族斗争的本质不同，这样，也就难以从严格的特定历史条件来正确评价遗山的民族气节问题。这是无须苛求于鲁迅先生的。不过，鲁迅文中指出遗山觐见忽必烈，主要为着当时知识分子的利益，并已收到社会效果，仍然是符合当时史实的。应当说，客观地认识遗山觐见忽必烈这一事件的历史意义，不失为正确评价遗山民族气节的重要依据。

十二、缪越

当代学者缪越先生20世纪30年代发表《元遗山年谱汇纂》（见民国二十四年南京《国风》杂志第七卷第三号、第五号），于崔立碑事，引遗山《内翰王公墓表》《外家别业上梁文》及刘祁文、郝经诗，并列举上述赵翼、毕沅、翁方纲、凌廷堪、施国祁诸说后，加以按语。

缪越先生按云："翁、凌二家极力为先生（指遗山）出脱，而断定撰碑文者为刘祁，固出于爱护先贤之美意。然若谓此事与先生毫无关涉，似亦未得其平。赵、毕两家所论，颇合于当时情事。盖先生及刘祁为名所累，被迫撰文，皆出于至不得已。”认为刘祁文谓遗山嫁名诸布衣，遗山文对刘祁颇宽恕，“则二人居心之厚薄，固自不同。而刘祁晚节不终，较先生之以遗民终老者，人品高下亦有间矣”。

〔平议〕

缪越先生认为遗山与崔立碑事确有关涉，是符合史实的。遗山与刘祁参与撰碑，确因“被迫”“不得已”。但言二人彼此相待，居心厚薄不同，恐亦未允。遗山笃于友情，交游半天下，居心忠厚，人无异词，然于“名节”攸关，亦非等闲视之。观其文虽未显斥刘祁，然一篇之中三致意焉，愤激积郁之情，溢于言表。刘祁独罪遗山，不免偏激，考其实情，亦自可谅。此皆由各自际遇、心迹、旨趣、志向不同所致。刘祁以二亲计，不得不屈从奉命，所见者小，所谋者近，其情可悯，其事却无足称。遗山所为，修史，救民，存文，重谊，其不死于碑事，不殉于金君，忍辱负重，职责所关，意义甚大。此间曲折，非详考细辨不易知，二人固不可等量齐观。然缪越先生又以刘祁晚年出仕蒙古为“晚节不终”，遗山以遗民终老，二人人品高下有间，殊不知刘祁有背于忠金，未必无益于国家人民，遗山不仕蒙古，未必不参与政事。其出处不同，亦不可以君臣华夷之大防衡之。重新予以论定，正有待于今日。

十三、夏敬观

1940年（民国二十九年）商务印书馆出版“学生国学丛书”，其中收入夏敬观选注之《元好问诗》一书，附有夏作元好问年谱。该年谱“天兴二年”条下附论元遗山与崔立碑事关涉。

此论以崔立碑“实（刘）祁所作，翁谱、凌谱辨之甚详”；但又认为，崔立叛变时，“立盖引先生为同志，而以伪命赏之，故以为左右司员外郎。先生初殆亦依违其间，而未决然引去。及立以两宫诸王宗室北行，先生始与之绝”。并由此推论，崔立碑之立，乃因“是时崔立正当道，宁非立所命耶？”

〔平议〕

夏敬观此论因袭全祖望责元遗山在围城“何不早去”“此手岂可使著贼”之说以及赵翼以元遗山同崔立“情分素熟”的看法。笔者于全、赵二氏之说已有平议，兹不赘。台湾学者吴天任亦辩驳甚力（见下）。要之，夏氏既自称“就诸记载揣测”之词，“揣测”云云，则未可视为定论，不妨置之可也。

十四、吴天任

台湾学者吴天任有《元遗山撰崔立碑疑案》一文，载于台湾《大陆杂志》第三十卷第五期（1965 年 3 月）。吴氏此文征引翁方纲、凌廷堪、施国祁、李光廷和夏敬观诸家考辨，认为碑文“无疑是刘祁手笔，与遗山无涉了”。

该文附带引汉奸郑孝胥论元遗山有关崔立碑事一诗云：“遗山求修史，自谓忠于金。委蛇贵臣间，枉尺岂直寻？碑版谀佐命，降辱良已深。致书于耶律，荐举诚何心？后来托国史，蒙面羞儒林。实彼阶之厉，流毒方至今。谅哉谢山语，堪作俗士箴。”（见《海藏楼诗集》）此诗完全照抄全祖望之论，如吴氏所指出的“用以讽清朝遗老之修《清史稿》者”。吴氏评说：“可是检讨起来，谢山（即祖望）是有资格说前面几句话的；海藏楼主人那可不同了，从他出关做了日本傀儡满洲国的国务总理以后，不仅只成为文章少士，更兼是无耻的功名之士了。哪里及得上遗山只以布衣求修史呢？”吴氏之论甚是。郑孝胥以一汉奸厚诬之遗山而自鸣清高，实在如小丑用白粉涂白了鼻子，是无耻之尤，只能给世人提供笑柄而已。

吴氏又驳夏敬观“（崔）立盖引先生为同志”说，引元遗山《李仲华湍流高树图》诗自注：“癸巳（1233）正月之变，逆党中有欲谋害己者，赖仲华为营护得释。”并云：“要是（元遗山）肯与崔立同流，何致被逆党谋害呢？”按，此诗注，施国祁《年谱》已表出，可为元遗山并未逆附崔党之确证。吴氏据此立论，颇为得力，故笔者特转述焉。

〔平议〕

按吴氏通篇所论云崔立碑为刘祁手笔，笔者于前述诸说平议已有论列。然吴氏以元遗山与崔立碑无涉，则不免武断。因元遗山《外家别业上梁文》“命由威制，佞岂愿为”云云，并未讳言与崔立碑有涉，不待后人屡屡辨之。其关键在元遗山虽与崔立碑有涉，但并无夸赞逆附崔立之词，而是“直书其事”。这便与一生大节不相违背。另一方面，元遗山虽于崔立碑事未曾失节，却未能殉君而死，当是别有更高追求。非突破“忠君”之陈旧观念，不能认识元遗山当时行事之本质意义。吴氏此文尚未暇及此，笔者前有所论，可参看。

十五、郭绍虞

郭绍虞先生精研古代文论，著述甚丰。他有《论〈戏为六绝句〉与〈论诗三十首〉》一文，附带论及遗山气节问题（见《学术月刊》1964 年第 7 期）。该文主体部分后收入《元好问论诗三十首小笺》一书后记（人民文学出版社 1978 年第 1 版）。文中郭先生将杜甫对安禄山之乱的态度与遗山对崔立之变的态度作对比，认为“元好问性格就不免软弱。即在金亡以后，虽未出仕，但全祖望已责其委蛇于元之贵臣，通而不介，这就是元不及杜之处”。郭先生分析其原因，认为遗山原来生活比较优越，“思想感情不容易接近劳动人民”，“必然成为通而不介的人”，“处变就经不起考验了”。

〔平议〕

郭先生所援引的全祖望对遗山的责备，其得失已见于上述平议，此不赘言。然遗山对新朝的态度与其崔立之变中的态度，本非同一性质问题。应知蒙古国其时虽接受崔立之降，却对崔之行径加以鄙弃，可参元人所修《金史·崔立传·附论》。全祖望言遗山“通而不介”，其评价标准已不客观，郭先生引此以例遗山对崔立之变的态度，便有未当。郭先生又言遗山有过优越生活，故性格软弱，是将生活、性格的表现与遗山生活目的割裂。遗山并无贪恋生活享受而丧失高远志向的言行，其自言“立心于毁誉失真之后而无所恤，横身于利害相磨之场而莫之避”，性格之坚强，考之一生行事，是符合实际的。而且，金亡之后，遗山周流四方，生活并不优越，更是事实。金亡之后，遗山以在野之身从事社会文化活动，旨在推行治国安民的王道政治，生活态度的变化取决于明确的政治目的和理想。而这种追求在当时是进步的，应予肯定。“通而不介”只是现象，以屈求伸才是实质。在崔立之变中，遗山也是为着“安社稷、救生灵”的目的来行事的，他对崔立的不合作态度便是明证。至于遗山没有冒死严抗，也是因为他的生死观取决于政治观，兼之他已身陷围城、形同囚犯，所以不得不“隐忍激烈”“有待而为”（储巏语），这本是迫不得已的形势下的策略手段，谈不上什么性格软弱。杜甫在安禄山之乱时曾困在长安，但没有成为囚徒，他还是逃出来了。这就同遗山困于围城的处境大不一样。杜甫直斥叛乱，无须顾忌；遗山却不能为严词抗命而轻易就死，“命由威制，佞岂愿为”，其中包含诸多苦衷。失于具体分析，离开对遗山一生的全面考察，抹杀其政治理想与人生目的的追求，孤立地谈论生活态度、性格表现，是难以做出公正评价的。倘说遗山属于地主阶级知识分子，有其固有局限性，那恐怕是连杜甫也不免的。由此看来，郭先生的评论仍然是不够中肯的。

十六、崔文印

1983年中华书局出版《归潜志》，点校者崔文印同志于该书《点校说明》中言：“（该志）记载既不没人之长，又不讳人之短，连他自己参与为叛将崔立立碑之事，都原原本本作了叙述，并坦率地承认，这是自己‘年少之过’。对比元好问在《外家别业上梁文》中的文过饰非态度，何啻千里之别？”

〔**平议**〕

崔文印同志此论扬刘祁、抑遗山，与前述诸说多有不同。刘祁不讳已过，态度坦率，但并非没有自相抵牾之处、责人过激之词，前人考辨俱在，何可一概肯定。说遗山“文过饰非”，又不知从何谈起。笔者作《元遗山〈外家别业上梁文〉释考》有所论列，已辨遗山该文旨意，不烦赘引。遗山文称“命由威制，佞岂愿为”，明言与碑有涉；刘祁如实承认遗山碑文定稿“止实叙事”，遗山坚持直笔，何过之有？如言遗山文意深曲，蕴意隐含，特因文取骈俪，多征典故，非可与直白散文等论。文体形式使然，读者宜知，非遗山存心文饰也。崔论失之。

十七、黄时鉴

近年黄时鉴同志作《元好问与蒙古国关系考辨》一文，发表于1981年《历史研究》第1期。文中钩稽史籍，举三件史实畅论遗山与蒙古国之关系。

三件史实指：

1. 遗山与耶律楚材之关系。

2. 遗山与蒙古国汉人世侯及其幕府人物之关系。

3. 遗山与忽必烈之关系。

文章以有力的事实证明，遗山上书耶律楚材，受到采纳。四年后（1237），耶律楚材任用了遗山推荐的许多金朝材士（其中包括刘祁）。遗山与汉人世侯如冠氏（今山东冠县）赵天锡、真定史天泽、顺天（今河北保定市）张柔、东平严实及其幕府中人士如杨奂、李冶、杨果、张德辉、王鹗、乐夔、敬铉、郝经、张特立、康晔、刘肃、宋子贞、商挺、王磐、李昶、徐世隆、阎复、徐琰、李谦、孟祺、高鸣等众多人物有着密切的交往或情谊。这些人物得以存身、任事，在政治或文化教育事业上发挥作用，以利于当时经济发展、社会安定、文化复兴，均与遗山的推重、荐举或奖掖、指教以及相互影响有着直接或间接的关系。遗山晚年与张德辉北上觐见忽必烈，启请忽必烈为儒教大宗师，并请准免除儒户兵赋，也是与保护、宣传先进的中原文化直接相关的一件大事。黄文认为，所有这些活动，说明“元好问死去时并不是抱着亡金臣子的遗恨，而是抱着不能为实现自己的志向而去建立事功的那种遗恨”。黄文这样的理解，对遗山来说“是较为切实的”。

黄文评论遗山说：“元好问在当时可能达到的程度上很早意识到了保存亡金士大夫的意义，而且为此进行了持久的大量的活动。”他“同耶律楚材、忽必烈一样，是一个促进了十三世纪中国历史发展的人物。当时，游牧的蒙古征服者适应中原的农业封建文明是一种历史的必然，表现了中国历史发展的前进方向”，遗山的活动“体现了这种历史的必然，促进了这个历史前进的过程”。

〔**平议**〕

黄时鉴同志的文章考证落实了遗山与蒙古国的密切关系，肯定了遗山后半生活动的历史进步性，比之王国维仅以“仁人之用心”一语了之更能深刻揭示问题的实质。黄文避免了孤立地局限于表象的分析，而是从特定历史条件与背景下，将遗山个人活动与社会历史发展的必然性紧密联系，加以综合的考察，这是符合历史唯物主义原则的。可以说，黄文首次对遗山的评价定下了正确的基调。循着这一基调，进一步探讨、研究遗山的气节问题，方能得出客观的令人信服的结论。总的说来，黄文的评价不仅从本质上区别于前人，而且远远超越了前人。

黄文中也存在一个问题，即在澄清李光廷《年谱》关于《元史》中“元裕”觐见忽必烈非“元裕之”的误说时，援引了钱大昕“元裕”即“元裕之”的考证（见《廿二史考异》卷九十八“张德辉传”条），并作了补充考订（如《元朝名臣事略》卷十《宣慰使张公》中相应文字正作“元好问北觐”）。这一考证也见于清人汪辉祖《元史本证》证误卷二十一“郝经传”条、卷二十二“张德辉传”条。鲁迅先生承凌廷堪说，亦认可了“元裕”即“元裕之”。但李光廷疑“元裕”可能为两人：一为元裕，一为元裕之之缺字， 理由是：“考之本集，（遗山）壬子（1252）冬始至燕， 而《（元史）世祖纪》则（忽必烈）七月已往云南，先生入北之时即世祖征大理之日，何觐之有耶？”且遗山集中“并无及征召之事”，“郝伯常（即郝经）身仕元朝，如有此举且以为荣，何以墓碑绝不及耶？”对李光廷这些疑问，黄文未作深究。笔者曾就此致函黄时鉴同志。承黄同志1984年11月26日复函解答云：“《元史·世祖纪》说：‘岁壬子，帝驻桓抚间。’忽必烈7月出师征云南，在出师前，6月时去漠北见了蒙哥。这样在7月前他基本上当在桓州（今内蒙古正蓝旗）的藩府。张德辉与元好问北上觐见，也当到了桓州。其目的地与燕京无关。觐见的日子，似也只能在7月或7月以前。李光廷《年谱》综述‘是年春往鹿泉，夏在家，秋至平定，冬过真定至东平，复至燕京。’我以为正是这‘夏在家’的说法并无确切依据。这年夏天，很可能是元好问去桓州的时间。夏季，也正是内地人到草地去的合宜时季。不过，关于这一点，还需要进行实证。”

黄时鉴同志的考证是可信的，认为“还需要进行实证”，持论审慎。按，就日前所知，尚有一条实证可作补充，即遗山友人李冶《元遗山集序》称：“主上（指忽必烈）向居藩邸，挹君盛誉，一见遽以处之太史氏。”李冶与遗山、张德辉并称“龙山三老”，对遗山知之甚深，他讲遗山见到忽必烈，应当是实有其事的。以上可以基本解决李光廷提出的疑问。至于郝经从未明言遗山觐见忽必烈事，也不难理解。因遗山金亡之后遭受世议非难，自行其是足矣，无须过分张扬，以致雪上加霜，招惹流言；郝经也没有必要为乃师帮倒忙，撰文虚誉。遗山觐见忽必烈，请准免除儒户兵赋，如鲁迅先生言“利益既沾，虽已将‘儒教’呈献，也不想再来开口了”，或亦系原因之一。

黄文对围城中遗山何以未能殉君，没有涉及。这一问题原非该文研讨范围。然遗山本受很深的儒学思想影响，崔立碑事前后，遗山不肯附逆，曾极力奔走，营护金室皇族；但及至汴京破后二日，便毅然上书耶律楚材，日后又投向忽必烈。遗山此间骤然改弦易辙，发生了重大的政治转折，必有深刻的思想根源与激烈的精神矛盾，也必由各种社会条件所促成，绝非一时心血来潮。这种种主客观的深刻原因，正是评价遗山气节问题尤须致力者。而遗山后半生投向忽必烈却又绝意出仕，这种政治上的矛盾态度，也是不应忽略的，有必要进一步深入探讨。

十八、孔繁华　肖　舟

近年孔繁华、肖舟作《元好问在癸巳之变前后》一文（见《徐州师范学院学报》1984 年第 4 期），专论元遗山于汴城被围时与崔立碑事关涉。该文承凌廷堪、翁方纲、施国祁、赵翼等人考证成果，认为“碑文乃刘祁草定，王若虚、元好问一同参加碑文的润饰、修改工作”。但斥刘祁对王若虚、元好问二人行为作了“别有用心的歪曲”，“暴露了他阴暗的心理和叵测的居心”。

该文又驳《续资治通鉴》言元遗山与碑事有染是“巽词免祸”（按，此本全祖望说），认为这有诬于元遗山。因为：一、汴京危急时，好问举家已不在汴京，崔立淫威，已祸及不到好问的家庭。二、元好问不顾个人的安危，保护多人免遭祸害，自己几蹈不测。三、隐忍含辱，意在复国。四、元好问对蒙古入侵者一直抱着仇视的态度。五、元好问所写的有关诗文，反映了他对卖国贼崔立的极端愤慨，说明他当时修改碑文“止直叙其事，并非为自己免祸而取媚于逆贼，更非与叛党同流合污”。

此外，该文还论述了崔立碑事对元遗山后半生活动的影响，指出元遗山“曾不止一次地为碑事负疚叹息（见其有关诗文）”，并以碑事“激励自己作一些有补于故国的工作。他以著作自策，把忠于故国的赤子之心奉献于世人”，还有许多“抢救、保护了中华民族的有识之举”。

〔平议〕

孔、肖二同志的论证基本上是正确的。拙文《元遗山〈外家别业上梁文〉释考》也在不同程度上论述了与孔、肖二同志相同的观点。需要指正的是，二同志认为刘祁事后就崔立碑事“嫁祸”，厚诬元遗山的看法，尚无确切史实可以落实。笔者以为刘祁这种动机可以存疑，但更可能是出于误会，而非专为损害元遗山与王若虚，参见前面平议，兹不赘。孔、肖二同志又认为金亡后，元遗山抱有“忠于故国的赤子之心”。对此，笔者认为仍要具体分析，元遗山所“忠”究竟是指什么样的“故国”。笔者认为，说元遗山“忠”于中华民族，“忠”于他所维护的中原先进文化，是正确的；如说“忠”于亡金，就未必尽然（这并不否认金亡之前元遗山曾极力为救亡而奔走的忠金行为）。因为形势和条件发生巨变，元遗山社会活动的目的、方法、手段均有很大改变。他对蒙古国的忽必烈、耶律楚材等杰出人物是拥戴的，这有大量史实可以证明。二同志认为元遗山金亡后“隐晦自全而其名益盛”，是一种“错误的认识”，笔者以为这种认识并非错误，而是元遗山以“不仕蒙古”的形式，从事的各种活动和事业赢得世人尊敬的必然结论，是对元遗山后半生的正确评价。这是无须另作歧解的。

丁、总论

综上所述，诸家考辨、评论及笔者平议涉及遗山气节问题，分两方面；

一、政治气节问题，这是指遗山与崔立碑事的关系以及由此引出的遗山于围城中何以不肯殉君的问题。这个问题的核心是君臣关系问题。

二、民族气节问题，这是指遗山上书耶律楚材，与蒙古国汉人世侯及其幕府人物的密切关系，以及晚年觐见忽必烈等投向蒙古国的问题。这个问题的核心是所谓“夷夏”关系问题。

遗山在这两个问题上违背了封建正统的“君臣华夷之大防”的总原则，这正是其遭受前人非难的症结所在。

关于崔立碑事，主要是澄清事实，明辨是非。对前述诸说取长去短，择善而从，结合笔者平议，可知遗山确与崔立碑事有涉。但此事出于横遭胁迫，且他立碑文定稿时“止实叙事”，坚持了直笔，并无附逆之迹，这就算不得失节。如全祖望责遗山“此手岂可使著贼”“自贻伊戚”，赵翼言“遗山以崔立功德碑一事大不理于众口”，李北苑言遗山等人“名节毁坏，不可复振”（见《归潜志》跋），四库馆臣言“廷臣立碑以媚之”（《归潜志》提要），毕沅言遗山“巽词免祸”等，单就碑事本身讲，谈不上遗山之罪，上述说法不能成立。从实质上讲，此事之所以发生争议，原因在于遗山虽未附逆，但毕竟没有抗暴而死，为君殉节。对此，明人储巏在重刊《遗山先生文集》后序中指明，当时有人谓遗山“死生辞受之际，遗山处之，有不能逭人之议者”，施国祁亦说“先生此时，俯仰随人，不能奋身一决”，全祖望说“于殉国之义有愧”，汤运泰诗云“横流沧海疑无地，仓卒徒为免死计”，都已明白无误地强调了“死节”这一最高封建伦理道德标准。在他们看来，只有殉君而死，遗山方是完人。附逆固然有罪，但仅仅不附逆却不能殉君，亦可责。

关于投向蒙古国一事，遗山确有其事。尽管遗山“金亡不仕”，受到世人称赞，但遗山上书耶律楚材，与蒙古国世侯及其幕府人物密切往来以及晚年觐见忽必烈，这些活动的影响甚大，关系甚重，实质上是“不仕之仕”。所谓“金亡不仕”，徒有虚名而已。故赵翼责遗山“境外之交”，全祖望责遗山“胡不早去”，“洁身”远引，“是非可以已而不已”，这些都是说遗山在“华夷”之辨上有不能容忍的失节行为。

在遗山不能殉君的政治气节上，施国祁以围城中遗山“辕驹促缩，何处可逃”“名职之累人”，予以谅解。为之卸责，已不能服己服人，而遗山固非怕死者，必有高于一己生死的重大利益所在。储巏言遗山“有待而为”，其时身负拯民之责、修史传贤之任，故不容轻死，颇具卓见，然未能进一步深究。在遗山投向蒙古国的民族气节上，王国维以遗山出于“仁人之用心”，为保护人才，故而上书耶律楚材来解释，洞见深衷。黄时鉴同志以历史唯物主义观点，详加考证后，加以全面肯定，认为遗山保存、宣扬先进的中原文化典章，其活动促进了 13 世纪中国历史的发展，见解精辟，但亦须深入一步。考察遗山所处的具体社会环境、主客观原因及思想根源，方能彻底为遗山气节问题雪冤，从而探知遗山以民众利益高于君王利益，中华民族的整体利益高于国内某一统治民族狭隘利益的高尚思想品格，肯定其不朽历史功绩。笔者不敏，于本书首篇专文畅论之，以就正于方家与读者。

元遗山对李杜苏黄诗风之继承

元遗山是继杜甫之后中国古代诗歌史上又一集大成的杰出诗人。过去文学史上讲现实主义传统，关注历史上忧国忧民的作家和作品，元遗山称得上是金元之际的代表作家，这是毫无疑义的。但是从文化史的广阔背景下，从古代诗歌递相祖述的继承关系，来考察元遗山的诗歌创作成就，认识其集大成的特点却有所忽略。其实，元遗山的诗作不仅有强烈的现实主义因素，而且从各方面对前辈名家的精华，均有吸收。他是在兼收并蓄、转益多师，无体不工的基础上，形成自己的总体风格，具有承先启后之功的宗匠。

古代诗歌到唐代极为繁荣，形成发展的顶峰，复经北宋诸大家发扬蹈厉，思想内容与艺术形式又向广度与深度开拓。到金元之际，诗歌的创新已为强弩之末，难以为继。故元遗山言："诗与文同源而别派，文固难，诗为尤难。"(《双溪集序》)在这种形势下，遗山知难而上，以诗为专门之学，孜孜矻矻，精进不已，获得了极高的成就。"只知诗到苏黄尽，沧海横流却是谁？"翁方纲评曰，读此"乃知遗山之力争上游，非语言笔墨所能尽者矣"。又曰："至于遗山所自处，则似乎在东坡，而东坡又若不足尽之。盖所谓乾坤清气，隐隐自负，居然有集大成之想。”（《石洲诗话》卷七、卷五）元遗山的诗歌创作事实上是达到了“集大成”的水准的。之所以如此，是因为元遗山具备了主客观两方面的条件。客观上，正如赵翼所言“国家不幸诗人幸，赋到沧桑句便工”；而主观上，则如遗山自言“我诗初不工，研磨出艰辛”，是他长期磨炼，苦心经营，含英咀华，博采众长的结果。这里，例举遗山诗四首，略作浅要评析，以窥见遗山如何师法前人、熔铸已作而卓然自成大家的。

一

九月七日梦中作续以末后二句

桃花红深李花白，昨日成团今日折。歌声满耳何处来，杨柳青旗洛阳陌。拊君背，握君手，朝钟暮鼓无了期，世事于人竟何有？青青镜中发，忽忽成白首。六国印，何如负郭二顷田？千载名，不及即时一杯酒！

这首诗，有鲜明的李白清雄奔放的风格特色，按诗意应作于金亡之后。

遗山青年时期是“有志于世”“雅以气节自许，不甘落人后”的。但作为一介文士，担任一名史官，在山河破碎、国破家亡的战乱年代，不可能挽狂澜于既倒。他目睹金廷的腐朽黑暗政治，激起强烈愤懑。金亡之后，又被蒙古军羁管于聊城三年，成为累臣，受尽亡国辱身之苦，故面对大好春光的季节，不禁生风景无殊、山河变异之慨。诗的首二句以景起兴，有民歌风，为竹枝词句，这是李白古风常见的句法。发语率然，却即景生情。次二句承之，以他人的歌乐、桃李凋谢的可哀作对比，感韶光易逝而人世无常，家国之痛，自在言外。继之写对朋友的劝慰，以“世事于人竟何有”为反语，作小结束。他人之歌既衬托出自身哀感，劝友亦即自劝，如李白“世间行乐亦如此，古来万事东流水”（《梦游天姥吟留别》)、“江东风光不借人，枉杀落花空自春”(《醉后赠从甥高镇》)、“天津三月时，千门桃与李。朝为断肠花，暮逐东流水。前水复后水，古今相继流。新人非旧人，年年桥上游”（《古风》其十八）等诗意。接下，“青青镜中发，忽忽成白首”，流光不再人已老，正由李白《将进酒》“君不见高堂明镜悲白发，朝如青丝暮成雪”、《秋浦歌》“白发三千丈，缘愁似个长。不知明镜里，何处得秋霜”化来。由人及己，知国事无望，抱负难展，遂悟功名虚幻，不如安贫知命，饮酒自乐，亦李白金樽尽欢、一醉方休诗意。李白句如：“钟鼓馔玉不足贵，但愿长醉不复醒。古来圣贤皆寂寞，惟有饮者留其名”“呼儿将出换美酒，与尔同销万古愁”（《将进酒》），“作人不倚将军势，饮酒岂顾尚书期”(《扶风豪士歌》)，“持杯把酒但饮之，莫学夷齐事高洁”(《梁甫吟》)，“惟愿当歌对酒时，月光长照金樽里”（《把酒问月》）等。然而，旷达不免苦闷，酣饮岂可消忧，正是“举杯消愁愁更愁”的心灵写照。全诗一气呵成，于自然流动中见感情波澜的起伏，而无杜甫往复含蓄的曲折。忧从中来，喷薄而出，由外而内，借景抒怀，淋漓尽致，直陈胸臆，李白清雄奔放的诗风，达到了神情毕肖的境界。遗山好友李冶称遗山为李白后身(见《元遗山先生全集》序)，非虚言也。

不过，遗山此诗也有不同于李白诗之点，即李白诗中少有消沉凄楚之音，即便苦闷之极亦非绝望，总高扬着济世救民的志气，如《将进酒》“天生我材必有用”，《梁甫吟》“欲济苍生未应晚”之类；而遗山此诗则精神黯然，救国之志完全隐于言外。这当是遗山于亡国后受制于蒙古军，颇有生死之危的客观环境使然。但遗山并未“心死”，他一生以“出死以为民”为念，化为了九死不悔、至老不衰的实际行动。遗山这方面积极向上的精神表露，求诸于其他篇什，仍是不胜枚举的。

二

雨后丹凤门登眺

绛阙遥天霁景开，金明高树晚风回。长虹下饮海欲竭，老雁叫群秋更哀。劫火有时归变灭，神嵩何计得飞来？穷途自觉无多泪，莫傍残阳望吹台。

这首诗有杜甫七律“沉郁顿挫”的典型风格，作于金亡前二年。时蒙古军围攻汴京，金哀宗遣使乞和，蒙古军暂退。诗人登丹凤门远望，见兵火之余，疮痍满目，虑及国势衰颓，沦亡不免，心中哀痛欲绝，遂作是诗。近人吴闿生评曰：“此等处沉痛入骨，是遗山独绝处，乃从杜公得来。”赵翼亦曰：“（遗山）七言律则更沉挚悲凉，自成声调。唐以来律诗之可歌可泣者，少陵十数联外，绝无嗣响；遗山则往往有之。”（《瓯北诗话》）指的正是像这首诗一类的佳作。

全诗亦即景抒情，但无李白直截痛快的宣泄，而是以喻见意，融情入景。首二句之“阙”即丹凤门；金明，池名，宫苑小湖。言眺望所见，秋霁空明，晚风高树，含秋风黍稷之感。颔联咏长虹饮海，有不祥之兆，喻山河将生沧桑之变；复以老雁叫群，益人凄怆，是诗人耳闻目睹，以主观观照景物，联想国事，悲感深入一层。腹联再折一层，纯以诗人心境出之，所谓“神来气来”，思潮汹涌。劫火，佛家言世界末日之大水火风之灾，此隐喻战争浩劫暂息的宁静，预示着更严重的国难将临；因汴京四无屏障，故诗人幻想嵩山飞来有以护卫。这种层层递进、曲折往复的章法，多见于杜诗《秋兴八首》《诸将》《咏怀古迹》《登高》等七律名篇。后半承前四句而转意，心事浩茫，忧国忧民，知人力之不逮，盼神力之可拯，而绝望之悲，自在言外。结尾云“穷途自觉无多泪，莫傍残阳望吹台”。吹台，遗山旧日游乐地，其《九日读书山》诗云：“往年在南都，闲闲（指赵秉文）主文衡。九月登吹台，追随尽名卿。”悲而泪尽，途穷无计，昔日游乐之盛不复可见，今日国难当头，何堪回首！悲愤绵绵无尽，莫有底止。而“残阳”与“霁景”呼应，回扣首句，尤显结构谨严，整饬凝炼。全诗感慨悲凉，情景交融，实中藏虚，用笔曲折，得杜甫七律神髓，倘置之杜集，是可以乱真的。

遗山之诗,得力于杜甫为多,后人称其为“少陵嫡派”。遗山宗杜也溢于言表，称“古雅难将子美亲”“少陵自有连城璧”（《论诗三十首》）、“万古诗坛子美家”（《过三乡望女几村追怀溪南诗老辛敬之》）。他尊崇杜甫，一是认为杜诗有深切的生活体验。杜甫经历战乱，辛苦流离，深入社会，能知民生疾苦，心存社稷，而且观察事物，真切细致，所以“眼处心生句自神”，尤其是杜甫夔州以后的诗，有感人至深的艺术力量。二是杜甫诗融会百家，学识综博，能汲取古人精华，化为自身血肉，而避免种种弊病，所以“谓杜诗为无一字无来处亦可也, 谓不从古人中来亦可也”。遗山编有《杜诗学》一书, 此类见解在《杜诗学引》和其他一些文章中多有表述，而他的创作实践也主要是沿着杜甫的路子走的，何况遗山本人的遭际也同杜甫相类。如果讲两人的不同，只是由于遗山亲遭了亡国之痛，他的诗有时在沉挚悲凉、感慨激越方面比杜甫犹有过之而已。

三

西　窗

西窗鸟声千种好，树影离离动微风。青山满前掩书坐，欲话怀抱无人同。花枝不笑绿鬓改，尊酒自与黄金空。少年乐事总消歇，落日澹澹天无穷。

这首诗是闲适之作，有苏轼诗行云流水般豪放自然的风格。

遗山宗杜，同时也赏爱苏诗。他评苏诗引唐诗僧皎然语“性情之外，不知有文字”，又云“东坡圣处，非有意于文字为工，不得不然之为工也”（《新轩乐府引》）。遗山还手编《东坡诗雅》《东坡乐府集选》，作《学东坡移居八首》等诗，可见对苏诗的爱好。苏诗在金代流布极广，所谓“苏学盛于北，金人之尊苏，不独文也。所以士大夫无不沾丐一得”（《石湖诗话》卷五）。这是当时文坛风气，不独遗山为然。不过，苏学作为一种学术思想是以儒学为宗、兼采释道的杂学，体现在文学内容上，东坡诗便具有种种新生面，不单为载道之言。东坡在北宋党争中遭受打击，贬官海南，政治上不得意，颇以禅学自宽，求得心理平衡，熬过了磨难。所以他的诗有浓厚的禅味，能够放情物外，自得其乐，风格上显得豪放达观。这一点既不同于李白，也不同于杜甫。李白诗有道家风，动不动就要上天入地，同博大真人作汗漫游；杜甫则以儒业自任，面对现实，力求“致君尧舜上，再使风俗淳”。东坡介乎两者之间，出世入世，互为表里。政治上信念不改，但态度灵活，知可为而为，知不可为则不为，豪放中有安适。诗文创作也主张顺乎自然，既有法度，又能“行于所当行，止于所不可不止”，这是他得力于禅学的结果。遗山的这首诗同样抒发了这种安常处顺的生活态度。诗意描写面对鸟声、树影、微风、青山、花枝、尊酒，寂然自得其乐。岁月无穷，鬓毛生白；黄金有尽，逐乐无方，便悟出了“少年乐事总消歇，落日澹澹天无穷”的哲理。既然大自然才是永恒的，人生行乐是暂时的，那就不必妄求，乐天知命，安于现状吧。全诗没有什么难解的句子，语言畅达自然，意尽而止，这不是东坡为文的“行于所当行，止于所不可不止”么？

不过，东坡诗豪放自适，却并非一味消极避世。正如李白、杜甫具有不同的人生理想却又始终关注现实一样，东坡也是难于忘情世事的。东坡对人生、自然充满热烈的爱，他诗笔描绘的景物也洋溢着生命力。所以东坡诗动态感很强，比喻丰富、贴切而新鲜，如他的《百步洪》《读孟郊诗》《石鼓歌》等篇，读之便觉形象密集，万象森罗，琳琅满目而又痛快利落，处处显得活泼泼的，令人惊喜不置，神清气爽。遗山这首《西窗》偏于表达物我无竞、容与自然的情调，在形象描绘上不像东坡诗那样富丽多姿。但遗山诗作中也不乏可以媲美的佳篇，如《赤壁图》《游黄华山》《过晋阳故城书事》《涌金亭示同游诸君》等篇，其笔力的雄骏、意象的丰赡、境界的开阔及笔法的开合变化，亦可谓“追东坡而轶放翁”（王士禛语）了。

应当指出的是，遗山虽爱赏东坡，却不以学东坡为满足。他认为，东坡诗犹有“不能近古之恨”。所谓“近古”，是指归于雅正。雅正就是“温柔敦厚，蔼然仁义之言”“以诚为本”。他曾在“学诗自警”中提出二十九条不宜于诗的弊病，以律己律人（见《杨叔能小亨集引》），又在《论诗绝句》中言：“曲学虚荒小说欺，俳谐怒骂岂诗宜？今人合笑古人拙，除却雅言都不知。”这些话虽非专责东坡，却于东坡不无微词。这是继承杜甫“别裁伪体亲风雅”“风流儒雅亦吾师”的儒家诗教而来的。可是，这样一来，诗便成了“载道”的工具，又与“性情之外，不知有文字”之说发生矛盾。试想，东坡之所以为东坡，正在于他有真性情。嬉笑怒骂，皆成文章，从而形成具有个性化的独特风格。如果东坡成了“醇儒”，就不可能有那么多的创新。遗山自己的创作实践，其实与他所悬的标的也不全符合。比如他反对“俳谐怒骂”，却也写过骂人的诗（骂得对不对又当别论）。总之，遗山本人也非“醇儒”，不过比东坡“儒”的味道浓一些而已。这种矛盾现象，也是时代使然，因为二人均处在儒学吸收释道向理学转化、发展的阶段，不能不受风气的习染和熏陶。

四

题商孟卿家明皇合曲图

海棠一株春一国，燕燕莺莺作寒食，千古万古开元日。三郎搦管仰面吹，天公大笑嗔不得。宁王天人玉不如，番绰乐句不可无。官腰不按羽衣谱，疾舞底用牧猪奴？风声水声阅清都，梦中令人羡华胥。何时却并宫墙听？恨不将身作李谟！

这首诗是师法黄庭坚风格特色的佳作。

黄庭坚是宗杜的，极力称赞杜诗与韩愈文“无一字无来处”。他开创江西诗派，自认是杜甫的门徒。黄庭坚又是虔诚的禅家弟子，儒教与禅学的融合影响到诗风，贯彻到创作实践中，黄庭坚提出了“点铁成金”“脱胎换骨”的艺术主张，即取前人成句，改头换面，翻出新意；或师前人诗意，另铸新词，讲究炼字、炼句、炼意，章法精严。这种诗法容易发生挦扯古人、堆垛故实的流弊，江西诗派也确实有这种通病。但黄庭坚本人并非只善于钻故纸堆，做文字游戏。他的诗意真能具有杜诗“老成”的骨力、谨严的结构，传达出奇幻精警、峭拔幽深的意境，给人新鲜之感。遗山同时代的诗人王若虚指责黄氏“特剽窃之黠者耳”（《滹南诗话》），遗山是耳熟能详的。但遗山的父亲元德明却称“近世唯山谷最知子美”（《杜诗学引》），家学渊源，影响亦深。遗山则有所折衷，他很尊重山谷却鄙薄江西诸子，所以《论诗绝句》中云：“论诗宁下涪翁拜，不作江西社里人。”又云：“只知诗到苏黄尽，沧海横流却是谁？”大有继苏黄而起，横扫千军的气概。在创作中，遗山对黄诗的优长多有吸收，并不排斥。此点钱锺书先生《谈艺录》言之凿凿，是可信的。

就上引这首诗来看，便有师承黄诗法度的明显体现。这是一首题画诗，画中是唐玄宗宫中合乐的欢乐场景。诗中典实甚多，须略作注析。海棠，喻杨贵妃，见《冷斋夜话》引《太真外传》，玄宗称贵妃醉眠态“岂是妃子醉，真海棠睡未足耳”之句。“燕燕莺莺”，指宫女歌伎，由东坡“诗人老去莺莺在，公子归来燕燕忙”句化来。“寒食”由白居易《霓裳羽衣歌》“舞时寒食春风天”句化来，三郎即玄宗。“天公大笑”用李白《梁甫吟》“帝旁投壶多玉女，三时大笑开电光”句。“宁王天人”，指贵妃。番绰即黄番绰，宫中乐师。牧猪奴，指安禄山，玄宗指其为“猪龙”，语出《晋书·陶侃传》。清都，帝之所居，见《列子·周穆王》。华胥，见《列子·黄帝篇》:“黄帝昼寝而梦游华胥氏之国。”李谟事见之元稹《连昌宫词》“李谟压笛傍宫墙”句及自注。全诗取《开天传信记》《杨太真外传》所载玄宗与贵妃游乐事。诗中几乎无一句无典实，而巧为弥合，织为一体，如无缝天衣。诗纯以旁衬隐喻手法，极言玄宗开元盛极之时游乐；但杂以“千古万古开元日”，微讽居安忘危之甚，实非久计。“天公大笑嗔不得”，隐喻玄宗作乐忘形必将后悔不及，“牧猪奴”之称点出安禄山已生反侧之心而玄宗竟无察觉，以反语出之，意味深长。结尾四句为杜甫“此曲只应天上有，人间那得几回闻”的暗讥，意谓人间不应有此乐而玄宗行之，将乐极生悲。通篇章法紧凑曲折，细针密线，句句有言外言、味外味，句法矫健警策，绝无闲笔，结句尤耐人咀嚼。诗人确切的命意完全通过暗示隐射出来，寄寓遥深，并有立体的形象感，而无直露浅率之病。近人高步瀛评此诗曰“神似山谷”，是十分贴切的。前人评遗山诗亦云“凌轹苏黄”“追配苏黄”，以此诗论，遗山是当之无愧的。

黄庭坚的诗诚然也有毛病，那就是为钱锺书先生所云，忽视社会生活的源泉活水，题材较狭窄，与人民群众的疾苦离得很远，而且过分追求形式，读其诗不免为隔雾看花。但从审美价值而言，黄诗有独到的造诣，可为今天的创作提供借鉴（见《宋诗选注序》）。时下一些现代派所谓“意识流”“象征法”

的手段，在黄诗中均可寻见端倪。遗山师法山谷，能够逼真、神似，说明他深知个中三昧，探骊得珠。遗山诗也有喜用前人成句的毛病，个人创作亦多复句之累，这在今天看来，是不足取的。不过，在诗人那个时代，这种情况似不犯忌，反倒是一种才情的表露，因为从孔子传下来的“述而不作”的作风长期影响文坛，古人原不以为病的。但这又与“语必己出”“惟陈言之务去”的创新精神形成矛盾对立。古代诗人就是在这种矛盾中挣扎着曲折前进的。我们今天赞赏创新精神，对古人却应以历史主义态度对待，无须苛责。

本文所举四首诗，可说明遗山师法李杜苏黄四大家风格特色的造诣，以概见遗山对前辈诗人集大成的成就。当然，遗山取法前人，范围不限于此四家，如《种松》诗效白居易新乐府，《饮酒》效陶渊明，《愚轩为赵宜之赋》效韩愈，《赠答张教授仲文》效李贺，《采杞》效陈子昂《感遇》诸篇，《出都》效李商隐等，均形神逼肖，如出一手。但这种继承又非单纯模仿复制，每诗均有诗人自己的本色在，即妙在似与不似之间，而其中始终贯穿着思想内涵的忧国忧民[①]，与艺术形式上的真淳雅洁相统一的主线。遗山《论诗绝句》言：“撼树蚍蜉自觉狂，书生技痒爱论量。老来留得诗千首，却被何人校短长？”就此，宗廷辅《古今论诗绝句》评曰：“予谓先生诗语，磊落慷慨，其自谦处正其自负处。”我以为，对遗山诗歌创作成就的全面评价，随着研讨的深入，相信会有公正的定论，正不必问其自谦自负与否。本文谨以一愚之见，就教于方家和读者。

---

①值得指出，遗山在政治思想和哲学思想上并无创新的见解，仍一遵尊儒重道的传统观念。这种观念同忧国忧民思想相掺杂为一体。

元遗山诗歌理论探微

元遗山作为金元之际杰出的诗人和诗论家，在诗歌理论方面多有精辟独到的见解，向为后人称道，乃至“金元两代谈艺者奉为大宗”（《四库全书总目提要》），影响深远。遗山身处乱世，于江山易代、民不聊生之际，有家国沦亡、忧国忧民之感，因此主张诗歌创作应面对社会现实、反映民生疾苦，使“幽忧憔悴，寒饥困惫，一寓于诗”，体现“小夫贱妇、孤臣孽子”的思想感情，具有广泛的人民性。对历代优秀的诗歌创作，遗山具有继承传统的强烈意识，要求“识诗文之正而传其命脉”，力求“上薄风雅，中规李杜，粹然一出于正，直配苏黄氏”（郝经语），并以自己的创作实践，克服了诗坛矜多逞巧、纤弱窘仄的不良诗风，成为当时诗歌发展阶段的集大成者。在诗歌风格上，遗山倡导标举风雅，效法汉魏风骨，做到扎实丰富的思想内容与精淳雅洁艺术形式相统一，反对徒逞辞藻、雕章琢句的浮声赘语。在创作实践中，他主张刻苦磨炼，以严肃认真的态度，不懈追求，所谓“真积力久”“文章出苦心”“功夫到方圆”“金入洪炉不厌频”；并要虚心学习前辈作家的创作经验，转益多师，博采众长，以期“望今制奇”，使“豪华落尽”“不烦绳削而自合”，达到“天然真淳”之境。遗山诗歌理论上的这些可贵认识，散见在他的文集中，特别集中地反映在他继承杜甫而作的纵论历代诗家代表人物的系列组诗《论诗》等绝句中。

遗山上述诗歌理论的见解，在很大程度上接近我们今天提倡的社会主义现实主义创作原则，具有值得借鉴的合理性。已往学术界、诗歌理论界研究者甚多，并有精审的论述，对其局限性，也有郭绍虞等学者作出分析。用辩证的观点看问题，历史上任何一种文艺论，都是时代的产物，不可能不受时代的制约。前人的见解，即便在今天看来具有很高的正面价值，也不能不同时与其负面意义相杂糅、相渗透。对遗山的诗理，亦应作如是观。在对遗山诗论进行积极肯定的基础上，本文拟继踵前辈，再作进一步的探析，力求深入本质，揭示要旨。因此对学术界作过的充分正面肯定的意见，便不多论列，而对遗山诗论的局限性一面发表一些个人见解。但这样做，并不企图猎奇好胜、以偏概全，恰恰是为着对遗山诗论进行全面把握和认识。不当之处，尚祈方家指教。

一、“以诚为本”论诗原则的真谛

遗山论诗倡言“以诚为本”。这个重要见解在其《杨叔能小亨集引》一文中以唐诗为范例做了集中阐述。文云：

> 唐诗所以绝出于三百篇之后者，知本焉尔矣。何谓本？诚是也……故由心而诚，由诚而言，由言而诗也。三者相为一。情动于中而形于言，言发乎迩而见乎远。同声相应，同气相求，虽小夫贱妇、孤臣孽子之感讽皆可以厚人伦、美教化，无它道也。故曰不诚无物。夫惟不诚，故言无所主，心口别为二物。物、我邈其千里，漠然而往，悠然而来，人之听之，若春风之过马耳，其欲动天地、感鬼神，难矣。其是之谓本。唐人之诗，其知本乎？何温柔敦厚、蔼然仁义之言之多

也？幽忧憔悴、寒饥固惫一寓于诗，而其厄穷而不悯，遗佚而不怨者故在也。至于伤谗疾恶，不平之气不能自掩，责之愈深，其旨愈婉；怨之愈深，其辞愈缓。优柔餍饫，使人涵泳于先王之泽，情性之外不知有文字。幸矣，学者之得唐人为指归也！

这一段文字，郑重而庄严，提出了“诚”这个诗歌的根本性范畴。这里，“诚”的涵义是：

1. 诚由心来，它发而为言，便是诗。心、诚、言三者一致。诚是人心之固有，诗是诚的语言表现。

2. 诚是人心的情性，这种情性动于中而形于言，由内及外，由己及人，彼此感染，是厚人伦、美教化的唯一途径。这就是诗的感讽功能的由来。

3. 内心的诚是同外物相一致的。如果不一致，心口为二，物我千里，发而为诗就难以动天地、感鬼神，所以说，“不诚无物”。

唐诗之所以值得称赞，就因为它知本，即体现了诚。唐诗的特征是温柔敦厚，多为仁义之言。其表现出来的感情是“厄穷而不悯，遗佚而不怨”，即便有责备、埋怨，也是委婉含蓄、平静和缓的，能使人受到先王之泽的陶冶。由于唐诗体现了人心之诚，符合人的情性，所以文字表达反而不是最重要的，“情性之外不知有文字”。

遗山“以诚为本”的诗论是从哪里来的呢？一望而知，来自儒家正统的文艺观。孔子言：“《关雎》乐而不淫，哀而不伤。”《礼记·经解》引孔子言：“入其国，其教可知也。其为人也温柔敦厚，诗教也。”《毛诗序》言“先王以是经夫妇，成孝敬，厚人伦，美教化，移风俗”，亦即荀子《乐论》所谓“善民心”“感人深”“移风易俗”。概括起来讲，就是诗歌要以温柔敦厚的方式，传达封建纲常伦理的内容，达到辅助政教、宣扬先王之泽的目的。这就是诗歌的根本职能。而发于人心、合于外物的诚，便是实现诗歌根本职能的唯一途径。对照一下遗山在其他文章中对“诚”的论述，就更容易明白其用意。

> 盖诚之一物，存诸己则忠，加诸人则恕，是道也，出于人心。（《内相文献杨公碑》）
>
> 圣人之道无它，至诚而已。诚者何？不自欺之谓也。（同上）
>
> 诚之所在，即名教之所在，有不期合而合焉者。（《夹谷公碑》）
>
> 不立崖岸之谓和，不置町畦之谓诚。（《赵闲闲真赞》）
>
> 诚以感神，祭则受福。（《扁鹊庙记》）
>
> 闻之天即神，神即人，人即天，名三而诚则一。（《长庆泉新庙记》）

从这些论述中可知，诚是人心忠恕之道的体现，诚是真实不自欺，诚是名教所在，诚是对人态度的坦诚（不置町畦），诚能感动鬼神，诚是神、人、天的合一，可谓诚之时义大矣哉。遗山对“诚”的这一系列理解，当然不是他的独创，而是从儒家经典《中庸》的“诚”论中搬来的。

“诚”是儒家思想体系中一个涵义丰富的哲学范畴。作为一般概念，具有真确无妄、信实不欺之义。《说文》释诚为“信”，即是此意；《大学》云“所谓诚其意者，毋自欺也”亦然。故遗山言：“诚者何？不自欺之谓也。”但在《中庸》一书中，便对“诚”从天、人、物三方面做了哲学和伦理学的发挥，提出如下阐释：

> 诚者，天之道也。诚之者，人之道也。诚者，不勉而中，不思而得，从容中道，圣人也。诚之者，择善而固执之者也。

自诚明，谓之性。自明诚，谓之教。诚则明矣，明则诚矣。

唯天下至诚为能尽其性，能尽其性则能尽人之性，能尽人之性则能尽物之性，能尽物之性则可以赞天地之化育，可以赞天地之化育则可以与天地参矣。

诚者自成也，而道自道也。诚者物之终结，不诚无物，是故君子诚之为贵。

诚者非自成己而已也，所以成物也。成己，仁也；成物，知也。性之德也，合外内之道也，故时措之宜也。

至诚之道，可以前知……祸福将至，善必先知之，不善必先知之，故至诚如神。

毋庸赘述，遗山论诚是对《中庸》的“诚”论袭其句，师其意，择而用之。遗山论诗“以诚为本”，实为儒家诗教与《中庸》“诚”论的结合融汇，是历史发展的产物。

不独此也，遗山的“以诚为本”又是他所处的社会的产物，具体讲即北宋理学思想这一社会思潮影响的结果。

北宋理学的发轫，上承隋代王通，唐代韩愈、李翱的学术思想。关于“诚”，李翱曾认为，它是“寂然不动，感而遂通天下之故”，是一种客观独立的精神存在。在这个基础上，北宋理学开山周敦颐由“诚”进一步追究“性”的起源，认为“诚”是宇宙最高本体“无极”体现于人和万物的“性”。他提出“诚之源”“诚斯立”“诚之通”“诚之复”一系列命题，认为“诚”的起源、确立、发展和复归，均是“无极”这个本体推衍而来的。正因为“诚”体现了宇宙最高本体——“无极”，所以，周敦颐还把“诚”作为人的理想境界，作为成贤成圣的人生修养最高目标。遗山敬仰的，与周敦颐差不多同时的著名政治家司马光就说过：“有一言可以终身行之者，其诚乎？”“诚”是一切人应当身体力行的行为规范。

周敦颐的弟子二程对“诚”又有系统发挥，形成了理学思想体系的一套完整的“诚”论系统。

程颐据周氏“无极之真”和“无妄，则诚矣”的话，给“诚”下了定义：“真近诚。诚者，无妄之谓也。”（《遗书》卷二十一上）他认为真实无妄的东西，莫过于“理”，所以，“诚”又是“实理”（见《粹言·论道篇》）。程颐又提出“性即理”的命题，“诚”又被作为“理”在人身上的体现而规定为“性”：“自性言之为诚，自理言之为道，其实一也。”（同上）在此基础上，二程特别强调以人的“诚”的本性去修身处事的重要，建立了一套“闭邪存诚”“主敬”的道德修养法。总之，北宋理学的“诚”论是沟通宇宙最高本体“无极”与天道、天理、人性、万物之性等，贯串自然现象与社会政治、伦理、教育、道德修养、日常器用的万能灵方。这就不难理解，遗山为什么在论诗中要“以诚为本”了。

遗山的“以诚为本”不仅在理论形态上同北宋理学一脉相承，有千丝万缕的联系，而且，他本人所学与理学家程颢也有师承渊源。对遗山影响最大、恩重如山的老师是陵川郝天挺。郝氏一门的家学便出于程颢。遗山的弟子，郝天挺之孙郝经追述其家学言：“高曾而上，亦及（程）先生之门，以为家学。传六世至经，奉承余绪，弗敢失坠。”（《陵川集》卷二十七《宋两先生祠堂记》）《陵川集》朱樟序亦言，郝经曾族祖东轩老人郝震，曾以二程之学“教授乡曲”，郝天挺对这位族叔十分崇敬，临终言：“郝氏儒业自吾叔父东轩老人始。我死葬其墓侧，庶得奉杖屦于地下。”（《陵川集》卷三十六《先大父墓铭》）郝氏之学受之于程颢，流传有绪，作为郝天挺得意门生的遗山，能不受其深刻，沾丐吗？其实，倘进一步追究，便可发现，遗山倡言“以诚为本”，最早的提出者，不是别人，正是程颢。程颢论文反对空言，曾言：

> 修辞立其诚（原出《易传·乾》——笔者注），不可不子（仔）细理会。言能修省言辞，便是要立诚。……若修其言辞，正为立己之诚意，却是体当自家敬以直内、义以方外之实事。道之浩浩，何处下手？惟立诚才有可居之处。有可居之处，则可以修业也。终日乾乾，大小大事，却只是忠信。所以进德为实下手处；修辞立其诚，为实修业处。（《宋金元文论选》，第149页）

这里讲的是为文之道，立诚是以文载道的根本途径，要求“敬以直内，义以方外”，在实事上合一，其主要体现为人的忠信品质。文如此，诗亦然。程颢之弟程颐明言：

> 诗者，言之述也。言之不足而长言之、咏歌之，所由兴也。其发于诚，感之深，至于不知手之舞、足之蹈，故其入于人也亦深，至可以动天地、感鬼神。……至夫子之时，所传者多矣。夫子删之，得三百篇，皆止于礼义，可以垂世立教……古之人，幼而闻歌诵之声，长而识刺美之意。古人之学，由诗而兴，后世老师宿儒，尚不知诗义，后学岂能兴起也？世之能诵三百篇者多矣，果能达政专对乎？是后之人未尝知诗也。夫子虑后世之不知诗也，故序《关雎》以示之。（同上，第154页）

程颐论诗尤重《毛诗序》，当有人问：“诗如何学？”他答道：“只在大序中求。《诗》之大序，分明是圣人作此以教学者。”（同上）

用遗山“以诚为本”的诗论同程颢、程颐的诗论来对照，二者如出一辙，合若契符。不过，遗山的思想是复杂的。他不仅以私相授受的形式，受程学的深刻影响，也可能受南宋朱熹之学的影响。在遗山的诸多师友中，研治朱学的大有人在，这些人均受到遗山的尊敬和称赞，如使理学大行于北方的赵复、好友姚枢、师长张特立等；此外遗山也受佛道之学、东坡杂学的影响。他个人所学是以儒为主、兼采佛道的杂学，还算不上真正的理学家。但遗山“以诚为本”的诗论，基本上是继承理学家阐发的原道、宗经、征圣三位一体的儒家正统文艺观，其核心是辅助政教，以维护封建纲常伦理道德为出发点和归结点，这是不言而喻的。

“以诚为本”的诗论具有历史进步性，这可以从两方面看。一是它吸收了北宋理学崇儒尊道的思想。这种思想就意识形态对社会政治的作用而言，有一定积极意义。理学家认为“道之大原出于天”“道之正统待人而传”，这就是天道至尊观和圣贤传道观。在古代，道统与皇统一致；然自孔子之后，道统不再居君相之位，与皇统分裂为二。皇统尽管有极大威势，毕竟应是替天行道的工具，从属于道统。当人君违背道统胡作非为之时，理学家就以道统维护者的资格对人君“责难陈善”，以限制和干预人君的越轨行为。这样一来，人君便不宜恣意妄为。这对协调统治集团内部利益有好处，在一定程度上也防止出现暴君、昏君对百姓的肆虐，酿成天下大乱。二是就遗山所处的金元之际的社会现实看，由于金朝政治腐败，蒙古国崛起于北方，屡次南攻，进而灭金，中原的经济文化惨遭破坏，人民大量死亡，造成了历史逆转。中原地主阶级及其知识分子急需恢复原来的一套封建纲常伦理，以求安身立命，维护自身权益。这样崇儒尊道就成为他们重建封建统治秩序的有力思想武器。这在大乱之后，客观上也符合人民群众希望恢复正常经济生产、安居乐业的心愿，同时也适应了蒙古征服者一些开明人士巩固在中原地区的新政权的政治要求。多方面因素的合力就为理学在北方大行其道提供了条件，推动了历史暂时逆转后的重新起步。遗山意识到了这一社会主潮的趋向，在诗歌理论中提出“以诚为本”，事实上是要通过诗歌这种特殊宣传教育工具，加速封建纲常伦理的重建。换言之，“以诚为本”就是崇儒尊道在诗歌理论和创作实践上的具体化。事实上，遗山在金元之际的一切活动，无不是围绕着这个根本目的进行的。“国家不幸诗人幸”，遗山正是适应了历史发展的要求，才成为当时杰出的进步人物的。“以诚为本”的诗论也从一个侧面体现了遗山思想认识的进步性。

但是，正如崇儒尊道具有不可避免的阶级局限和时代局限一样，“以诚为本”的诗论同样有自身本质的消极性。封建卫道士们尽管高唱道统高于皇统，实际上手中只有批判的武器，并没有强权暴力。他们要么化为强权暴力的臣仆，要么只能成为在野的帮闲。而且他们批判的武器又是诉诸道德说教，力量少得可怜。如果不甘于遁隐山林，他们就只能奔走于权门，浮沉于宦海，识时而动，待价而沽。对于老百姓，他们鼓吹的那一套，实质上是给人们重新戴上政治枷锁和精神绳索，让人们甘当顺民。遗山也属于这一类封建卫道士。他的“以诚为本”也不过是要用诗歌来驯化小民、效忠新朝，其进步作用比起人民群众从事的阶级斗争、生产斗争伟大实践来，是不可同日而语的。再从诗歌自身的特殊职能来看，“以诚为本”主要提倡的是诗歌辅助政教、服务于封建纲常伦理的“主文谲谏”作用。“诚”作为人的性情，只求“诚”的实现，也就是忠信、仁义之类封建伦理教条的人格化，而且是“温柔敦厚”“哀而不怨”之类的奴性化。这样，诗歌反映现实社会矛盾的广度、深度和激烈程度，大大削弱。又由于“性情之外，不知有文字”，诗歌的艺术表现手段就谈不上创新，其审美价值也要大打折扣。因此，“以诚为本”的诗论本质上是不利于诗歌发展的保守性理论。在今天看来，其借鉴意义就很有限。有的同志认为，遗山提出“以诚为本”，有现实主义传统，这恐怕是过于笼统的赞词，并不切当。

二、论诗具体标准的偏颇

“以诚为本”作为遗山诗论的最高标准和根本纲领，因其本质上的局限性，也必然决定着他论诗的具体标准的偏颇。这主要体现在他对历代诗人及作品的评价上。

遗山的论诗绝句广为人知，对后世影响很大。这些绝句评论了汉魏至北宋的数十位诗坛名家及其作品，反映出遗山论诗的具体标准。其中正面的标准是“正体”“古雅”“真淳”“天然”“精纯”“精真”“传心”“眼处心生”等。从字面上看，这些标准似乎都合理，令人首肯。但仔细分析，就会发现问题。

在这些标准中，最重要的是“正体”和“古雅”两条。诗云：“汉谣魏什久纷纭，正体无人与细论。谁是诗中疏凿手，暂教泾渭各清浑。”“正体”，是遗山评诗时细加疏凿的主要标准。“古雅”是对诗圣杜甫的赞词，“古雅难将子美亲”。杜甫是遗山极力推崇的诗人，是唐诗中“正体”的样板，所以杜诗是遗山最重要的参照系，“古雅”便是是否符合“正体”的准绳。遗山云：“风雅三百正而葩，何以蔽之思无邪”（《大中大夫刘公碑铭》）。可见，“古雅”最直接的代表就是指《诗经》中的风、雅。遗山标举风雅、强调正体，目的就是辅助政教。《毛诗序》言：“国史明乎得失之迹，伤人伦之废，哀刑政之苛，吟咏性情，以风其上，达于事变而怀其旧俗也……是以一国之事，系一人之本，谓之风；言天下之事，形四方之风，谓之雅。雅者，正也，言王政之所由废兴也。”显而易见，这正是遗山“以诚为本”的原则依据。

遗山标举风雅、强调正体是有现实针对性的。因为在他看来，诗歌的发展在后世每况愈下，离开了正道，走向了邪僻。所以，要拨乱反正，向正体、古雅回归。这个看法是直接继承杜甫“别裁伪体亲风雅”的主张的，其实质上是提倡复古。遗山《陶然集诗序》言：

> 诗之极致，可以动天地、感鬼神，故传之师，本之经，真积力久而有不能复古者。自“匪我愆期，子无良媒……载笑载言”之什观之，皆小夫贱妇满心而发，肆口而成，见取于采诗之官，而圣人删诗亦不敢尽废。后世虽传之师、本之经，真积力久而不能至焉者。何古今难易不相侔之如是耶？盖秦以前，民俗醇厚，去先王之泽未远，质胜则野，故肆口成文，不害为合理。

这就是说，诗歌在先秦离“先王之泽”不远，比较符合正体的要求，是古雅的，故孔子亦存而不删；后世之诗却违离了正体的要求，因而有必要救正之。只有努力复古，诗歌才能真正有益于政教，发挥动天地、感鬼神的感染作用。我们知道，“复古”在中国古代文艺论中是经常提到的口号，这个口号对推动文学的发展起到过积极作用。但不同的文艺家对“复古”的理解是不同的，有内容的复古，有形式的复古，有旧形式反映新内容的复古，也有新形式反映旧内容的复古等。遗山这里讲复古是诚心诚意的复古，内容形式上都复古。这当然是做不到的。遗山为此竭尽全力，他在论述“以诚为本”之后，为自己设置了二十九条戒律，力求回归正体、符合古雅。他说：

> 初予学诗，以数十条自警云：无怨怼，无谑浪，无骜狠，无崖异，无狡讦，无媕阿，无傅会，无笼络，无炫鬻，无矫饰，无为坚白辨，无为贤圣癫，无为妾妇妒，无为仇敌谤伤，无为聋俗哄传，无为瞽师皮相，无为黥卒醉横，无为黠儿白捻，无为田舍翁木强，无为法家丑诋，无为牙郎转贩，无为市倡怨恩，无为琵琶娘人魂韵词，无为村夫

子《兔园策》，无为算沙僧困义学，无为稠梗治禁词，无为天地一我今古一我，无为薄恶所移，无为端人正士所不道。信斯言也，予诗其庶几乎。

老天！这也不许，那也不许，谁还能作得了诗呢？连遗山自己也做不到。查一查遗山诗集，不是照样有“逆竖终当鲙缕分”（《即事》）、“血仇此日逢三怨”（《感事》）、“猪觜关头是鬼门”（《感事》）之类积愤不平、怒不可遏的句子吗？这能算是“温柔敦厚”吗？这是二十九条戒律能禁绝得了的吗？要想回归正体、符合古雅是太困难了。故遗山言：“故文字以来，诗为难。魏晋以来，复古为难。唐以来，合规矩准绳尤难。”“后世果以诗为专门之学，求追配古人，欲不死生于诗，其可已乎？”“非技进于道者能之乎？”（《陶然集诗序》）

遗山提出“正体”“古雅”的复古标准是这样的高，难怪他对历代杰出诗人，没有几个能看得上眼。在论诗绝句中，遗山推重的是陶渊明、陈子昂和杜甫，着眼点均在复古。论渊明句：“南窗白日羲皇上，未害渊明是晋人。”陶渊明自号“羲皇上人”，有“羲皇去我久，举世少复真”（《饮酒》）之句，是礼赞复古的。论子昂句：“论功若准平吴例，合著黄金铸子昂。”《新唐书》本传称：“唐兴，文章承徐庾余风，天下祖尚。子昂始变雅正。”顾星五言：“唐诗复古，首推子昂。”（宗廷辅《古今论诗绝句》引）潘德舆言：“陈子昂之《感遇》，且居然能复古也。”（《养一斋诗话》）至于杜甫，遗山则明言：“古雅难将子美亲”“万古诗坛子美家”“少陵自有连城璧”。又作《杜诗学》一书，极赞杜诗成就是“学至于无学”，“故谓杜诗无一字无来处可也、谓不从古人中来亦可也”，可见杜甫是善于复古且能大而化之者。不管陶渊明、陈子昂、杜甫是不是无条件地复古，也不管他们各自怎样“复古”，遗山用自己保守的复古观去认识他们的作品，给他们统统戴上“复古”的高帽加以赞扬。这种评价不是强人就己、以己度人吗？对其他名家，遗山也一概以“复古”标准衡之。其《东坡诗雅》云：“五言以来，六朝之陶谢，唐之陈子昂、韦应物、柳子厚，最为近风雅，自余多以杂体（即正体的反面伪体——笔者注）为之。诗之亡久矣！杂体愈备，则去风雅愈远，其理然也。”这样一来，诗歌发展史上还有几个值得肯定的诗人呢？像北宋苏轼、黄庭坚这样的大家，遗山本人曾认真学习，多受启益，但仍然不免微词。遗山言，诗至东坡，“有不能近古之恨”。对苏黄后学则斥之：“曲学虚荒小说欺，俳谐怒骂岂诗宜？”“苏门果有忠臣在，肯放坡诗百态新？”“论诗宁下涪翁拜，未作江西社里人！”尽管遗山引其父言曰“近世唯山谷最知子美”，但毕竟江河日下：“只知诗到苏黄尽，沧海横流却是谁？”遗山又说：“子美夔州以后，乐天香山以后，东坡海南以后，皆不烦绳削而自合，非技进于道者能之乎？”事实上杜甫、白居易、苏轼这些时期的作品在技巧上圆熟老到了，但反映现实激烈斗争的内容却狭小了，早期有棱角、有锐气的东西钝化了，人生态度超然了。这究竟是诗人的幸运，还是诗人的悲哀呢？由于遗山倡言“以诚为本”，强调辅助政教、归于“正体”“古雅”的复古论，诗歌的职能完全归结为载道，诗歌成了封建纲常伦理的附庸。于是，这个所谓高标准，就成了狭隘苛刻的死框框。在今天看来，这种标准的价值和意义就十分有限了。

所谓“真淳”“天然”“精纯”“精真”这些标准，又是什么意思呢？从字面来看，似乎是提倡诗歌要真实自然、淳朴精练。其实，也不尽然。遗山称赞陶渊明：“此翁岂作诗，直写胸中天。”（《继愚轩和党承旨雪诗》）称杜诗：“元气淋漓，随物赋形。”批评不良诗风：“陵夷随世变，巧伪失天真。鬼蜮奸无穷，优伶伎毕陈。谤伤应皆裂，淫亵亦肌论。”（《赠祖唐臣》）提倡炼字炼句：“咀嚼有余味，百过良未足。功夫到方圆，言语通眷属。”（《与张仲杰郎中论文》）均有尊重客观真实、反对歪曲夸饰、要求精心锤炼的合理因素。但怎样做到这一点呢？遗山的侧重点只是“诚”，所谓“修辞立其诚”，“诚”是前提。如前所引，他主要的途径是“由心而诚，由诚而言，由言而诗也，三者相为一。情动于中而形于言，言发乎迩而见乎远”，目的是合乎“厚人伦、敦教化”的最高要求。这是唯一的方式，“无它道也，故曰不诚无物”。只有达到诚，才可能物我一致、心口一致。因此，遗山提出“真淳”“天然”之类标准是以“诚”为基础的，而不是以客观事物的本来面貌为依据的。他主张诗歌创作要精纯之类，也是以传达“诚”的程度决定的，含有思想内容上的要求，并不单指艺术技巧。如果用我们今天提倡的写真实、反映现实生活本质、思想性与艺术性相统一等要求，来理解遗山的上述标准，那就不妥当了。

由于遗山认为“诚”是人心之固有，是先天的惰性，所以他又强调“传心”“眼处心生”等标准。这里，“心”与“情性”是意义紧密相关的概念。“诚”既然是由心而来，即由情性体现出来，所以，遗山多次强调“情性之外，不知有文字”这句话：

> 境用人通，思与神遇，故能游戏翰墨道场，而透脱丛林窠臼，于蔬笋中别为无味之味。皎然所谓“情性之外，不知有文字”者，盖有望焉。（《木庵诗集序》）
>
> 使人涵泳于先王之泽，情性之外，不知有文字。（《杨叔能小亨集引》）
>
> 诗家圣处，不离文字，不在文字。唐贤所谓情性之外，不知有文字云耳。（《陶然集诗序》）
>
> 自东坡一出，情性之外，不知有文字。（《新轩乐府引》）
>
> 情性入吟咏，古淡无妖妍。酸咸与世殊，至味久乃全。（《赵

吉甫西园》）

遗山认为“吟咏情性之谓诗”，又言“情性之外，不知有文字”，就是说，诗歌主要是反映主观世界的。这里，可明显看出遗山诗论受禅学的影响，有浓厚的主观唯心论色彩。但须知，遗山讲的“情性”实质为“诚”，指的是“先王之泽”与圣贤之道在人心的体现，那么，这种看法还是不离他以儒为主的卫道本色。本来，讲“吟咏情性”，提倡诗歌应具强烈抒情性，这无疑很有道理。但“情性”却只限于“正心诚意”的儒家说教，成为纲常伦理的人格化，这就又给诗歌套上了政教的绳索，抹杀了人的个性要求。于是，“传心”也便成了“传道”，“眼处心生”也只能生出些“道统”来。正因为如此，遗山并不一概肯定“情性”，他只肯定符合“诚”的“情性”，认为违背“诚”的“心画心声”，是不可取的。他批评潘岳的作品：“心画心声总失真，文章宁复见为人。高情千古《闲居赋》，争信安仁拜路尘。”潘岳为人固虚伪可骂，但《闲居赋》就一定很坏吗？倘若这样看，岂不因人废言？这里，遗山遵从的还是“士先器识而后文章”的教条。郝天挺教育遗山就说过：“学者贵其有受学之器。器者何？慈与孝也。”又言：“读书不为文艺，选官不为利养，惟知义者能之。”（《郝先生墓铭》）潘岳依附权门，为人不好，作品也就不足道。将诗品与人品画等号，这不是有失偏颇了吗？遗山评诗完全离开了作品自身的特殊价值，搞“唯出身论”，这是由他“以诚为本”原则的根本缺陷决定的。对潘岳如此，对其他离经叛道的文字亦如此。遗山批评说：“学道有通蔽，今人乃其尤。温柔与敦厚，扫灭不复留。高骞当父师，排击剧寇仇”，“克己未有加，归仁亦何由？先儒骨已腐，百骂不汝酬。胡为文字间，刮垢搜瘢疣？吾道非申韩，哀哉涉其流”（《赠答刘御史云卿》）。可见何等深恶痛绝，无非是因为“今人”的文字不合儒道而已。这样一来，诗歌揭露社会黑暗、抨击统治者罪恶的战斗作用全都被取消了，什么“慷慨歌谣”呀，“中州万古英雄气”呀，“纵横诗笔”呀，也便成了表白孤臣孽子之心的洪亮号筒，与人民群众反暴政、反剥削的正义呼声貌合神离、南辕北辙。反过来看，遗山指斥的“斗靡夸多”“排比铺张”“鬼画符”“切响浮声”“曲学虚荒”“俳谐怒骂”，就不专指语言冗赘夸饰的形式问题，而是包含着反对文词内涵那些非正统的异端邪说的意思。有的同志认为，遗山的这些主张，是反对形式主义文风。从字面上看，是说得通的。但是，语言形式终究是取决于思想内容的。遗山讲的是“由心而诚，由诚而言”，“诚”是人心天道、纲常伦理的体现，传达这些东西的语言才能成为诗的语言，那么不能传达这些东西的语言不就成了冗词赘语、胡说八道了吗？语言并没有阶级性，语言运用是否准确精练，要看它反映事物的真实程度。在遗山看来，传达人心天道、纲常伦理的语言，是合乎“诚”的原则的，但对被压迫者来说却是虚伪的。可见，不同阶级的人对反对形式主义文风的理解，出发点是不同的。遗山站在宣扬人心天道、纲常伦理，维护统治阶级利益的立场，反对形式主义文风，对语言艺术自身的发展不能说没有意义，但毕竟是有很大局限性的，也必然导致对劳动群众在语言创造上伟大作用的漠视和否定，从而束缚了诗歌艺术的语言创新。这一点，在遗山二十九条学诗自警的戒律与其诗歌创作中，都有明显反映。总之，对遗山论诗的各项具体标准，我们不应只从字面意义上做想当然的理解，只有抓住这些标准同遗山“以诚为本”的狭隘阶级性认识的本质联系，才能进行全面评价。

三、遗山诗论对其创作的消极影响

遗山《论诗绝句三十首》创作于青年时期，正式提出“以诚为本”的原则是在接近晚年时期。但遗山诗歌理论是一以贯之、基本变化不大的。因此，这种始终一致的理论也指导着他一生的诗歌创作和诗歌编撰活动。通观遗山现存的全部作品和他选编的《中州集》，其诗论带来的消极影响是明显的，这也反证了遗山诗论的不足与偏颇。

其一，诗旨狭隘

遗山作为金元之际的诗坛大家，其作品集中突出地反映了他爱国忧民的可贵思想，但这些思想基本不出儒家仁政礼治、纲常伦理局限的范围，诗旨显得狭隘，这是由其“以诚为本”、以诗载道的原则决定的。遗山是当时文坛盟主，有众望所归的地位。他所处的年代是阶级矛盾、民族矛盾交织激化的社会大动荡时期。战乱不止，山川流血，民不聊生，各族人民反金起义和抵抗蒙古南攻的战争风起云涌、此起彼伏。遗山本人具有高尚的爱国爱民精神，在政治气节上，他爱民重于忠君；在民族气节上，他有维护中华民族整体利益高于拘守某一民族狭隘利益的积极行动。这同他“道统高于皇统”的认识及不满女真族腐朽政治的思想有关。遗山以诗为“专门之学”，凭他的才华完全有可能通过描绘血与火的现实生活感受，将时代逆转和前进的主潮揭示出来。但是，由于保守的诗歌理论的指导，他的诗歌作品比起其他文字及从事的文化活动，其思想意义和价值，相对来说就显得片面而且肤浅。

遗山诗中的确有指斥黑暗政治、控诉战争罪恶、同情人民苦难的内容，但这种指斥、控诉、同情往往采取“温柔敦厚”的态度和语言。面对山河破碎、战祸蔓延的现实，遗山激愤痛苦、肝胆俱裂，以至声泪俱下、呼天不已，但这种炽烈的感情只是臣子顺民的感情，即便不满于官吏横暴，愤慨于蒙古军的屠戮，也绝不敢逾越王道政治、仁义道德的规范，他重申和强调的不外是杜甫“致君尧舜上，再使风俗淳”的理想、“不过行俭德，盗贼本王臣”的苦谏和“葵藿倾太阳，物性固难夺”的忠顺。遗山流露出对平息战祸、实现太平盛世的无限向往和企盼，却从来没有怀疑过封建统治制度的不合理，也从来没有直斥过金朝或蒙古国的“君父”，更谈不到对人民反抗斗争的肯定和赞扬。也就是说，作为一位杰出的诗人，他作品的基调从来也没有超越他所属的阶级利益和阶级地位的局限。遗山是推崇杜甫的，但在诗歌反映现实的多侧面上，却比不上杜甫的深度和广度，而他生活的时代却比杜甫的时代更为残酷、恐怖。

在艺术素养上，遗山的功底是深厚的。他的前辈诗人在艺术上已做出辉煌成就，有值得借鉴的丰富经验。遗山对前人的艺术技巧能够达到一定程度的集大成，对陶渊明、陈子昂及李杜苏黄，甚至白居易、李商隐、李贺、韦应物、陆龟蒙等名家，他都能准确地把握其风格，加以熔炼，模仿得穷形尽相，以至乱真。但这些高超的技巧主要服务于宣扬王道政治、仁政礼教即“先王之泽”，很少深刻的诅咒，绝无反叛的呼声。尤其是晚年，当忽必烈在中原的政权趋向巩固、做出崇儒重道姿态的时候，遗山看到了想象中“太平盛世”的曙光，他便开始吟唱“风波旧忆横身过，世事今归袖手看”（《赠玉峰魏丈邦彦》）、“治朝例有高年敬，神理终归晚节昌”（《贺中庸老再被恩纶》）、“林下升平有他日，草堂应许驻金鞍”（《答公茂》）的高调。这些作品从历史价值和社会意义看，比起他一生从事史籍撰述，保存中原文化与社会交游活动，都要相形见绌，未能达到他可能达到的高度。即连遗山选收金人的诗作，编定《中州集》来说，也是意在“以诗存史”，而非着眼于诗歌固有的价值。故有人或讥该书多收“小家数”之作。沈德潜称：“《中州集》钱牧斋极为奖激，然可取者，元裕之‘小序’。诗品薄弱，又在南宋诸公下也。集中所传，如‘好景落谁诗句里．蹇驴驮我画图间’，好句不过尔尔。王元美谓‘直于宋而伤浅，质于元而少情’，岂苛论哉！”（《说诗晬语》卷下）此以《中州集》可取者在遗山所作“小序”，可见其价值偏重于史，这是有道理的。而“伤浅”“少情”之病，当与遗山“以诚为本”，推重“蔼然仁义之言”的选诗标准有关，是由题旨狭隘的先天不足决定的。

其二，选材不富

题旨狭隘，视野有限，诗歌选材势必片面。读遗山诗，人们可以明显感到这种缺陷。我们知道，唐诗在古典诗歌发展史上达到了一个高峰，北宋诗家要超越这个高峰是十分困难的。但北宋诗家不愧于他们的时代，经过艰苦的相继努力，终于取得了独特的成就。这种努力就表现在题材内容、表现形式乃至风格总体上有所拓新。北宋诗家作品的选材是相当广泛的，几乎现实生活中能够入诗的材料都被囊括，特别是东坡和山谷，堪称捕捉诗情画意的能手。这种继往开来的闯劲和气魄，比得上杜甫，是非常可贵的。遗山崛起于北方，熟习苏黄，也应盈科而后进，百尺竿头，别开生面；他亲受家国之痛，身世浮沉，也不乏深刻而丰富的感受。按理，遗山之诗至少可在选材上超越前人，做出突出成绩，然而，事实却非如此。

遗山诗在题材内容上，当然也不能说没有时代的新特点，特别是他的“丧乱诗”，足可与杜甫匹敌。赵翼言，遗山“七言律则更沉挚悲凉，自成声调。唐以来律诗之可歌可泣者，少陵十数联外，绝无嗣响；遗山则往往有之……此等感时触事，声泪俱下，千载后犹使读者低回不能置。盖事关家国，尤易感人。惜此等杰作，集中亦不多见耳”（《瓯北诗话》）。遗山生逢战乱，耳闻目睹，均“事关家国”“感时触事”，发而为诗，“尤易感人”，这是正常的。赵翼的推许，确为允当。然“集中不多见”，可见这类好诗比例之小，这不能不令人遗憾。试想，遗山一味讲求服务政教，“以诚为本”，又立了二十九条戒律，从初学诗起，便这也不能写，那也不能写，作茧自缚，画地为牢，这就无怪乎其诗材贫乏，佳作不多了。再看遗山反映金廷暴政下民生疾苦的诗，集中也举不出十首，而且说教色彩为重，真切的形象寥寥，不必比杜甫的“三吏”“三别”，就是比起晚唐诗人的悯民之作，也显得苍白无力，意蕴不厚。至于写景咏物、羁旅述怀及爱情题材，遗山之作也没有唐宋诸贤那样写得生动细腻、亲切有味。

遗山曾批评秦观:“拈出退之山石句,始知渠是女郎诗。”明人瞿祐反驳道:“遗山因为此论,然诗亦相题而作,又不可拘以一律。如老杜云:‘香雾云鬟湿,清辉玉臂寒’‘俱飞蛱蝶元相逐,并蒂芙蓉本自双’,亦可谓女郎诗耶?”(《归田诗话》卷上)袁枚则尤为不满:“元遗山讥秦少游云……此诗大谬。芍药、蔷薇,原近女郎,不近山石,二者不可相提并论。诗题各有境界,各有宜称。杜少陵诗光焰万丈,然而‘香雾云鬟湿,清辉玉臂寒’‘分飞蛱蝶原相逐,并蒂芙蓉本是双’(二人所引杜诗此句文字有出入,盖版本有别所致——作者注);韩退之诗,横空盘硬语,然‘银烛未消窗送曙,金钗半醉坐添春’,又何尝不是女郎诗邪?《东山》诗‘其新孔嘉,其旧如之何?’周公大圣人,亦且善谑。”(《随园诗话》卷五)以子之矛,攻子之盾,可谓切中要害。诗歌取材,宜重国计民生的大事,然不限于只写兴亡之感,尤不限于用“仁义之言”写沧桑之变。遗山将诗歌看成载道之言,以此为第一要义,这就无法使它成为社会生活的广角镜,只能陷在狭隘的圈子里选材,难以丰富多彩、在在生色。

其三,体式因袭

这是指遗山诗对前人提供的古典诗歌体式如古风、律诗、绝句等,过于株守旧范,不敢创新,有时往往不能因内容而择体,妨碍了传情达意,削弱了艺术表现力。如赵翼称遗山忧国忧民、慷慨悲凉的七言律,固然结构谨严、佳句迭出,如“白骨又多兵死鬼,青山原有地行仙”“只知灞上真儿戏,谁谓神州竟陆沉”“日月尽随天北转,古今谁见海西流”“高原水出山河改,战地风来草木腥”等,寄慨遥深,均极尽七言律之能事,达到了炉火纯青的地步,方之杜甫《诸将》《秋兴八首》《咏怀古迹》等名篇,毫无逊色。但也有些篇章显得形不胜质,削足适履,风格上雄豪宏壮有余,真切细腻不足。潘德舆言,“遗山诗雄伟苍秀,实一大家”,但有些作品“粗浮浅率,不类作家”(《养一斋诗话》卷八)。钱锺书先生《谈艺录》五一引前辈李拔可言“元遗山七律诚不可磨灭,然每有俗调。如‘翠被匆匆梦执鞭’一首，似黑头黄三；‘寝皮食肉男儿事’一首，似武生杨小楼”，以为李氏“妙于取譬”。并言“遗山七律，声调茂越，气色苍浑，惜往往慢肤松肌，大而无当，似打官话，似作台步，粉本英雄，斯类衣冠优孟”。又与陈简斋诗相较，言“元遗山遭际，视简斋愈下，其七律亦学杜之肥，不学杜之瘦，尤支空架，以为高腔。如《横波亭》诗之类，枵响窾言，真有‘甚好四平戏’之叹。然大体扬而能抑，刚中带柔，家国感深，情文有自”。这个看法，肯定了遗山七律确为爱国精神的真情实感流露，然不免流为高腔大言，是学杜不全面所致。造成这种毛病的原因，我以为与体式选择不当很有关系。试想，七言八句，篇幅狭小，欲求抒发复杂深沉的感情，一吐积郁，不能不以高度凝炼概括之句出之。然而概括过甚，易失之抽象，流为高调；概括不足，则难于尽情，不免琐碎。欲令以少胜多，意在言外，戛戛乎其难哉。倘为组诗，每首既求内容风格之完整统一，各首之间又要浑然一体，组成意境相衔的系列长镜头，稍有不经心处，便形成各不相干的独立片断，有伤组诗各首间内在情致与外在形象的关联，岂不难乎其难吗？

遗山之前，像杜甫这样的高手善于大处落笔，小处着眼，挫万物于笔端，咫尺具千里之势。如《秋兴八首》，巨细兼容，森罗万象，极为凝炼，通篇又如一气呵成，天衣无缝，后人无从挑剔。遗山之后，如吴梅村别辟蹊径，多采长篇七言歌行，叙事兼以抒情，虚实相生，开合自如，巨细浓淡，因事制宜，既有形象刻画，又含理性沉思，庶可弥补不及老杜的才力，获得情韵委婉、哀感顽艳的效果。遗山学杜有时尚差一间，思想境界虽较之梅村为高，却不采用七言歌行体，又忽视叙事功能，偏于大处落笔，难从小处着眼，这就容易产生高腔大言之病，致血泪文字，难以尽善。

遗山不善选用体式，尤其表现在论诗绝句上。此体在杜甫，明标“戏为”，是知绝句不宜作谨严评论文字。但凡诉诸褒贬，非细致分析，采用严密的理性认识和准确概念，不能令人折服。七言四句的绝句势难承担。遗山于此未多留意，却因袭杜公，衍为三十首的组诗，以形象传达理论认识，精确形之模糊，明晰变得含混。于是遗山本意转晦，后人悬揣纷议，如“沧海横流却是谁”“画图临出秦川景”“论诗宁下涪翁拜”等句，实指何人，究系何意，至今争论不休。按说遗山作诗讲求“文须字字作，亦要字字读”，但炼字炼句、章法结构，工夫圆到，却不注重择体，结果不免事与愿违。“辞达而已”，岂达之乎？

此外，关于体式的运用，赵翼曾说遗山于拗体七律，“又创一种拗在第五六字”的新样式，似乎遗山有创新精神。其实不然。潘德舆指出，此体非自遗山始，东坡与南宋刘良佐诗已有，又言：“遗山七律亦自成一体，而用之太多，则成褒衣大招，廓落无当之调者，好用平对四实字装之句首也。”（《养一斋诗话》卷八）这也可以说明，遗山对古典诗歌体式主要是因袭前人，谈不上创新。总之，这种诗歌创作中的保守倾向，是遗山诗论倡言复古的根本原则带来的必然后果。

其四，造语不新

遗山保守的复古论，表现在语言艺术上就是唯古人马首是瞻，不敢大胆吸收当时新词汇，也忽视向民间群众语言学习。具体说来，有四点。一、大量照引或改用前人成句。二、作品复句太多，比比皆是。三、“了”字句叠见。四、有时还采用前人散文句，如“恶恶不可恶恶可”（语出《庄子·人间世》），缺乏诗味。关于第一点，王闿运曾有“看元好问诗，大似十八扯”之讥（见《谈艺录》第482页引）。其余各点，遗山诗注者施国祁指出甚多，赵翼、潘德舆与钱锺书先生所论，亦有微词，此不赘引。这种毛病，显然是由于遗山强调“古雅”标准所致。遗山意中，凡前人或自作佳句，以为近于“古雅”者，便视若珍宝，不敢妄动，只能沿而不改或基本袭用，以致养成习惯。这就大大限制了语言的创造性，减弱了诗歌的个性色彩，丧失了其独特性和新鲜感。这种做法，就诗歌艺术发展来说，是不足取的。潘德舆怀疑遗山：“是必平日专取应用字面，写之一纸以待分拨，故往往才见于此，又见于彼。持此摹杜，愈近愈远，貌即宏伟，何关妙诣哉！”（《养一斋诗话》卷八）是否如潘氏所言，遗山作诗时预先准备应用字面，以待套用呢？不敢断言。或许遗山当时不以袭故犯复为忌，反倒是逞才兼善，自为得意的方式。据说遗山“日课一诗”，可见创作甚富；但求处处“古雅”，却不采之当世与群众语言，岂能句句出新？

当然，也不是说，遗山的作品篇篇是陈词老调，其诗歌创作的成就是基本应当肯定的，特别是乐府，遗山创作的局限性就小，其内容形式、语言，可称之处殊多。因为乐府格律限制当时不很严，灵活自由，遗山顾忌较少，能写得刚柔相济、清新自然，富有情韵，充分显示了他的功力和才华。这也说明，当他过于拘守“以诚为本”原则时，作品总会或多或少受到妨害；而游离于这一原则时，反而提高了作品的思想性和艺术性，遗山的诗与乐府皆然。

以上所论，多所吹求，或为苛论。笔者无非仿《春秋》责备贤者之意，丝毫不存贬斥遗山文学成就之心。笔者于此，谨引潘德舆之论为同调：“遗山诗在金元间无敌手，其高者，即南宋诚斋、至能、放翁诸名家，均非其敌。爱之愈深，则求之愈细，一例推崇，恐仿其疵颣处耳。不然，予何独多求于遗山？”（《养一斋诗话》卷八）

1987 年 4 月 6 日

元遗山的哲学思想

“当天造草昧之时，极君子经纶之道”（《癸巳岁寄中书耶律公书》），元遗山是金元易代之际的北方文雄、杰出的社会活动家，也是一位经世致用的思想家。他意识到巨大社会变革中自身的历史使命，适应时代的要求，以儒学为主，兼采释道的“杂学”为指导，周流于河朔地区，从事保存和发扬先进中原文化的事业，与当时一大批朝野之士结成进步的思想文化阵线，推动蒙古国上层建筑向适应中原先进农业文明方向的变革，为忽必烈开创元朝、统一中国做出重要贡献。联系元遗山所处的历史文化环境，探讨其哲学思想的渊源与特点，将有助于重新认识和评价元遗山的历史地位和作用。

一、元遗山哲学思想的渊源和社会条件

元遗山说：“从古以来，士之有立于世，必藉学校教育、父兄渊源、师友

本文所引遗山语均出自清张穆校刊的《元遗山先生全集》（光绪读书山房本），凡注明出处与未注出处者皆见于此书。

之讲习，三者备而后可”（《癸巳岁寄中书耶律公书》）。他认为一个人的社会贡献、道德学问同其接受教育、个人学习和修养的客观条件密切相关。要了解元遗山本人的哲学思想形成与发展的过程，也必须将其置于特定的历史条件、思想文化环境中考察，才能把握其来龙去脉，知其趋向。

遗山生活在金元之际的大动荡、大变革时代。金代中后期，王安石的新学、苏轼的蜀学流行于中原地区，佛教的禅学与道教的全真教、正一教等亦颇有声势，形成儒、释、道三家并存，互相融通的局面，反映出金室统治者在利用学术宗教上较为宽容、开放的态度。到金朝衰亡，蒙古国崛起继而入主中原这一时期，南方的理学也浸淫北传，日益兴盛，逐步占据学术思想潮流的正统地位。在这样的文化氛围中，形成了知识人士中以儒为主，兼采释、道诸家的思想特征，元遗山的哲学思想亦是如此。

元遗山出生在一个汉化程度很深的鲜卑族后裔的家庭。遗山崇敬的远祖唐代著名诗人元结，忠君爱国，但并非醇儒，其诗文因“不师孔氏”，被人非难。遗山生父元德明崇尚儒学，又兼通释、道。他累举不第，放浪山水，以诗为业，是安贫乐道的高士。遗山的养父（即其叔父）元格在金为地方官，清正廉洁，重视对遗山的培养教育，遗山自述“十八，先府君教之民政，从仕十年，出死以为民。自少日有志于世，雅以气节自许，不甘落人后”（《南冠录引》）。元格曾请金朝著名直臣名士路铎指点遗山诗文，后在陵川令任上，专择名师郝天挺令遗山从学。

优良的家学为遗山的深造打下坚实的学问基础，给他以深刻影响，使他成为思想开阔、抱负远大的人。

对遗山具有决定性影响的是恩师郝天挺（晋卿）。郝天挺“家世业儒”，厌于名场，不傍权门，气节高尚。郝氏一门曾亲受理学大师程颢的沾丐。天挺之孙亦即遗山弟子郝经曾说：“高曾而上，亦及先生（程颢）之门，以为家学，传六世至经，奉承余绪，弗敢失坠。”[①]天挺受理学熏陶，自不待言。但天挺教育遗山不专以理学，他反对治学只为求官，认为“学者贵其有受学之器，器者何？慈与孝也”，要求弟子耐饥寒，立名节，视“区区一第，不足道也”。并教遗山学诗，言“教之作诗，正欲渠不为举子耳”[②]。目的是要将遗山培养成天下之士、国家栋梁。由于郝天挺悉心指授，遗山“肆意经传，贯串百家，六年而业成”[③]，入世之后，终成为文化名人。这同他青少年时学问根基的扎实雄厚，尊崇理学但不专治理学有关。故遗山诗言：“我观唐以还，斯文有伊周。开云揭日月，不独程张（指二程、张载）俦。圣途同一归，论功果谁优。户牖徒自开，胶漆本易投。九原如可作，吾欲起韩欧（指韩愈、欧阳修）。”[④]他是以博学兼收、融会贯通的集大成者自期的。

遗山学成之后开始了广泛交游，进而踏入仕途。他“下太行，渡大河，为《箕山》《琴台》等诗。赵礼部（秉文）见之，以为少陵以来无此作也，以书招之，于是名震京师，目为‘元才子’”[⑤]。这就是说，遗山一开始不是以仕业取荣，而是以诗名世的。接着，遗山先后为镇平、内乡、南阳（今俱属河南）令。在南阳时“兵民十余万，帅府令兼镇抚，甚有威惠”[⑥]，旋诏为尚书都省掾，除左司都事，又任国史院编修官，入为翰林知制诰，至金亡，遂不仕而终。

人的本质在其现实性上是社会关系的总和，作为地主阶级知识分子的元遗山，其哲学思想从根本上说取决于他所处的经济关系与阶级地位。这种特定的关系和地位也决定了他的社会活动与种种交往，特定的社会活动范围与交往对象又以相互影响的方式赋予遗山的思想意识特定的内容和特点。据笔者考证，

①郝经《宋两先生祠堂记》，《陵川集》卷二十七。

②《中州集》郝天挺小传，《金史・元好问传》，并参遗山《郝先生墓铭》。

③⑤⑥郝经《遗山先生墓铭》，《陵川集》卷三十五。

④遗山诗《赠刘云卿》四首之三。

遗山一生交往的人物有四百五十余位，其中重要的近二百人（参本书《元遗山交游考》）。这些人物绝大多数是朝野知名的士大夫，可以反映当时社会思想文化的主流。道不同不相为谋，在广泛的相互交往中，思想交流，耳濡目染，可以以此例彼，看出遗山的思想趋向来。这里，择要分述如次。

遗山知交中卒于金亡之前者七十三人（郝天挺除外）。

其中，在朝任职的名公巨卿、要员干吏及著名文士有：赵秉文、杨云翼、李纯甫、庞汉、庞铸、商衡、康德璋，康锡、郭瑁、郭峤、许古、雷渊、贾益谦、冀禹锡、孙德秀、王庭筠、王特起、王中立、王扩、王渥、张行信、张汝翼、张万公、张著、张瑴、张公理、耶律思忠（楚材兄）、耶律贞、胥鼎、吴璋、程震、侯挚、完颜璹、宋九嘉、冯延登、冯璧、李献诚、李献甫、李献能、李遹、李汾、董文甫、蒲察元衡、蒲察琦、薛居中、胡景崧、赵元、赵雄飞、赵思文、吕豫、路铎、刘从益、刘祖谦、陈规、周鼎、周驰、刘昂霄、王革，凡五十八人。担任武职者有：聂天骥、张荣祖、移剌瑗、完颜斜烈、完颜陈和尚、马庆祥，凡六人。在野名人或隐士有：麻九畴、靖天民、吴章、秦略、辛愿、王郁、张瑴、曹元，凡八人。

这些人中有遗山的前辈恩师、知交挚友及循吏贤士、战将府帅、教授文士；而金亡死节之士有十一人，遗山均为撰写墓志，予以表彰。

总的看来，这些人物的主要思想学术，是沿承北宋王安石、苏轼的余脉，即以儒为主，旁通释、道百家的“杂学”，如当时主盟文坛的杨云翼、赵秉文便是如此。杨博学多能，精于儒学，且“天文、律历、医卜之学无不臻极”；赵“以仁义道德惟命自任”，又“喜观佛老之说，以穷其指归”；声名甚著的李纯甫初好《左氏春秋》，更为经学，晚年欲融儒、释、道“三家为一”。此三人均赏识举荐遗山，受到遗山终生的敬重。密国公完颜璹擅书画、精古器，以《资治通鉴》为专门之学；监察御史刘从益善经学而排佛，却与赵、李交好；

宋九嘉、张毂从李纯甫游，崇尚苏学；王郁以宋儒见解为最高，欲以“韩柳之辞、程张之理合而为一”；董文甫“于六经、《语》《孟》之书一章一句皆深思而有得，必以力行为事”，晚年则“稍参老、佛二家”；完颜陈和尚曾从遗山挚友王渥“受新安朱氏小学书，使知践履之实”，他抗击蒙古，兵败被俘，不屈而死，连蒙古国方面亦称赞不置①。其他大多数人思想行事均不出以儒为主的“杂学”范畴和要求，并有足可称道的政绩、成就，产生了相应的社会影响，不愧为一代文化精英。

遗山在金亡之后交往的重要人物有一百二十一人。其中，特别令人瞩目的是他与元世祖忽必烈及蒙古国中书令耶律楚材的关系。

耶律楚材是蒙古国前期杰出的少数民族政治家。他崇尚苏学，信佛而又以儒业为己任。贞祐间（1215）由金投奔成吉思汗，立下“衣冠异域”“礼乐中原”的志向，反对屠城滥杀，主张“以汉法治汉地”，在窝阔台时任中书令，任用儒臣，征收赋税，招揽贤才，推行改革，促进蒙古国上层建筑向适应中原农业文明方向转变。他与遗山声气相通，互为呼应，曾称赞遗山“元氏从来多慷慨，并门自古出英雄”。遗山于汴京围城中便向他上书，请他保护和任用五十四名金廷材士，希望凭借他的力量，实现以“衣冠礼乐、纪纲文章”治天下，像汉唐良相那样“致太平之功”。耶律楚材雄图未竟而卒，遗山同继任中书令的楚材之子耶律铸仍然关系密切，情谊深厚。元世祖忽必烈受任主管漠南汉地军国重事后，礼贤下士，附会汉法，崇儒重道，遗山称其为贤王，于壬子年（1252）同张德辉风尘仆仆，北上觐见，请忽必烈为“儒教大宗师”，并请免除儒户兵赋，得到忽必烈的慨然应允。忽必烈对遗山极为赏知，欲加任用，只因遗山未

① 《中州集》诸人本传，参刘祁《归潜志》。董文甫事参黄宗羲《宋元学案》卷一百。完颜陈和尚事参遗山《赠镇南军节度使良佐碑》。

及而逝，成为憾事[1]。显而易见，提倡“仁政”“礼治”，是遗山与耶律楚材、忽必烈非比寻常的相互关系的结合点，反映出遗山哲学思想中强烈的儒家政治道德伦理色彩和经世致用精神。

一批出仕于蒙古国的亡金故老遗臣也是遗山交往的对象，他们是：李冶、张德辉、徐世隆、孔元措、商挺（商衡子）、魏璠、高鸣、杨奂、李昶、王鹗、赵著、敬铉、刘祁、刘郁、张徽、杨果、刘汝翼、李浩、贾庭扬、张肃、杨恕（杨云翼子）、张澄、李谦、曹居一、李天翼、李仝，凡二十六人。

未仕于蒙古的亡金故臣并具社会声望的遗山知交有：王若虚、高夔、李过庭、冯璧、李献卿、乐夔、梁斗南、李蔚、程思温、程思忠、勾龙瀛、王铸、冀致君、吕大鹏（吕公著之后人）、张德谦、张纬、杜仁杰、麻革、白朴、白华，张效、张景贤、完颜仲希、耶律辨才（楚材兄）、段克己、段成己、杨宏道、杨鹏、程自修、萧汉杰、苏车、曹珏、曹之谦、王元粹，凡三十四人。

金亡之前功业未显，在金亡前后直接投效蒙古国却大有作为的志同道合者有：刘秉忠、耶律铸、刘肃、王恽、雷膺（雷渊子）、郝继先、姚枢、魏初、宋子贞、赵复、薛玄、陈时可、刘敏、王思廉、许楫、刘述、阎复、孟祺、徐琰、李谦（与前一李谦非一人）、刘时中、冯扬善、宁端甫、覃澄、陈庾、陈赓、秦志安、崔梦臣、贾仲道、贾仲温、郝经，凡三十一人。

还有蒙古国方面在中原据地自雄的一些汉人世侯及其辅将幕僚人物，与遗山关系密切的是：东平严实及其子严忠嗣，部属张晋亨、阎珍、王玉汝、康晔，张特立、张孔孙（张澄子）、孙德谦、刘诩、赵德用、信世昌（信亨祚子）、孙庆；冠氏赵天锡及所属黄逸民，真定史天泽及部属赵振玉、常用晦，顺天张柔及其子张宏略、副帅乔惟忠与贾辅，平定（今山西平定县）帅聂珪，定襄帅周献臣，

---

①参黄时鉴《元好问与蒙古国关系考辨》，《历史研究》1981年第1期。

军功卓著的郝和尚拔都、毕淑贤、张汉臣、刘济（刘豫孙），凡二十八人。

以上金亡后遗山交往的共一百二十一人。其中出仕于蒙古国的人物中有许多位是金亡前遗山上耶律楚材书推荐的五十四位金廷材士名单中的。遗山向耶律楚材呈请："他日阁下求百执事之人，随左右而取之，衣冠礼乐、纪纲文章尽在于是。"以便助耶律楚材以儒治国，立德立功立言。而五十四人中凡受到重用者，确实不同程度地发挥了各自的才干，有所建树。其他人物中，有的是遗山师事的前辈，有的是同僚故旧，有的是遗山的门生弟子，有的是先后结交的新朝权要、文臣武将。他们遍布蒙古国中央到地方各部门，还有名流贤达、宗教人士、文人才子、隐逸秀民等，织成一张广泛的社交网络。所有这些人物，从基本思想倾向看，均以儒为主，在释道方面畸轻畸重而已。这一大批人物代表的社会思潮，都旨在致大力推进蒙古国施行仁政、礼治，反映了金元之际，中国从战乱走向安定，从分裂走向统一的进步历史趋势。其中特别是像刘秉忠、李冶、张德辉、徐世隆、杨奂、王鹗、敬铉、姚枢、赵复、商挺、高鸣、刘肃、宋子贞、郝经等人，都是协助忽必烈治理天下，开一代之制、创立国规模的开国名臣、重要辅佐，为统一中国立下不朽业绩。即使是作为忽必烈治下的汉人世侯如东平严氏、顺天张柔、冠氏赵天锡、真定史天泽，武功显赫，充当蒙古国前驱爪牙，但其崇儒重道，注意农桑，振兴文治，亦颇有可称。这些也正是遗山对之赞赏的着重之点。

总之，从金亡之后遗山广泛的社会交游中，可以明显透现出他贯串始终的思想主线是以儒为主的"杂学"。这种"杂学"，来源于他的家学、师承，又通过社会交往的相互影响得到充实、强化，带有很强的政治伦理道德色彩和经世致用积极精神。这种特征既反映了当时社会思潮的一般性要求，又体现出遗山哲学思想的本质内容，具有时代的代表性意义。正是由于这个原因，使遗山能够同当时社会进步势力中的大多数朝野人士取得共同语言，保持了政治上一致的大方向，从而结成一个影响很大的思想阵线，产生了推动蒙古国上层建筑适应历史发展的变革这种进步的社会作用。

二、元遗山哲学思想的内涵

有了对遗山哲学思想出发点和形成条件的总体把握，再来分析其具体内容就较为容易了。遗山没有写下较系统的哲学著作，他的哲学观点散见于所作的诗文中，综合有关的材料，可以看出遗山哲学思想内涵中有这样一些要点。

1. 世界观上客观唯心主义的天命论

遗山在世界观上特别看重天命。他认为天命凌驾于世界万事万物之上，决定历史发展、社会兴衰和个人命运，是一切事物的主宰。他说："窃尝考于前世兴亡之迹，盖帝王之兴，天将举全所覆者而异之。"金朝的衰亡与蒙古的兴起，是天命使然，豪杰之士乘时而起，是"天使之倡大义、建大事，以应兴王之迹"，应当"知天命所在，莫敢有异志"。天命支配一切，他从事的修史事业也是应天之举，"国史经丧乱，天幸有所归"，"废兴属之天，事岂尽乖违"，万物的荣枯显晦也取决于天。他说："物无大小，显晦自有时，决非偶然者。"人只有顺从天命，方能得到精神自由，"既以天而合天，故无桎乎灵台"。

迭经金元之际的大战乱，中原文化受到极大破坏，儒道沦丧，儒士失守，鬼神事兴，使他痛心疾首而无法理解，所以归之于天命的支配。他叹道："呜呼，先哲王之道，中邦之正，扫地之日久矣……天以神道设教，以弭勇斗嗜杀者之心耶？抑三纲五常将遂湮灭，颠倒错乱，人与物胥而为一也？不然，则盛衰消长有数存焉，于其间亦难于为言也"，"道之行与否，皆归之天。今师徒之官与士之业废者将三十年，寒者不必衣而饥者不必食，盖理有不可晓者，岂非天耶？"人生的荣辱盛衰也如此，许多权贵之家，当年"河润九里，泽及三族，名园甲第，布满州郡，可谓盛矣”，及“其衰也，子孙不得聚庐而托处，是天道特未定”。可见，冥冥之中支配世界的“天命”“天道”，是人难以测知的。

但是，遗山又相信天道循环论，认为天命是变化的，世界不可能永远混乱不堪。当得知忽必烈复兴儒学时，他不禁为天命的回转欢呼：“文统绍开，天意为可见矣！”“天佑下民，作之君，作之师，夫岂不欲使之正人心、承王道以平治天下，独厚于周而薄于世乎？”“惟大朝受天景命，薄海内外罔不臣属，武尅刚矣，且以文治为永图。”这就是说，尽管天命难测，毕竟不会一成不变。物极必反，否极泰来，循环往复。蒙古国承受了天命，复兴儒学，正是天的意志的体现。

天命不仅决定着社会的变迁、文化的兴衰，也支配着每个人的品性、资质、禀赋和发展前途。他说：“万事有定分，圣智不能移”，“材与性出于天”，“赋分在人，如物有常”，虽然“力有可求”，但是“胜天不祥”。品德的优劣也是天的赋予，所谓“仁义礼智，出于天性”。遗山说：“自孔子考四科及中人下上之次，故孟轲氏于乐正子亦有二之中、四之下之论。盖人品不齐，而论人之目亦不一。有一乡之士，有一国之士，有天下之士，有一代之士，分限所在，不能强人，而人亦不能躐等而取之也。”这种品性由天定的认识，出于孔孟，同时也与董仲舒“性三品说”、韩愈“性三品说”，周敦颐“性五品说”一脉相承。遗山还指出，天赋予人品性的优劣具有一种客观的偶然性，同人的贫富贵贱无关。他说：“天地之美品，造物者靳固之，不轻以予人。阅百千万人之众，历数十百年之久，乃一二见之”，“皇天靳美品，一世惜英物”，“莫靳者名，天曰美器。不于士夫，一女之畀”。后句的意思是美好的品性，天未必赋予士大夫，有时还赋予女子，人无法事先选择。这显然是一种客观唯心论。

那么，天命对人品性、资质、禀赋的决定性作用，是怎样实现的呢？遗山认为是靠“气”的运行。他说：“天地一气也，万物一体也”，“盖人禀天地之气，气之清者为贤，至于仙则又人之贤而清者也”。比如“孝”这种德行，便是“天地间大顺至和之气，自然之理，与生俱生……怙恃之下，托天以为庇”，所以“天地立人，圣人立名教，天大地大孝亦大”。这种观点，当是遗山接受了张载“气一元论”的本体论思想产生的。张载从“气一元论”出发提出了人的“气禀”说，解释人的“气质之性”差异的原因，后来所谓“参天地人”的理学多有此类附会，遗山是略知门径的。不过，这里，遗山还讲到了“地”的因素，如果回溯一下张载对“地”的解释，就会知道“地”无非是“天”的派生物。张载认为“气”是“太虚”——天的离散状态，“地”则是“气”的“凝聚不散之物”。所谓“太虚为清，清则无碍，无碍故神；反清为浊，浊则碍，碍则形”，“浮而上者阳之清，降而下者阴之浊”。归根到底，“万物取足于太虚”[①]，天是万事万物的本体。

天与地是神和形的关系，“地”是万物产生的依托。因此天命决定人之品性、资质、禀赋，“地”便是中介。由此，遗山从“天命论”导出了“地理环境决定论”。他在文中多次论道：“全燕疆界广阔，风土完厚……海山沉雄，通贯斗极。人禀其气而生……率多魁伟敦庞宏杰之士”，“惟燕折木之分，风土完厚……是以敦庞耆艾之士视他郡国为尤多”，“晋北号称多士”，“关中风土完厚，人质直而尚义”，“惟汴梁圣贤所宅，典章法度之所在，流风善政所从出”，“濩泽风土完厚，人质直而尚义”，“北方维强，间气维雄，以宗起身，而以名起宗”。这种“地理环境决定论”，东汉虞翻提出过，韩愈也有“燕赵古称多感慨悲歌之士”的名言，人所习知。但天地之气如何造就人性，仍然含糊难明，这里除了自然地理条件外，显然已涉及文化风俗的习染，不全系客观因素了。但遗山强调地理环境的决定性作用，已包含有唯物论思想的意义。马克思曾将自然条件分为生活资料自然富源和劳动资料自然富源两大类，指出它们分别在文化初

①张载《易说·系辞上》《张子正蒙·泰和》《张子语录·中》。

期和较高的发展阶段具有决定性意义[①]，承认其在古代社会的合理性。所以，对遗山指出的“地理环境决定论”，也应予以一定程度的肯定。只不过，遗山使这一认识同“天命论”联系起来，明显地反映出他在哲学思想上的客观唯心论倾向。

尊崇天命，信仰天命，其结果就是否认人的能动性。遗山认为，对个人来说，要求得到身心的安适，便应顺天知命，安常处顺，不要妄求命定之外的东西。“天机不可料，世网若为逃”，“天生神物如有意，验以乖逢知未必”，“天道循环只眼前，果谁烈焰与寒烟”，“乖逢有定在，拙计徒巧择”等，诸如此类宣扬乐天知命、达观自适的诗句和言论，在遗山文集中随处可见，不胜枚举。遗山这种思想，一方面通向有神论，认为天命有不可测知的神性，表现为天道循环，因果报应，认为“惟天爱民甚，一物暴陵则天气为之舛错，故爱人者必有报，报施所不及特十百而一耳”，“徼福于方来，逃罪于已然，百来而百不可待”；另一方面，又认为人应当在适应天命中求得有限的自由，懂得“出处语默之所依，性命道德之所存”，要处变不惊，中立不倚，不计较是非得失、荣辱祸福，不要逆天行事。这样就能“以天而合天，故无桎乎灵台”。这实质上即儒家提倡的“天人合一”，二程所讲的“安于义命”，而且也带有道家“齐物”“坐忘”，佛家“忍苦”“去欲”的味道。但这种自我超脱的态度，又不是一味消极、顺天废人，而是主张适时而进、待机而动，忍辱精进，顺天应人。因为天命虽然不以人的意志为转移，却是通向人事的，“天即神，神即人，人即天”，三者有一致性。认识了天命所在，人也可以顺从天意行事，“立功立事，必天时人事合而后可，然系于人事为尤多”。因此，对于鬼神迷信和世人妄求修仙成佛的行为，遗山是颇有怀疑的：“为言学仙好，人间竟何为。一

① 《马克思恩格斯全集》卷二十三，第560页。

笑顾客言，神仙非所期。”对佛家“以割爱为本”，以及佛道大兴寺观，耗费财物，民间淫祠的泛滥，遗山也是反感的。他像孔子那样，“敬鬼神而远之”，只是在诸如疾病、泰山神之类非人能完全救治，也无法印证的地方，才相信对鬼神的祈祷。

遗山的一生是为儒教治国积极奔走呼号的一生，他提倡顺天应人的超然态度，实质上是强调识时务者为俊杰，是进取中的休整、奋斗中的调节，这可以使他在受到挫折的逆境中寻得精神的自慰和平衡，不至于一蹶不振。这种思想认识，可能使人变得苟安退缩、消极避世，也可以成为一种欲进故退、有待而为的策略。遗山尊天命，信鬼神，却仍以人事为重，是属于后一种情况。大凡封建社会处于逆境中的有作为的知识分子，均有这样的特点，如张良、诸葛亮、李泌、王安石、苏轼都奉行这种处世哲学。这是儒家思想与道家或者佛家思想融合的产物，目的是采取顺天任命、安贫乐道的方式来掩盖积极用世、奋发图强的精神实质，用遗山的话来说，这是“天人不可以偏废，日月不可以坐失”，“动可以周万物而济天下，静可以崇高节而抗浮云”。只有从遗山一生的实践活动中，而不仅仅从其言词中，我们才能了解他信仰的“天命论”的真正意义。

2. 历史观上的尊正统与崇圣贤

遗山在世界观上信仰“天命论”，体现在历史观上便是主张“正统论”。所谓正统，就是历代明君贤相代表的天道传统。天道实指儒家宣扬的圣贤之道。遗山承袭董仲舒“天不变，道亦不变”的观点，认为历代明君膺受天命，代天行道，治理天下，代表着天的意志，同时也就体现着道德。尽管社会有变迁，王朝有兴废，但道统却亘古常新，超越时代而流传下来。他说：“圣人之公之信，皆天也”，“圣人与天大，圣道难为言”，“窃以穷则变，变则通，圣人之道所以亘万世而无敌”。这个道统，亦即理学家标举的“天理”。遗山说：“自圣人以书契代结绳之政，大朴虽散，天理之真淳者，犹在人也”，“化化复生生，体异理不殊”。他在为杨奂撰写的墓碑中特别将杨奂论历史正统的八例表而出之，予以宣扬。遗山认为，正是这个至高无上的天命道统主宰着历史发展，贯穿历史的始终。历代只有继承这一道统的王朝，才能主盟中国。

他指出三代与先秦之后，最足以代表道统的王朝是汉、唐两代，唐以后，依次为五代、辽、宋、金作为正统嬗递的王朝。他称金朝为“中州”“中国”，编《中州集》，其名即有指南宋为偏安的寓意。金宣宗即位时，他拟贺表称“中国之有至仁，无思不服；圣人之得大宝，感兴维新……百年享国，初得正传”，还宣扬“天地之大无不容，王者所以悉臣而悉主；雷霆之击无不灭，神兵所以万举而万全”，称赞明君承受道统正传，可以臣服天下，所向无敌。但是，金朝终于无可挽回地灭亡了，那么，道统由谁继承呢？遗山认为当由蒙古国来继承，因为他看到了蒙古国中有崇儒重道的人物耶律楚材和忽必烈等，他们身上寄托着承续道统的希望。他称赞：“惟大朝受天景命，薄海内外罔不臣属。武克刚矣，且以文治为永图”，“天家包举六合，臣属万国，立武备以兼文事”，所以，使人心“晓然知天命所在，莫敢有异志”。他向忽必烈表示祝贺：“汉以来美谈，见之今日，盖兵兴四十年，俎豆之事，不绝如缕。独吾贤王为天下倡，是可为天下贺也。”这就是说，金朝虽亡，但道统要继续传下去，忽必烈能提倡儒家圣贤之道，他便成为有资格的正统继承者，主宰历史。

这种尊正统、重英雄的历史观历来是儒家评价历史、服务现实政治的理论依据。董仲舒在汉代提出“道之大原出于天”的天道至尊观，将天与道合；北宋二程又提出“道之大原在于经”的圣贤传道观，将天与道、六经原理合一。遗山接过来，用以解释金元之际的王朝更替，决定自己政治立场的选择。由主张金朝为正统转向以蒙古国为正统，以期实现以天道统一中国。虽然自身经受了剧烈的社会动荡和思想上痛苦的抉择，但在他看来应是忠于儒道正统的合乎逻辑的结果。正是由于这个立场的转变，遗山对耶律楚材、忽必烈及其文臣、武将采取了支持的态度。但是，蒙古国是以军事暴力征服中原的，这与儒家王道仁政的思想不合拍。遗山既以天下斯文为己任，维护圣贤之道，故对蒙古国的黩武嗜杀政策也表示强烈愤慨，他创作的大量诗文便充满反战的内容。然而遗山又不肯站在农民起义军一边，支持正义战争，所以思想上便发生了激烈矛盾。这种矛盾的结果，便是不得不投向蒙古国耶律楚材、忽必烈代表的崇儒重道势力一边。终其一生，他都在全力宣扬儒道，奉劝当权者少杀人，推动他们应天命、行仁政，对于不可避免的流血战争知其不可止而止之。

他不是没有意识到无力制止战争，只是希望能减轻战争的灾难，他说："同仁一视，宜莫三代圣人者若也，今见之于《书》则曰'天吏逸德''火炎昆冈'，又曰'前徒倒戈''血流漂杵'，信斯言也，谓不战而屈人之兵也而可乎？"战争是圣人不得已而用之的举措，他惟愿蒙古国军队成为仁义之师，能卫道而战，统一天下，但又反对残民以逞，暴虐百姓。在封建社会里，这当然是不可能的。遗山一方面称赞严实、张柔、史天泽等蒙古国的汉人世侯为"魁伟宏杰之士"，他们为蒙古国"倡大义、建大事，一六合之同异，定群心之去就"，是"遇天人之参会无不然者"，是"应兴王之迹"；一方面又为战乱不止、生灵涂炭、山川流血而忧心如焚，控诉战争的罪恶。这种矛盾的态度，是由他所属的阶级地位决定的，也是遗山个人无法解脱的。对遗山尊正统和崇拜圣贤的历史观，我们应就其当时历史条件下有利于社会安定、经济发展和国家统一的客观作用，给予一定的肯定。因为，在当时社会特定环境中，"王权是进步的因素"，"王权在混乱中代表着秩序"①。

3. 政治观上的王道仁政主张

① 《马克思恩格斯全集》第二十一卷，第453页。

尊天命、尊正统的崇拜圣贤，在现实政治上就是提倡由明君贤相来施行王道仁政。这在遗山，则突出表现为“民本”思想和宣扬文治的观点。

“民本”思想，在儒家孟子学说中最为鲜明，孟子曾提出了“民为贵，社稷次之，君为轻”的著名命题。历代儒门的杰出之士也多以“体恤民情”“为民请命”取称于世。遗山继承了这一传统，构成其哲学内涵中最有价值的部分。遗山青年时期便树立了“为民”的志向，自言“十八，先府君教之民政，从仕十年，出死以为民”，对此，他是终生努力实践的。在三任县令时期，他同情人民疾苦，亦颇有惠政。在汴京围城中，情势危急，城破无日，他请守城二相问计于民。二相束手无策，仅以一死为答，遗山慨然言：“死不难，诚能安社稷、救生灵，死而可也。如其不然，徒欲一身饱五十红衲军，亦谓之死耶！”（《金史·完颜奴申传》）表现了强烈的爱国、爱民思想，但也同时反映了他耻于同反金的农民军为伍的政治立场，他的爱民是爱地主阶级及其统治下的顺民。不过，在当时民族矛盾上升为社会矛盾第一位的形势下，这种爱民思想应具有积极意义，而且也透露出遗山忠于国家和民众重于忠君的可贵认识。在为杨云翼撰写的碑文中，他表彰杨的事君之道曰：“人臣事君之道有二，有所谓事君之礼，有所谓事君之义。”当关系到“国家之利害、生民之休戚”的大事时，人臣应当发表“危言正论，期于益国补民”，甚至舍礼取义，不惜以生命争之。对他所知的有金一代直言敢谏之臣，遗山多采其益国补民的事迹，作为修史传扬的资料，显示了他反对绝对服从君王的“愚忠”、爱国爱民这一高尚精神。

遗山的重民，还表现在他关心百姓的生活和生产活动，体恤民众的疾苦。他不同意只言义不言利的空论，说：“盖尝疑，仁人君子正其谊不谋其利，明其道不计其功……然唐虞之际，司空则平水土，后稷教民稼穑，司徒则敬敷五教，在宥士明于五刑，虞则若予上下草木鸟兽，伯典礼，夔典乐，龙纳言，三载考绩，三载黜陟幽明，君臣相敕率作，兴事必于成而后已，谓之不计其功也可乎？”突破了董仲舒“正其道不谋其利，修其理不急其功”的观点，成为明清之际颜元“正其谊以谋其利，明其道而计其功”主张的先声。遗山的这一认识也超越了当时流行的程朱理学严于义利之辨的局限。遗山特别注重农事，以务农为本，他认为“田政维天下之大纲，古有播百谷之命”，“基本急于爱养，而纲纪贵乎设张”。指出，忽视国计民生，有悖于圣贤之道，不符合天命：“惟天爱民甚，一物暴陵则天气为之舛错，故爱人者必有报。”在古代，发展农业生产乃是社会存在的前提和基础，遗山的主张是符合历史要求的。遗山的诗文大量记述了当时清官循吏的可称政绩，对蒙古国治下汉人世侯有利于经济发展、人民生活的善举亦加以颂扬；家乡吏民开创滹水渠堰，以利灌溉，遗山有专文评述、称赞。遗山还在《邓州新仓记》一文中阐述了对重农务耕与军事活动关系的系统看法，表达了“有能为国家重民食而谨军赋者，业文之士宜喜而乐道之”的感情。凡此种种，说明遗山为民、爱民是诚心实意的，虽然他以维护地主阶级整体利益为出发点，但在很大程度上符合了当时陷于战乱水火中广大人民群众希望安定生活、恢复发展经济的根本利益。

提倡施行王道政治，从统治者方面看，遗山主张要提倡文治教化。所谓文治教化，遗山认为至少应包括复礼、兴学、举贤三个要点。

复礼，就是恢复古代礼制，恢复政治伦理方面地主阶级的等级制，重订典章礼仪之类，保证统治者有效的政治和思想控制。遗山说：“君臣之义，于名教为尤重。名教者，天地之大经而古今之恒典。惟天下之至诚为能守。故人臣之于君者，有天道焉，有父道焉。”遗山诗文中对恢复三纲五常、别君臣、定名分、分尊卑的重要性反复强调，对蒙古国治下的权要人物恢复古代礼制的举动，表示了强烈的热忱，为之称道不置。在兴学、举贤方面，遗山也表现了高度的自觉性。他认为，学校是“大政”，“夫风俗，国家之元气而礼义由贤者出，学校所在，风俗之所在也”。对于兴学校、办教育对恢复封建礼制的重要性，遗山的论述明确而且详尽。每遇此类事情，他大有当仁不让之风。金亡前，他热情称颂大定明昌间的文治之盛；金亡之后，对文治之衰深为忧虑、痛苦；蒙古国统治时期，不少汉人世侯复兴庙学，他又看到了希望，为之欢呼、表彰，到处鼓吹。至于举荐贤才，他更是身体力行，上书耶律楚材便是明证。他亲自指授、选拔的门生弟子多数成为蒙古国倡行仁政文治的活跃人物，有的成为元初名臣。徐世隆称遗山“性乐易，好奖进后学，春风和气隐然眉睫间，未尝以行辈自尊，故所在士子从之如市”，并非过誉。元遗山不仅是中原文化的维护者、封建礼教文治的卫道士，而且也是教育的实践家。从效果上看，他事实上为蒙古国统治中原，进而统一全国，不仅在思想文化上制造了舆论，还在政权建设上提供了干部。作为当时文坛盟主，他是当之无愧的。

4. 道德观上的以诚为本

遗山讲，人才的造就离不开学校教育、父兄渊源和师友讲习这三种外在条件，同时他也强调个人内在的道德品质修养。遗山信仰天命，在道德观上，也因袭儒家“天命之谓性”的唯心论，认为人的禀赋、品性是天生的。他说：“生而静之谓之性，静而应之谓之材。材与性出于天，其初则通而中有大同者，盖性者，材之体；而材者，性之用。体，喻则璞也；用，喻则璞之雕也。然性不害不及，而材每患于有余。惟其不及也，故勉于成；惟其有余，故趋于坏。”这是说，性与材是体用关系。性是本质，是天生的；材是本质的表现，是后天可以培养的，如璞玉可以雕琢成为良器。因此，要重视后天的学习和修养。遗山明言：“古有之，博学，虽愚必明，况贤者乎？困而学之，又其次也，况不至于困者乎？”但学习可以增长才干，却不能改变本性，他说：“仁义礼智，出于天性”，“必待学校振饰而开牖之，使率其典之当”，这是“充其德之所固有者耳”。他进一步指出：“所贵于君子者三：曰气，曰量，曰品。有所充之谓气，有所受之谓量。气与量备，才行不与存焉。本乎材行气量而绝出乎材行气量之上者之谓品。”如前所述，品性得之于天，人莫能求。这样，这个“品”性便神秘化了。显然，遗山是位道德品质的先验论者。

既然人的本质是天生的，那么道德品质的修养岂非徒劳？常人该怎么办呢？只好退而求其次，在材和性上下工夫，这就是“存诚”“以诚为本”。比如对君臣父子之道，遗山认为“惟天下之至诚为能守”，是要靠诚来体认实行的，“是故诚之所在，即名教之所在，有不期合而合焉者”。又比如，儒家提倡的孝道，遗山说“圣人立名教，天大地大孝亦大”，“孝与生俱生”。遗山拈出一个“诚”字，不是他的发明，“诚”这个道德范畴，最早已见于《中庸》，后儒多所发挥。北宋司马光曾极言诚之可贵：“有一言可以终身行之者，其诚乎？”周敦颐、二程对“诚”均有系统的阐述。遗山没有他们那样玄虚的解释，只说：“不置町畦之谓诚”，“天即神，神即人，人即天，名三而诚则一”。无非是要求襟怀坦荡、顺天应命而已。事实上，只讲“存诚”“以诚为本”，不讲为什么诚，怎样才算诚，对什么要诚，这个“诚”是讲不清楚的。遗山又将“诚”移来论诗法，要人学诗效法《诗经》和唐诗的“温柔敦厚”，这完全游离了道德修养的主题。看来，遗山不是一位道学家，他只是笼统地提倡“诚”，尽管他在道德实践上律己甚严，待人诚实。这说明，遗山对理学中的一套道德修养理论是陌生的。

然而，遗山对释、道两家的道德论颇有心得，在诗文中常常表露退隐、养心、持敬、达观的情绪，羡慕释、道的超然物外、与世无争。他也颇有自知之明，承认自己“谋事恨太早，临断恨太迟，持论恨太高，徇俗恨太卑”，而且劝人兼自劝：“闻君作损斋，似觉豪华非。惩忿与窒欲，百年有良规。与子各努力，岁晚以为期。”表示安贫乐道，轻视荣华富贵，淡泊自处，不务虚名。然而，无论怎样谈论修身养性，他追求的是“雅以名节自许，有志于世”，极力为保存发扬中原先进文化奔走，提倡仁政文治，从来也没有超脱于社会。他追求的“动可以周万物而济天下，静可以崇高节而抗浮云”，实质是实行“穷则独善其身，达则兼济天下”的原则，这与释、道两家“忍辱精进”“通权达变”的思想是相通的。可见，遗山对个人道德修养并没有视为纯主观的自我完善，而是与现实社会紧紧联系，为其政治目的服务的。遗山对北传理学的赵复很是尊敬，但赵复在一次离别赠言中却劝遗山“以博溺心，末丧本为戒”，希望他读《易》，求文王、孔子之用心，大概是有见于遗山以用世为急务，不讲理学修身之论而发的。可见，遗山虽然尊崇理学，毕竟在道德问题上与理学的理论尚有距离。遗山还没有成为一个纯粹的道学家，更不是一个只求自我完善的道德家。

三、元遗山哲学思想的评价

通过以上对遗山哲学思想具体内容的分析，可以看出，以“杂学”为特征的遗山哲学思想的实质，是一种政治伦理道德的实用哲学。它在理性思维层次上继承了前代儒学的认识论与方法论，并兼有释、道两家某些成分，但没上升到宋代理学逻辑思维系统的高度，甚至比不上魏晋玄学的严整周到。它多半是一种论断性的发挥，缺乏抽象的概括，更少创造性的见解。因此，遗山的哲学思想，在古代哲学发展史上谈不上突出的贡献，遗山不是一位真正的哲学家。然而，倘据此便认为遗山这些似嫌平凡的哲学思想在当时的社会条件下没有意义和价值，那就认识得过于肤浅简单了。一种思想、理论或学术传播，发展的程度，取决于社会对它需要的程度。从遗山从事的社会文化活动的客观效果，来考察遗山哲学思想的意义和价值，可以认为，这种哲学思想在当时是具有生命力的。它自觉不自觉地指导着遗山的言行，并影响和推动着当时一大批知识人士，促进蒙古国上层建筑的进步变革，从而普遍地适应了时代的要求。似乎并不高明的哲学思想却能在现实社会实践中产生积极的影响，这是什么缘故呢？我以为，这是由于金元之际的大动乱，使中国社会历史发展发生了剧烈的逆转这一特定历史条件决定的。

中华民族的历史是中华各兄弟民族共同缔造的。中华民族从秦汉以后形成了一个各兄弟民族紧密联系的整体，但中华民族内部各民族由于文明发展程度不同，彼此之间生产力发展水平以及生产关系、上层建筑的形式也各不相同，产生了社会进步程度的种种差异、矛盾。在封建私有制下，各民族发展由不平衡向平衡过渡，逐步趋于同步前进，除了和平时期彼此的文化交流、融合，往往还通过战争形式，在激烈的民族矛盾中实现。这是任何一个多民族共同体历史发展中不可避免的现象。其历史后果，正如恩格斯所说："每一次由比较野蛮的民族进行的征服，不言而喻地都阻碍了经济的发展，摧毁了大批生产力。但是在长时期的征服中，比较野蛮的征服者，在绝大多数情况下，都不得不适应征服后存在的比较高的'经济情况'。"金元之际，蒙古国征服中原进而统一中国的战争，正是如此。

13世纪初崛起于漠北的蒙古国，是一个刚刚跨入文明门槛的游牧民族政权，这时，中原女真族完颜氏统治的金朝地区却是以汉族为主与其他兄弟民族共同生活的发达的农业封建经济为基础的社会。蒙古国南下攻金，给中原人民带来了惨烈的战祸，更加激化了业已衰朽的金朝固有的阶级矛盾和民族矛盾，摧毁了大批生产力，阻碍了经济的发展。但是蒙古国要维护在被征服地区已经获得的利益，巩固在这一地区的政治统治，终究不能完全倚仗军事暴力。为着蒙古国统治的长治久安，蒙古国政权内部势必发生变化，不得不从政治、思想文化等上层建筑进行调整，以适应中原农业经济活动的发展水平，不然，蒙古国的政权就不能立足。这一点，从窝阔台到忽必烈时期，蒙古国一些开明人士进行革新政治、注重经济、网罗儒士、复兴儒学等措施中看得十分明显。这一变革尽管遭受蒙古贵族中"国俗派"守旧势力的反对，连忽必烈也不免妥协、动摇，但社会的前进、时代的要求是不可阻挡的。正是由于这一长时期痛苦曲折的变革过程，带来了忽必烈大有为于天下，开立国规模，统一中国以至元初实现所谓“太平郅治”。它以中原地区局部灾难的代价换取了中华民族各民族在矛盾斗争中共同发展的整体利益，反映了中国历史艰难曲折的发展轨迹。

政治、经济、思想文化等上层建筑领域的变革，由耶律楚材开始，到忽必烈时期基本完成，绝不单是一两个英雄人物倡导的结果，它有着诸方面的社会条件的促进和推动。其中，最根本的是广大人民群众渴望社会安定、恢复发展经济的共同要求。此外，蒙古国统治集团当然也需要加强统治，扩展实力，壮大军备的物质财富；中原的地主阶级更希望在新朝能获得政治保障，维护自己剥削人民的权益。各种因素的合力推动着这场上层建筑领域的变革运动，于是掌握着思想文化财富的中原地主阶级知识分子便得到了施展才干的机会。元遗山便是这些知识分子中的代表人物。遗山以他在文坛的声望和才能，联络和影响了大批知识人士，造成了一股进步的思想文化力量，从朝野上下，协力同心，推劫着上层建筑领域的变革。不妨说，元遗山是上承耶律楚材，下启忽必烈这一历史阶段实现上层建筑进步变革的中间环节，他称得上这一阶段广大知识人士的精神领袖。而元遗山一切行动的指导思想，便是以儒为主，兼采释、道的“杂学”形式的哲学。历史的逆转造成了特殊的机遇，使这种似嫌平庸的“杂学”放射出异样的光辉，这不能不归功于时代的赐予。因此，我们只能从社会历史的实际运动中，而不能从思想发展史自身，评价和认识这种哲学的价值和意义，正如清人赵翼所说，这是“国家不幸诗人幸”[①]。

从遗山的个人遭遇来看，他生逢乱世，不仅亲尝了亡国破家的痛苦，还因为从事进步的文化活动，受到世俗的訾议。由于他的事业不能不借助于蒙古国军政权要人物的力量来实现，这样，不仅后世的封建历史家指责他背叛亡金，

①赵翼《题遗山诗》，见《瓯北诗抄》。

而且遗山在世时，也不断受到某些自命清高的人们的攻讦，被冠以“失节”的罪名。当然也有人称赞遗山“金亡不仕”是高尚的，但是，遗山的“不仕”，只是形式问题；事实上遗山的言行已在客观上大大有利于蒙古国对中原实行的政治和思想文化的统治，他的“不仕”也是一种变相的“仕”。这种特殊的“仕”，势难逃脱封建愚忠论的指责。在王朝易代之际，遗山投效了蒙古国，无疑是对亡金的背叛，这对他来说，既是不得已的，也是痛苦的。世俗的非难，加重了遗山精神上的痛苦，使他承受了巨大的思想负担。在这种无形的折磨下，遗山“杂学”中正统转移，顺天应命，识时而动，以圣贤传道为己任的观念，便成为他忍辱负重，坚持奋争的精神支柱，使他得以突破旧儒“夷夏之辨”的狭隘民族畛域，并以重民高于忠君来自勉自励，做到“立心于毁誉失真之后而无所恤，横身于利害相磨之场而莫之避”，今天看来，这是难能可贵的。遗山的所作所为远远高于他同时代一味强调忠于亡金的愚忠论者，因为它客观上符合中华民族的整体利益，产生了积极的长远的历史后果。我们无须苛责遗山对亡金的背弃，而应当从遗山思想意识及其活动的实际过程来考察其社会作用，肯定他忠于中华民族整体利益的“气节”。

众所周知，“气节”问题历来是史学界争论不休的问题。作为历史唯物主义者，对“气节”问题的道德评价从来不应脱离具体的社会历史条件，我们所取的立场不应是历史上一代王朝的家天下立场，而应是各兄弟民族共同缔造中华民族历史的进步的立场。从这样的高度看问题，遗山的背弃亡金恰恰是坚持了维护中华民族整体利益的“气节”，遗山才算得上是一位真正的节士。正是基于这样的认识，我们有理由说，遗山“杂学”形式的哲学思想，是他排除世俗责难，抱定高尚志向，不懈奋争的精神力量，是他超越愚忠气节，在更高层次上追求自我完善的道义基础。

元遗山的教育思想与实践

元遗山不仅是金元之际杰出的诗人、历史学家、社会文化活动家，也是当时负有声望的教育家。他身处山川流血、战乱频仍的动荡年代，周流河朔，奔走四方，致力于中原进步文化的复兴与传布，从事卓有成效的儒学文教活动，对促进社会安定、经济恢复起到积极作用，也为忽必烈统一中国、创立元朝做出了贡献。元遗山的教育思想和实践，在中国古代教育史上写下了重要篇章。

元遗山的教育思想基本属于传统的儒家政教理论体系，服务于现实政治统治的目的，这就是通过复兴儒学，推行仁政文治，以实现治国平天下。元遗山生活在金朝衰亡、蒙古国崛起漠北的大动乱时代。其时，蒙古国的铁骑骎骎南下，北中国兵祸连结，“只知河朔生灵尽，破屋疏烟却数家”，“高原水出山河改，战地风来草木腥”。中原地区的社会经济和文化遭到极大摧残和破坏，百姓流离失所，转死沟壑，诅咒罪恶的战争，迫切盼望恢复正常的生产和生活。1234年蒙古国灭金，入主中原，一方面为着筹划对南宋的征服战争，需要喘息休整，补充已被大量消耗的财物和兵员；另一方面要巩固在征服地区的政权，也不得不采取新的统治方略，以适应这一地区以农业为主的经济情况。这就使得蒙古国上层建筑领域开始发生新的变化。此时，杰出的少数民族政治家耶律楚材，得到了蒙古太宗窝阔台的重用，担任了中书令。他一向反对以往实行的残酷屠城政策，崇儒重道，提倡“以汉法治汉地”，得到蒙古国上层集团中改革派的拥护，也博得中原投效了蒙古国据地自雄，希望维护既得权益的许多汉人世侯和地主阶级人士的响应和支持。这样，便在朝野上下形成一股社会势力，推进了蒙古国政治经济政策的转变。在这样的时代背景和社会要求下，饱受亡国破家之痛的元遗山，以他北方文坛盟主的地位和声望，开始从事文化教育活动，得到了相对有利的时机和条件。

元遗山教育思想的核心是儒家教化论，具有经世致用的性质，以维护纲常名教、恢复封建等级制度为目的。早在金亡前一年汴京失守时，遗山就不顾“境外之交”的违忌，上书耶律楚材推荐金廷材士五十四人，请予保护资助，酌加任用。书中言：

> 夫天下大器，非一人之力可举，而国家所以成就人才者，亦非一日之事也。从古以来，士之有立于世，必藉学校教育、父兄渊源、师友讲习，三者备而后可……（所列举的五十四人略）皆夫民之秀有用于世者也。百年以来，教育讲习非不至，而其所成就者无几，丧乱以来三四十人而止矣。夫生之难，成之又难，乃今不死于兵，不死于寒饿，造物者挈而授之维新之朝，其亦有意乎？无意乎？……他日阁下求百执事之人，随左右而取之，衣冠礼乐、纪纲文章尽在于是，将不能少助阁下萧曹丙魏房杜姚宋之功乎？假而不为世用，此诸人者可以立言，可以立节，不能泯泯默默以与草木同腐，其所以报阁下终始生成之赐者，宜如何哉！阁下主盟吾道，且乐得贤才而教育之，一言之利，一引手之劳，宜不为诸生惜也。（《癸巳岁寄中书耶律公书》）

这一篇文字极为重要，反映了遗山教育思想的精髓。书中固然表明他拯人于危难之际，使五十四名材士免于沦为“驱口”的“仁者之用心”（王国维语），也说明，遗山清醒地看到改朝换代势不可改，最紧迫的乃是抢救中原文化的精英人物，因为在他们身上集中着“衣冠礼乐、纪纲文章”这些历史造就的中原先进文化的精神财富。他希望耶律楚材保护任用这批人，在维新之朝复兴儒学，“乐得贤才而教育之”，同时由这些人帮助耶律楚材像历代贤相那样实现“致太平之功”。这是一封用心良苦的荐贤信，表达了遗山诚挚的希望，也是遗山一生从事文教事业的纲领。从中可以看出遗山重视文化教育的远见卓识和明确政治目的，当然也同时反映了他本人鲜明的地主阶级局限性。

教育服务于现实政治，突出地表现在其“修齐治平”的具体途径，即由注重个人的伦理道德修养，孝悌忠信，明人伦，顺长幼，教化民俗，然后出而用世，推行王道仁政。这一套教育治国的程序，是从儒家政教传统那里承袭而来的。孔子曾言：“克己复礼为仁”，“修己以安人，修己以安百姓”。孟子亦言：“夏曰校，殷曰序，周曰庠，学则三代共之：皆所以明人伦也。人伦明于上，小民亲于下”，“圣人有忧之，使契为司徒，教以人伦：父子有亲，君臣有义，夫妇有别，长幼有序，朋友有信”。《大学》言：“大学之道，在明明德，在亲民，在止于至善”，“至善”即指“修齐治平”的目的。后世儒家对此更有系统的阐述发挥。遗山自幼对此烂熟于心，信奉不改，也有个人授学师承的深厚渊源。他自述：“十八，先府君教之民政，从仕十年，出死以为民。自少日有志于世，雅以气节自许，不甘落人后。”（《南冠录引》）说明他青少年时期便接受良好的家学，抱有用世的远大志向。他的恩师，著名学者郝天挺也是这样教育他的。郝天挺对他嘱咐：“学者贵其有受学之器，器者何？慈与孝也。今汝有志矣，器如之何？”要求他不仅仅单纯理解孔氏六经及百家文章的篇章句读，谋取当官的本领，更要注重名节的培养磨炼：“读书不为艺文，选官不为利养，唯通人能之。”（《元遗山先生全集》卷二十三《郝先生墓铭》，参《金史·元好问传》《中州集·郝先生小传》）勉励他成为“通人”，即天下之士、国家栋梁。遗山日后对这一用世从政的目的，是牢记在心的。特别是金亡之后，遗山已名重北国，他更是把教育与政治上的拨乱反正联系起来，自觉地实行。他说：“夫风俗，国家之元气，而礼义由贤者出。学校所在，风俗之所在也。吾欲涂民耳目尚何事于学，如曰：如之何使吾民君臣有义而父子有亲也，夫妇有别而长幼有序也，则天下岂有不学而能之乎？古有之，有教无类，虽在小人尤不可不学也。”（《寿阳县学记》）足见，遗山始终强调兴学校、办教育，是大乱之后重新确立纲常名教，维护封建等级制度这一政治目的的最重要的手段，是当务之急。这种认识，在他后半生中是坚定不移的。

遗山在世界观上尊崇儒学“天命论”，又是一位博古通今的历史学家，因此，他还能够从天道循环论和历史发展的观点认识教育的重要性和现实意义。他说：“圣人与天大，圣道难为言”（《曲阜纪行》），“自圣人以书契代结绳之政，大朴虽散，天理之真淳者，犹在人也”（《铁卷行引》）。尽管后世王朝有兴废，社会有治乱，但“天理之存，曾不毫发”。而“君臣之义，于名教为尤重。名教者，天地之大经而古今之恒典。惟天下之至诚为能守，故人君之于君者，有天道焉，有父道焉”（《夹谷公碑》）。所以，不管时代怎样变化，纲常名教的天理是永恒不变，必然要传下来的。“吾道之在天下，未尝古今亦未尝废兴，君臣、父子、夫妇、兄弟、朋友之际，百姓日用而不知，大业广明五季之乱，绵蕝不施而道固自若也”，“道之行与否，皆归之天”（《赵州学记》）。这些看法，明显承袭汉儒董仲舒“天不变道亦不变”的观点，同时也受到北宋理学家的深刻影响。遗山虽不是一位有系统理论的理学家，但他相信理学宣扬的“天命论”，认为天道、天理千古不变，传布天理的教育事业是永远需要的。人们接受了教育，就会主动维护纲常名教的天道、天理，实现太平之世。遗山总结汉唐盛世和金朝文治的历史经验，认为这与重视教育关系甚大，“当时百执事之人毗助赞益者亦不为不多，传记具在，盖可考也”（《癸巳岁寄中书耶律公书》）。金朝贞祐南渡后，“虽以战守为备，而大纲小纪，典则具在。武备文事，不容偏废”（《赵思文神道碑》）。其流风善政，均出于国家“养士之功”。这种儒学天命论的教育观，今天看来已属陈腐、片面，有唯心论色彩，但在遗山所处的动乱年代，却具有现实意义。它有利于社会的安定和经济恢复，推动了中国社会历史发展发生逆转后的重新起步。因此，不应单从遗山教育思想自身内容判断其价值，而应联系其产生的特定历史环境和社会要求，认识其客观作用。遗山说：“窃以穷则变，变则通，圣人之道亘万世而无敌；庶而富，富而教，司徒之官所以敬五典之克从……中国有诗书之教，风以动之，癃老思德化之有成，今其时矣！”（《南宫庙学大成殿上梁文》）“道统开矣，文治兴矣，若人者必当戒覆车之辙，以适改新之路”（《东平府新学记》），“惟大朝（指蒙古国）受天景命，薄海内外罔不臣属。武克刚矣，且以文治为永图”（《令旨重修真定庙学记》）。文武之道，一张一弛，随时制宜，互为补充。遗山是从现实的要求，对教育复兴之急需进行理论和历史经验的总结，具有针对性和时代感，并非老生常谈、泛泛空论。

教育服务于现实政治，有着不同于军事手段和法律手段的特殊社会功能。对此，遗山也有清醒的认识。这就是，通过发展教育，继承历代的文物典章，适应新形势要求，重新制订一整套封建等级规范和制度，同时也可以培育人才，为统治阶级提供干部。更重要的是，通过最广泛的伦理道德教育，造成风俗习惯和社会心理，有助于统治者的精神控制。这些都是蒙古国新朝政权的巩固所需要的。遗山将教与刑两者加以比较，论述其交互为用的功能：

治国治天下者有二：教与刑而已。刑所以禁民，教所以作新民，二者相为用，废一不可。然而有国则有刑，教则有废有兴，不能与刑并。理有不可晓者，故刑之属不胜数，而贤愚皆知其不可犯；教则学政而已矣。去古既远，人不经见，知所以为教者亦鲜矣，况能从政之所导，以率于教乎？何谓政？古者，井天下之田，党庠遂序，国学之法立乎其中，射乡饮酒、春秋合乐、养老劳农、尊贤使能、考艺选贤之政皆在。聚士于其中，以卿大夫尝见于设施而去焉者为之师，教以德、以行，而尽之以艺。淫言诐行、诡怪之术，不足以辅世者，无所容也。（《东平府新学记》）

这里，遗山言民常知刑不可犯，而不知教之重要，此理不可晓，实乃有慨而言。他强调教育中包含政治内容，治国治天下之术无不寓于教育，有着维护封建统治制度的特殊“辅世”功能。遗山又说：

圣人之忧天下后世深矣。百姓不可以逸居而无教，故为之立四民，建三纲五常，士农工贾各有业。父慈，子孝，兄友，弟敬，君臣严，夫妇顺，各有守。九官而有司徒，仁义礼智，典章法度，与为士者共守之。天下之人耕而食，蚕而衣，养生送死而无憾。粲然而有文，欢然而有恩。于圣人之教也，若饥者之必食，寒者之必衣。由身而家，由家而达之天下四方。由不可斯须离，至百世、千世、万世而不可变，其是谓教，而道存焉于其间。（《清真观记》）

这就是说，教育对巩固三纲五常的封建等级制，功能是全面性的、综合性的，时时不可缺少。只有发挥这种功能，国家才能长治久安，百姓才能安居乐业。这种说法，显然带有理想化色彩，实质上是小农经济基础上封建社会实现王道仁政的教育观，但客观上有助于当时社会由动乱趋向安定，国家由分裂趋向统一的发展。在金元之际的历史条件下，是具有进步意义的。

至于教育对造就封建统治所需要的人才这一社会功能，遗山更是津津乐道。他回顾金朝中后期文治之盛的历史，认为正是由于"大定已还，文治既洽，教育亦至"，所以，"迄贞祐南渡，名卿材大夫布满台阁"（《杨云翼神道碑》）。他赞扬"大定、明昌间，文治为盛，教养既久，人物辈出"（《王扩神道碑》），"承安、泰和间，文治熠然勃兴，士生于其时，蒙被父兄之业，由子弟而为名卿材大夫者，尝十分天下之九。要不必尽为公卿大夫，而公卿大夫之具故在也"（《张子厚墓志铭》）。面对金元之际战争造成的社会创伤，要振兴国家，尤其急需通过教育培养大批治世之才，巩固新朝统治。他强调指出："士者推庠序党塾所自出之道而致之天下四方者也，由是而之焉。正名百物，肇修人纪者，尚庶几焉。"（《博州重修学记》）先此，遗山于围城中上书耶律楚材，就希望他"主盟吾道"，保护培养人才；后来又称赞忽必烈与中原汉人世侯的兴学之举，倡导"顺考古道，讲明政术，乐育人才，储蓄治具，修士乐之绝业，举太常之坠典"（《令旨重修真定庙学记》）。足见他重视教育对造就人才的功能是始终一贯的，而且，遗山本人也是培育举荐人才的教育实践家（见下文所述）。

改造社会风气，移风易俗，将儒家提倡的纲常名教渗透到人们日常生活的各个方面，形成普遍的社会心理和习惯，是教育诸功能中最独特的方面。遗山曾不止一次地强调："风俗，国家之元气；学校，王政之大本"（同上），"风俗，国家之元气，而礼义由贤者出，学校所在，风俗之所在也"（《寿阳县学记》）。这种以学校为风俗之本的观点，实为儒家教育观的传统看法。《礼记·学记》明言："君子如欲化民成俗，其必由学乎？"历代明智的封建统治者都认为，教育是造成良风美俗的最重要的手段。遗山有鉴于此，指出：

> 先王之时，治国治天下以风俗为元气。庠序党术无非教，太子至于庶人无不学。天下之人幼而壮、壮而老，耳目之所接见，思虑之所安习，优柔于弦诵之域，而餍饫于礼文之地。一语之过差，一跬步之失容，即赧然自以为小人之归。若犯上，若作乱，虽驱逼之、从臾之、诱引之，有不可得者矣。故以之为俗则美，以之为政则治，以之为国则安且久。理之固然，而事之必至者盖如此。（《博州重修学记》）

这就是说，搞好教育，化民成俗，就可以提高人们维护封建伦理道德和剥削制度的自觉性，造就顺民，使他们自我约束，不再犯上作乱，而且抵制犯上作乱。这显然比暴力强迫的军事法律手段更易见成效，对统治者更有利。新朝统治者何乐而不为呢？遗山的这一认识，无疑是向蒙古征服者献策。后来忽必烈执政期间，附会汉法，尊儒重道，兴教办学，虽未必全听了遗山的劝告，但其实质与动机是同遗山合拍的，这是问题的一方面；另一方面，遗山强调教育的化民成俗作用，也是针对蒙古国一些穷兵黩武、好战嗜杀的军事贵族的暴行而言的，希望他们懂得教化政策更重要，改变残民以逞的暴力政策。不过，遗山的这种进言也是软弱无力的，他也承认："用武之世，而责人以儒者之事，不可也。"此外，从社会思潮来看，动乱年代佛道邪说泛滥，社会风气败坏，也使遗山痛心疾首。他感叹：

> 予行天下多矣，吏奸而渔，吏酷而屠，假尺寸之权，朘民膏血以自腴者多矣。崇祠宇，佞佛老，捐所甚爱以求非道之福，嚬呻顾盼，化瓦砾之场为金碧者，又不知几何人也。（《寿阳县学记》）

针对这些现实情况，遗山强调教育移风易俗的功能，是有积极意义的。乱极生治，物极必反，遗山相信圣人之道不会中绝，愈是乱世愈需要兴办教育，来改变世道人心。他说：

> 天下之民既无以教之，将待其自化欤？窃谓不然。天祐下民，作之君，作之师，夫岂不欲使之正人心、承王道，以平治天下？岂独厚于周而薄于世乎？（《令旨重修真定庙学记》）
>
> 惟厌乱，所以思治；惟顺流易于更始。始以草创，而终之以润色，本末先后，还相为用。为周为汉，同归于治，何详略迟速之计耶？（同上）

作为封建社会里一位有名望的知识分子，欲图复兴教育，有益社会，是离不开赖以存生的阶级基础的，我们理应客观地批判遗山对教育功能认识的阶级局限性，同时具体分析它在一定历史条件下发挥的进步作用。

遗山对他提倡的教育事业，不仅在目的性、重要性和社会功能的认识上，有着强烈的现实意义，而且在教育的内容和方式上也有鲜明的时代特点。

第一个特点，是教育内容上以儒为主，兼涉佛、道，具有较为宽容的态度。

遗山提倡的教育一向坚持以儒业为本，以儒家经典为基本教材。这是传统儒学的一贯要求，是儒士们安身立命之基，无须赘述。但是，遗山师承的儒学已非纯粹的儒学。因为从唐宋以来，知识界产生了儒、佛、道三家融通的思想潮流，到北宋理学产生，这一思潮更弥漫于社会，如周敦颐濂溪之学、苏氏蜀学、王安石金陵之学，均颇有声势。金人宗其余绪，士人深受习染，形成时代风气。遗山恩师郝天挺的家学就是直接师承程颢理学的。遗山在其门下，便已“肆意经传，贯串百家，六年而业成”（郝经《遗山先生墓碑》）。当时，与遗山交往密切的赵秉文、李纯甫等前辈名流，受释道影响尤深，使他也受到熏陶。尽管遗山始终没有成为正统的理学家，但对理学是尊重的。比如遗山在道德修养教育方面讲“材、性、品”，讲“诚”，讲“知天命”“安常处顺”，都明显地受到三教融通的唐代儒学和北宋理学的影响。他所师承的实质上是一种以儒为主，兼采佛、道的“杂学”。遗山发表过贬斥佛、道的言论，但那是针对下层佛、道愚弄百姓，耗费财物，宣扬迷信，悖理逆情的有害言行而言的。对于尊崇儒学、道德学问较高的著名僧道，遗山却保持着同他们的亲密交谊。遗山本人甚至自称：“我本宝应僧，一念堕儒冠。”（《寄英禅师》）他对全真道在北方流行时务农力耕、与世无争、招纳流散等善举加以肯定，对道家者流超然清净、安贫乐道的隐逸生活表示强烈向往。遗山本人是一位胸怀博大的学者，他这种对佛道的宽容态度，适应了时代的思想潮流，使他能够同各方面的知识人士取得共同语言，自身周围聚集了相当多的仰慕者。这对提高他“文坛盟主”的声望，扩大自己影响，都有很大作用。故明人储巏所言“乃知学士大夫慕尚遗山者，不但其文章之盛”（《元遗山先生全集》储序），是符合实情的。

第二个特点，是遗山不单注重道德学问的教育，而且传授诗学。这同先秦孔门偏重诗的教化功能和同时代理学家忽视诗的审美价值，是有所不同的。遗山自幼以诗为“专门之学”，青年时以诗称名于世。恩师郝天挺不顾时人反对，着意指点他学诗，使遗山经过刻苦研磨，成为一代大诗人。遗山好诗，至老不衰，有“日课一诗”之癖，也以诗传授弟子。他编有《锦机》《杜诗学》《唐诗鼓吹》等理论和诗歌选集著述，也是授诗的基本教材。《秋涧集》载遗山耳提面命地批改弟子王恽的诗作，《庶斋老学丛谈》载遗山同送行的弟子张孔孙、孙德谦途中吟诗等事，便是典型的例子。当然，遗山也同样重视诗歌有重要的教化作用，是载道之具，但他同时十分讲求诗歌的艺术性，注意感情寄托，陶冶性情，反映现实，抒发忧国忧民的怀抱，这便纠正了一些理学家以诗言理的偏向。因此，他的诗学教育实质上带有审美教育的性质。

第三个特点，是遗山授学一般是通过社会交往随时指授，较少讲堂灌输的刻板化做法。这种不拘形式的教育法，生动活泼，富有启发性，师生关系十分融洽，能取得较好的效果。徐世隆称遗山“性乐易，好奖进后学，春风和气隐然眉睫间，未尝以行辈自尊”（《元遗山先生全集》徐序），可见他是何等循循善诱、平易近人。遗山之所以多用这一方式从事教育，当与迭经战乱，文治待兴，他不得不四方奔走，难以安居，缺乏正常的教育条件有关。金亡之后，遗山也受东平严氏延请，入塾执教，但时间毕竟很短。总的看来，他大量的教育活动是周流各地随时进行的。

从教育实践上看，遗山从金亡到他去世时，尽管颠沛流离，其教育活动却没有中断，先后达二十四年之久。这一时期，除了在故乡忻州居住总共不过三五年外，遗山一直在外奔走，往来于东平、顺天、真定、燕京诸地。这一方面是由于为撰写金史，要广泛收集必需的材料，寻访旧籍佚闻；另一方面是他各地有许多知交门人，还有一些房产可以暂憩，并求得友人在生活上的资助。但他孜孜以求的总目标，是为着保存和传布中原先进文化。应当说，遗山修史和从事教育都是为此目标服务的，是这一进步事业的组成部分。正因为这个原因，遗山对兴办教育才有高度的热忱。他没有出仕蒙古国，却以此为己任，大有当仁不让之风。遗山说：“夫兴学者，儒者事也”，“兴学之事，贤相当任之，良民吏当为之。贤相不任，良民吏不为，曾谓斗食吏不得执鞭于其后乎？”（《寿阳县学记》）可谓夫子自道。尽管由于战争浩劫，“先哲王之道、中邦之正，扫地之日久矣”，使他深怀“三纲五常将遂湮灭颠倒错乱，人与物胥而为一”的忧虑，也时而产生“盛衰消长有数存焉于其间，亦难于为言”（《紫微观记》）的怀疑。但人不为之己为之，他抱定“当天造草昧之时，君子极经纶之道”的决心，要挽狂澜于既倒。“日月尽随天北转，古今谁见海西流”，他坚持不懈，锲而不舍，不遗余力地从事振兴文治、复兴教育的事业。每到一地，他首先关心的便是教育创办的实绩。如真定、东平、博州、赵州、冠氏、寿阳等地兴建学校，他都亲往查访，撰文记述表彰，加以宣扬。特别是1251年忽必烈受任漠南汉地军国重事后，下令重修真定庙学，遗山认为这是新朝“以文治为永图”的新时代到来，为之欢呼雀跃。他称扬忽必烈“王府忠国抚民，一出圣学，比年宾礼故老，延见儒生，谓六经不可不尚，邪说不可不绌，王教不得不立，而旧染不得不新……其见于恒府庙学者，特尊师重道之一耳”（《令旨重修真定庙学记》）。虽这种赞词不免过分，遗山却真诚相信天道回转，看到了希望的曙光。他视忽必烈为不可多得的贤王，表示“独吾贤王为天下倡，是可为天下贺也”（同上）。由于忽必烈提倡儒学颇著成效，这又促成了遗山于1252年夏秋同张德辉风尘仆仆，相随北上，觐见这位贤王。二人“请世祖为儒教大宗师，世祖悦而受之”，并答应了他们提出的“蠲免天下儒户兵赋”的要求（《元史·张德辉传》）。忽必烈对遗山的赏知，使他备受鼓舞，充满信心，兴教办学的活动更为频繁。比如老友姚枢在燕京倡行文治儒业，他作诗致贺：“文昌除目人惊看，似觉规模到汉宫。冀北已空天下马，江东全倚谢家安。”（《答公茂》）知交李冶作诗赞美燕省掾属张彦通举释菜之典祭孔，他欣然和诗道：“一奠区区入咏歌，请看文治竟如何”，“一日新仪见泮宫，共惊绵蕝有遗风”（《燕省掾属张彦通举释菜之废典，仁卿以诗美之，赋二首》）。到六十六岁的高龄（1255年），遗山又应聘至东平，参与招考校试进士的科举，亲选阎复等著名的“东平四杰”，举荐他们出仕。这些表现说明，晚年的遗山事实上成为亡金遗老中推动新朝复兴儒学、施行文治教化，逐步实现上层建筑领域中进步变革的中坚人物。

元遗山后半生的努力没有落空，他的奋斗得到了时代的回报。他在金元之际保存整理先进文化之功，得到了当时与后世人们的肯定和赞扬。遗山本人虽亦遭到一些人的误解和攻讦，但他足以自感欣慰，“林下升平有他日”，“风流成二老，林下看升平”，这些诗句表达了他虽不在其位，却夙愿得偿的满足和愉悦。遗山的教育实践也取得了丰硕的成果，培养教育出一大批治国之才，徐世隆称他“所在士子从之如市”（《元遗山先生全集》徐序），余谦言“至本朝，（遗山）才名益广，四方学者，执羔雁无虚日”（《元遗山先生全集》余序），可见弟子门人之盛。这些人才均在新朝发挥了文治方面的才能，成为一时之选，其中可以考知的有郝经、王恽、魏初、郝继先、王思廉、许楫、雷膺、张孔孙、孙德谦、张宏略、阎复、孟祺、徐琰、李谦、信世昌、贾仲德、贾仲温、白朴、李文蔚、张润之等二十人。其中十三人事迹见载于《元史》，十一人有专传，均系忽必烈开创元朝的有功之臣，活跃于政治舞台，建树颇巨。余者除孙德谦早卒外，信世昌曾官至翰林学士承旨，贾仲德、贾仲温、张润之均是好学之士，才学优异，从事兴儒办学活动。白朴是杰出的杂剧作家，为元初著名的“关白马郑”四大家之一；李文蔚也是知名作家。元遗山的教育实践，对推动元初政治和思想文化的进步做出了杰出贡献。

由于元遗山的教育实践活动主要是在金亡之后进行的，既有推进蒙古国上层建筑转化的作用，又有巩固其政治统治的实效，所以后人在评价元遗山本人及其文化活动上，出现了纷纷争议。清初学者全祖望指责遗山气节有亏，屈事“蒙面异姓”，今人也有批评他“细行不加谨慎，终不免盛德之累”。但也有人认为遗山“金亡不仕”，大节是好的。实际上，对遗山及其活动的评价问题，涉及怎样正确理解历史上民族斗争尖锐时期历史人物活动的理论原则问题。运用历史唯物主义观点来具体分析，不难认识，金元之际的民族战争，本质上是作为一个民族整体的中华民族内部兄弟民族之间的战争。这种战争当然有正义与非正义之分，像蒙古军灭金攻宋的战争便是非正义的征服战争，理应受到批判，而金、宋的各族人民反征服的战争则是应加肯定的正义战争。在这些战争中，元遗山是坚决站在反对蒙古国屠杀政策一边的，他写作了大量反对战争的诗文，便是明证。但元遗山也还没有投向反征服的人民战争一边，他反战态度的立场有着阶级性的局限。他只是在反战的前提下，大力宣扬仁政文治，从事进步的文化教育活动，这又在客观上符合了蒙古国政治统治的利益。倘要求元遗山转变阶级立场，支持人民战争，对作为地主阶级知识分子的元遗山来说，就未免苛求了。元遗山的一切活动，对制止蒙古国的非正义战争，是无能为力的，也是不可能的。但这些活动却有助于减轻战争的祸害，有助于社会安定、国家统一和经济恢复发展，因而从根本上又是符合各族人民包括蒙古族人民的长远利益的，亦是符合中华民族发展的整体利益的。从客观的历史发展看问题，遗山从事的文教活动尽管背弃了腐朽的金朝，投效了蒙古国上层改革派势力，有悖于传统的“君臣夷夏之大防”，却没有背离中华各族人民的根本利益，这应当是难能可贵，值得肯定的。当然，元遗山也只是着眼于造就封建统治下的新的顺民，他意识不到这又是直接帮助蒙古征服者重新锻造束缚当时各族人民的政治和思想锁链，从根本上无法改变人民受苦受难的命运。这种矛盾造成的悲剧，同时也是历史上所有剥削阶级进步人物的共同悲剧。然而，历史毕竟是在艰难曲折中前进了。

评价民族斗争尖锐复杂时期历史人物的气节问题，我们应坚持人民本位的观点，不应维护君王本位的原则。诚然，对这类历史人物，往往是忠于人民与忠于故君，在他们身上二者夹缠不清，这就需要细致地进行分析。比如，当君王同人民站在一起坚持反对非正义战争时，就有理由对忠君爱国之士的气节予以肯定。但元遗山遭遇的金哀宗却是置百姓生死于不顾，只图逃命苟活的亡国之君。对这个昏君，遗山毅然唾弃，别作抉择，重新寻找政治出路。他虽不肯转变阶级立场，投向人民，却并没有同蒙古国好战嗜杀的保守势力同流合污，而是以在野之身，“出死以为民”，以斯文为己任，同蒙古国上层进步势力站在一起，倡导仁政文治，发展教育，客观上维护了全民族的整体利益，这也是一种值得肯定的民族气节。

我们中华民族从秦汉以来，已结成一个民族整体，在长期的自身矛盾发展中，形成了今天这样一个社会主义各兄弟民族的大家庭，这是历史进步的成果。我们应当赞扬历史上那些反对民族压迫、坚持正义斗争的英雄人物，也应当肯定那些促进各兄弟民族团结融合、共同进步的志士仁人。中华民族的发展史，是中华各族人民和所有进步人士在艰难曲折中前赴后继，不息奋争，共同缔造的。元遗山便是金元之际这批进步人物中具有代表性的一位。

元遗山与太原

遗山所属元氏一族原出于鲜卑族拓跋氏，北魏后落籍汝州（今河南汝县），五代时该族的一支迁居平定，遗山称这里为乡郡。北宋靖康间，又迁居忻州，元遗山遂为忻州人。

位于忻州南七十公里的太原，是我国古代三晋名城。这里水土肥美，襟山带河，位居四塞要冲，历来人文鼎盛，形成山西政治、经济、文化的中心，亦为军事重镇。遗山青少年时代求学、避乱、游历多次到太原。中年以后，离晋赴冀、鲁、豫从事大量的社会活动，往来频经太原，盘桓逗留。本文试就遗山在太原的行踪及密切关系，作一简要考察。

一、太原行踪考

元遗山生于金章宗明昌元年（1190），出世七个月便过继给叔父元格为子。五岁时跟元格在掖县（今山东掖县）生活。十四岁时，元格调官任陵川（今山

本文所引元好问诗文出处，《文》系指《元遗山先生全集》，读书山房光绪刊本，张穆校订；《诗》系指清施国祁《元遗山诗集笺注》，人民文学出版社 1958 年版。

西陵川县）令，他又随至陵川。在此投师郝天挺，学习六年。从童年时代起，遗山就屡至太原，此后又频繁来往，与太原结下不解之缘。

现将他在太原的行踪、留止的事实列年分系如下：

1. 明昌五年（1194）至承安四年（1199），五岁至十岁。

元遗山童年时代多数时间随叔父元格在外生活，但也间或到太原学习、游览，至少到过一次。《诗》卷九《外家南寺》题注："在至孝社，予儿时读书处也。"诗云："郁郁秋梧动晚烟，一庭风露觉秋偏……去国衣冠有今日，外家梨栗记当年。"《遗山新乐府》卷二《浣溪纱·外家种德堂》："三世读书无白屋，一经教子胜黄金。"《文》卷四十有《外家别业上梁文》，按郝树侯先生注云，至孝社在太原市阳曲县东北十里至孝都中社村。据考，遗山外家在今山西定襄县，见李峭仑说，见清道光刊本《阳曲县志》卷二。金时，阳曲县属太原府（《金史·地理志》）。又《文》卷三十三《惠远庙新建外门记》："（惠远庙）游览之盛，予儿时尚及见之。"按，惠远庙在今太原晋祠。金时晋祠镇属太原府平晋县（《金史·地理志》）。是知遗山童年至少至太原一次，读书游览。

2. 泰和五年（1205）乙丑，十六岁。

由陵川赴试并州，道作《雁丘词》，试未遇，归陵川。来往到太原一次。《遗山新乐府》卷一《摸鱼儿》之二注："乙丑岁，赴试并州，道逢捕雁者云……予亦有《雁丘词》。"《文》卷二十三《刘景玄墓铭》："泰和中，予初识景玄于太原。"

3. 泰和七年（1207）丁卯，十八岁。

由陵川归忻州，复返陵川，来往经太原二次。《文》卷三十五《忻州天庆观重修功德记》："予婴年，先大夫挈之游四方，年十八乃一归。"李光廷《年谱》推测云："此当是归娶。"按，忻州，遗山多称新兴，以唐时曾置新兴郡于此。

4. 泰和八年（1208）戊辰，十九岁。

陵川从郝天挺学成，归忻州，又赴试长安，来往经太原二次。《文》卷二十三《郝先生墓铭》："先人既罢官，某留事先生又二年，然后归。"《诗》卷十二《初发潞州》："潞州住久似并州，身去身留不自由。白塔亭亭三十里，漳河东畔几回头。"《遗山新乐府·蝶恋花》序："戊辰岁长安中作。"《诗》卷一《古意》："二十学业成，随计入咸秦。"按，此"二十"为约略之词，实为十九岁。陵川县属潞州（治今长治市）。《金史·文艺传》："年十有四从陵川郝晋卿学……六年而业成。"

5. 大安二年（1210）庚午，二十一岁。

元格官陇城（今秦安县东北），随赴陇城。是年元格卒于官，遗山护丧归葬于忻州。回经太原一次。《续夷坚志》卷二《背疽方二》："好问年二十一，侍先君官陇城。大安庚午春，先人疽发于鬓……竟用是捐馆。其后还乡，得此方于家塾。"《文》卷三十七《南冠录引》："大安庚午，府君卒官，扶护还乡里，时予年二十有一矣。"

6. 贞祐二年（1214）甲戌，二十五岁。

春由忻州避兵至太原阳曲（今属太原市），夏于太原学习，又复往汴京。至少二次到太原。《南冠录引》："因循二三年，中原被兵，避寇秀容、阳曲之间，岁无宁居。"按，遗山兄敏之殁于是年三月蒙古兵屠忻州时，知遗山避兵当在此时，见《文》卷二十五《敏之兄墓铭》。《文》卷三十六《十七史蒙求序》："始吾二十余岁，时住太原学舍，交城吴君庭秀洎其弟庭俊与予结夏课于由义西斋，尝以所撰《蒙求》见示。后三十七年，因得而序之。"按，此序作于庚戌（1250），上溯推三十七年，结夏课当在是年。又《诗》卷三《天井关》："二十年前走大梁，当时尘土困名场。"《文》卷三十九《答聪上人书》："自贞祐南渡，时犬马之齿二十有五，遂登杨赵之门。"明言是年往汴京。是年作《避兵阳曲北山之羊谷题石龛》诗（《诗》卷十四）。

7. 贞祐四年（1216）丙子，二十七岁。

避兵，由忻州南下渡河，寓居河南三乡（今河南宜阳县西）。经太原一次，安顿藏书。《文》卷三十九《故物谱》：“贞祐丙子之兵，藏书壁间得存。予将奉先夫人南渡河，举而付之太原亲旧家……是岁寓居三乡。”《文》卷三十一《孙伯英墓铭》：“贞祐丙子，予自太原南渡。”

是年至蒙古太宗九年（1237）间，二十余年未到太原。

8. 蒙古太宗九年（1237）丁酉，四十八岁。

由山东冠氏往东平府，秋回忻州营居，毕，冬复回冠氏。来往经太原二次。《文》卷三十七《太原照禅师语录引》：“丁酉八月，予自大名还太原。”又《木庵集序》：“丁酉（按，“丁”原误为“乙”）冬十月，将归太原。”卷四十《外家别业上梁文》：“方属风霜匽薄之余，而有里社浮湛之渐，兹焉卜筑，今也落成。”李谱定为是年事。卷二十四《蘧然子墓碣铭》：“乱后予客冠氏，将还太原，行有日……丁酉冬，复来东州。”

9. 蒙古太宗十年（1238）戊戌，四十九岁。

夏过东平，秋挈家自冠氏还太原，复往济源（今河南济源县）。来往经太原二次。《文》卷三十八《范炼师真赞》：“戊戌之早，予过东平。”卷三十七《伤寒会要引》：“戊戌之夏，予将还太原。”《诗》卷九别冠氏诸人诗自注：“戊戌秋八月初二日。”《文》卷二十九《千户赵侯神道碑》：“戊戌七月，以叔父之命，将就养于太原。”

10. 蒙古太宗十一年（1239）己亥，五十岁。

夏由济源，游天坛回，取道潞州，回忻州。经太原一次。按《诗》卷九《入济源寓舍》注：“戊戌八月二十二日。”知上年已至济源。《续夷坚志》卷四《仙猫》：“天坛中岩有仙猫洞……己亥夏四月，予自阳台宫将之上方，过洞前。”

卷十二《游天坛杂诗十二首》：“仙猫声在洞中闻。”按，天坛在王屋山，今河南济源县西北。又《诗》卷十三《初挈家还读书山杂诗》：“并州一别三千里，沧海横流二十年。”按，遗山从贞祐四年（1216）离乡外游，至此已隔二十二年，诗云“二十年”为约略之词（凌谱谓此诗作于上年）。《诗》卷九有《己亥十一月十三日雪晴，夜半读书山看月，明日作》诗，知是年冬已归至忻州。

11. 蒙古太宗十二年（1240）庚子，五十一岁。

十月由忻州往东平，经太原一次。《文》卷二十九《故帅阎侯墓表》：“辛丑元日，予方客东平。”辛丑指下年，上年在忻，知是年已离忻至东平。又《诗》卷九《十月二十日雪中过石岭关》，知十月往东平所经石岭关，石岭关属忻州。按，卷十四《己酉四月十七日度石岭》云：“行去行来又十年。”己酉为蒙古定宗后称制二年（1249），溯推十年，经石岭关即在是年十月赴东平时。

12. 蒙古太宗十三年（1241）辛丑，五十岁。

由东平回忻州，经太原一次。上条引《故帅阎侯墓表》：“辛丑元日，予方客东平。”《文》卷三十九《答大用万户书》：“东原宿留几半岁之久……今东归矣。”是年作《太原》诗（《诗》卷九），诗云：“十年弄笔文章府，争信中朝有楚囚。”考遗山于壬辰（1232）曾在汴京朝中知制诰，崔立之变后汴京城破，遗山被蒙古兵羁管于聊城，故诗云“十年”“楚囚”，而知此诗作于是年。

13. 蒙古乃马真后三年（1244）甲辰，五十五岁。

上年由宏州北上入燕都（今北京），是年春由寿阳归忻州。秋冬至洛阳、洛西。来往经太原二次。《文》卷三十九《答中书令成仲书》：“癸卯（即上年）之冬，盖从来使一到燕都。”卷三十二《寿阳县学记》：“甲辰之春，予归自燕云，道寿阳，知有新学，往观焉。”文云“道寿阳”，必过太原。又《诗》卷十《甲辰秋留别丹阳》，有“祖道都门复此留”“千里关河动归兴”“后夜相思渺何许，西山西畔是并州”句。按，此丹阳未详所指，诗云“祖道都门”，当指燕京。

盖丹阳当在燕京南下所必经。又《诗》卷四有《甲辰秋洛阳得黄葵子，种之南庵，明年夏六月作花……》诗。《文》卷二十八《广威将军郭君墓表》："甲辰冬，予过洛西。"知秋冬又至洛阳、洛西。

14. 蒙古乃马真后四年（1245）乙巳，五十六岁。

由洛西至内乡奉张太君柩归忻州，复下内乡、至东平。来往经太原二次。《文》卷三十九《与枢判白兄书》："自乙巳岁往河南举先夫人旅殡，首尾阅十月之久，几落贼手者屡矣。狼狈北来，复以葬事往东平。"是年作《同姚公茂徐沟道中联句》（《诗》卷七）、《南关》（《诗》卷十二）二诗，李光廷《年谱》云："此祁县之南关也……《金史·地理志》：'河东北路太原府，县徐沟'……此正再来内乡时路。"《诗》卷四《赋张圣与云岩》序："乙巳冬，来东平。"

15. 蒙古定宗元年（1246）丙午，五十七岁。

自东平回忻州，经太原一次。《文》卷十七《朝散大夫同知东平府胡公碑》："岁丙午，某过彰德。"彰德，是东平返忻所经。《诗》卷四《马岭》自注："去岁迁奉，亦取黄榆岭路。"按，马岭、黄榆岭均在今河北邢台，在河南由太行东侧归晋之途中。

16. 蒙古定宗二年（1247）丁未，五十八岁。

秋由忻州赴真定，又往彰德，复回忻州。往来经太原二次。《文》卷三十二《令旨重修真定庙学记》："王以丁未之五月召真定总府参佐张德辉北上，德辉既进见……"末云："是年朔旦记。"又《寰宇访碑录》："涌金亭诗，元好问撰，正书，定宗后称制元年（1248）三月立于辉县。"按翁方纲《年谱》云，此碑刻于己酉（1249），系再刻。则初刻为遗山亲主其事，当在己酉之前一两年。辉县在安阳南，当时属相州西南之卫州，系遗山在彰德时所游。金时彰德府治亦称相州。又《诗》卷五《水帘纪异》，李光廷考定在丁未作。水帘在黄华山，属彰德。知是年遗山曾至真定，又到彰德，又按《诗》卷十二《出镇州》："汾水归心日夜流，孤云飞处是松楸。无端行近还乡路，却傍西山入相州。”诗中相州亦即彰德。是知遗山由彰德返忻。

17. 蒙古定宗后称制元年（1248）戊申，五十九岁。

夏由忻州往南宫（今河北南宫市），秋至宁晋（今河北宁晋县），返忻州。往来经太原一次。《诗》卷二《示程孙》有“并州望南宫，东南千余里”“明年吾六十”“言别凄以恻”“风云动老怀，车马见行色”“乘兴径一来”句，知作是诗在南宫，时年五十九。《文》卷二十一《大司农丞康君墓表》：“戊申九月予过宁晋。”宁晋在南宫归乡道中，时在秋九月。而下年有《己酉四月十七日度石岭》诗，石岭即石岭关，则知是年已返乡。

18. 蒙古定宗后称制二年（1249）己酉，六十岁。

夏，由忻州出居镇阳，后至燕京、顺天，还镇阳。经太原一次。按，镇阳在镇宁州，简称镇州。当时设在真定府治，即今河北正定县。《文》卷三十二《三皇堂记》述及“太原医师赵国器谓吾：‘业当有所本也’”，此记作于“己酉初吉”，知“三皇堂”在太原。又《诗》卷十四有《己酉四月十七日度石岭》诗。《中州集后序》：“己酉秋，得真定提举赵国宝始锓木以传。”《文》卷二十九《信武曹君阡表》：“己酉秋，予以事来燕都。”卷四十《毛氏家训后跋》：“己酉冬，予还自燕幕，馆客勤甚（系指顺天万户张柔之馆）。”又云：“十一月二十六日侄婿河东元某敛衽书。”知时在冬。此自燕还，经顺天，即《文》卷三十九《与枢判白兄书》中所云“往顺天走一遭者”，系为撰史事奔走。下年作《忻州天庆观重修功德记》云：“庚戌（1250）春二月，予还自镇州。”知是年由顺天至镇阳居住。

19. 蒙古定宗后称制三年（1250）庚戌，六十一岁。

春，由镇州返忻州，夏出鹿泉，往来经太原二次。秋至顺天北上折归忻州。按，鹿泉在今河北获鹿县。唐天宝间原称获鹿县，属西宁州（《元史·地理志》）。

遗山在鹿泉有居所，《诗》卷四有《鹿泉新居》诗。《文》卷三十五《忻州天庆观重修功德记》："庚戌春二月，予还自镇州。"卷三十六《十七史蒙求序》："始余二十许时住太原学舍（指二十五岁时），后三十七年，予过镇阳……庚戌五月晦日。"卷三十三《顺天府营建记》："庚戌秋八月，予过顺天。"可知归忻时当是北上西折而行，未过太原。

20. 蒙古宪宗元年（1251）辛亥，六十二岁。

由忻州至太原，抵顺天。到太原一次。《文》卷四十《题闲闲书赤壁赋后》："辛亥夏五月，以事来太原，借宿大悲僧舍。"卷二十四《真定教授常君墓铭》："岁辛亥九月晦，自太原东来，过仲明（即常君）之门，而仲明之下世十许日矣……真定幕府以君承平学舍旧人，文行兼备，任师宾之位，辟本路府学教授，在职数年，士论归之，不幸遭疾，临终……"知常君卒于真定，遗山适在此间。《续夷坚志》卷三《抱阳二龙》："顺天西北四十里抱阳岩宝教院，大小二青龙在寺潭中……辛亥冬，予与毛正卿德义昆仲、郝伯常、刘敬之诸人一游。"

21. 蒙古宪宗三年（1253）癸丑，六十四岁。

上年由顺天赴东平，是年又由东平抵太原，复往燕京，南下东平。经太原二次。《文》卷三十九《答聪上人书》："某顿首启，四月末自太原来镇州……仆自贞祐甲戌，南渡河时犬马之齿二十有五……今四十年矣。"知是年（即六十四岁时）遗山四月前已到太原。《文》卷三十三《致乐堂记》："癸丑之夏，予以事来故都（燕京）……五月望日河东人元某记。"卷三十《宣武将军孙君墓碑》："癸丑之冬，余以行台之召东来。"按，行台指严实，时为东平帅。

22. 蒙古宪宗四年（1254）甲寅，六十五岁。

由东平回忻州，六月游五台山，冬又往镇州。来往经太原二次。《诗》卷七《甲寅正月二十三日故关道中三诗》："千里不易到，三冬须少留。居情犹晋产，去意已雕丘……六十复半十，年年添白头。"故关在河北井陉县通山西平定县之途中，系遗山六十五岁返忻所经。《诗》卷十四《台山杂咏十六首》注“甲寅六月”，是年初还忻，六月至五台一游。《文》卷三十七《暠和尚颂序》：“岁甲寅秋七月，余自清凉还太原。”清凉山即五台山。序所述系由五台返忻后，又至太原。《诗》卷七《甲寅十二月四日出镇阳寄宰鲁伯》，知十二月曾到镇州。

23. 蒙古宪宗五年（1255）乙卯，六十六岁。

秋由镇州往东平，又归忻州；冬又到镇州。来往经太原二次。《文》卷三十《濮州刺史毕侯神道碑铭》：“乙卯秋八月，予来自镇阳，东平参佐王君璋以毕侯叔贤之子婿来请。”卷三十二《东平府新学记》：“落成于乙卯六月初……是年九月朔旦，河东元某记。”《诗》卷十《陀罗峰》有“念念灵峰四十年，一来真欲断凡缘”“松崖今喜入攀缘”“乡国登临乃如此”等句，陀罗峰在忻州，知是年遗山有归忻事。卷七有《乙卯十一月往镇州》诗，知又辞乡到镇州。

按，是年后二年，遗山未返晋，然李光廷《年谱》云曾一回忻州，考之未见诗文所述，谨阙以存疑。蒙古宪宗七年（1257）丁巳，遗山将归忻州，《文》卷三十四《尚药吴辨夫寿冢记》：“丁巳秋，予将西归。”然于九月四日卒于获鹿寓舍，归志竟未遂（《陵川集·遗山先生墓铭》）。

综上二十三条考证，遗山童年至二十七岁之间（1194—1216），至少到太原四次，往来经太原五次；四十八岁至六十六岁之间（1237—1255），至少到太原一次，往来经太原二十四次。共计三十四次（其中来往路经太原以经二次计，如以太原为终点或有意较长停留为到一次计）。

二、深情系并州

元好问在青少年时代度过一段较为安定的日子，但他后来的大半生都处在兵火战乱、山川流血的严酷境遇中，遭受了国家沦亡、颠沛流离的痛苦。太原，作为元好问频繁往来的旧游之地，这里的一切都感染着、吸引着他，给他以深刻的影响。虽说元好问的故乡在忻州，但他已把太原同忻州视为一体，当作家乡。他常常径称自己为太原人，每到太原，便有宾至如归之感。在《家山归梦图》一组诗中，他曾写道："别却并州已六年，眼中归路直于弦。春晴门巷桑榆绿，犹记骑驴掠社钱"，"系舟南北暮云平，落日滹沱一线明。万里秋风吹布袖，清晖亭上倚新晴"（《诗》卷十一）。

元好问热爱太原，首先是因为这里是他年轻时代学习求知、立志报国的地方。元好问童年时就曾到太原阳曲的至孝社读书，年老时尚有"外家梨栗记当年"的回忆（《诗》卷九《外家南寺》）。他还游览过晋祠一带的秀丽风光（《惠远庙新建外门记》）。元好问十六岁时曾由陵川赴试并州，二十五岁时又到太原学习。少年时元好问从父官于冀州，著名学者路铎"赏其俊爽，教之为文"，后在陵川从郝天挺学习六年。在名师指导下，他勤奋刻苦地攻读，打下扎实的学问基础。所谓"肆意经传，贯串百家，六年而业成"。郝天挺是一位博学多闻、目光远大的学者，乐得天下英才而教之。他教育元好问不屑于求取高官厚禄，而志在报国济世。有人嘲笑郝天挺不教元好问学举业，他慨然答道："吾正不欲渠为举子尔，区区一第，不足道也。"所以，元好问自幼就怀抱着远大的志向。他后来曾作《并州少年行》一诗，赞扬好友李汾的才干和抱负，实际上也是"夫子自道"，追述自己为国为民的宏愿（参见《诗》卷五《涌金亭示同游诸君》、卷三《雪后招邻居王赞子襄饮》诗及注）。诗云："我欲横江斗蛟鼍，万弩迸射阳侯波"，"朝发细柳暮朝那，扫云黑山布阳和"（《诗》卷六）。诗中充满慷慨英迈之气与积极进取的精神。此诗作于蒙古军南下攻掠，国家危难之际，他以"并州少年"自励，意气风发地表示要"横江斗蛟鼍""万弩迸射阳侯波"，他要像汉朝大将周亚夫率领大军朝发细柳营（今陕西咸阳市西南），晚上便进击到西北朝那（今甘肃平凉县西北）一带。他为受难的国家和人民涕泪滂沱，痛心疾首，愿意“着鞭忽记刘越石，拔剑起舞鸡鸣歌”。尽管身处贫贱困苦，仍然心怀天下，盼望着光明的未来，企冀能有一番作为。诗人这种强烈的爱国热情与报国立功的志向，与风俗淳厚的汾晋人民的养育和习俗熏陶是分不开的，而选择“并州少年”这一形象寄寓情怀，又显然同他在太原的学习、漫游与磨炼具有内在的必然联系。

太原，在诗人眼中是风光明媚、山水秀丽的所在，一切风物都使诗人激动、难忘。哪怕是在旅居中看到飞翔的大雁，诗人也认为是并州的旧侣，使他引动乡愁，感伤不已。试看这首《八月并州雁》（三乡时作）：

> 八月并州雁，清汾照旅群。一声惊晚笛，数点入愁云。灭没楼中见，哀劳枕畔闻。南来还北去，无计得随君。（《诗集》卷七）

秋雁鸣空，自由自在；羁旅游子，难以回还。此景此情，岂不叫诗人愁肠百转，黯然泪下？元好问对太原的怀恋，真可谓一往情深。这种怀念太原的诗句，在元好问的诗集中随处可见。比如：“西北并州隔千里，几时还我故乡春”（卷八《三仙祠》）、“后夜相思渺何许，西山西畔是并州”（卷十《甲辰秋留别丹阳》）、“并州近日风尘恶，怅望乡书早晚回”（卷十《郁郁》）、“河外青山展卧屏，并州孤客倚高城。十年旧隐抛何处，一片伤心画不成”（卷九《怀州子城晚望少室》）、“相思后日并州梦，常在瑶林照映间”（卷九《别覃怀幕府诸君二首》）、“并州一别三千里，沧海横流二十年。休道不蒙稽古力，几家儿女得安全”（卷十三《初挈家还读书山杂诗》）、“并州望南宫，东南千余里”（卷五《示程孙》）、“后夜并州月千里，南窗尊酒且流连”（卷九《别康显之》）、“相思后夜并州月，却为汤休赋碧云”（卷九《寄英上人》）、“只应千里并州道，常并虚危侯德星”（卷九《别张御史》）、“并州北望山无数，一夜砧声人白头”（卷九《雨夜》)、“并州命驾才千里，嵇吕风流未可无”(卷九《寄答飞卿》)、“千树春风水杨柳，待君同系晋溪船”(卷九《寄刘继光》)。如果把太原比作美人，那么晋祠一带的清流沃土便是美人项上的宝石，它光彩夺目，熠熠生辉。晋溪(即晋水)的一泓碧波，永远撩动着诗人的心弦。诗人用灵动的笔触这样描绘晋溪；

石磴云松着色屏，岸花汀草展江亭。青瑶叠甓通悬瓮，白玉双龙掣迅霆。地脉何尝问今昔，尾间真解泄沧溟。乾坤一雨兵尘了，好就川妃问乞灵。(《诗》卷十《晋溪》)

从悬瓮山奔腾直泻的双流，一碧万顷，浩浩荡荡，带给两岸人民以无尽的恩惠，也带来了诗人的欢乐。据史籍记载，从汉代以来，晋水经过整治，水利事业逐步发展，这里成为并州一带的“小江南”，鱼米丰饶，物产充裕，又是北方出名的风景区，不能不激起诗人由衷的赞美，以至元好问中年之后浪迹四方亦未曾须臾遗忘。他游览河南辉县苏门山的百门泉时，有诗道：“觱沸泺水源，渊沦晋溪波”(《诗》卷五《涌金亭示同游诸君》)；观赏娘子关一带承天悬泉时，又写道：“并州之山水所洑，骇浪几轰山石裂”(《诗》卷五《游承天悬泉》)。在他看来，中原的许多泉流均是以晋水为源头的。他有一篇《惠远庙新建外门记》(《文》卷三十三)专门议论和描写晋水。这篇文字中，首先为晋祠正名，指出晋祠原是祀奉西周成王弟唐叔虞的祠宇，并非祭祠晋水之神。但小民百姓从晋水获得实惠毕竟于身家性命更切近，故宋以来以晋祠主祀水神，这当然寄寓着他们期望年谷丰熟、安居乐业的心愿。元好问深会此心，出于“从众”的原则，便“不必置论”了。诗人的忧乐是与人民相通的。他接着赞美晋阳这座名城历来具有政治军事上的重要地位，描写这里水上交通运输及农副业生产的繁荣景况，令人恍然如置身画图间，心向往之。再接下来，仿佛一曲田园乐歌续上了悲怆的音调，“贞祐之兵，迄今三十年，虽不尽废而腐败故暗极矣”，战乱打破了太平梦，晋水两岸笼罩了愁惨的乌云，晋祠变得荒凉破败，目不忍睹。这种抚今思昔的深长之思，使诗人兼历史学者的元好问不胜兴亡之慨，他自然而然地想到了当年赵宋火焚水灌晋阳城的前朝旧事。在《过晋阳故城书事》一诗中，这种吊古伤今之痛，抒发得更为淋漓尽致。诗云：

> ……中原北门形势雄，想见城阙云烟中。望川亭上阅今古，但有麦浪摇春风。君不见系舟山头龙角秃，白塔一摧城覆没。薛王出降民不降，屋瓦乱飞如箭镞……鬼役天财千万古，争教一炬成焦土。至今父老哭向天，死恨河南往来苦。南人鬼巫好机祥，万夫畚锸开连冈。官街十字改丁字，钉破并州渠亦亡。几时却到承平了，重看官家筑晋阳。(《诗》卷四)

晋阳故城在今太原市晋源区，依傍晋水。公元979年（宋太平兴国四年），宋平北汉，攻晋阳（北汉都城），以决水、焚烧的凶残手段将此城彻底破坏。在此前三年，宋军第二次攻晋阳，因城坚难破，曾俘掠此间居民三四万人，迫迁河南。最后这次攻晋阳的战争遭到了晋阳人民拼死抵抗。诗中“薛王”指北汉主刘继元（本系薛钊子，刘承钧养为己子，后继北汉帝位），“薛王出降民不降，屋瓦乱飞如箭镞”，写的就是当时激烈战争的情景。北汉亡后，相信鬼神的宋太宗生怕日后晋阳发生反叛，为了斩断所谓“龙脉”，在唐明村新建太原城时，将街道统统筑成“丁”字形，据说能将龙脉钉死。他还认为远在太原北百余里的系舟山是“龙角”，派人将山头铲平。诗人热烈歌颂了晋阳人民反对屠杀暴政的斗争精神，指斥北宋统治者的残暴和愚妄。当然，这绝不单为发思古之幽情。晋阳的残破，“但有麦浪摇春风”的现状，应当说又加上了蒙古军蹂躏的罪恶所致。诗人回想当年的鏖战，正是盼望人民起来反抗像宋军一样凶恶的蒙古军，盼望来一场刷洗山河的猛雨，清除战争创伤，恢复“承平”岁月，重建晋阳。

诗人早有振兴家邦、报国立功的抱负和雄才。元好问自言：“十八，先府君教之民政，从仕十年，出死以为民。自少日有志于世，雅以气节自许，不甘落人后。”（《文》卷三十七《南冠录引》）然而，他并没有得到施展经纶的条件和机遇，从入世之初，他遇到的便是蒙古军铁骑驰突、烽火遍地的战乱年代。青年时在太原期间，赏心乐事甚少，动荡不宁实多。贞祐二年（1214）二月，南下的蒙古军在忻州屠城，元好问之兄好古遇害。腐败的金廷节节退避，于是年由燕京迁都汴梁。元好问身为一介书生，报国无门，不得不进入太原附近的山区避乱。在《阳兴砦》（今阳曲县阳兴镇）一诗中，他写道：

乱石通樵径，重冈拥戍城。山川带淳朴，鸡犬见升平。雨烂沙仍软，秋偏气自清。年年避营马，几向此中行。〔自注：由（忻）州入（太原）府，避骑兵夺马者，多由此路〕（《诗》卷七）

另一首《避兵阳曲北山之羊谷题石龛》云：

冥鸿正恐结疑网，脱免不忘投茂林。世故驱人真有力，天公困我岂无心？（《诗》卷十四。同期还有《石岭关书所见》一诗，可参）

为了免遭凶害，元好问不得不化装微行，辗转于坎坷的山间。铁骑刀枪打破了报国的梦想，早年的雄心大志只好藏在胸头。他悲愤地呵问上苍：“天公困我岂无心？”面对高耸的系舟山，他仍觉豪气满胸，可谓穷而益坚，不坠青云之志。即或在危难之间，诗人仍然忧国忧民，不改初衷。这正是元好问作为一位爱国诗人的伟大之处。从此时起，他已与多难的太原人民结为一体，同患难共命运了。

然而，在元好问所处的历史时代，太原人民同全国人民一样，除了战祸之外，还要遭受封建统治者的残酷压迫和剥削。这双重灾难给太原人民造成了巨大的痛苦。“不见只今汾水上，田翁鞭背出租钱”（《诗》卷五《题刘紫微尧民野醉图》），“并府虚荒久，大城如废村”（《诗》卷七《娄生北上》）。太原人民饱受欺凌和折磨，他们盼望和平安定如大旱之望云霓。元好问心同此理，希望看到太原的复兴和繁荣。五十二岁返乡时，他有一首题为《太原》的诗写道：

> 梦里乡关春复秋，眼明今得见并州。古来全晋非无策，乱后清汾空自流。南渡衣冠几人在，西山薇蕨此生休。十年弄笔文昌府，争信中朝有楚囚。

尽管自己遭受过囚徒之辱，也失掉用世的机会，难以有所作为，但他相信“全晋非无策”，一定会有贤能之士关心、推动太原的经济文化建设。尤其当他亲临太原，看到这里的父老乡亲时，一腔热望又燃烧起来。这同他当年怀有“重见官家筑晋阳”的夙愿一样，是始终念兹在兹、一以贯之的。他鼓励太原的朋友张彦远及崔梦臣，能像曹魏时的陈琳、徐干那样，“登金马而上玉堂”，为国家和人民造福，也为故里父老争光。

朋友中凡是办了有益于太原人民的事，他都真诚地赞许、肯定。南北路驿使高天辅于兵火之余重建晋祠外门，他为之作《惠远庙新建外门记》，写道：“予谓‘昭济’之在吾晋，有决不能废者，然其废而兴之，则存乎人焉尔。夫一门之役，固不可谓之全功，异时有以全功自任者，安知其不自高侯发之？”他坚信晋水流域终有复兴之时，黑暗终将过去。高天辅以实际行动开了个好头，后继者将继续这一建设事业，因为这是国家与人民的利益所在。他对太原繁荣昌盛的未来始终抱着乐观态度。他的另一位朋友，太原医师赵国器，修建三皇堂，祭祀医家始祖及历代名医，从事济世救人的事业，元好问也予以由衷的称赞。元好问深通医道，曾将家中旧藏医书中的验方加以验证，编为《元氏集验方》一书，现存《续夷坚志》中还有他手录的验方。他认为医道“本于大道之说而究乎生死之际”，人命关天，不可疏忽。因此在为赵国器所作的《三皇堂记》中，他表彰赵氏的医德:“夫赵子世于方伎，余百有五十年矣。守之以恒业，用之以戒心，谓一毒妄攻，五兵莫惨。耿耿自信，临之以神明，吾知是家于人之命为甚重矣。”（《文》卷三十二）元好问如此评价赵国器的行医，显然出于对太原人民疾苦的关怀与同情。像他这样并不巴望一朝奇迹出现来改变世界，而是不避细碎小事，但求有益于人民，自己不惜从一点一滴做起的思想品质和求实精神，该是何等难能可贵。

值得指出的是，元好问的热爱太原、热爱太原人民，并非出于狭隘的地方主义，而是同他热爱山西、热爱祖国的高尚精神密不可分的。他虽然身处乱世，置身尖锐的民族矛盾、斗争的旋涡中，但他能清醒地认识到战乱、分裂不符合山西人民的利益，更违背了中华民族全体人民的意愿，因此他自觉地维护民族的团结，促进民族的融合，为中华民族的根本利益而奋斗。元好问不仅是诗人、文学家、历史学家，他还是金元之际卓越的教育家、社会活动家。他不是历来认为的那种只图洁身自好的“亡金遗民”。金国亡后，他不免抱有君国之思，不肯出仕，但他没有消沉，而是积极从事宣扬进步文化事业的活动。早在汴京围城期间，他痛感金廷政治的腐败，对金朝完全绝望；他也目睹了蒙古军的屠杀暴行，激起了强烈的憎恨。但是他看到了新朝有以中书令（相当于宰相）耶律楚材为代表的改革派势力，元世祖忽必烈信任依靠这一力量，于是他对自己的政治前途做了新的选择。这是需要敏锐的政治眼光和勇气的。他十分赞赏耶律楚材实行保护生产力、发展经济文化事业的进步政策。在城破后，他就敢于冒着“境外之交”的指斥，毅然向耶律楚材上书，推荐五十四位文化人士，请求予以资助和保护。他在后半生，始终奖掖后进，培养人才，不遗余力。他与投向蒙古的汉人世侯、军政人物及幕府人士有着频繁往来，朋友和弟子遍天下，这些人都为元初统一后实现社会安定，发展生产，昌明文治，做出重要贡献。他以“出死以为民”的精神为之奋斗，也鼓励山西的文人志士“为奇士，为名臣，慨然自拔于流俗”，“以千载自任”，以期“荣吾晋”（《文》卷三十七《题名引》）。元世祖忽必烈延揽人才，实行文治。他曾与张德辉北上觐见，请忽必烈为儒教大宗师，并请求免除儒户的兵赋，得到了采纳。在送别应召北上的山西材士高鸣时，他赞扬忽必烈的进步政策，嘱咐高鸣不要“轻负所学”（《文》卷三十七《送高雄飞序》）。他后半生的全部活动，在当时的历史条件下，是符合中华民族的共同利益，顺应和促进了社会进步潮流的。它有力地证明了元好问的高度社会责任感，完全植根于他对中华民族大家庭深沉的热爱（对元好问晚年社会活动的评价，笔者前已有专文论及），而他的热爱太原和太原人民，只不过是这种爱国主义精神的一个方面的具体体现而已。

（本文原连载于《城市改革理论研究》1985 年第 1、2 期）

北方文雄元好问

——祭元遗山先生文

元遗山先生，是忻州忻府区韩岩村人士。他是中国历史上金元之际伟大的文学家、诗人、史学家、文化活动家，在中国文化史上做出了卓越贡献。他是忻州人民景仰的乡邦先贤。适逢遗山先生逝世七百五十周年，为发扬先贤遗德伟业，中共忻州市委市政府及各界人士举行公祭遗山先生的大典，对遗山先生表示深切的怀念、由衷的尊崇和敬意。

遗山先生作为金元之际的北方文雄、文坛盟主，在那个战乱不休、山川流血、生民涂炭的时代，以如椽巨笔，饱蘸同情和血泪，写下了不朽的诗篇和宏文，反映百姓的疾苦，呼喊出人民共同的心声，揭露和控诉统治者穷兵黩武、杀戮平民的战争罪恶，表达了百姓期盼和平安定、安居乐业的共同愿望。他的诗歌继承杜甫现实主义和人文关怀的传统，风格刚柔并济、豪放清新，有史诗之誉，并富有极大的感染力，人称杜陵嫡派、一代宗工，为中国文学史写下了宝贵的篇章，所谓"家国不幸诗人幸，赋到沧桑句便工"，博得后人极高的历史评价。

遗山先生又是一位敢于直面现实、秉笔直书的杰出历史学家。金亡之后，他奔走齐鲁燕赵等河朔大地，不遗余力收集有金一代的文物典章文献，在家乡构筑野史亭，勤奋著述，耗尽心血，死而后已。是所谓国亡史作，己所当为。遗山先生的史著真实记录了时代风云的变迁和历史真相，尤其是他突破了狭隘的华夷之辨，坚持以民为本的历史观，以司马迁为榜样，大义凛然，秉笔直书，为正确认识与评价金元时期的历史留下了一批真实可信的珍贵实录，为后人编修《金史》《元史》提供了资取的依据和生动史料。

无论是诗文创作还是历史著述，都是遗山先生从事保存中华先进文化事业的有机组成部分。遗山先生的文化活动在金元之际具有特殊的意义，他处在南北分裂，宋金战争和金元战争的旋涡中，处在残酷的血与火的煎熬中，始终以中华大一统的文化观为宗旨，敢于特立独行，不恤訾议，打破此疆彼界的狭隘民族畛域，而坚持以中华民族的共同利益为根本，维护和宣扬中原的先进文明，并团结带动了一大批有识之士，上承耶律楚材，下启忽必烈，推进元代统治者以儒治国，附会汉法，取消屠城暴政，采用适应中原农业文明的政策措施，大力保护生产力和恢复经济社会的正常发展。这种远见卓识，这种坚韧不拔的顽强精神，充分体现了他作为民族骄子奇才的伟大抱负，可谓史所罕有，功莫大焉。

遗山先生生于忻州，长于忻州，一生奔波在外，却始终系念自己的故乡忻州。只有热爱家乡的人才会热爱民族、热爱祖国。遗山先生在流离道路的岁月中，每隔几年总要返回故乡探望父老乡亲，他亲切地回忆在乡的岁月，“春晴门巷清波绿，犹记骑驴掠社钱”；他思念故乡，“何时石岭关头路，一望家山眼暂明”。忻州是他的根，是他梦寐不忘的心结。遗山先生这份对忻州乡亲的高情厚谊，读其诗文，真是情见乎词，想见其为人，感人至深。

遗山先生之所以能做出卓越的历史贡献，留下辉煌的业绩，是因为他早年就立下了振兴家邦、报国立功的宏伟志向。他说：“十八，先府君教之民政，从仕十年，出死以为民。自少日有志于世，雅以气节自许，不甘落人后。”这气节，不是极权帝制下愚忠愚孝，而是忠于中华民族整体利益的崇高志节。虽然他的节操往往不为同时代人所理解，甚至遭受误会乃至受到诬蔑和诽谤，但他坚持民为贵、君为轻的大节，“立心于毁誉失真之后而无所恤，横身于利害相磨之场而莫之避”，以大无畏的精神面对时人的非议，坚韧不拔，九死不悔，不懈奋争，始终站在时代的前列，不愧为民族的脊梁。国学大师王国维先生盛称遗山先生“仁人之用心”，非偶然也。这应当是今天我们纪念遗山先生最应铭记不忘的精神遗产。

遗山先生为我中华民族历史上一代奇才伟人，是我们民族的骄傲，是忻州人民的骄傲。在遗山先生逝世七百五十周年之际，在构建和谐社会和建设社会主义新农村的今天，适应新时代的要求，缅怀先生爱国为民的高尚风范，坚持以人为本，执政为民，大力落实科学发展观，为中华民族的伟大复兴而奋斗，开创无愧于前贤、无愧于后人的崭新业绩，正是我们不可推卸的时代职责和历史使命。唯此，庶可以慰遗山先生之灵，使先生九泉含笑，永消憾恨。

辞曰：

云山苍苍，汾水洋洋。遗山之风，山高水长。

遗山之志，日月同光。后起我辈，先贤毋忘。

奋励拼搏，虎跃龙骧。复兴中华，荣我乡邦。

呜呼哀哉，尚飨！

（本文系 2007 年在忻州遗山公祭大典上的发言稿）

元好问研究与祖国统一

时值金元间著名文化活动家元遗山诞辰八百周年，获悉海峡两岸学术界年内将先后分别举行纪念活动与学术研讨会，作为遗山同乡人、学术研究者，我备觉欣慰，感触很多。对这位杰出人物的历史贡献、道德文章，台港学术界研究成绩可观。大陆学术界在改革以来，特别是 1985 年以忻州师范为依托成立全国元好问学术研究机构后，有关遗山的研究长足发展，成果累累。这次两岸炎黄子孙追慕先贤、发扬传统，反映出为统一祖国、振兴中华携手努力的历史使命感和灵犀相通的共识。

求统一，是遗山一生奋斗的根本目标。遗山始祖出于北方鲜卑族，远祖元结是李唐一代著名诗人。遗山祖父辈深受中原先进文化熏陶，中华一统的信念非常牢固。百年涵养造就了遗山高尚的人格和志向。生当金末衰世，南方赵宋偏安，北方大蒙古国崛起，社会矛盾与民族矛盾交织，迭经战乱，山川流血，使遗山不能不为国家分裂、兄弟操戈的惨状日夜煎熬。“日月尽随天北转，古今谁见海西流”，他沉痛的呼喊，道出了各族人民渴盼归于一统，实现天下太平的共同心声。他在为翰林学士、一代名臣杨云翼撰写的神道碑中，特意突出杨氏敢于直谏，反对伐宋取偿的壮举；为礼部尚书赵思文撰写的神道碑中，特别标举赵氏“庙堂日图兴复，初无疆界之分、南北之限”的达识，其中均寓有遗山深意。金亡之后，遗山以在野之身编金源一代诗选《中州集》，特收入南宋使金的文士之诗作；后与张德辉觐见元世祖忽必烈，尊之为“儒教大宗师”，体现了他在给蒙古国中书令耶律楚材书中所谓“当天造草昧之时，极君子经纶之道”的一贯思想，呼吁以文治为永图，“一六合之同异，定群心之去就”，且不恤物议，于衰病之年，仍为此不息奔走。这种维护中华统一，突破此疆彼界的远大志向与胸襟，赢得了历代有识之士的高度评价。遗山的中华统一观，可以远溯到《礼运》“公天下”的思想渊源和原儒“四海之内皆兄弟”的中华“天下观”。遗山的卓见，体现了中华民族的整体利益，是一种“高出一世”的进步思想。从孙中山先生倡言“天下为公”到当今两岸要求统一的高涨呼声，处处都可透视这一思想的长远影响和历史价值。纪念遗山，莫此为大，理应成为中华儿女的第一要义和急务。

爱民众，是遗山先生一生业绩的重心。遗山早年入仕前，恩师郝天挺就教导他“读书不为文艺，选官不为利养”，以天下之士、国家栋梁期之。遗山自述：“十八，先府君教之民政，出死以为民。”他三任县令时，体恤民情，有“惠政”之声。在生灵涂炭的战乱中，他强烈反对残民以逞的非正义战争。“高原水出山河改，战地风来草木腥”，遗山声泪俱下的“丧乱诗”，抒发了民众控诉战争罪恶的愤怒和悲苦，令人不忍卒读。在汴京围城中，他指责守城二相：“死不难，诚能安社稷、救生灵，死而可也！”诤诤一言，掷地作金石声。遗山的爱民思想与爱国王义、中华统一观达到了当时能够达到的相对一致的高水准，蕴含着中华民族优良传统的精髓。当年国共合作，共同抗日，挽救民族危亡，为着民众的安居乐业曾付出了巨大代价。国共两党无数抗日先烈，典型犹在，至今激励我们。中山先生倡导“三民主义”，着眼于开启民智，利乐民生，振兴民族，保障民权；共产党则以“为人民服务”为建党宗旨。两岸携手，精诚合作，振兴中华，造福万代，适逢其时。遗山的遗愿，也是一切先贤梦寐以求的夙愿。尽管在祖国统一的道路上，难免还有曲折，但历史的趋势不可阻挡，为民众谋幸福从来就是有远见的政治家不可忽视的事业根基。有鉴于此，对过往的纠葛、不同的政见，完全可以求同存异，从现实与未来的根本利益着想，捐弃前嫌，恳商消解。以学术交流推进两岸对话，共臻中华复兴大业，这正是我们今天对遗山先生最好的纪念。

存文化，是遗山一生心血所注的大业。“国亡史作，己所当为”，遗山于金亡后搜集文献，筑野史亭，发愤修史，为此仆仆于道路，生死以之。他又是金元之际杰出的文学家，为北方文雄、士林宗主，这已是历史的定论。遗山还关注医学、古器物学、九数天元之学，著述丰厚，留下了一大笔文化遗产。读其书，想见其为人，令我们钦仰。遗山教育后辈，循循善诱，春风蔼然。其弟子中十三人见于《元史》，十一人有专传，或为元初开国名臣，或为文坛俊彦，或为知名学者文人。遗山交游的同道、前辈，又大抵为文采风流、有功于世的人物。他们的忧国忧民之心，结成广泛的文化阵线，推进元初落后的上层建筑向适应中原先进经济基础的方向不断变革，发挥了进步知识分子的积极作用，可谓立德、立功、立言三不朽。今天两岸学者在新的历史条件下，远绍遗山等人的伟业，弘扬我中华传统文化之精华，更应有创新的拓展、划时代的贡献。

（原载《人民日报·海外版》1990 年 8 月 13 日）

诗歌“诚本”说辨析

——从遗山论潘岳谈起

在《元遗山诗歌理论探微》一文中谈及遗山有关潘岳的论诗绝句时，我提出遗山之失，是虽应不齿潘岳趋炎附势的为人，但无须否定其《闲居赋》的艺术价值。因为人品及其人之文品往往不一致，对人品之评价不宜等同于对文品的评价（详见本书第 90 页）。这个看法，受到有的同志的批评，其意见是：不应因有人、文相悖的情况，就否认对人、文一致要求的积极意义[①]。

认真思考这一意见，我觉得该同志的主张是对的，我表示赞同。不过，这意见是提倡为人与为文的关系应当怎样（即应人、文一致），而不是讲文学史上的情况实际怎样（即往往存在人、文相悖的现象）。这两者不是一回事。我是说，实际上存在有人品坏而文章、诗歌却不坏的现象，而对这种实例，评人与评文应有区别，不可以人废言（诗文）。事实上，遗山评潘岳之为人及《闲居赋》还是合理的。遗山是主张人、文一致的，他在《论诗绝句三十首》中明言：“心声只要传心了。”这基于他的诗歌创作“以诚为本”说，意思是心里怎样

①参见《开封师专学报》1993 年第 3 期周志宏文。

想，就实实在在写出来，不要矫情，文章就是传达情性的。“情性之外，不知有文字”，情性的表达是为文之道第一位的东西。但遗山又看到实际上“心画心声总失真”的现象，例如潘岳《闲居赋》写得好，足“高情千古”，但潘岳其人却品质恶劣，趋炎附势。这么说，遗山是为潘岳惋惜，认为倘其人品好就更好了，并未否定《闲居赋》。我在文章中认为遗山连《闲居赋》也否定了，这是我看错了，我要纠正这个错误。但我是错在误解了遗山诗意，却没有因此反对人、文一致的主张，批评我的同志没有打中要害，不如我自己坦白算了。

然而，我更深一层的意思是认为，遗山主张人、文一致，就其诗歌创作的“诚本”论原则而言是有问题的。因为他所谓人、文一致，是要求在“诚”上的一致，这个诚是儒家“正心诚意”之诚，即“名教所在”，即“忠恕”，即“圣人之道”（见遗山《夹谷公碑》《内相文献杨公碑》）。这个诚，体现于己，是心口如一，不自欺；体现于外，是物我为一。人、神、天，名三而诚则一，即天人合一。在诗歌创作上，即如唐诗那样，是“温柔敦厚，蔼然仁义之言”（参遗山《长庆新庙记》《杨叔能小亭集引》）。总之，诚是人心之本、天地人之本，亦为诗歌之本。

诚，在真确无妄的意义上，属认识论范畴；在信实不欺的意义上，又是道德修养范畴。无论在认识论或道德论上，均体现了主客体的统一，这当然是一种很高的境界，值得提倡。问题在于，遗山为这种统一规定了一个标准，即圣人之道，亦即孔孟儒家之道。靠儒道能够达到主客统一吗？显然不能。儒道讲主客统一的天人合一原则，并不是纯粹抽象的永恒原则。纯粹抽象的东西不可能独立存在，只能寄寓于特殊的具体中，由具体的东西来体现。儒道实现主客统一的天人合一，是通过礼教即名教，即纲常伦理亦如遗山讲的“蔼然仁义之言”体现或反映出来的，它有着特定的社会内容。在遗山看来，诗歌的根本任务就是宣传礼教的纲常伦理，所谓以诚为本，就是以礼教为本，这是毫无疑义的。

关于儒道的历史功过，学术界争论得实在太多了。一般而言，在古代社会上升时期，它是有进步作用的；在这个社会的衰落时期，它便走向反面了。遗山所处的时期，是封建社会衰落时期，但又有特殊性。具体而言，即处在金元之际大混乱，蒙古国入主中原，摧残中原农业经济，致使历史倒退、逆转，需要再度回归，使社会走上常轨，重新起步的时期。这样一来，儒道就又显示了它的历史进步性，焕发了生机。因此，遗山顺应时代要求，倡言儒道。在诗歌上主张以诚为本，理应有所肯定。然而，这是就儒道对政治、经济的作用、功能而言的，对诗歌来说，也是就其教化功能讲的。

在诗歌自身的特殊发展规律上，就其审美创新功能而言，宣扬儒道或以诚为本却没有特殊的价值。说价值不大，不是说没有一点价值。遗山在诗歌艺术创新上还是有功劳的，但功劳不大。对此，笔者已有论述，不再赘言。主要问题在于它对作者个性的束缚上，也就是说倡言儒道和以诚为本，不利于解放思想，不利于艺术审美的创新。于是在这里，就向今天的研究者提出一个问题：我们评价遗山，研究和继承遗山的文化遗产，究竟是着眼于他的诗歌成就，还是应开阔眼界，全面认识遗山推进历史的社会文化活动及功绩呢？显然，我们的着眼点应是后者。笔者认为，遗山的伟大处主要在他是当时进步文化的代表，他是一位伟大的社会文化活动家：“青史标名翻旧案，先生不独是诗人！”

因此，话说回来，对于遗山倡导诗歌创作上人、文一致的原则，只能说，就诗歌的教化功能而言，是有积极意义的，值得肯定；而就诗歌的审美功能和艺术创新而言，却没有特殊的意义，无须过高评价。

（原载《上海大学学报》1994 年第 3 期）

论元遗山多方面的历史文化贡献

半个世纪以来，研究评价元遗山有一大偏向，就是着重其诗词创作成就，连带论及其史学贡献，对其多方面的文化活动不甚措意。实质上，元遗山在金元之际并不只是文史大家，而是一代全方位的文化宗师。元遗山固然一生以诗词为“专门之学”，修史亦为其晚年生命之担当，但处在风云突变、山川流血、政权更迭的大战乱时代，最当紧的是维护和挽救将要沉沦的中原先进文化，救民于水火而安天下。以天下斯文为己任的遗山清醒地明辨亡国与亡天下的分际，自觉肩负起时代赋予的使命，为之呕心沥血、鞠躬尽瘁，付出生命的代价，大力维护、传承和弘扬以儒学为主的先进文化，促进蒙古国上层建筑改变野蛮的民族压迫与屠杀政策，向适应中原农业文明的方向转化，推动中华文明衰而复振，持续发展。文史撰述只是遗山从事的这一伟大文化工程的重要部分而已。所以，遗山不仅是金元之际的文坛盟主、一代文宗，而且是其时中华优秀传统文化的守护者、传播者和杰出代表。遗山在中华文明发展进程中有着承先启后的历史性贡献。

对遗山的文史撰述成果及可贵价值，学界已有过多评价和论述，本文拟就学者较少涉及的其他方面略作补充，以就教于方家同好。

一、金亡后的广泛交游，联络同道，卓有成效地抢救、保存和传播进步的中原文化

儒家文化的修齐治平以身体力行为旨归，不徒见诸空言。元遗山继此传统，尤重力行。从事文化活动是其一生，尤其是金亡之后艰难生涯的主要行迹。在1233年围城时期，意识到金朝将亡，政权必易手，遗山先是毅然上言金廷打算以身殉国的守汴二相："死不难，诚能安社稷、救生灵，死而可也。如其不然，徒欲一身饱五十红衲军，亦谓之死耶！"表明了以"安社稷、救生灵"为第一要务而置生死于度外的崇高社会责任感。由于二相未能有所作为，遗山意识到大厦将倾，独木难支，金朝必亡，百姓必将遭受屠戮，金源一代文化将遭受浩劫，他为之忧心如焚。于是，在汴京城破前二日，他毅然上书蒙古国中书令耶律楚材，要求保全五十四位金廷材士，以备擢用。他在书中开宗明义地指出此事"系天下斯文甚重"，"衣冠礼乐、纪纲文章尽在于是"，可助楚材实现"致太平之功"。而耶律楚材正是一位在蒙古国上层反对屠城、倡导仁政的权要人物，与遗山是同道之人。后来事实证明，耶律楚材亦十分重视遗山的建议。上书所荐五十四位才俊基本上受到他的保护任用而免于奴役或屠戮。遗山这次上书之举是冒着"境外之交"的通敌嫌疑而为的，但国亡文化不可亡这一信念，使他敢于不避失节于亡金之骂名，做出了历代奴儒不敢做的勇敢选择。所谓君子从道不从君，遗山于此表现了一位进步文化捍卫者的过人胆识和高尚风范。

保存文化重于政治取向，文化不亡，金廷虽亡而天下则不亡。遗山上书耶律楚材并非一时心血来潮或权宜之计，而是他对一生秉持的仁政理念的践行。他自言："十八，先府君教之民政，从仕十年，出死以为民。自少日有志于世，雅以气节自许，不甘落人后。"这种气节观以天下生民为本位，是中华传统文化最伟大的精神，是与拘拘于殉身家天下的皇权奴儒不可同日而语的。

易代之际，要保存文化，首要的是保存文化人，因为文化人是文化的承载者。文化之传承非一人可承担，非得有大批文化人士来共同努力。元遗山在金亡后以他文坛盟主的声望，自觉肩负起动员、联络、团结一代文化群体的时代使命，周流于齐鲁燕赵，汲汲奔走，开展了终其一生的频繁社会交游。这项活动的重大意义就是联络同道，以夏变夷，竭力改变蒙古国野蛮的民族压迫和屠戮政策，使之向适应中原农业文明的方向转化，以利社会安定，恢复经济社会发展，施惠于民生。历史证明，遗山金亡后的文化社交是卓有成效的。从耶律楚材制止屠城至忽必烈实施以汉法治汉地政策，巩固了元初政权可以证明。特别是1252年，遗山与张德辉北上桓州，觐见忽必烈于藩府，请忽必烈为儒教大宗师，并免除儒户兵赋，获得准允。这为挽救天下儒生于危难、复兴仁政创造了基本条件和关键性契机，使中华文化不至亡于战祸，功莫大焉。鲁迅出于批孔需要，指责遗山此举是尊崇蒙古贵族，甘为奴臣，是脱离历史条件的苛求之论，不足为训。他完全没有考虑挽救文化乃是维护民族生命的长远利益，根本无视遗山处于一介布衣之弱势地位的无奈和当时民众求生存、盼安居的共同要求。试问，舍此之外，遗山凭一在野书生之力，面对血腥暴政，难道能有更好的选择么？

金亡后，遗山被羁管于聊城，一年后获释，开始从事金史撰述的准备，并不断四方奔走搜集史料，同时开始了广泛社交。据笔者统计，从金亡至他去世，遗山后半生交往者多达二百五十二人。这些人物上至忽必烈、汉人世侯，下至金廷遗臣、在野贤达、文化才俊、三教九流。遗山之往还，除维持生计外，皆围绕一个中心，即抢救、保存和弘扬中原文化。其中人物大体可以分七类：一是忽必烈及金亡后仍在的旧交与出仕蒙古者八十四人，二是中原地方将帅、汉人世侯及部属三十八人，三是金元之际进士十人，四是亡金遗臣文士三十四人，五是诗文家、才女未涉政事者六人，六是未详仕履的名流八十一人，七是艺术家及有不同才艺者九人。其中遗山上书耶律楚材推荐的五十四人中至少有二十五人为蒙古国任用，遗山视为师长者有十人。这批人物在金元之际均颇有作为，见于两《元史》纪传者四十九人，其中重要人物建树突出者有张德辉、高鸣、商挺、郭守敬、王鹗、王思廉、王恽、张澄、耶律楚材、耶律铸、信亨祚、王玉汝、魏璠、魏初、徐世隆、宋子贞、李冶、姚枢、杨果、郝继先、郝经、敬铉、赵复、赵著、刘秉忠、刘肃、阎复、严实、严忠嗣、张孔孙、张晋亨、阎珍、张特立、张德谦、赵天锡、张柔、张宏略、乔惟忠、贾辅、史天泽、聂珪、郝和尚拔都、毕淑贤等。他们或为元朝开国名臣，或为一方政要将领，或为一代文彦名士，均系元初开国前后左右军政大局的中坚人物，是忽必烈建元时夺取帝位、实行附会汉法、迅速安定天下的策划者和推动者，为元朝统一中国立下不朽功勋，流芳青史。据粗略统计，遗山金亡归乡后经太原外出交游往来多达二十七次，风尘仆仆，冒寒暑，踏霜雪，间关道路，直至六十八岁逝世于获鹿。其长期奔走不息，所为何来？一言以蔽之，是为保存文化不懈奋争。金亡时，遗山即言于诸相：“请小字书国史一本，随车驾所在，以一马负之。”但没有来得及实行。这成为他一大遗憾，故金亡后他打算赴满城帅张柔处去寻看历朝实录，在得了足病之后，他仍念念不忘：“惟有《实录》一件，只消亲去顺天府一遭，破三数月功，披节每朝终始及大政事、大善恶，及废兴存亡者为一书……此书成，虽溘死道边无恨矣！”（《与枢判白兄书》）但此事又不果。为了撰史，遂在家乡建野史亭，又不得不亲自奔走，四处访求文献。其间他多次应友人之请为其时有社会影响的先贤、名人作碑铭文字，其实就是为后人留下了一批金元人物的传记素材。

在从事交游的过程中，另一重要内容是实施教化、作育人才。他深刻认识到保存维护文化非一人之力可为，必须有大批文化人才，形成群体，和衷共济，共襄大计才有成效。他说：“夫天下大器，非一人之力可举，而国家所以成就人才者，亦非一日之事也。从古以来，士之有立于世，必藉学校教育、父兄渊源、师友之讲习，三者备而后可。”但丧乱以来，人才“不死于兵，不死于寒饿者”寥寥。抢救文化，当务之急是抢救人才、培育人才。为此，他身体力行，每到一处都为当地办学兴教的善举由衷赞许，并写了一批记述的文字，大力宣扬。他为武功显赫的汉人世侯如严实、张柔、史天泽、赵天锡等作碑传文字，着意突出其好贤下士、兴办文教、体恤百姓的治绩，对其武功则仅如实列举而已。遗山指教的弟子据考有二十一人，其中阎复、徐琰、李谦、孟祺四人即是在交游中所识，是在严实领东平行台时，由遗山校试其文，推荐为进士的（详见本书《元遗山交游考》）。徐世隆称，遗山“所在士子从之如市”；余谦称：“四方学者，执羔雁无虚日。”（《元遗山先生全集》徐世隆、余谦序）遗山施教不是讲堂灌输，而是随时指授，不拘形式，启发诱导，因材施教。徐世隆称遗山“性乐易，好奖进后学，春风和气隐然眉睫间，未尝以行辈自尊”，可见其平易近人，循循善诱。如在行程中他与弟子张孔孙、孙德谦吟诗授学，又曾耳提面命，批改王恽的诗作，都是师生切磋，其乐融融。这样倾心于文化的教育和传授，体现了遗山以儒者乐育人才、志在天下的崇高职责和用世精神。这对民族复兴与社会文明进步之重大意义，自不容低估。而其弟子均不负遗山厚望，后来大抵皆为开创元朝的有功之臣，活跃于政治舞台，建树颇巨。其中十三人事迹见于两《元史》，十一人有专传，余皆材士秀民、著名文人（如白朴、李文蔚等），为元初文治做出杰出贡献。

综上，遗山从事广泛持久的文化交游，不在个人名利的追求，而在于发掘、培育和联络为文治复兴所必需的群体人才资源，这对于推进社会文明进步具有更为根本的意义。在金元之际的大动乱造成历史发展的逆转时期，拨乱反正，重归文明，必然有利于经济恢复和民众生存、民族复兴。遗山对之抱有坚定信念，他说：“道统开矣，文治兴矣，若人者必当戒覆车之辙，以适改新之路。”（《东平府新学记》）忽必烈在元初的善政应当说正是受遗山等大批志士大力倡导文治之赐。历史进步固然从根本上说源于当时社会和时代的要求，但遗山的存文倡导之功不可抹杀，而其社会交游正是践行其存文之道的第一大功绩。史家评价遗山："很早意识到了保存亡金士大夫的意义，而且为此进行了持久的活动"，"元好问这方面的实际活动，体现了这种历史的必然，促进了这个历史前进的过程"，"元好问同耶律楚材、忽必烈一样，是一个促进了十三世纪中国历史发展的人物"（黄时鉴《元好问与蒙古国关系考辨》）。

二、对宗教文化的包容态度与理性选择

遗山不仅是金元之际伟大的诗人、文学家、史学家，而且是学识渊博、胸怀博大的文化宗师。一个突出的表现，是他对释、道两家宗教具有宽厚的包容气度。他不仅交往有许多名僧和高道，据考证其所交名僧至少有二十八人、道士三十三人，而且女儿元严也是一位道士。遗山的学问以儒学为主，但也兼采释道。他经常与方外之友切磋交流二氏之学，同时谈诗论文，酬酢唱和。他评价佛学能够"一人之身，以三世之身为身；一心所念，以万生所念为念。至于沙河法界，虽仇敌怨恶，品汇殊绝，悉以大悲智而饶益之。道量宏阔，愿力坚固，力虽不足，而心则百之"；他称赞释家"若大导师大医王，微利可施，无念不在。世谛中容有异同，其恻隐之实，亦不可诬也"。在战乱浩劫中百姓四处流离，生命难保，民族仇恨日益加深，佛教能起到抚慰精神、化解仇恨的作用，这是应当肯定的。有的高僧如赟禅师道行高洁，于"焚荡之余，破屋数椽，日与残僧三四辈自给，不肯轻傍时贵之门"。这种自力更生、不屑权贵的精神尤为可贵，就受到遗山的嘉许。更有不少修行精进之僧人，超脱生死，了悟玄谛，坚忍不拔，一心清修，表现了坚诚的信仰，因而受到遗山的击节赞扬。遗山说："惟其生死一节，强不可夺；小大一志，牢不可破。故无幽而不穷，无高而不登，

无坚而不攻。虽时有龃龉，要其终则莫不沛然如湍流之破堤防，一放而莫之御也。”这种执着的精进精神，是儒者应当学习的。遗山倡导，儒者如能“旦旦如是，世世又如是”，必能“推明大道卓如日月之明”，使仁政礼治复兴于世，不至荒废。而遗山本人就是以这种精神为榜样，致力于文化复兴事业的。

对于道教，遗山同样抱有敬重态度，何况金元之际大兴的全真道等新道教，往往尊崇儒学，融合仁义孝悌之义，具有济世救民之功。遗山称赞他们“谦逊似儒，坚苦似墨”，志节不凡，勇于反对“攻劫争夺”，“以弭勇斗嗜杀之心”。如道士袁从义“通经史百家，旁及释典，亦称该洽”，袁氏“生资乐易，行己接物，得于吾孔孟书为多。事母孝，故生平未尝远出”。又收养孤幼，躬自教督，“既长，又为之婚娶，如是十余辈，其后俱有所成”。又雅好医术，“赖以全济者甚众”。兵后岁饥，“尽出余粟，以赡贫者”。此人反而对道教“祭醮章奏，皆鄙而不为”。袁氏其人实为披着道衣的儒者。全真道士于道显，更是苦行修炼，生活极为俭朴，平时吃剩饭，宿于道路，“胁不席者数十年”，以行乞为生，但“独于周急济困，解衣辍食，恒若不及也”。道士王志常读史传，“略知古今成败，留意医药，必以先所验者告之”。他率师徒，修复忻州天庆观，又收埋尸骨，力行善事。特别是通真子秦志安，受名道宋德方之嘱，主持《道藏》的修订，终成宏业。这些道教人士，均系遗山挚友，受到遗山的礼重，并由遗山为之作传，表而出之，激励世人，以力行善举，疗治战争创伤，促进社会安定和平。遗山之用心可谓良苦，体恤民瘼可谓周备，确实反映了他系于文治，挽救世道人心的崇高志向和热忱。

遗山对释、道二教也有他注重现实、客观评价的理性尺度，对二教的消极面不无微词。如对佛教大兴土木、大建寺庙的靡费极表反感，批评该教“南渡以来，尤以营建为重”，“非尽大地为塔庙，则不足以报称”，认为佛家“以割爱为本，至视骨肉如路人”，皆有违人情。他诘问:“学佛者亦何必皆弃父而逃之，然后为出家邪！”希望僧人也能“孝其亲”，说明遗山对儒学的独尊，以儒学融汇佛学的学术取向。所以他对既能孝亲又清修佛法的名僧法云不吝赞词：“孝声香如世普薰”，认为这才是值得提倡的。遗山对道教亦有平情之论，他敬佩那些济世救民的高士，但对妄求长生之徒颇为不屑，认为“囚首丧面，败絮其裹”，自称君子，实为“索隐行怪，欺世盗名之劝”的伪玄学，是十分虚伪，没有价值的。所谓求长生不死，实为“恋嫪残喘，侥幸万一”，是非常可悲的。

遗山虽因时代局限，未能断然否定有神论，但对世俗为求祈福而崇建庙观，费财上供，甚至“巫觋、倡优杂然而前”之举大不以为然，而这些信神者私下却从事“阴害贼诈，刮利次骨”的勾当，乃至有“纳人于沟不恤也，血人于牙不餍也”的恶行。遗山质问这些利欲之徒求之于神甚多，而对神所望于人者，却一毫无有，“此直蛇神牛鬼之所不忍临，而谓岳祇之聪明正直者而临之乎？”此即“溺于贪而不能自还耳”。是故，小人不可以求神。遗山以儒家仁义礼智为尺度，评价二氏之价值，择其精华而称之，斥其流弊而弃之，既体现了他海纳百川、尊重宗教的广博胸怀，也贯彻了他以人为本、仁民爱物，于乱世中体恤民生、拨乱反正的理念。遗山在宗教文化方面留下一批可贵的思想资料，提出了当时评价宗教的理性标准，为研究金元之际的宗教文化留下了宝贵文献。

三、弘扬祖国医学济世救人的人道精神

中国传统医家向以“人命至重，贵于千金”（孙思邈语）为圭臬，从事治病救人的崇高事业。在金元战乱时期，无辜百姓死伤于兵刃者不计其数，流离四方罹疫受病极多，尤需医家抢救治疗。这也正是金元名医辈出、医学发达的重要原因。出于悲天悯人之情，遗山同情百姓疾苦，十分留意医学事业，表现出强烈的人道主义精神，且对医道颇有造诣。

遗山特别看重那些专以救人为务而不图回报的名医，在为世医张遵古所作碣铭中录其“世业不敢不勉，至于以医为治生之具，则死不敢也”的名言，称其继承张子和、刘守真名医之学，“切于利生”的功业。他赞扬太医卢昶精通医典，主张“善气莫若息心，善身莫若戒慎”，修德与行医并重的高行。对太原医师赵国器“世于方伎”之业，“于人命为甚重”的医德表而出之。尤其是对名医李杲施治之高明，详加记述，简直犹如一份详细的医案，对后世医家极具借鉴价值。遗山文集中所录医家善事者还有吴辨夫、周梦卿、许彦清、李明之、少林寺药局等，均有精到的评述。

遗山感叹医术为难事，传统医典，乏人继承。他认为，世传岐黄卢扁之书，“皆典雅渊奥，本于大道之说，究乎死生之际。儒者不暇读，庸人不解读”，是人间一大憾事。他从医理上谆谆告诫行医者，倡言古人“用药犹兵”：“为药犹兵……善用之者，能以杀人者生人；不善用之，则反以生人者杀人。世之君子，留意于性命之学者，良有旨哉！”并在文集中例举庸医用药之误，作恳切告诫：“学术不明，误人乃如此，可不大哀耶？”

在遗山文集中录有不少治病验方，供世人斟酌采用，如辟谷延寿丹、芦菔救熏死方、善济方、揩牙方、疗眼疾丸、食鱼致病方、背疽恶疮方等，他又为周梦卿之《周氏卫生方》作序。在医学理论上，他还有对扁鹊医道、脾胃不足为百病的专论，他指出往昔医者辨证不清，“壬辰（1232）之变，五六十日之间，为饮食劳倦所伤而殁者将百万，皆谓由伤寒而殁”。后读李明之《脾胃论》，方知世医之误。试想百万之众未死于兵而死于误医，这是何等可悲。因此，遗山不吝笔墨，对医术辨证施治之道之紧要大书特书，唤醒世人医家务须慎重。其仁者之用心，何其可敬！中国传统文化向有文人知医之传统，但像遗山这样注重医学，用心周到，不仅传其人、传其方，而且论其精要，以在战乱之世，汲汲于救人水火中，这种尊重生命、呵护生命的精神，是何等伟大！遗山在医学方面留下的文献，确实是一笔祖国医学发展史上的珍贵文化遗产，当传之万代而不朽。

四、对人文地理的考察和实录

遗山奔走中原河朔齐鲁，传播中原进步文化，也留下不少游记文字，其中涉及了大量的人文地理内容，如对泰山、山东、晋祠、济南、颍水、燕地、关中、灵璧（今河南灵璧县）、华州（今属陕西渭南市）、崞县（今山西原平县）凤凰山等，对其山川形胜、沿革、风物和史迹文物、名人遗事有多方面的描述和实录，尤其重视其关乎社会政治军事和文化的重要性。对五岳之尊的泰山，遗山与友人相伴游历三十日，往复千里，有详细的考察，有关泰山的道路里程、寺观桥路、名人行迹、碑刻文字与优美风光，一一笔之于书，所述既生动又亲切。在《内翰王公墓表》中他记录了王若虚在泰山游程中去世始末，对这位老友表达了深深的悼念。文中特别有一段议论，称“夫人以境适，境亦用人胜，故古今以人境相值为难”。遗山记太原晋祠，述其由来，详其水利“可以载舟楫，汇为巨陂，派为通渠；稻塍莲荡，延袤百余里，望之令人渺焉有吴儿洲渚之想”。记济南诸泉亭轩，称其风物之美、游观之富，有“秋荷方盛，红绿如绣”之胜。记凤凰山晴雨奇景，与先贤文献之盛，并特别赋诗歌咏，皆绘声绘色，引人如入画图，充分表现了这位一代文宗热爱大自然，陶情于山川秀美的高雅风怀。而所谓“人境相值”，正反映出人与自然和谐相处的一派天机。今之人再到晋祠，何曾想见当年荡舟碧波之乐，能不愧哉！

又如，记关中、燕地形胜，遗山发思古之幽情，以其军事重地，有关系天下兴亡的地利之便，尤其感慨其风物之美与人杰辈出，激发“览山川之胜概，考前世之遗迹，庶几不负古人者”的高远抱负。在游览中，遗山热爱祖国、热爱山河与济世救民之情油然而生，这正是报国之士、爱民之杰赤子之心的真情袒露。遗山不仅为我们留下了记述秀美山河和人文之盛的优美篇章，而且留下了他渗透在字里行间的钟情于父母之邦的高尚精神。这正是遗山文化贡献中最精华的部分。

五、艺术品、文物之收藏、品鉴与非物质文化遗产之记述

艺术品是文化精粹的载体，是艺术家心血的结晶，是最可珍爱的传统文化资源。因此，守护、珍藏艺术品向来是传承文化的重要手段。遗山的文集中，不乏对历代名家书画作品和重要文献的记述和题跋，先贤和同时代文化人的著述与艺术创作经遗山记述评点，作为史料，可以使今人考见其时人文之盛，其中也折射出遗山独到的历史文化观和审美理念。从遗山所作《故物谱》中，可知他本人就热心收藏有一批珍贵艺术品和文物："予家所藏：书，宋元祐以前物也；法书，则唐人笔迹及五代写本为多，有孝、范、许、郭诸人高品，就中薛稷《六鹤》最为超绝……"还有其父元德明手写《春秋》三史、《庄子》、《文选》，上千余册，并画百轴，装在二鹿车上，随自己出行。虽在战乱中不免散亡，亦必一一记之，说明某书买于某处、所传何人、藏之几何年，其装裱题签均默记心中，"犹梦寐见之"。可见遗山对藏品何等珍惜呵护！其家藏有陆龟蒙的《笠泽丛书》两种版本，系唐宋人旧版，他亲自校订，先后隔了八年才完成，却不禁自叹学问不足，用心不专。州将张晋亨刻《资治通鉴》，增益了许多有价值的内容，遗山专为作序，称其使学者易得之功，还就"通鉴学"名家的成就作了精到评介。他对弋唐佐所补《通鉴节要》、李瀚《十七史蒙求》同样有详细评点。这些佳刻本大抵今已不传，遗山所录可补目录学之不足。有关柳宗元诗帖及苏轼、黄庭坚、米芾及金代名家书画精品，遗山亦一一就所见著录品

赏，此外如非物质文化遗产之民间绝艺掐画、平阳贾叟盲刻神像和有关古琴高手的技艺，在遗山《续夷坚志》中都有详明的记述。遗山在古物书画典籍收藏中主要着重于文化传承，而不是溺于玩物丧志，他十分反感“世之人玩于物，而反为物所玩，贪多务取，巧偷豪夺”，认为正确的收藏观应是:“备物以致用，守器以为智，惟得之有道，传之无愧，斯可焉！亦何必即空以遗累，矫情以趋达，以取异于世邪！”可见他注重的是收藏有益于世、增益智慧且得之以道的文化价值和公益精神，而不屑于为一己之私利或自命超脱的弃置废毁态度。

遗山对传世文物十分珍爱，在《续夷坚志》中所涉及的文物有铁券、击蛇笏、古镜、无弦琴、天砚、紫玉砚、手植桧圣像、汤盘周鼎、金宝牌、古钱、古印、古画、古砖等项，可以说涉及收藏的各个领域，并为之或作考证，或述来源，或记形制，或评价值，为后人留下清晰的实录，可供考证之资取。如所录铁券文字，令后人知其真实面目，可补史载之缺。如上诸多有关述录评鉴，显示了这位文化大师渊博的学识和开阔的胸怀，真可谓海纳百川，不拒细流。

此外有关风俗民情、民间信仰、奇闻异事、文人典故等，遗山笔下无不涉猎，范围之广，实堪惊人。文史撰述固然是遗山文化工程的重点，但他决不局限于单纯的文史专门，而是目光远大、学养弘深，有着多方面研究的一代文化宗师。最为可贵的是上述的所有文化活动都贯穿着强烈的爱国忧民、志在天下的精神，笔者昔年有诗论曰:“皇权正统辨君臣，枉罪遗山有夙因。青史标名翻旧案，先生不独是诗人。”拙意以为只有从中华文化整体发展史的视角，不拘一格，全方位地考量元遗山的诸多成就和贡献，才能对其人做出较客观的正确评价。拙以为，这应是今后进一步拓展遗山研究的切入点。

一生心事杏花诗

——元遗山咏杏诗漫赏

古来诗家多有爱花成癖而见诸吟什者，如陶渊明爱菊、林逋爱梅、郑板桥爱竹，人多知之；而元遗山雅好杏花，佳篇亦多，知者盖鲜，值得推荐共赏。遗山《荆棘中杏花》七古一首，清人施国祁注“先生于此花题咏最多”，并俱列遗山有关咏杏诗题，大抵为咏杏专作，专作之外涉及咏杏者尚有未及。遗山尤赏杏花之意，施氏表而出之，足见注家心细入微，别具只眼。遗山于《赋瓶中杂花七首》诗中自注：“予绝爱未发杏花，故篇末自戏。”则更是夫子自道了。

遗山喜爱杏花，诗多而美，又特好含苞待放的杏花，称之曰“绝爱”，说明他对杏花有一种出自内心的浓烈感情。这是为什么呢？我以为有这样一些原因：

一、杏花是北国之花，是遗山故乡和游历之地常见的花木。遗山一生“力以斯文为己任，周流乎齐鲁燕赵晋魏之间几三十年”，自然有很多的观赏机会，由杏花屡兴家国之思。其诗云：“南州景气暖，杏花见红梅。读书山前二月尾，向阳杏花全未开。”南州指山东东平、冠氏一带，是遗山久游之地。其时中原汉人世侯严实父子开府东平，赵天锡故乡在冠氏，二人均礼遇遗山，交谊极厚。读书山即遗山故乡忻州之系舟山。两地间，来来往往，多见杏花，故遗山备感亲切，爱心油然而生。何以说遗山见花而兴家国之思呢？遗山身遭战乱，抱亡国之恨，风光依旧，江山易代，不能没有杜甫“感时花溅泪，恨别鸟惊心”的感慨。考遗山的杏花诗，多作于金亡之后，辗转于河朔之时，故咏杏别有怀抱。其句云：“城外杏园人去尽，煮茶声里独支颐”（作于金亡后羁管聊城时），“谁识杏花墙外客，旧家曾近丽川亭”，“荒村此日肠堪断，回首梁园似梦中”，“荒城此日肠堪断，老却探花筵上人”，“山斋此日肠堪断，寂寞铜瓶对杏花”，“今日山中见双朵，自怜憔悴老天涯”，“别后相思重回首，杏花尊酒记聊城”，“也是杏花无意况，一枝临水卧残红”。字里行间，无不渗透着遗山亡国之后累作囚、作遗民的身世沧桑之痛，可谓“木犹如斯，人何以堪”！

二、杏花宜生北国，杏树有耐寒、喜光、抗旱特点，植根平原丘陵，且树龄可至百年以上，嘉惠人多。但花期很短，不过十日左右，久赏不易。花开之后红红白白，繁盛而娇妍，却分外热闹喜人。宋祁诗“红杏枝头春意闹”，脍炙人口。喧闹的春意着于红杏枝头而非其他花木，当以杏花最能烘托春光烂漫之盛景，而一朝凋萎则又令人顿起春光易逝的怅惘和惜怜。诗人托物寄意，联想人事，便有时不我待、珍惜年华的自励奋发激情。遗山句：

落花着衣红缤纷，四座惨淡伤精魂。
花开花落十日耳，对花不饮花应嗔。

锦树烘春烂不收，看花人自为花愁。
荒蹊明日知谁到，凭仗诗翁为少留。

生红点点弄娇妍，半折花房更可怜。
传语春风好将护，莫教容易作银钱。

四月山泉冻未开，东君才为挽春回。
多情丹杏知人意，留着双花待我来。

野杏溪桃三两技，春归也作送春诗。
东君自爱长安好，能住山城得几时？

屈指残春有别期，春风争忍片红飞。
若为酿得千日酒，醉着东君不放归。

露浥清华粉自添，隔溪遥见玉帘苫。
眼看桃李飘零尽，更拣繁枝插帽沿。

以上摘句或七绝，纯以诗心观照杏花，由惜花而惜春、伤春、挽春，花有人情，人知花意，确系杏花知己。遗山如此怜香惜玉，显然绝非私情俗意，而是壮年之后，一种高尚的历史使命感和社会责任感，督促他认识岁月无情、亟须努力的处世之道。遗山自述："自少日有志于世，雅以气节自许，不甘落人后。"他早怀利器，抱负不凡。经历丧乱，深知生民溺于水火，渴盼经济恢复，安居乐业。遗山先天下之忧而忧，决计以复兴中原文化人手，为中华民族的共同进步贡献余生，如时贤徐世隆言："自中州斫丧，文气奄奄几绝，起衰救坏，时望在遗山。遗山虽无位柄，亦自知天之所以畀付者为不轻，故力以斯文为己任。"蒙古国入主中原，忽必烈兼重文武，礼贤下士，使遗山看到了推行仁政文治的机遇。他认为“惟大朝受天景命，薄海内外罔不臣属。武克刚矣，且以文治为永图”，“当天造草昧之时，君子极经纶之道”，不恤以在野之身，冒仆仆风尘，四方奔走，创立了高出一世的文化业绩。这种亲身实践证明了他就是一位维护中华民族共同利益的志士仁人。其诗云：“日月尽随天北转，古今谁见海西流”，“秋风不用吹华发，沧海横身要此身”，“落落久知难合在，堂堂元有不亡存”，均表明了他坚忍刚毅、顽强不懈的积极用世态度和自信自觉精神。遗山杏花诗“溅溅猩红闹晓晴，攒头真似与春争”“纷纷红紫不胜稠，争得春光竟出头”“何年丹杏此留种，小红溅溅争春华”诸句及上述诸诗，正是遗山这种惜时奋进力争上游的进步思想的折射，也体现了诗歌言志缘情、托物寄兴的现实主义优良传统。难怪遗山词中有“一生心事杏花诗”的自白。

三、遗山之尤爱未开杏花，还有传统文化深层的审美观上的根源。诗歌创作，毫无疑义是现实生活包括政治经济诸方面的反映，但这一反映往往不是直接机械照相，而是通过审美艺术思维的熔炼，成为形象性的艺术具象。这种艺术的特殊形式，来自对传统的继承。其中最重要的一点，是中国古诗特别讲究含蓄蕴藉、富有余韵，力戒浅率直露、一览无余。遗山是唐宋诗家后一位集大成者，长期寝馈于此，对这一审美要求自体会殊深。宋人邵雍诗“美酒饮常微醉后，好花看到半开时”，从审美角度看，正是说这种忌直忌露的要求。杏花含苞欲吐，给人以新春蕴满无限生机的惊喜，耐看而有滋味，预示着锦绣繁华的诸色相。见微知著，浮想联翩，启动灵思，骋心无限，正是“动人春色不须多”。所以，善赏花者，当赏其娇蕊未展之际，无待姹紫嫣红开遍，徒唤奈何。遗山诗“生红点点弄娇妍，半拆花房更可怜”“低枝留得稀疏朵，比似全开更恼人”“小蕾从教绛蜡封，繁枝未要晴方裹”“今年闰年好寒节，花开不妨迟一月”“芳苞一破不更合，且看锦树烘残春”“未开何所似，乳儿粉妆深绛唇……半开何所似，里中处女东家邻”，着力描绘的便是未开杏花的娇娜美好形象。

关于杏花诗传世佳作，晚唐温宪(庭筠之子)、吴融有《杏花》各一首，北宋王安石有《北陂杏花》一首，欧阳修有《和梅圣俞杏花》一首，更早有北周庾信的《杏花》等，代不乏人。遗山于诸家之外，特赏未开杏花，形诸吟什，见其体物之工而独具匠心，别开生面。当然遗山于杏花不独只写未放之态，于百花也不独钟意杏花，但在他所作的诸多花木诗中，这一独特的审美选择，是极富个性色彩的。所谓“爱惜芳心莫轻吐，且教桃李闹春风”(《同儿辈赋未开海棠》)，道出了诗人与众不同的细腻感受和典型性意蕴。

前面说的是遗山杏花诗创作的现实依据、特定条件及审美情趣，由于此题篇章较多，只能择要选列作一般剖析。这里再选两首完整的佳作，略作专题评点。

杏花落后分韵得归字

獭髓能医病颊肥，胶谬无奈片红飞。残阳淡淡不肯下，流水溶溶何处归？煮酒青林寒食过，明妆高烛赏心违。写生正有徐熙在，汉苑招魂果是非？

此诗写落花，作于金亡后一年（1235）。首二句用典。獭髓事见晋代王嘉《拾遗记》卷八载孙和（孙权之子）悦邓夫人。孙和于月下舞水精如意，误伤夫人颊。医曰：“得白獭髓，杂玉与琥珀屑，当灭此痕。”和命遵此合药，但用琥珀太多，“及差而有赤点如朱，逼而视之，更益其妍。诸嬖人欲要（邀）宠，皆以丹脂点颊而进幸”。诗以美人颊喻杏花之妍丽。鸾胶典出《十洲记》：“海上有凤麟洲，多仙人，以凤喙麟角合煎作膏，名续弦胶，能续弓断弦。”此胶后亦名鸾胶。诗句言可粘断弦之鸾胶，也无法粘接花瓣使之不凋，喻花事已歇，春光难驻，令人伤惋无奈。以上直写落花，次联侧写，以景物烘托：残阳不下，状其依恋不舍；流水漂红，问其魂归何处，愈见关切难离之情。残阳流水本无情，此处赋予人格化，乃诗人眼中具象，此中自有人在。腹联先写时序已过，青林煮酒不见红妆，寂寥之意见于言外，隐喻昔日佳赏难再；“明妆”句反用东坡“只恐夜深花睡去，故烧高烛照红妆”句意，言东坡烧烛赏花，深夜不息，爱意何深，盼犹有花开，而今花谢香绝，欲效东坡雅兴不能，抱憾无方，爱意尤深一层。尾联写留春不住，欲请画家留真，以期久赏，然画图招魂，究非往日风姿可比，慰情聊胜于无，隐扣次联“何处归”之问。言即便魂归，仍难称意。以想象出之，余味不尽。句中所言徐熙，乃五代南唐名画家，绘花木，能传神韵。“汉苑招魂”用汉武帝典故，汉武帝李夫人卒，请方士齐少翁招魂，少翁以术致美人于帷中，武帝视之若真，叹曰：“是耶？非耶？立而望之，翩何姗姗其来迟？”诗以美人之魂喻花魂，回应首句之比，状其绰约之态。相思弥切，亦遗山之“一段伤心画不成”句意也。

全诗由惜落花而伤时序、问归程，而叹远别，抒孤寂，而欲留影、疑招魂，层层逆接，愈折愈深。由当下直观到环境，到主观，到设想未来，围绕中心，形成时空交错的立体式审美意境，无须穷形尽相，却能传神写意，非大手笔不能为也。遗山绝爱未放杏花，此篇则专写落花。于落花尚如此深情，则其未放时复当何如？读者自能会之。

癸卯岁杏花

南州景气暖，杏花见红梅。读书山前二月尾，向阳杏花全未开。待开竟不开，怕寒贪睡嗔人催。爱花被花恼不彻，一日绕树空千回。牙牙娇语山樱破，稠闹成围稀作棵。小蕾从教绛蜡封，繁枝未要晴云裹。两月不举酒，半岁不作诗。更教古铜瓶子无一枝，绿阴青子长相思。今年闰年好寒节，花开不妨迟一月。

此诗作于1243年，遗山五十四岁在家乡忻州时。全诗不用典，纯然以情取胜，写赏花，实为待花。可分五段，四句一段，惟末段为二句。首段言南州春早，红梅未谢即见杏花，待花之情已蓄其势，爱花之意见于言外。二段言待开而未开，悬想杏花贪睡厌扰，拟其娇憨之态，且由待而恼，一日绕树千回，诗人情急之状跃然纸上，盼之切尤显爱深也。三段浓笔写花开之景，初放时如学语娇儿之樱唇，稠闹处成围而稀疏处抱蕊。先有娇语铺垫，稠闹便似繁声，以声写色，是为通感。“稠闹”二字下得奇警，胜似“红杏枝头春意闹”一字之妙。接写小蕾染绛，繁枝霞淡，兼巨细而有近观远望之别，下笔具体而微，细节典型。四段写花事消歇，人意惨伤，两月不为举酒，半岁不为赋诗，铜瓶不见清供，惟睹枝头青杏小小，相思不置，其苦何如？至末段尤为奇警，言时当闰年，好花不妨迟开，是知前四段盼花、恼花、赏花、忆花，纯系昔年体验。眼前本未见开花且暂以无开为幸，惟恐复遭上述花期中牵肠挂肚之惊喜烦怨。“不妨迟”反扣“全未开”，是盼极而爱极，爱极却怕极，怕极则以迟开自慰，待花之焦急纷乱之情和盘托出矣。

此诗章法井然，而结句以逆笔为之，戛然而止，卒章显志，如偏师出奇，而笔阵如常山之蛇，击尾而首应之，极空灵变化之能事。诗道至此，叹观止矣。

元遗山交游考

前　言

重新研究、评价元遗山，需要尽可能全面地了解其一生的实际历史活动。而要了解元遗山，首要的、基本的工作便是掌握有关元遗山的材料。这种工作的重要性是不言而喻的，因为任何一种真正的科学研究，都必须从尽可能占有第一手材料开始，同时要运用辩证唯物论的观点和方法，对这些材料做一番搜集、鉴别、整理、考证工作，进行科学的分析、综合和系统的编排，然后再加以深入的研究，从中找出规律性的东西，做出实事求是的结论。这也就是通常所说的，要下一番去伪存真、去粗取精，由此及彼、由表及里的改造制作工夫。关于元遗山的研究、评价，也理应如此。

有关元遗山材料的种种工作，前辈学者已做了许多，取得了可观的成绩。如清代学者张穆校补的《元遗山先生全集》（读书山房本），较为精审详备，足资取用；施国祁的《元遗山诗集笺注》（人民文学出版社 1958 年版），钩稽史实，以史证诗，工力殊深。又如遗山年谱的编撰，据知清代便有翁方纲、凌廷堪、李光廷、施国祁、余集五家之作，继之，近人夏敬观，今世知名学者缪越及日本学者小栗英一亦各有新撰问世，其中缪越先生《元遗山年谱汇纂》，考证尤精，系遗山年谱的集大成者。半个世纪以来，特别是近十年来，关于遗山诗文注释和评价，以及有关遗山的文史方面的研究著述、论文数量甚多，不胜枚举。这些成果的获得，均不同程度地借助了前辈学者在材料工作方面的成绩。前辈学者的努力，是值得尊重和珍视的。

但是，前辈学者所做的材料方面的工作并不就是很完善的，也还有不足之处。这是由学者们认识事物的立场、观点、角度、方法上的局限性造成的。比如，由于有的学者偏重于历史人物个人的作用，在编撰遗山年谱中便较多地注意了有关遗山个人生活的时间性内容和活动地域，却忽视了遗山广泛的社会交游关系。然而，既然要全面地研究和评价遗山，就必须将遗山置于特定的社会历史条件下，从广阔的文化背景角度来考察，这样，也就要求我们从了解遗山在社会活动中以其阶级地位和经济关系为基础的种种复杂的人际关系，以便通过分析这些错综复杂的关系，较准确地认识遗山从事的社会活动的本质。因为，人的本质在现实性上，正是社会关系的总和，而社会交往则是社会关系的重要表现。过去，人们评价遗山，往往只称道他是一位杰出的诗人、文学家和历史学家，不了解他还是金元之际杰出的进步文化的代表，是卓越的社会活动家，这正是由于未能深入地考察遗山身上交织的复杂社会关系的结果。这样一来，对作为诗人的元遗山的评价，也就显得肤浅和片面了。鉴于这种情况，笔者觉得极有必要重新对有关遗山社会交游活动，做一番材料方面的钩稽、考证工作。这就是产生这篇《元遗山交游考》的缘起。这一考证，也是本书许多重要立论的基本依据，是重新研究、评价元遗山的一个基础。同时也可以为有兴趣进一步从多侧面研究元遗山的同志提供必要的参考和工具。

笔者这篇交游考，注重的是同遗山发生直接交往的历史人物。材料来源主要是遗山的诗文及所编《中州集》，《金史》《元史》，刘祁的《归潜志》和有关的金元人的文集和碑志等，也有个别新发现的材料。文中所有同遗山的交往者以人物为条目，附以小传，并标明有关其人的材料出处，便于查考（其人材料不足的，可参《元人传记资料索引》）。小传下列举其人与遗山交往的直接材料证据，亦标明出处，须略作考辨的则加括注、按语。有关遗山诗文中的材料，取张穆校补的《元遗山先生全集》之文者，简作《文》卷某，诗则简作《诗》卷某（施国祁《元遗山诗集笺注》所收诗均已收入张穆校补的《元遗山先生全集》中，分卷全同，此外张穆尚有增补）。引用施国祁《元遗山诗集笺注》的注释则简作"施注"，王恽《秋涧先生大全文集》简作《秋涧集》，其他材料则标原称。

材料工作是一项繁难琐碎而又枯燥的工作，却需较广博的学识和细致的分析。笔者读书不多，见闻浅狭，所知有限，文中不免有遗阙不周和错误之处，谨祈专家学者批评指正。

为便于考察元遗山社会关系的全面情况，笔者另撰有《元遗山交往僧道考》《元遗山亲属考》两文，见此文之后，可以互参。

交游人名检索

遗山交游人物考证达 469 人。为便于检索，下面以姓氏归类，按繁体字四角号码次序分别将姓名、称谓及本书页码列下：

考 证

以下按上述次序逐人考证。

庞 汉

庞汉，生卒年不详，字茂弘，平晋（今山西太原市）人。正大末年（1231）进士，居内乡北山，兵乱遇害。《中州集》卷八有小传。其名又见《改建题名碑》（清·王昶《金石萃编》卷一百五十九）。

元遗山有《寄赠庞汉茂宏》诗云："之子贫居久，诗文日有功。苦心唯我见，高谊许谁同。万里虎食肉，一鸣鸡长雄。皇天老眼在，且莫怨丘中。"（《诗》卷七）

庞 铸

庞铸，生卒年不详。字才卿，自号默翁，大兴（今北京大兴县）人，一作辽东人。明昌五年（1194）进士，仕至京兆路转运使。博学能文，工诗，善书画。《中州集》卷五有小传，《金史》卷一二六有传，《续夷坚志》卷四“华陀帖”条、《归潜志》卷四均有载。

元遗山有《庞都运山水》诗（七绝）一首云：“门阑喜色到崔卢，文赋声名逼两都。重为西山感畴昔，风流还有此翁无。”（《诗》卷十四）又《跋国朝名公书》《题樗轩九歌遗音》（均见《文》卷四十）两文中称其书画。

高　永

高永（？—1231），字信卿。初名夔，字舜卿，又名揆，号应庵。渔阳（今属北京市）人。游李纯甫之门，累举不第。正大末（1231），病卒于汴京围城中。《中州集》卷九有小传，《归潜志》卷三载其事。

元遗山有《送高信卿》诗（七古）一首，句云：“高卿去岁山中居，橡朝栗暮分猿狙。今年移家入城市，甑中生尘釜生鱼。文穷智亦穷，五鬼更啸呼……我尝相夫君，不是山泽臞。十八学击剑，二十了阴符。平生结交王与李（施注云指王之奇、李汾），袖中颇有鱼丽图……万事糊涂酒一壶，别时聊为鼓咙胡。中原麟凤今如此，莫道皇家结网疏。”（《诗》卷五）

《归潜志》卷三：“高永信卿，渔阳人。倜傥尚气，轻则好交游。颇读书，喜谈兵……尝从屏山（即李纯甫）游，与李长源、元裕之、杜仲梁、李稚川相善。”

高天辅

高天辅，生卒年、生平不详。蒙古国南北路驿使，宝坻（今河北宝坻县）人。

元遗山《惠远庙新建外门记》：“晋溪神曰昭济，祠曰惠远，自宋以来云然。然晋祠本以祠唐侯……贞祐之兵，迄今三十年，虽不尽废而腐败故暗极矣。创罢之人，迫于调度，故未暇补葺。父老过之，有潸然出涕者。南北路驿使宝坻高侯天辅悯外门之颓毁也，力为新之。起于辛丑（1241）之正月而成于其年之七月，请予记之。予谓昭济庙之在吾晋有决不能废者，然其废而兴之，则存乎人焉尔。夫一门之役，固不可谓之全功，异时有以全功自任者，安知其不自高侯发之？是可纪也，故乐为之书。明年五月吉日，新兴元某记。”（《文》卷三十三）

高君用

高君用，生卒年里、生平不详。高益仲之弟。

元遗山有《赠高君用》诗（七绝）一首云：“杏苑仙郎合探花，虚传佳句满京华。丁宁王谢堂前燕，文采风流有故家。”（《诗》卷十四）

高　鸣

高鸣（1203—1274），字雄飞。岢岚（今山西岢岚县）人（见鲜于溥《困学斋杂录》），《元史》本传作真定人。蒙古国诸王旭烈兀将征西域，召之。鸣为王陈西征二十余策，被荐为彰德路总管。忽必烈即位，召为翰林学士兼太常少卿。至元五年（1268），立御史台，以鸣为侍御史，风纪条章，多其裁定。寻立四道按察司，选任名士，鸣所荐居多。又上言毋为员外置人。至元七年（1270），上封事罢议立三省，复谏省臣专戮止“盗”，从之。鸣每以敢言被上知，忽必烈谓御史大夫塔察儿：“高学士年老，后有大政，就问可也。”至元九年（1272），迁吏礼部尚书。十一年（1274）病卒，年六十六。《元史》有传。

元遗山有《送高雄飞序》云：“七月甲申，漕司从事河东高鸣雄飞被贤王之教，当乘传北上，声光四驰，欢动州里，佥谓高子春秋鼎盛，卓然以问学为业……高，晋产也（与《元史》本传云“真定人”异），仆以犬马之齿之故，谬为之一言。天家包举六合，臣属万国，立武事以兼文备，由草创而为润色。延见故老，网罗豪隽，必当考古昔之理乱，论治道之先后，察生民之休戚，观风俗之美恶，以成长治之业，以建久安之势……是则为吾高子者，亦岂轻负所学，弃以为双璧之甘饵、九迁之捷径乎？……壬子（1252）秋二十有七日，新兴元某引。”（《文》卷三十七）又有《病中感寓赠徐威卿兼简曹益甫、高圣举先生》

诗（七律）一首，句云：“不是徐卿与高举，老夫空老欲谁传。”（《诗》卷十）按，施注以圣举或即高鸣。又有《顺安县令赵公墓碑》：“高聘君哀安世（赵公指赵雄飞，安世为雄飞第三子）不夭，既铭志石矣，闻之诸公，谓‘吾子纪述国来名卿贤大夫言行，以传不朽，不胜区区之情，敢以墓碑为托’。某再拜曰：‘固所愿也。’乃为之铭。”（《文》卷二十）按，施注以高鸣受忽必烈征召北上，疑此高聘君即高鸣，见《庆高评事八十之寿》（《诗》卷十）题注。又《癸巳岁寄中书耶律公书》荐五十四人有“高鸣”（《文》卷三十九）。

高评事

高评事，名、字、生卒年、生平不详。施注疑为高鸣之父，见《庆高评事八十之寿》（《诗》卷一）题注。

元遗山有《庆高评事八十之寿》诗《七律）一首云：“图画尧民大朴存，衣冠兼得见高门。种松千岁如种德，教子一经今教孙。化日舒长留暮景，秋风摇落变春温。聘君羔雁休疑晚，正及新年荐寿尊。”

高　嶷

高嶷，生卒年不详，字士美，遂城（今河北徐水县）人。正大初（1224）监察御史。祖父曾任飞狐（今河北涞源县）令、南和（今河北南和县）尉。父高有邻，字德卿，大定进士。有邻三子，长子嵩，犹子铸；次子岩，字士瞻。嶷为有邻第三子，最知名。见《中州集》卷八高有邻小传、《续夷坚志》卷二“高尉阴德”条。另王恽《秋涧集》卷八十二《中堂事记》载高嶷事，郝经《陵川集》卷十三有《哭高监察》诗。

元遗山有《赠答赵仁甫》诗（五古）一首，句云：“我友高御史，爱君旷以真（君指赵仁甫，即赵复）。”（《诗》卷五）又《过寂通庵别陈丈》诗（七律）序云：“陈丈（即通寂老人陈时可，字秀玉）未识某而爱其诗，曾对高御史士美言，我他日见遗山，当快饮百醉……”（《诗》卷十）又《柳亭雨夕与高御史夜话》

诗（七律）一首云："关塞无缘笑语同，偶然情话此从容。青天蜀道不得过，山色归心空自浓。九日茱萸蓝涧酒，十年朝马景阳钟。三间老屋知何处，惆怅云间陆士龙。"（《诗》卷十）

高良卿

高良卿，生卒年里、生平不详。

元遗山有《赵士表〈山林暮雪图〉为高良卿赋》诗（七绝）二首（《诗》卷十二）。

高　夔

高夔，生卒年不详，字唐卿，保州永平（今河北完县）人。贞祐前中进士，任官有才誉。南渡后历户部员外郎，后迁尚书，专治粮储。尝巡行京东，喜便宜行事。天兴初（1232）为翰林学士，金亡后北迁还乡卒。

元遗山《癸巳岁寄中书耶律公书》荐五十四人中有"高户部唐卿"（《文》卷三十九）。又《雷希颜墓铭》述高尚书唐卿辟雷渊权遂平县事（《文》卷二十一）。《续夷坚志》卷三"三秀轩"条载高唐卿与李有之、赵廷玉读书永平西山寺，后三人皆登上第极品事，可参。

高少府

高少府，生卒年、名、字、生平不详，洛阳人。

元遗山有《洛阳高少府瀍阳后庵》诗（五绝）五首（《诗》卷十一）。

商　衡

商衡（1185—1232），字平叔，曹南（今山东曹县）人。兴定间任监察御史，直言敢谏，后为右司都事，许古（道真）言其有宰相材。正大八年（1231）为秦蓝总帅府经历官。天兴初（1232）被蒙古军俘获，不降自刭，年四十六。《金史》卷一二四有传。父商永锡，字难老。弟道，字正叔。次弟衎，字信叔。子挺，字孟卿。次子援，字仲经。孙男七人：琥、璘、瑝（或作瑭）、玮、瓛、琯。

元遗山《平叔墓铭》载其生平，《金史》本之，称其“资雅重，遇事不碌碌，人所不能措手，率优为之。苟可以利物，则死生祸福不复计。平居以大事自任，而人亦以大任期之……孤子挺等以某年月奉公衣冠葬于某原。好问辱公知为厚，敢述梗概而为之铭”（《文》卷二十一）。又作《曹南商氏千秋录》详述商氏世系，并云“礼部闲闲赵公许与公有‘鹏飞九万里，风斯在下’之语，其为时贤所推重如此，尚何待仆言。正叔（衡弟）以通家之故，请为《千秋录》作后记，因得件右之……今孟卿（衡子挺）馆严侯之门者十余年。侯温然执拥篲之敬，海内名胜率以清庙之器许之……癸丑（1253）二月吉日，河东元好问裕之谨书。”（《文》卷三十九）

商　道

商道，生卒年不详，字正叔。商衡弟。

元遗山有《商正叔陇山行役图》诗（七绝）二首，其一云：“梦中陈迹画中诗，前日行人鬓已丝。我亦寒亭往来客，因君还寄出关辞。”（《诗》卷十三）又《曹南商氏千秋录》云：“道字正叔，滑稽豪侠，有古人风……正叔以通家之故，请为《千秋录》作后记……正叔年甫六十，安闲乐易，福禄方来，他日羔雁成群，极人门盛事，当信仆言之不妄云。癸丑（1253）二月吉日，河东元好问裕之谨书。”（《文》卷三十九）

商　挺

商挺（1209—1288），字孟卿，商衡子。曹南人，《元史》本传作曹州济阴人。东平严实聘为诸子师，实卒，子忠济嗣，辟挺为经历，出为曹州判官。忽必烈征之，入对称旨，字而不名。佐杨惟中宣抚关中，廉希宪代惟中，升挺为宣抚副使，后还东平。忽必烈即位，挺与廉希宪密赞大计，多所建言，为佥行省事。奏请释前降宋者，行四川行枢密院事。至元元年（1264），入拜参知政事。建议修史，附修《辽》《金》二史，宜令王鹗、李冶，徐世隆、高鸣、胡祗遹、周砥等为之。

与姚枢、窦默，王鹗、杨果纂《五经要语》凡二十八类以进。至元八年（1271），升枢密院副使，数军食，定军官品级，给军吏俸，使四千人屯田，开垦三万亩，以收获饷军，汰不胜军者户三万户。九年（1272），为皇子安西王忙阿剌相。因事坐狱，终释。至元二十五年（1288）年八十卒。《元史》卷一五九有传，又见苏天爵《元朝名臣事略》卷十一"参政商文定公"条。父商衡，子琥、璘、瑭、瓛、琦。琥、瑭、琦传附《元史》挺传后。

《元史》本传："挺年二十四，汴京破，北走，依冠氏赵天锡，与元好问、杨奂游。"

元遗山有《题商孟卿家明皇合曲图》诗（七古）一首（《诗》卷四）。又《付阿眈诵》（阿眈，挺子琥小字）诗（五古），句云："昨得商子（即挺）书，知有阿眈名。"（《诗》卷五）又《寄答商孟卿》诗（七律）一首，句云："窈渺朱弦寂寞心，得诗何啻得黄金"，"异县五年仍隔阔，荒城连日想登临。书来且只平安了，拨触离愁恐不禁"（《诗》卷九）。又《题商孟卿家晦道堂图》诗（七绝）二首云："松亭竹阁数家村，通德仍余旧里门。乔木未须论巨室，青衫今有读书孙"，"东国入门几百年，素风才到此公传。卷中甚欲题诗句，惭愧韦家祖德编"（《诗》卷十三）。又《中州鼓吹翰苑英华序》："明年留滞聊城……会平叔之子孟卿携其先公手抄本来东平，因得合予所录者为一编，目曰《中州集》。"又《癸巳岁寄中书耶律公书》荐五十四人有"东明商挺"（《文》卷三十九）。

商 琥

商琥（？—1293），生年不详。字台符，小字阿眈，商挺长子。《元史》本传附商挺传（见《元史》卷一五九）。至元十四年（1277），以姚枢、许衡荐，拜江南行御史台监察御史。至元二十七年（1290），拜中台监察御史，至元三十年（1293）卒。

元遗山有《付阿眈诵》（五古）诗一首，句云："昨得商子书，知有阿眈名。今朝见阿眈，惊喜喜复惊……我知渠孙不虚生，虎穴生虎子，堕地骨骼成。举头为城尾为旌，几人雄猛得宁馨。绣衣青春佳御史，路人望见行且止。老夫从旁当说似，前日晦堂道前小儿子。雷动风行自应耳，藜藿不采今其始。"（《诗》卷五）

康德璋　康　瑭

康德璋（？—1214），名不详，德璋其字，辽阳（今辽宁辽阳市）人。大定中以咸平君荫历邯郸沂州（今山东临沂市）酒官，明昌五年（1194），积迁乐安盐使司管勾。明昌七年（1196）升陈留令，赈灾治河，有政绩。泰和五年（1205）授襄陵（今山西襄汾县）令。泰和八年（1208）授京兆府推官，决狱多所平反，息争水之讼。贞祐二年（1214）五月病卒。父康道安，子康瑭。

元遗山为作碑铭即《辅国上将军京兆府推官康公神道碑铭》，述其世系、生平，并云："（康）瑭……以公事状来谓某言：'刘内翰极之志先府君墓，已纳之圹中矣。神道有碑，碑当有铭，敢质之以为请。'某于瑭为同年生，义不得辞，乃为之铭并叙其平生如此。"（《文》卷二十七）

康　国

康国，生卒年里不详，字仲宁。进士出身，任某处提领官。元遗山因其请为僧广作《竹林禅院记》《超然堂铭》。

元遗山《竹林禅院记》云："竹林寺在永宁之白马原……龙门僧广居焉。广，解梁人。自言白云杲之徒。居而安之，即以兴造自任。兴定中，请于县官，得今名……正大庚辰（当为庚寅），予闲居空空，广因进士康国仲宁以记请。仲宁为予言，广业专而心通，且喜从吾属游，其进也有足与之者，因为记其事并著予之所感。四月望日，前内乡县令元某记。"（《文》卷三十五）又《超然堂铭》云："仲宁提领，年甫弱冠，显袭世爵，盖尝从吾友辅之、教授张君学，

故时誉甚著。日者燕诸老于所居之超然堂，问以超然之义，且以铭为请，因就其所可致者而勉之。”（《文》卷三十八）

康良辅

康良辅，生卒年里、生平不详。元遗山同年。

《续夷坚志》卷二“莲十三花”条：“同年康良辅说，磁州观台刘轨家，承安中池莲一茎开十三花。是岁，轨登科，终于京兆按察判官。”

康　晔

康晔，生卒年不详，字显之，高唐州（今山东高唐县）人。弟字进之。事见苏天爵《元文类》卷四十八王思廉《祭康先生文》。

元遗山有《官园探梅同康显之》诗（七律）一首，句云：“千里移根自何许，数枝临水记当年。开时重约花前醉，试手东风第一篇。”（《诗》卷九）施注云显之有《淡轩文集》。又《别康显之》诗（七律）一首云：“玉川文字五千卷，郑监才名四十年。谁谓华高吾岂敢，耻居王后子当然。河亭笑语归陈迹，里社追随失后缘。后夜并州月千里，南窗尊酒且流连。”（《诗》卷九）

孙楷第《元曲家考略》丁稿“康进之”条云:“显之，名晔，高唐人。明《尚书》义，金末第进士。东平帅严忠济创府学……署晔儒林祭酒以主之……弟子百余人，后多为闻人……元好问北渡后，屡至东平，与晔周旋。”按，施注云，元遗山《宣武将军孙君墓表》述及“（东平）府学教授康侯显之”，见《文》卷三十。又《东平新学记》云“署乡先生康晔儒林祭酒”，见《文》卷三十二。

康　锡

康锡（1176—1224），字伯禄，宁晋人，《归潜志》《金史》本传作赵州（今河北赵县）人。幼养于外祖田氏，及长，师柏乡王翰周辅。崇庆二年（1213）进士（《归潜志》云“与雷希颜、冀京父同年进士”，《金史》本传云“至宁元年进士”，皆为1213年）。历栎阳（今陕西西安市境内）簿、警巡判官，辟彭原（今甘肃庆阳市境内）令，补省掾，迁开封府判官，拜监察御史。劾侯挚、师安石非相材，又言撒合辇不可使在禁近，时论韪之。选授右司都事，京南路司农丞，出为河中治中。河中陷，投水死，年四十八。同年雷希颜、冀京父、宋飞卿等名士数十人，世以比唐日“龙虎榜”。从弟康锐，锡以其第三子阿千为后。锡生平见《金史》卷一一一本传、《中州集》卷八小传、《归潜志》卷五及元遗山《续夷坚志》卷一“康李梦应”条记杨果说康锡、李钦叔事。

元遗山为作《大司农丞康君墓表》（《文》卷二十一）述其生平。

康锡有赠元遗山诗《按部南阳有赠》（七律）云：“鲁山佳政治邻邑，白水欢谣见路人。县务清谈君自了，农郊夙驾我何勤。星河直上冰轮转，桃李前头玉树春。海寓疲民望他日，草堂那得遽移文。”（《中州集》卷八）

唐子达

唐子达，生平等均不详。

元遗山有《唐子达扇头》诗（古体）一首，句云：“溪光冷于冰，山骨净如玉。白云自老人自闲，莫遣秋风破茅屋。”（《诗》卷十一）

麻平甫

麻平甫，生卒年、生平不详，虞乡（今山西永济市东）人。

元遗山有《虞乡麻长官成趣园》（五古）二首，句云：“夫君负奇节，剑气郁星斗。为吏非所堪，径去如避走。王官唐以还，寂寞盖已久。柴车君来隐，清风动林薮。至今溪上诗，往往在人口。渊明不可作，此士宁复有。”（《诗》卷一）又《藏云先生袁君墓表》：“中条灵峰观，唐贤罗通旧隐，岁久颓圮，不庇风雨，（袁）先生率同志麻长官平甫共葺之，命高弟乔知先象之居焉。”另参《中州集》周昂《醉经斋为虞乡麻长官赋》诗。

麻　革

麻革，生卒年不详，元太宗初年（1229）前后在世。字信之，号贻溪，虞乡人。

正大中，与杜仁杰、张澄共隐内乡山中教授生徒，长于骈、散文，以作诗为业。未显仕而卒。

元遗山《闻歌怀京师旧游》诗（七绝）云："楼前谁唱绿腰催，千里梁园首重回。记得杜家亭子上，信之钦用共听来。"（《诗》卷十二）又《赠麻信之》诗（七律）一首云："梁苑同来手重分，洛西清语意尤亲。相期晚岁定知我，可道古人惟有君。霁日光风开白昼，琼林珠树照青春。陆机旧有三间屋，便拟东头著弟云。"（《诗》卷十）又《麻杜张诸人诗评》云："麻信之、杜仲梁、张仲径正大中同隐内乡山中，以作诗为业……予尝窃评之。"（《文》卷三十九）又《癸巳岁寄中书耶律公书》中所荐材士五十四人，有麻革名。

刘祁《归潜志》卷十一《录大梁事》、卷十二《录崔立碑事》，《金史·王若虚传》均详载元遗山、麻革、刘祁，王若虚汴京围城遭崔立之变，涉及立崔立碑事始末。刘昂霄有《中秋日同辛敬之、魏邦彦、马伯善、麻信之、元裕之燕集三乡光武庙》诗，句云："登临还喜故人同。"（《中州集》卷七）元遗山亦有《秋日载酒光武庙》诗（《诗》卷十）。

房祺《河汾渚老诗集后序》云："麻贻溪与元老，诗学无慊，古文出其右，公言也。"

麻革有《寄元裕之》诗（七律）一首云："朔云阴雪晚重重，日入寒芜塞草空。沂水东回无去翼，天山南断有哀鸿。三年远别交情外，一夜相思客梦中。明日关河对双泪，只将幽愤寄秋风。"（《河汾诸老诗集》卷一）

麻九畴

麻九畴（1174—1232），字知几。初名文纯，莫州（今河北任丘县）人，《续夷坚志》卷二"麻神童"条作献州（今河北献县）人，《金史》作易州（今河北易县）人。幼年称神童，南渡后读书北阳山中，博通五经，尤精于《易》《春秋》。兴定末（1222）初试、复试均名列前茅，声誉大震。因误于廷试，隐居不出。正大初（1224），因侯挚、赵秉文荐，特赐进士第，累官应奉翰林文字，后谢病去。天兴初（1232），蒙古兵至河南，挈家走确山（今河南确山县），为兵所俘，驱至广平（今河北广平县）死。卒年五十，《金史》本传、《归潜志》作年五十九。《中州集》卷六有小传，其事又见《归潜志》卷二、卷八、卷九。

元遗山有《继愚轩和党承旨雪诗四首》（五古），句云："老麻卧云壑，涧松上峥嵘。斯文要栋梁，颓圮可力撑。"（《诗》卷二）又《范宽秦川图》诗（五古）一首，题自注："张伯玉殁后，同麻征君知几（即九畴）赋。"（《诗》卷三）又《赠利州侯神童》诗（七古）一首，句云："人间失却麻神童。"（《诗》卷四）按，《中州集》麻征君九畴小传云："（麻）三岁识字，七岁能草书，作大字有及数尺者，故所至有神童之目。"又云："一日名重天下，耆旧如闲闲公，且以征君目之而不名也。壬辰岁（1232）遇乱卒，年五十。"又《漉亭同麻知几赋》诗（七律）一首，句云："零落栖迟复此游，一尊聊得散羁愁。"（《诗》卷九）又《真定府学教授常君墓铭》："元光癸未（1223），予过郾城（今属河南漯河市），见麻征君知几，问所与周旋者。知几以镇人常仲明、中山赵君玉对……北渡后，来镇阳，仲明在焉，予首以知几存没访之。仲明言，辛卯（1231）秋，边报已急，以内乡深固，可以避兵，且有吾子在，吾三人议南下。知几卜之不吉，乃止不行。及被兵，知几病困中尚以前日犹豫不行为恨也。予初谓知几少许可而独予仲明有端人之取，固已慕向之。及知几将迁内乡，托于予者为甚厚……"（《文》卷二十四）又《答聪上人书》云："仆自贞祐甲戌（1214）南渡河时，犬马之齿二十有五，遂登杨赵之门，所与交如辛敬之、雷希颜、王仲泽、李钦叔、麻知几诸人，其材量文雅，皆天下之选。"（《文》卷三十九）又《遗山新乐府》卷三《鹧鸪天》其一小序云："隆德故宫同希颜、钦叔、知几诸人赋词一首。"句云："云子酒，雪儿歌，留连风月共婆娑。"

麻九畴有《松笼同希颜、裕之赋》诗一首。又《赠裕之》（七律）诗一首，句云："向来三度见君诗，常望西山有所思。谁料并州天绝处，相逢梁苑雪消时。"又《元裕之以山游见招，兼以诗四首为寄，因以山中之意仍其韵》诗（五古）四首（即和元遗山《继愚轩和党承旨雪诗四首》之作），句云："幸有元公子，不为常语牵。"（《中州集》卷六）

文　生

文生，名、字、生卒年、生平均不详。或系忻州人。

元遗山有《送文生西行》诗（五律）一首，句云："今夜东山月，随人知几程。从军少年事，分手故乡情。"（《诗》卷七）

辛　愿

辛愿（？—1231），字敬之，福昌（今河南宜阳县西）人。年二十五始读书，颇精博，杜诗韩笔未尝一日去手。不修威仪，贵人延客，愿麻衣草履，坦然其间。高庭玉为河南治中，引为上客。庭玉被诬，愿益贫困，后没于洛下。元遗山称其为三知己之一。元遗山有诗句云："爱杀溪南辛老子，相从何止十年迟。"（《自题中州集后》五首之一）辛愿自号女几野人、溪南诗老。《金史》卷一二七有传，《中州集》卷十有小传，《归潜志》卷二载其生平事。

元遗山有《寄答溪南诗老辛愿敬之》诗（七古）一首，句云："五年不唤溪南波，日夕心驰洛西路。山中今日见君诗，惆怅良辰又相误。"（《诗》卷三）又《过刘子中故居》诗（七古）一首，句云："微官枉负半生闲，也著区区簿领间。何时却与溪南老，紫盖山前共往还。"（《诗》卷四）又《寄答赵宜之兼简溪南诗老》诗（七律）一首，句云："故人憔悴蓬茅晚，料得老怀如我今。"（《诗》卷八）又《寄辛老子》诗云："草堂西望渺烟霞，梦寐西南一径斜。为羡鸾凰安枳棘，悔将猿鹤入京华。百钱卜肆成都市，万古诗坛子美家。后日从翁问奇字，可能逋客待侯芭。"（《诗》卷八）又《过三乡望女几村追怀溪南诗老辛敬之》诗（七律）二首，句云："因君重为前朝惜，枉破青衫买一经"，"欲就溪南问遗事，不禁衰涕落烟霞”（《诗》卷九）。又《存殁》诗（七律）一首，句云：“行间杨赵提衡早，老去辛刘入梦频。”（《诗》卷十）又《蘧然子墓碣铭》云：“天下爱予者三人：李汾长源，辛愿敬之，李献甫钦用。三人者皆有天下重名。然长源瘐死西山狱中；敬之则被掠而比为非类所困，折死于山阳；钦用从死淮西，时年未四十也。予常以三人者之后，当无有收。”（《文》卷二十四）又《孙伯英墓铭》：“府治中高庭玉献臣，接纳奇士，号为‘衣冠龙门’……遂为尹所构，凡所往来者如雷渊希颜、王之奇士衡、辛愿敬之，俱陷大狱，危有一网之祸。”（《文》卷三十一）又《太古观记》云：“往予小功兄寂然为全真道，予尝问子之道奈何，寂然举女几野人辛愿敬之之言……”（《文》卷三十五）又《朝元观记》云：“（阎侯德刚）经画略定，境内休息，颇与方外士周旋……参佐部曲诸人请为侯立祠，以致甘棠之思……文石既具，幸吾子以先友溪南辛敬之、刘邓州光甫之故而为之记，予诺之。”（《文》卷三十五）又《杨叔能小亨集引》云：“溪南辛敬之、淄川杨叔能以唐人（诗）为指归，敬之旧有声河南。”（《文》卷三十六）又《张仲经诗集序》云：“（仲经）从名士刘少宣问学，客居永宁。永宁有赵宜之、辛敬之、刘景玄，其人皆天下之选。”（《文》卷三十七）又《陶然集诗序》云：“贞祐南渡后，诗学为盛。洛西辛敬之……等不啻十数人，号称专门。”（《文》卷三十七）又《木庵诗集序》云：“三乡有辛敬之、赵宜之、刘景玄，予以在焉。三君子皆诗人。”（《文》卷三十七）又《长真庵铭》云：“乃参用溪南诗老辛敬之之语为作铭，铭曰……”（《文》卷三十八）又《答聪上人书》：“仆自贞祐甲戌（1214）南渡河时，犬马之齿二十有五，遂登杨赵之门，所与交如辛敬之、雷希颜、王仲泽、李钦叔、麻知几诸人，其材量文雅皆天下之选。……平生知己如辛敬之、李钦用、李长源辈数人。每示之一篇，便能得人致力处。”（《文》卷三十九）又《续夷坚志》卷三“猪善友”条载洛西永宁一屠肆事，注云：“辛愿敬之为之作传。”辛愿有《送裕之往许州，酒间有请予歌渭城烟雨者，因及之》诗云："白酒留分袂，青灯约对床。言诗真漫许，知己重难忘。爽气虚韩岳，文星照许昌。休歌渭城柳，衰老易悲伤。"又《寄裕之》诗云："青云一别阮家郎，甚欲题诗远寄将。好句眼前常蹉过，佳人心上不曾忘。谁家秋月茅亭底，何处春风锦瑟旁。昌谷烟霞久寂寞，欢游还肯到三乡。"（均见《中州集》卷十）

刘昂霄（即刘景玄）有《中秋日同辛敬之、魏邦彦、马伯善、麻信之、元裕之燕集三乡光武庙，诸君有诗，昂霄亦继作》诗（七律）一首，句云："登临还喜故人同。"又《同敬之、裕之游水谷，分韵赋诗，得"荷风送香气"五字，各赋一首》诗（五绝），句云："迂辛与臞元，得句犹有味。"（均见《中州集》卷七）

靖天民

靖天民（1123—1202），字达卿，原武（今河南原阳县西）人。其父金初官原武，因而家于此。少日尝两魁乡试，所与交皆一时名士。晚年买田南湖，以诗酒为事，自号南湖老人。年七十九卒。子文炜，字德昭。《中州集》卷九有小传。

元遗山有《跋酒门限邵和卿醉归图》诗（七古）一首，称邵云："风流若似靖南湖，每恨闻名不相识。"（《诗》卷四）又《南湖先生雪景乘骡图》诗（古体）一首，序云："先生生于天会初，历大定、明昌、泰和，优游于太平和乐之世者五十年。大安兵兴乃下世……其子文炜，北渡后来东平，始以先生之意，追画此图，求仆赋诗……观其子，可以想见先生之为人，故为道其事，并以致怀贤之思。"句云："当年我得奉谈笑，昼夜肯放清尊空。东家西家不相从，南海北海不相逢。风流耆旧今谁似，惆怅相看是画中。"（《诗》卷五）

靖文炜

靖文炜，生卒年不详，字德昭。靖天民之子。文炜子高户，字伯起。

元遗山有《靖德昭儿子高户字说》云："原武靖德昭以（某年）此月（指五月）举儿子。靖氏盖靖郭君之裔，乃取田文故事，名之曰高户而乞字于余。余以为五月生子，往往富贵而寿……德昭之先人南湖翁，早岁以文武材杰出时辈，浮湛里社四五十年之间……德昭问学甚笃，行义甚修，遭离世故又抑不能举，宜为造物者之所乘除，以起家之子遗之也。高户今六岁，青衿绣襦，温然如含玉之璞，琢而文之，将为万乘之器。吾知恶月之说，殆田家媪、火炉头语耳，因字之伯起，书以贻之。"（《文》卷三十九）又《寒食灵泉宴集序》中列与宴者诸人名，有"德昭"（《文》卷三十七）。

郭唐臣

郭唐臣，生卒年、生平不详，泽州（今山西晋城市）人。

元遗山有《赋泽人郭唐臣所藏山谷洮石砚》诗（七古）一首。另参《中州集》卷五、卷六冯延登、雷渊咏洮石砚诗。

郭仲通

郭仲通，生卒年里、生平不详。

元遗山有《学东坡移居八首》诗（五古），句云："郭侯家多书，篇帙得遍窥……独有仲通甫，天马不可羁。"（《诗》卷二）又有《答郭仲通》诗（七律）二首，其一句云："惭愧诗人比少微。"自注："来诗有'少微星'之句。"其二云："一尊何意复同倾，乱后真疑隔死生。吐气无妨出芒角，忍穷尤喜见工程。千年老桧盘根古，十丈寒潭照胆清。凛凛风期望吾子，不成随例只时名。"（《诗》卷十）

郭 瑁

郭瑁（1167—1225），字子玉，岢岚人。弱冠以律学应选，兴定元年（1217）累官至广威将军，有吏能。蒙古军南下，曾献计保岢岚免遭屠城。见知于胥鼎、李君美；李仲修与瑁有恩门之旧，与李之纯、许古友善，赵寿卿日相追从。正大二年（1225）卒，年五十八。子蜕、仲彧、择善、仲文、仲器。

元遗山有《广威将军郭君墓表》述其生平行事，文云："岁甲辰（1244）冬，予过洛西，仲文方从事邓州之行幕，介于教授吴子贤，涕泗百拜，以墓表为请。仲文温淳有蕴藉，一府之事皆所倚办。择善操履能正，博于玄学，道价重一时……乃为论次之而系以铭，铭曰……"（《文》卷二十八）

郭大方

郭大方，岢岚人，施注以大方即郭瑁第三子择善。生卒年、生平不详，有自适轩。

元遗山有《送仲希兼简大方》（仲希即完颜仲希）诗（七律）一首，句云："方外故人如见问，为言乘兴欲东游。"（《诗》卷十）又《送郭大方》诗（七律）一首云："云装烟驾渺翩翩，是处林泉有静缘。存殁共惊初劫后，交游空记十年前。忘言秋水聊挥麈，得意高山未绝弦。明月太虚君自了，相思休泛剡溪船。"（《诗》卷十）又《郭大方自适轩》（七绝）一首云："自适还曾自适无，半生枯寂坐禅居。马卿若也知人意，只画梁家举案图。"（《诗》卷十四）又《广威将军郭君墓表》云郭瑁第三子曰择善，"弃家为黄冠……择善操履能正，博于玄学，道价重于一时，而窃叹郭氏世业淳雅，晋人少见其比"（《文》卷二十八）。

郭　峤

郭峤（1156—1232），字子崇，大兴（今北京大兴县）人。早习举业，知诗文，以父荫补尚书吏部掾属，以廉能升费县（今山东费县）令，有政声。天兴元年（1232）卒，年七十六。与贾损之、赵庆之、刘元鼎、李温甫、刘光甫、陈寿卿、薛曼卿、申伯胜、和献之诸人友善。子遹祖、嗣祖、兴祖、显祖。

元遗山有《费县令郭明府墓碑》述其生平行事，并云："好问往在洛西，辱公以篇什见赏，且于二子有通家之好，见属墓碑，不敢以固陋辞。"（《文》卷二十八）

郭辅之

郭辅之，生卒年、生平不详，彰德（今河南安阳市）人。

元遗山《王黄华墨竹》诗（古体）一首，自注："为郭辅之赋。"施注引《彰德志》，言"金郭辅之得邺南城注雨瓦筒，以之支琴，王庭筠为之赋诗"云云，即此人。又按李光廷《年谱》五十七岁注："辅之，彰德人。"又元遗山《送辅之、仲庸还大梁》诗（七律）一首，句云："淋浪别酒青灯夜，灭没孤帆落照边。想得还家过春半，故都乔木满苍烟。"（《诗》卷八）按，施注以诗题辅之为李天翼。李天翼、郭辅之均称"辅之"，未详孰是。

郭仲庸

郭仲庸，生卒年里、生平不详。

元遗山有《送辅之、仲庸还大梁》诗（七律）一首，句云："淋浪别酒青灯夜，灭没孤帆落照边。想得还家过春半，故都乔木满苍烟。"（《诗》卷八）施注以仲庸为郭姓（按，仲庸还大梁，诗云"还家"，仲庸当家居汴京）。又《绣江泛舟有怀李、郭二公》（七律）一首，句云："长白风烟最潇洒，外台宾主重留连。胜游每恨隔千里，乐事便当论百年。咫尺西州两诗客，不来同作饮中仙。"（《诗》卷八）按，施注以李即李天翼，字辅之。仲庸即郭仲庸，见《送辅之、仲庸还大梁》诗题施注，诗见上，载《诗》卷八。又《与枢判白兄书》（白兄即白华）云："近得仲庸书报。"（《文》卷三十九）知仲庸系元遗山友人也。

郭守敬

郭守敬（1231—1316），字若思，顺德邢台（今河北邢台县）人。元代著名科学家。中统三年（1262）以张文谦荐，任提举诸路河渠，次年升副河渠使。至元后负责兴水利、修桥梁、建闸堰等事。参与制订《授时历》，创制天文仪器十余种，有世界最早之大赤道仪。曾与王恂共创招差术，为我国独特而先进的球面三角学。至元二十三（1286）年任太史令，二十八年（1288）领都水监。

其后主持修成通惠河。三十一年（1290）任知太史院事。有著述多种，均佚。《元史》卷一六四有传。

遗山因刘肃、张耘夫于邢州造石桥之请，为作《邢州新石桥记》，文云："（刘、张）乃命里人郭生立准计工，镇抚李质董其事，分画沟渠，三水各有归宿，果得故石梁于埋没之下……"（《文》卷三十三）按，此郭生即守敬，遗山悉知其事，当有所交。守敬建石桥之功，亦可补史传之失。

许　古

许古（1157—1230），字道真，河间（今河北河间县）人。明昌五年（1194）进士，贞祐初（1213）上章献恢复之谋、止搜括百姓余粮，略施行之。迁左司员外郎，转右司谏，多直言，以右司谏兼侍御史。兴定初（1217），请与宋和，谏伐宋，格于宰臣，不用。以左司谏致仕，雅负人望。正大七年（1230）卒，年七十四。《金史》卷一〇九有传，《中州集》卷五有小传。

元遗山《中州集》许古小传云："（许古卒）前三日有书见及，字已欹倾矣。"

许　楫

许楫（1219—1289），字公度，忻州人。幼从元遗山学，年十五，以儒生中词赋选。至京师，许衡深器之。忽必烈任楫为大司农司劝农副使。商挺上其言于京兆（今陕西西安市）之西募民屯田，从之，果获其利。寻为陕西道劝农使，为官清正。至元二十三年（1286）授中议大夫、徽州（治今安徽黄山市）总管，止大吏刻剥民钞，劝降起义饥民。至元二十四年（1287）授太中大夫、东平总管，谢事二年卒，年七十。《元史》卷一九一有传。

《元史》本传云："许楫字公度，太原忻州人。幼从元裕（脱"之"字）学，年十五，以儒生中词赋选，河东宣抚司又举贤良方正孝廉。楫至京师……"

聂天骥

聂天骥（？—1232），生年不详，字元吉，五台（今山西五台县）人。弱冠登进士第〔《金史》云至宁元年（1213）进士〕，调汝阴（今安徽阜阳市）簿，历睢州（治今河南商丘县）司侯、封丘令。兴定初（1217），辟为尚书省令史。不附胥吏，以忤太后旨出为同知汝州（治今河南汝州市）防御使，未赴。后入为右司员外郎。以故降京兆治中，复右司员外郎。崔立之变，杀守汴二相，兵及天骥，卧创二十日许。其女舜英谒医救疗，天骥叹曰："吾幸得死，儿女曹乃为谒医，尚欲我活耶？"竟郁郁以死。舜英完其葬，亦自缢。《金史》卷一一五有传，《归潜志》卷五载其事，《金史》卷一三〇有聂孝女传。

元遗山作《聂元吉墓志铭》述其生平行事，且云："予与元吉同乡里，年相若，仕相及。然元吉重迟，予资卞急；元吉耿耿自信，未尝以言下人，予则矫枉过直，率屈己以徇物。道不同不相为谋，故虽与之同乡里、年相若、仕相及而交未尝合也。今元吉已矣，予惜其有志于世，世亦望焉，而卒无所就也，乃为之铭以哀之。词曰：'岩墙之死，匪曰正命。义存义亡，何适非正……吾于元吉，诚爱其得所以死而死，然亦悲夫抱一概之操，泯泯默默，少不能俟天之定也。'"（《文》卷二十一）又《聂孝女墓铭》云："女字舜英，年二十二，尝嫁进士张伯豪妻，伯豪死，归父母家。呜呼，壬辰（1232）之乱极矣，中国之大，百年之久，其亡也，死而可书者：权参知政事翰林学士承旨子政、右丞大用、御史大夫仲宁、户部尚书仲平、大理德辉、点检阿撒、郎中道远、省讲议仁卿、奉御忙哥、宰相子伯祥、宿直将军长乐妻明秀、参知政事伯阳之夫人与孝女十数人而已，且有妇人焉……"（《文》卷二十五）

聂 珪

聂珪（1203？—1259？），字廷玉，或作庭玉，冀宁寿阳（今山西寿阳县）人。金时任太原府委差官。元太祖十七年（1222）降蒙古，后代王璋为招抚司副使同都元帅。以部将叛，几死，奔太原。太原继陷，珪檄召本路兵复克太原。又为向导破武仙，以功摄平定、皋、晋、威、盂、辽、仪等处总兵都元帅，多招抚，来降者众。太宗七年（1235）改授平定、邢、晋等州长官。珪天资仁厚，其为政缓急轻重，悉有条例。家居喜宾客。卒年五十六。《新元史》卷一四五有传，又见李冶《聂珪神道碑》（《山右石刻丛编》卷二十八）。

元遗山有《过皋州寄聂侯》诗（七律）一首，句云："别后故人应念我，一诗聊与话离忧。"（《诗》卷十）又新发现元遗山所作《冠山寂照通悟禅师徽公塔铭并引》云："往予过大名，曾一诣师（指僧澄徽）。予先世家平定，然未尝语及之也。今年秋九月过平定，游冠山。聂帅庭玉指示予：'此寺即徽上人落发处也……'时殿后一大松，槃礴偃蹇，高出尘表。予拊而爱之。庭玉又言：'此松先有虬枝及地而起，画工往往貌之以为图。此夏忽为大风所折，松今北向比矣！'……及到大名，而师之逝已三日矣……时大朝丙午年（1246）四月初十日……"（温玉成《元好问〈徽公塔铭〉注》，《山西大学学报》1985年第3期）

苏天爵《元朝名臣事略》卷十三"内翰李文正公（冶）"条引太常徐公（世隆）《四贤堂记》云："初，聂侯珪以土豪归国，帅平定者最久。雅亲文儒，闻敬斋李公之名而贤之，辇至郡舍。会遗山元公还太原，过之，为数日留。因追忆闲闲、文献二老，作诗云：'百年乔木郁苍苍，耆旧风流赵与杨。为向榆关使君道，郡中合有二贤堂。'聂侯起谢曰：'此珪志也。'方经始而聂侯卒……闲闲、文献以道德文章为一代宗师者……遗山、敬斋皆二公门下。自南都时，才已相埒。北渡后，尝往来西州，寓志于文字间，赓唱迭和，世亦谓之'元李'。"

《新元史》卷一四五本传云："（珪）家居喜宾客，多购法书名画，与元好问、李冶等友善。"

要襄叔

要襄叔，生卒年里、生平不详，疑为元遗山同乡。其子小字端平。

元遗山有《赠答要襄叔二首》（七绝）诗，句云："长洲连日远相迎，展读新诗眼倍明。邓下旧人多念我，感君兼有故乡情。"按，诗云"故乡情"者，襄叔或系元遗山同乡也。又云："名家未觉风流减，说眼青云看阿端。"自注："……又其儿子小字端平者方就学。"（《诗》卷十三）

覃　澄

覃澄（1114—1275），字彦清，德兴怀来（今河北怀来县）人。《元史》作"谭澄"，误。其父资荣，金末交城令，降蒙古，后以弟资用自代。资用卒，澄袭职，年十九。有惠政，曾因耶律楚材上言，免逃亡罪。民贷官息，取倍而已。后觐见忽必烈。忽必烈以权重受疑于宪宗蒙哥，澄为周旋解之。忽必烈继位，中统初（1260）为怀孟路（治今河南沁阳县）总管，令民凿唐温渠，以利农桑。迁河南路（治今河南开封市）总管，至元七年（1270）入为司农少卿，又任京北总管。继代严忠范守成都，有政绩，安抚少数民族有方。至元乙亥（1275），年五十八卒。子克修。《元史》入《良吏传》，见卷一九一；又附见于其父传，见卷一六七。又姚燧有《谭公（澄）神道碑》（见《牧庵集》卷二十四）。

元遗山有《覃彦清飞雨亭横披》诗（七绝）一首（《诗》卷十四）。

石子章

石子章，生卒年不详，名建中，大都（今北京市）人。元初石天应之子辈。曾以作赵州石桥诗见称于元遗山，或与史天泽有亲。与李显卿、陈祐、王旭（杜善夫门人）友善。其事见孙楷第《元曲家考略》丁稿。

元遗山有《答石子章因送其行》诗（七律）一首，句云："石梁诗好先知名，尊酒相逢意自倾。宝剑沈埋惜元振，铁檠豪宕见胡钲。"（《诗》卷九）

石裕卿

石裕卿，其人不详。曾任郎中官。

元遗山有《追怀友生石裕卿》诗（七律）一首，句云："人物休评第几流，依然豪侠数并州。壮怀歌阕尊为破，连句才多笔不休。金马只教聊避世，玉犀谁遣失封侯。酒酣握手今无复，惆怅西园是旧游。"（《诗》卷十）按，详诗意，裕卿当系太原人。又有《题石裕卿郎中所居四咏》诗（七绝）（《诗》卷十三）。

晋 古

晋古，燕（今北京市一带）人，余未详。

郝经《义士诗序》："丁巳（1257）春，予入燕，得义士一人焉，曰晋古，跌宕于搢绅间……交识名右：王内翰、白枢判、魏靖肃、元遗山，一时名流，皆为之先后。"（见《陵川集》卷二）

雷 渊

雷渊（1183—1231），字希颜，一字季默，应州浑源（今山西浑源县）人。父思，名进士，仕至同知北京转运使。渊幼时发愤为学，后从李之纯游，遂知名。登至宁元年（1213）进士，调泾州录事，坐高庭玉狱，几死。后改东平，不畏骄兵悍卒，出入偃然不屈。寻迁东阿（治今山西东东阿县）令，转徐州（治今江苏徐州）观察判官。兴定末（1222）召为英王府记室参军，转应奉翰林文字。拜监察御史，言五事称旨。又弹劾权贵，至蔡州（治今河南汝南县），杖杀奸豪五百人，时号曰"雷半千"，为此受讼罢去。久之，用宰相侯挚荐，起为大学博士，一夕暴卒，年四十八。《金史》卷一一〇有传，《中州集》卷六有小传。其事又见《归潜志》卷一、卷八、卷十。子膺，元初为能臣，《元史》有传。

元遗山为作《希颜墓铭》，述其生平行事，且云："年四十六，以八年辛卯（1231）……（渊）暴卒……好问与太原王仲泽哭之。"（《文》卷二十一）又《写真自赞》称"希颜之高气"(《文》卷三十八)。又《答聪上人书》："仆自贞祐甲戌（1214）南渡河，时犬马之齿二十有五，遂登杨赵之门，所与交如辛敬之、雷希颜、王仲泽、李钦叔、麻知几诸人，其材量文雅皆天下之选。"（《文》卷三十九）

又有诗《缑山置酒同内翰冯丈叔献、雷兄希颜赋诗，分韵得英字》（五古）

一首（《诗》卷一）、《同希颜再登箕山》诗（五古）一首（《诗》卷一）。《滁水》诗（五古）句云：“中州有士论，指与雷李屈。”（《诗》卷一）《九日读书山用陶诗……为韵赋十诗》（五古）一首，句云：“堂堂髯御史，痛饮益精明。”（《诗》卷二）《游龙山》诗（七古）一首，句云：“曩予尉大梁，得交此州雷与刘。”（《诗》卷五）《送希颜赴召西台兼简李汾长源》诗（古体）一首（《诗》卷五）《太室同希颜赋》诗（五律）一首（《诗》卷七）。《闻希颜得英府记室》（五律）一首，句云：“近得髯参信，知从兔苑游。”（《诗》卷七）《寄希颜二首》（七律），句云：“湖海故人仍骑曹……酒船早晚东行办，共举一杯持两螯。”（《诗》卷八）又有《同希颜、钦叔玉华谷分韵得军、华二字二首》（七绝）（《诗》卷十一），《同希颜、钦叔玉华谷还会善寺即事二首》（七绝）（《诗》卷十一）。《过希颜故居四首》（七绝）句云：“虎视鹰扬何处在，道边孤冢可怜生”，“鹤盖成阴着处同，一时人物酒杯中。臣门如市心如水，世俗论量恐未公”，“剧谈不尽平生意”，“把臂论交今最深”（《诗》卷十一）。《希颜挽诗五首》（七绝）句云：“紫髯落落照青春”，“犹是中朝第一人”，“万古文章有正传，骅骝争道望君先。伤心一入重泉后，再得斯人又几年”（《诗》卷十一）。又有《从希颜觅笃耨香二首》（七绝）（《诗》卷十三）。

又《遗山新乐府》卷一《摸鱼儿》（其一）序云：“正月二十七日，与希颜陪冯内翰丈游龙母潭。”卷一《满江红》（其五）序云：“送希颜之官徐州。”卷三《鹧鸪天》（其一）序云：“隆德故宫同希颜、钦叔、知几诸人赋。”卷一《水调歌头》（其一）序云：“少室玉华谷月夕与希颜、钦叔醉中赋此。”同卷《水调歌头》（其四）有雷渊题记云：“兴定庚辰（1220）六月望，予与河南元好问、赵郡李献能同游玉华谷……得观古仙人词……附仙人词。”

元遗山《续夷坚志》卷一“毁宝鼎”条，自注“希颜说”。又“天魔祟”

条："希颜谓其同列者言……"卷三"雷氏节姑"条载雷氏家事。

又《中州集》卷六雷渊诗:《玉华山中同裕之分韵，送钦叔，得归字》（五律），《九日登少室绝顶，同裕之分韵，得萝字》（五古），《同裕之、钦叔分韵，得莫论二字》（五古），《启母石同裕之赋》（七绝）（按，元遗山《启母石》诗，见《诗》卷十二，七律），又有《洛阳同裕之、钦叔赋》。《次裕之韵兼及景玄弟》（七律）句云："文字喜逢修月手，津梁愧乏济川材。"

又《中州集》卷七有秦略诗《同希颜、裕之赋乐真竹拂子》（七绝）一首。卷六有麻知几诗《松笼同希颜、裕之赋》（七古）一首。

又刘祁《归潜志》卷八："正大初（1224），赵闲闲长翰苑，同陈正叔、潘仲明（名希孟）、雷希颜、元裕之诸人作诗会。"

雷　膺

雷膺（1224—1297），字彦正，雷渊子。七岁而孤，母劝其苦学。蒙古太宗时诏郡国设科选试，膺弱冠得其选，以文学称。丞相史天泽镇真定，辟为万户府掌书记。忽必烈即位，授大名路（治今河北大名县）宣抚司员外郎。由王鹗、王磐荐，为翰林修撰、同知制诰，兼国史院编修官。中统四年（1263），用兵于蜀，参机宜事。因宪府荐，入拜监察御史，首以"正君心、正朝廷百官"为言。又斥聚敛之臣不宜作相。十四年（1273），任山南湖北道提刑按察副使，出令诸将强民为奴者还为民，以数千计。二十三年（1282），任江南浙西道提刑按察使，时雨伤稼，请发廪米赈民。年六十二，致仕，归老山阳（今陕西山阳县）。成宗即位，召故老，膺多建白。大德元年（1297）卒，年七十三。《元史》卷一百七十有传。

膺与王恽善。王恽《秋涧集》卷四十五《遗山先生口诲》载遗山与张德辉过卫州（治今河南卫辉市），遗山亲授王恽诗学事，文云："（恽）拜二公于宾馆，同志雷膺在焉。"知膺与恽同为遗山弟子。

贾仲德 贾仲温

贾仲德、贾仲温，兄弟二人，生卒年不详，武可（今河北土名县）人。

元遗山《致乐堂记》："癸丑（1253）之夏，余以事来故都，进士新城王敦甫（另见王敦父条）、温阳（今河北抚宁县）张无咎（生卒年不详，为进士）谓余言：'武可贾仲德、仲温贪慕高谊，久欲奉杖屦，致师宾之敬。日者以守义辈为介，吾子既惠顾之矣。仲德故家世淳厚，兄弟力供子职，所以事其母者……以谨厚称燕中。比年以来，仲温者又能岁授一经，《孝经》《语》《孟》，以次卒业，骎骎乎行己之学，非但涉猎而已。事母既孝，而事其兄惟谨，友爱弟者甚笃……因以'致乐'名其堂，取养则致其乐者。堂未有记，幸吾子终教之。'余谢曰：'仆也衰谬，顾何以答盛意？虽然，尝闻之师……然则名堂之意，殆敦甫、无咎爱人以德而然耳，故予乐为记之……河东人元某记。"（《文》卷三十三）

贾 辅

贾辅（1192—1254），字良佐，祁州蒲阴（今河北安国县）人。金末任祁州刺史，降蒙古，隶属于张柔，有军功。张柔开帅府于满城（今属河北保定市，张柔墓在焉），命辅行元帅府事于祁州。后从定山东，迁左副元帅。累功改行军千户，寻领顺天、河南等路军民万户。岁甲寅（1254），年六十三卒。子文备。《元史》卷一六五有传并载辅事，又见郝经《左副元帅祁阳贾侯（辅）神道碑》（《郝文忠公文集》卷三十五）。

元遗山《顺天府营建记》述张柔开帅府于满城始末诸事，并云："庚戌（1250）秋七月，予过顺天，左副元帅贾辅良佐授侯（指张柔）经度之事，请记之于石曰：'始吾城无寸甓尺楹之旧，而吾侯决意立之……今属笔于子，其自意乎？'予因为言。自予来河朔，雅闻侯名……予虽老矣，如获见其成，尚能为侯屡书之。"（《文》卷三十三）

贾庭扬

贾庭扬，平定人。曾试擢进士登第，与李浩同师事刘汝翼。元遗山《大中大夫刘公（汝翼）墓碑》载其与李浩师刘汝翼事（《文》卷二十二）。又《癸巳岁寄中书耶律公书》荐五十四人有“平定贾庭扬”（《文》卷三十九）。

贾　起

贾起，生卒年不详，字显之。祖籍真定，后为东平人。任河仓提领。少日为名进士，旧仕东平行台，历平阳（今山西临汾市）簿，提领堂邑。岁课提点河仓，惠养疲民，欢谣载路。父炤，明昌五年（1194）进士。族祖益谦。

元遗山有《贾漕东城中隐堂》诗（七律）一首，句云：“安吉总输中隐士，典刑真见老成人。”施注以此诗即为贾起而作（《诗》卷十）。又《东平贾氏千秋录后记》云：“炤，明昌五年（1194）经义进士……即今东平河仓提领起之父也……某北渡后，获从公（指贾左丞益谦）从孙河仓提领起游。起字显之，少日为名进士，旧仕东平行台，历平阳簿，提领堂邑……某尝以三口号纪之：‘今年堂邑有清官，三尺儿童也喜欢……’壬子（1252）冬十月，自真定来东原，显之以此本（指《千秋录》）见示且征后记，某以贾宗名德相望……谨述家传所未载者三数条如右。冬至日，河东人元某敛衽书。”（《文》卷三十四）又《跋张仲可东阿乡贤记》：“仲可名家子，有志于学，故敢以相告。见贾丈显之，尝试问之以为如何。”（《文》卷四十）

贾益谦

贾益谦（1147—1226），字亨甫（《归潜志》作“字彦亨”），本名守谦。祖籍真定，后迁东平。金宣宗时参知政事，出知济南，移镇河中。南渡后，召拜左丞，寻致仕。尝称卫绍王勤俭，慎惜名器，中材不能及者多矣。朝议伟之。正大三年（1226）去世，年八十。子贤卿、颐卿、翔卿，孙仲明，从孙起。《中州集》卷九有小传。

元遗山有《东平贾氏千秋录后记》述其生平世系，并云：“某不敏，常被省檄，登左丞公之门……哀宗即位，史官乞因《宣宗实录》，遂及卫绍王……及遣编修官一人就访之。公知其旨，谓某言：‘我闻海陵被弑，大定三十年，禁近能暴海陵蛰恶者得美仕，史臣因诬其淫毒骜狠，遗笑无穷。自今观之，百可一信耶？卫王勤俭，重惜名器，较其行事，中材不能及者多矣。吾知此而已。设欲饰吾言以实其罪，吾亦何惜余年！’朝论伟之。某初及公门，三往而后见……某献诗云：‘黄阁归来履舄轻……’公答云：‘见说才名自妙年……及见风鹏上九天。’公又敕诸子、贤卿台掾、翔卿阁门，凡某京师用物，月为供给之，其曲相奖借如此。某北渡后，获从公从孙河仓提领起游。”（《文》卷三十四）又诗《郑州上致政贾左丞相公》（七律）一首，即文中“黄阁归来”云云（《诗》卷八）。又诗《将上书莘国幕府感怀呈贾明府》（七律）一首，句云：“风鉴今谁如老庞”，“爱惜平生请缨手”（《诗》卷九）。

《中州集》卷九贾益谦诗《赠答史院从事》（七律）一首，即上文“见说才名”云云。

贾令春

贾令春，生卒年、生平不详，皋州人。曾任金鄜畤丞。

元遗山有《甲寅九日同临漳提领王明之、鹿泉令张奉先、贾千户令春、李进之、冀衡甫游龙泉寺，僧颢求诗二首》（七律）（《诗》卷十）。又《续夷坚志》卷四“炭中二仙”条云：“皋州人贾令春，前鄜畤丞。兴定元年丁丑（1217）十月，以戍役在渑池……”

冀禹锡

冀禹锡（1191—1233），字京父，龙山人。崇庆二年（1213）进士，有吏能，金哀宗时擢为应奉翰林文字。蒲察官奴之变，投水死，年四十二。《中州集》卷六有小传，其事又见于《归潜志》卷二、《金史·官奴传》。

元遗山有《四哀诗·冀京父》（七律）诗一首，句云："先生藻鉴识终童，曾拔昆山玉一峰"，"九地忠魂耿耿胸"（《诗》卷九）。又诗《送王彦华》（七古）一首，句云："中朝名胜龙山冀"（《诗》卷四）。又诗《去岁君远游·送仲梁出山》（五古）一首，句云："平生得意钦与京（指李钦叔与冀京父）。"（《诗》卷五），又《中州集》冀禹锡小传云："在京师时，希颜、仲泽、钦叔、京父相得甚欢，升堂拜亲，有昆弟之义。而不肖徒以文字之故，得幸诸公间……盖不二三年，而五人者唯不肖在耳。"

冀衡甫

冀衡甫，生平不详。

元遗山有《甲寅九日同临漳提领王明之、鹿泉令张奉先、贾千户令春、李进之、冀衡甫游龙泉寺，僧颢求诗二首》（七律）（《诗》卷十）。施注疑衡甫为冀京父之弟，或即荐于耶律楚材之冀致君。致君，太原人，《癸巳岁寄中书耶律公书》中有"太原……冀致君"（《文》卷三十九）。

冀明秀

冀明秀，生卒年里、生平不详。

元遗山有《同冀丈明秀山行》诗（五律）一首，句云："暮景披横幅，山间二老同。"（《诗》卷七）

孔元措

孔元措（1179—1252？），生卒年不详确，字梦德，山东曲阜人，孔子五十一代孙。袭父为曲阜县令，金章宗明昌元年（1190）袭封为衍圣公。金将亡，遗山荐之于耶律楚材，继为衍圣公。尝收容金太常署礼官乐工，成乐队，助成蒙古宪宗三次于日月山作祭天大典，受器重。又编《祖庭广记》，使"仙源文献，至是始备"。耶律楚材为之奏上，特命元措于壬寅（1242）在曲阜增补校正重印，以广其传。又于大乱后重修曲阜孔林，遗山有《曲阜纪行》诗十首纪其事，极为扬誉。《金史》卷一〇五有传。

元遗山有《为衍圣孔公题张公佐湘江春早图二首》（七绝）（《诗》卷十三），又有《曲阜纪行》十首（五古）（《诗》卷二）。《癸巳岁寄中书耶律公书》为耶律楚材荐五十四人，首列孔元措之名，其云："窃见南中大夫士归河朔者，在所有之，圣者之后如衍圣孔公……"（《文》卷三十九）又《送李辅之之官济南序》云："辅之李君膺剡章之招，有泛舟之役……诸公从衍圣孔公赋诗赠别凡若干首而某为之引。"（《文》卷三十七）

孙 庆

孙庆，生卒年不详。字伯善，济南人。贞祐间参与平彭义斌军有功，壬辰（1233）迁宣武将军。己亥（1239）任东平府录事，严实用之为都指挥使。年五十七卒。子天益、天瑞、天宠。与康显之、刘德润、阎载之友善。《新元史》卷一百三十七有传。

元遗山有《宣武将军孙君墓碑》述其生平行事，且云："癸丑（1253）之冬，予以行台之召东来，天益谓予颇知其先人，持府学教授康侯显之志文见示。涕泗再拜，以墓碑之铭为请。按康侯所载，君所善二人，其一兖人刘德润，其一潞人阎载之。德润仕行台详议官……及德润殁，君为之送终并葬三世，一如平生之言，此予所亲见者。载之失侯故将……殁之后，家贫子幼，无以为葬，君感念畴昔，营护丧事……亦予所亲见者……天益三请益坚，度不可以终辞，乃强为论次之……"（《文》卷三十）

孙德谦

孙德谦，生卒年里、生平不详。元遗山弟子。

元遗山有《赠别孙德谦》诗（七古）一首，句云："鹊山一带伤心碧，羡杀孙郎马首东。"（《诗》卷四）又《答大用万户书二》："某顿首启：东原宿留几半岁之久，辱公家贤弟昆慰藉之厚……孙德谦、张梦符津送至魏京，今东归矣……”（《文》卷三十九）又《寒食灵泉宴集序》列不期而至者名有德谦。

又盛如梓《庶斋老学丛谈》卷三：“张寓斋（即梦符）相公，少年与孙德谦于东平严侯府从元遗山读书。其归也，命二子送行。及别，求诗，以‘东平’二字为韵。孙得诗云：‘鹊山一带伤心碧，羡杀孙郎马首东。’……孙竟不永年。”按，元遗山赠孙诗见《诗》卷四。

孙德秀

孙德秀（1184—1234），字伯华，太原文水（今山西文水县）人。金正大间为监察御史，纠劾权贵白撒等，正色立朝，言事数十条。曾任国史院编修官。壬辰（1233）之变，微服出汴京，客居大名。明年（1234）郁郁而病终，年五十。子颐、观、孚，与冯延登、王楫有亲。

元遗山有《御史孙公墓表》述其生平行事，且云：“季子孚以王内翰百一所撰家传来乞余铭，仆于公为乡人，敢用所以知公者为之铭，以致怀贤之思……”（《文》卷二十二）又《写真自赞》：“豪爽不足以为德秀之兄。”（《文》卷三十八）

孙显卿

孙显卿，生卒年里、生平不详。

元遗山有《从孙显卿觅平定小山》诗（七绝）一首。

王敦父

王敦父，或作敦甫、敦夫，生卒年不详，新城（今山东洛南县附近）人。进士出身。有时中斋。其父祥止先生，有祥止庵，别墅有曲肱亭。

元遗山有《王敦夫祥止庵》诗（七律）一首，句云：“旧时诗礼闻家学，此日丹砂见地仙。”（《诗》卷十）又《贾氏怡斋二首》（七绝），句云：“见说病中王处士，感君兼有急难情。”自注云：“王敦夫病寒劳，复历两月之久，委顿殊甚，（贾）仲德躬自调护，迄于平善，州里称焉，故有上句。”（《诗》

卷十四）又《致乐堂记》：“癸丑（1253）之夏，余以事来故都，进士新城王敦甫、温阳张无咎谓余言，武可贾仲德、仲温贪慕高谊，久欲奉杖屦，致师宾之敬……敦甫、无咎爱人以德而然耳，故予乐为之记……五月望日河东人元某记。”（《文》卷三十三）

王庭筠

王庭筠（1155—1202），字子端，自号黄华山主，又号雪溪。祖籍太原祁县，后迁盖州熊岳（今辽宁省盖县）。早有重名，大定十六年（1176）进士，任恩州（治今山东恩县）军事判官，调馆陶（今山东馆陶县）主簿，被荐为供奉翰林，迁翰林修撰。坐赵秉文事，降郑州防御判官，未几起为应奉翰林文字，复为修撰。年四十七卒于官。王庭筠文采风流，照映一时，又善品书画，尤工山水墨竹。荐引如赵秉文、冯璧、李纯甫，皆一时名士。曾买田隆虑（今山东林州市），读书黄华山寺，因以自号。《金史》卷一二六有传，《中州集》卷三有小传，其事又见《归潜志》卷七。父王遵古，字元仲，正隆五年（1160）进士，仕为翰林直学士，金章宗称其“故人”“昔人君子”者。《中州集》卷八有小传。兄庭玉，字子温。次兄庭坚，字子贞。弟庭掞，字子文。庭筠以庭掞子万庆过继为子（万庆，《金史》作曼庆，字禧伯，号澹游，仕为尚书省左右司郎中），犹子明伯。伯父王遵仁、王遵义。外祖张浩，舅父张汝霖。

元遗山《游黄华山》诗（七古）一首，句云：“黄华水帘天下绝，我初闻之雪溪翁。”（《诗》卷三）按，赵秉文有寄王庭筠诗，句云“寄语雪溪王处士”，庭筠又刻有《雪溪堂帖》十一卷，知其号“雪溪”。又《王黄华墨竹》诗（古体）一首（《诗》卷五），《王学士熊岳图》诗（七古）一首。《王子端内翰山水，同屏山赋二诗》（七绝）句云：“眼明今日题诗处，却见明昌玉笋班。”（《诗》卷十一）

元遗山又作《王黄华墓碑》（《文》卷十六）详述其生平行事。

元遗山《续夷坚志》卷四“海岛妇”条云：“王内翰元仲《集录》……元仲，黄华老人也。”（按，王庭筠父遵古，字元仲，此处“元仲”又为黄华老人王庭筠字，似有误）又卷四“王内翰诗谶”条云：“王子端内翰泰和中赋残菊云……盖绝笔也。王勉道作挽诗，故有‘幽花绝笔更伤神’之句。”

《中州集》卷四录李纯甫《子端山水同裕之赋》诗（七绝）一首、《哭黄华》（五古）一首。

王彦华

王彦华，其人不详，系冀禹锡婿。

元遗山有《送王彦华》诗（七古）一首，句云：“中朝名胜龙山冀，喜色门阑得佳婿……迂斋（即周驰）受学青衿日，殷重遗山为拊摩。”（《诗》卷四）又《李成之、王彦华、赵孝先以提学命，见饷佳酒，且求利名，辄以诗记之》（七古）一首（《诗》卷四）。

王亚夫

王亚夫，其人不详。

元遗山有《送王亚夫举家归许昌》诗（七古）一首，句云：“因君南望一大笑，落日澹澹青山低。”（《诗》卷五）

王以道

王以道，其人不详。遗山金末同僚。

《遗山新乐府》卷二《临江仙》（其十一），小序云：“相下与王以道饮，席间走笔为赋。王，予东曹掾时同舍郎也。”句云：“东山看老去，湖海永相望。”

王　鹗

王鹗（1181—1273），字百一，或作伯翼，曹州东明（今河南开封市附近）人。

金正大元年（1224）进士，授应奉翰林文字，后为归德府判官，改同知申州（治今河南信阳市）事。哀宗奔蔡州，擢为左右司郎中。金亡，张柔救之，馆于保州（今河北保定市）。忽必烈即位前礼聘之，鹗为进讲《孝经》《书》《易》及齐家治国之道。岁余，乞还。忽必烈即位，建元中统（1260），首授翰林学士承旨。至元初（1264），加资善大夫，上奏请修《辽》《金》二史，设翰林学士院，荐李冶、李昶、王磐、徒单公履、徐世隆、高鸣为学士，复奏立十道提举学校官。至元十年（1273）卒，年八十 四。号慎独老人。无子，以婿周铎子之纲承其祀。《元史》卷一六〇有传，《归潜志》卷十载其事。

元遗山有《学东坡移居八首》诗（五古），句云："永怀王与李（施注疑指王鹗与李冶），朔漠行当归。"（《诗》卷二）又《望王李归程》诗（七律）一首，句云："一褐霜寒晚思孤"，"何时斗酒相欢劳"（《诗》卷八）。又《镇州与文举、百一饮》诗（七律）一首，句云："眼中二老风流在。"（《诗》卷八）又《癸巳岁上中书耶律公书》荐五十四人列有"东明王状元鹗"（《文》卷三十九）。

王鹗有《遗山先生文集（中统本）后引》述元遗山诗文成就，且云："余与子（指元遗山）同庚甲，又同在史馆者三历春秋，义深契厚，固不当辞……感念畴昔，姑以平日所闻见，与夫同志之所常谈者，书诗卷末云……慎独老人曹南王鹗识。"

王玉汝

王玉汝，生卒年不详，字君璋，郓（今山东郓城县）人。行台严实掾史，迁行台令史。中书令耶律楚材过东平，奇赏之。严实年老艰于从戎，玉汝代之行。太宗时，因耶律楚材诣陈不宜裂封严实所属东平地，帝准之。严实子忠济袭职，复有剖分东平地之议，玉汝力排群言，事遂已。宪宗时，纠率诸路民管诉于阙下，请准得减赋外包垛银三分之一。晚年以病谢事杜门，日以经史自娱。《元史》

卷一五三有传。

元遗山有《云峡》诗（七古）一首，序云："君璋启事西凉，占对称首。其还也，行台公（严实）以宣和宝石为贶，奇秀温润，信天北间之尤物。君璋因之曰云峡，邀词客赋诗，余亦同作。"（《诗》卷四）又《外家别业上梁文》："王录事寄草堂乏赀。"（《文》卷四十）李光廷《年谱》云遗山营建外家别业，"严（实）、赵（天锡）两侯俱有资助。'王录事'指王君璋，时启事西凉未回，故曰'寄'"。又《遗山新乐府》卷二《南乡子》（其七）小序云："饮东原王君璋郎中家。"

王仲理

王仲理，其人不详。

元遗山有《西山楼为王仲理赋二首》诗（七绝），句云："拄笏西山老骑曹，朝来爽气与秋高。"（《诗》卷十三）

王德禄

王德禄（1192—1224），字号不详，北京兴中府（今河北万全县）人。严实所属五翼军总领，有军功。殁于甲申（1224）与宋将彭义斌之战，年三十二。

元遗山有《兖州同知五翼总领王公墓铭》，并云："段迁状其友王公生平，属予为墓铭……"（《文》卷三十）

王德卿

王德卿，其人不详，金末任部掾，又为太医。

元遗山有《贺德卿王太医生子》诗（七律）一首，句云："并州金马君知否？药笼阴功是故家。"（《诗》卷十）按，《中州集》卷八王琇小传云："琇字君玉，太原人……家世业医，有阴德。闾里中尝有金蚕、金马之瑞……金马在部掾清卿房，迄今宝之。"又按，《归潜志》卷三："王宾德卿，亳州人……入为省掾……”疑非一人。

王特起

王特起，生卒年不详。字正之，代州崞县（今山西原平县）人。泰和三年（1203）四十余登进士第，调真定府录事参军，有惠政。改令沁源，又迁司竹监使。智识精深，好学善议，音乐技艺，无所不能。长于辞赋，出入经史，与李纯甫为忘年交。《中州集》卷五有小传，《归潜志》卷四载其事。

元遗山有诗《右司正之家渭川千亩图二首》（七绝）（《诗》卷十一）。又《圆明李先生墓表》:“丙午(1246)……明年夏四月，先生（指圆明子李志源）之同业潘志元、周志静，门弟子陈志清来新兴踵门致谒，以先生墓表为请，曰：‘吾圆明老师……眷眷于吾子者如是。闻吾子亦以普照范君、幕府正之王君之故，知其名，能不以文字使少见于后乎？’……（予）乃为之铭。”（《文》卷三十一）又《王无竞题名记》述及王监使正之等人之事（《文》卷三十四）。又《再赴阳城用韵，别茂卿、子云、正之》诗（七律）一首，句云：“祖席又成携手别，离杯何苦上眉酸。”(《诗》卷十)

王仲元

王仲元，生卒年不详，字清卿，平阴（今山东平阴县）人（《归潜志》作东平人）。承安中进士，以能书名天下，历京兆转运司幕官。自号锦峰老人。祖父广道先生。子公茂。《中州集》卷八有小传，《归潜志》卷四载其事。

元遗山有《济南杂诗十首》（七绝），句云：“王家图上旧曾题。”自注：“王清卿家有《鹊山烟雨图》。”又《学易先生刘斯立诗帖后》云：“学易先生诗绝似东坡《和陶》……此诗余初到嵩山时曾见之，能得其意而不能记其词。搜访一十年，北渡后将还太原过东郡，乃复见之乡人王清卿家，爱之深而不见之久……戊戌（1238）八月六日谨书。”（《文》卷四十）

王泽民

王泽民，其人不详。

元遗山有《国医王泽民诗卷》诗（七律）一首，句云："万石君家父事兄，岂知衰俗有王卿……闺门雍睦君须词，方伎成名恐未平。"（《诗》卷十）

王利宾

王利宾，生卒年不详，字茂实，襄城（今河北大名县附近）人。

《中州集》卷九王利宾小传云："（利宾）家与卫昌叔（昌叔名承庆，《中州集》卷七有小传）邻居而不相往来。计平生所交，唯不肖而已。予一日过襄城，知茂实病。就卧内候之，乃见壁间所粘五言古诗十数首，窜改重叠，往往可传，然后知茂实所以交予者，特以诗故耳。渠既不言，予亦无从知之，惜登时不誊写，今忘之矣。"

王中立

王中立，生卒年不详。字汤臣，岢岚人。博学强记，好宾客，自奉甚薄。赵秉文、李纯甫文字交。年五十六卒。晚年易名云鹤，号拟栩先生。《中州集》卷九有小传，《续夷坚志》卷一"王云鹤"条载其事。

《中州集》卷九小传云："予尝从先生学，问作诗究竟当如何。先生举秦少游《春风》诗云：'有情芍药含春泪，无力蔷薇卧晚枝。'此诗非不工，若以退之'芭蕉叶大栀子肥'之句校之，则《春雨》为妇人语矣。破却工夫，何至学妇人！"

郝经《遗山先生墓铭》："（遗山）先生七岁能诗，太原王汤臣称为神童。"（《陵川集》卷三十五）王中立有《题裕之乐府后》诗（七绝）一首云："常恨小山无后身，元郎乐府更清新。红裙婢子那能晓，送与凌烟阁上人。"（《中州集》卷九）

王若虚

王若虚（1173—1243），字从之，藁城（今河北藁城县）人。金承安二年（1197）进士。调鄜州（治今陕西富县）录事，历管城（今河南郑州）、门山（今陕西延长县）二县令，有惠政。因荐入为国史院编修官，迁应奉翰林文字。正大初（1224），召为左司谏，后转延州（治今陕西延安市）刺史，入为直学士。天兴二年（1233）蒙古军围汴京期间，崔立叛变，以死拒为崔立撰碑颂功，时议称之。金亡，微服北归镇阳，游泰山而卒，年七十。号滹南遗老。《金史》卷一百二十六有传，《中州集》卷六有小传，《大金国志》亦有传，《归潜志》卷九、卷十二载其事。子恕。门人张仲杰。

元遗山有《别王使君从之》诗（七律）一首，句云："谢公每见皆名语，白傅相看只故情。尊酒风流有今夕，玉堂人物记升平……别后殷勤更谁接，只应偏忆老门生。"（《诗》卷八）又《内翰王公墓表》详述其生平、行事，且云："岁癸卯（1243）夏四月辛未，内翰王公迁化于泰山……冬十月，好问拜公墓下，恕持门生某人撰公行事之状，以铭为请，乃泣下而铭之。"（《文》卷十九）元遗山、王若虚等与崔立碑事关涉始末详《中州集》小传及《归潜志》卷十二。又《癸巳岁寄中书耶律公书》荐五十四人有"王延州从之"（《文》卷三十九）。

王　革

王革，生卒年不详，一名著，字德新，临潢（今辽宁凌源县附近）人（《归潜志》作宏州人）。屡举不第，晚由恩得主宜君（今陕西宜君县）簿。与完颜琦友善，其诗见赏于赵秉文，交游满天下。年七十八卒。《中州集》卷七有小传，《归潜志》卷五载其事。

元遗山有《寄王丈德新二首》诗（五律），自注："德新时在汝州。"句云："兴来谁共醉，事往独含情"，"清汝风华地，平生记此游"（《诗》卷七）。又《和德新丈》诗（七绝）一首，句云：“二年老眼暗兵尘，今日逢君喜事新。”（《诗》卷十四）又《玉溪》诗（七律）一首，句云：“邂逅诗翁得胜游，烟霞直欲尽嵩丘。玉溪如此不一到，今日旷然消百忧……”（《诗》卷九）按，诗翁即指王革，详下。又《遗山新乐府》卷二《水调歌头》（其六）小序云：“赋德新王丈玉溪，溪在嵩高、费庄两山绝胜处也。”句云：“百来年，算惟有，此翁游，山川邂逅佳客，猿鸟亦相留。”又《石州慢》（其一）小序云：“赴召史馆，与德新丈别于岳祠西新店，明日以此寄之。”句云：“羁旅山中父老，相逢应念，此行良苦。”卷二《临江仙》（其二）小序云：“饮昆阳官舍，有怀德新丈。”《临江仙》（其三）小序云：“寄德新丈。”卷三《江城子》（其四）小序云：“寄德新丈。”《江城子》（其十）小序云：“梦德新丈，因及钦叔河山亭旧游。”又《中州集》小传云：“德新交游满天下，独许钦叔与予为莫逆云。”

王　扩

王扩（1156—1219），字充之，中山永平（今河北完县）人。明昌五年（1194）进士，调邓州（治今河南邓州市）录事，迁怀安（今河北怀安县）令，改徐州观察判官，补尚书省令史，除同知德州防御使事，受命赈山东西路饥民，有惠政。以捕历城大“盗”，再迁监察御史，审理冤狱。上书请罢三司，发奸不避故知。大安中，同知横海军节度事。贞祐二年（1214），上书陈河东守御策，不用。南渡后召为户部侍郎，迁南京路转运使，多谏议。得罪宰相高琪，因被诬降为陇州防御使，终于陕西东路转运使。兴定三年（1219）卒，年六十三。《金史》卷一〇四有传，《中州集》卷八有小传。子元庆、元亨。

元遗山有《嘉议大夫陕西东路转运使刚敏王公神道碑铭》（《金史》本传作“谥刚毅”），并云：“岁己酉（1249）冬十月，故户部尚书王公之子元庆涕泗谓某言：‘先公弃诸孤养，余三十年矣，惟是转徙南北，无归祔之望。乃今始克襄事，墓当有碑，碑例有铭，今属笔于子……’某以先大夫有功吾晋，乡里晚生与受

其赐……谨按御史张天纲所撰行事之状而论次之……”（《文》卷十八）

王　郁

王郁（1203—1233），字飞伯，大兴人。世称奇士，善诗文，文法柳宗元，诗有李白风。受知于程震、李钦叔、麻知几、史学优，与刘祁、李冶善，赵秉文、雷渊等俱称之，游从均一时名流。癸巳（1233）为蒙古兵所俘，遇害，年仅三十。《金史》卷一二六有传，《中州集》卷七有小传，《归潜志》卷三、卷九详载其事。从兄王元粹（《中州集》卷七有小传）。

元遗山《醉中送陈季渊》诗（七古）一首，句云：“李汾王郁俱灰尘。”（《诗》卷五）又《黄金行》（七古）一首，句云：“王郎少年诗境新，气象惨澹含古春。笔头仙语复鬼语，只有温李无他人。天公著诗贫子身，子曾不知乃自神……君诗只有贫女谣，何曾梦见金缕衣。”（《诗》卷六）刘祁《归潜志》卷三述王郁知交四十余人，中有“元好问”之名。

王希古

王希古，其人不详。

元遗山有《王希古乞言》诗（七绝）一首，句云：“支干孤虚不救贫，素衣空染洛阳尘。”（《诗》卷十三）

王超然

王超然，其人不详。

元遗山有《超然王翁哀挽》诗（七律）一首，句云：“百年乔木衣冠古，一夕西庵笑语温。”（《诗》卷十）施注，西庵“指杨正卿”。按，杨正卿即杨果。

王　彧

王彧，生卒年不详，字子文，改名知非，字无咎，洺州（今河北永年县）人。承安进士，为尚书省掾，后弃官隐居，世号王隐居。后又为洛阳行省参议，遭乱，不知所终。自号照了居士。

元遗山有《王子文琴斋》诗（七绝）一首，句云："天上秋风月底霜，求凰一曲鬓丝长。"（《诗》卷十四）

王万钟

王万钟（1190？—1117？），字元卿，秀容人。通经史，知医，少有逸才，与同郡田德秀齐名，号"王田"。贞祐间兵乱遇害。父甫，字用之。兄万石，字器玉。

元遗山《綦威卿毅挽词》诗（五言排律）一首，句云："知己与王田。"（《诗》卷七）《中州集》小传云："元卿尝有诗寄予关中云：'千里吕安思叔夜，二年社燕伴秋鸿。'……哭吾兄敏之云：'兰径水流三月暮，桂林风落一枝春。'"《中州集》又录王万钟《元氏桂轩为敏之赋》诗（七律）一首，句云："棠棣一家同映秀，词林百世继余芳。"按，敏之系遗山兄。

王元粹

王元粹（？—1243），字子正。初名元亮，后单名粹，平州（今河北卢龙县）人。号恕斋。出身辽世家大族，工诗。正大末（1231）为南阳酒官。襄阳破，只身北归，为黄冠师，主太极道院。年四十余，癸卯（1243）卒。从弟郁。《中州集》卷七有小传。事又见《甘水仙源录》，郝经《陵川集》卷二十六《太极书院记》，该集又有《与北平王子正论道学书》《哀王子正》诗等。

元遗山《颍亭留别》诗（五古）一首，自注："同李冶仁卿、张肃子敬、王元亮子正分韵得画字。"（《诗》卷一）又《赠司天王子正二首》诗（七绝），句云："栖迟零落今如此，枉却星翁比少微。""六十七年强健在，不妨林下看升平。"（《诗》卷十四）《续夷坚志》卷四"平阳贡院鹤"条云："大安初（1209），高子约、耿君嗣、阎子秀、王子正考试平阳。"

王　赞

王赞，生卒年不详，字子襄，登封（今河南登封县）人。隐居之士，与刘昂霄、雷渊友善。王恽《碑阴先友记》载其事略（《秋涧集》卷五十九）。

元遗山《学东坡移居八首》诗（五古）句云："王生穷邻舍，穷达心不移。"施注，王生"即王赞子襄"（《诗》卷二）。又《雪后招邻舍王赞子襄饮》诗（七古）一首，句云："南溪酒熟梅花香，高声为唤墙东王。便当过我取一醉，听歌长安金凤凰。"（《诗》卷三）

王恽《祭子襄先生诗》（七古）一首，句云："先生隐德居嵩丘，安得墙东四十秋……眼中耆宿有今日，地下雷元是旧游。"又《碑阴先友记》："王赞，字子襄，登封人。性直谅，生平游元、刘间，好诗学。"（分见《秋涧集》卷十六、卷五十九）

王　铸

王铸，金时受知于宗室完颜瑇、赵秉文等，与元遗山等均为奇士王郁游从最久者。见刘祁《归潜志》卷三"王郁"条，为一时名士。余不详。

元遗山《癸巳岁寄中书耶律公书》荐五十四人有"王铸"（《文》卷三十九）。

王　渥

王渥（？—1232），字仲泽，太原人。兴定二年（1218）进士。寿州防御使奥屯邦献、商州防御使完颜斜烈（国器）、武胜节度移剌粘合（字庭玉）爱其才，连辟三府经历官。在军中十年。正大七年（1230）金宋议和，以渥为使者，宋人称其为"中州豪士"。天兴初（1232），从完颜思烈援武仙（《归潜志》作"从赤盏合喜"，误），谏勿躁进，几为思烈所杀，后殁于阵（《中州集》云"不知所终"），年四十八。渥博通经史，有文采，善谈论，工书擅琴。李纯甫称其为天下谈士三人之一。《金史》卷一一〇有传，《中州集》卷八有小传。《归潜志》卷二载其事。从祖王瑇。

元遗山《九日读书山用陶诗……为韵赋十诗》诗（五古），句云："亦有李与王，玉树含秋清。"（《诗》卷二）施注云"李与王"指李钦止、王渥。又《留别仲泽》诗（七律）一首，句云："相思命驾非君事，能寄诗来或赏音。"（《诗》

卷八）又《赠萧钵师公弼》诗（七古）一首，句云："吾家泽兄敬公弼。"（《诗》卷三）又《四哀诗·王仲泽》（七律）一首，句云："壮志相如头碎柱，赤心嵇绍血沾衣。"（《诗》卷九）极称之。又《闻仲泽丁内艰》诗（七绝）一首云："升堂未许讣音闻，凶服衰羸日念君。昨夜东南雷雨恶，遥知号哭绕新坟。"（《诗》卷十一）又《题李庭训所藏雅集图二首》诗（七绝），句云："谁画风流王李郝。"（《诗》卷十二）按，施注云"王李郝"指王渥、李汾、郝居中。居中系郝俣子，字仲纯。又《希颜墓铭》云："（雷希颜卒）好问与太原王仲泽哭之……"（《文》卷二十一）又《赠镇南节度使良佐碑》："安平敬贤下士，有古贤将之风，辟太原王仲泽为经历官。仲泽文章论议与雷渊、李献能（即钦止）相上下，故镇南得师友之。"（《文》卷二十七）按，完颜陈和尚，卒赠镇南将军。又《遗山新乐府》卷二《三奠子》（其一）自注："同国器帅、良佐、仲泽置酒南阳故城。"又《续夷坚志》卷一"王氏金马"条述王渥祖辈事，并云："兵乱之后，予曾见之。"卷二"棣州学鬼妇"条自注："仲泽说。""生死之数"条云："王右司仲泽识归德一武弁……"又《中州集》王渥小传云："（渥）尝与予行内乡山中，马上赋诗云：'……安得元紫兰，共举重阳杯……'读之尚可以见斯人胸怀之仿佛。"

《中州集》卷六录王渥《送裕之还嵩山》诗（七律）一首云："高怀不受簿书侵，清颍鸥盟欲重寻。老去宦情知我薄，闲来道念见君深。对床夜雨他年梦，满马西风此日心。嵩顶胜游谁得共，仙闻仙驭待知音。"自注："末句用古仙人诗语。"附古仙人辞，并雷渊题语云："兴定庚辰（1220）夏六月望，予与河南元好问、赵郡李献能同游玉华谷，又将历嵩前诸刹，因憩于少姨庙……"按，此为和元遗山《留别仲泽》诗之作。又《游丹霞下院，同裕之、鼎玉分得留字》诗（七律）一首，句云："赋诗鞍马惭真赏，载酒林泉阻胜游。"按，"赋诗鞍马"当指小传所云"马上赋诗"事。又《中州乐府》王渥有《水龙吟》词一首，自注：“从商帅国器猎，同裕之赋。”句云：“一时胜事，宾僚儒雅。”

王辅之

王辅之，其人不详。

元遗山有《答王辅之》诗（五古）一首，句云：“我宅西山隅，君居颍之滨。昨朝与君晤，忆我山中春。君家县豪杰，交结通周秦。四海卢御史，肯来作师宾。风流被诸郎，文质犹彬彬……被褐怀珠玉，知君未全贫。我诗初不工，研磨出艰辛……居人与行客，早晚期相亲。”（《诗》卷二）

王明之

王明之，其人不详，任临漳提领。

元遗山有《甲寅九日同临漳提领王明之、鹿泉令张奉先、贾千户令春、李进之、冀衡甫游龙泉寺，僧颢求诗二首》（七律）（《诗》卷十）。按，王恽有《玉渊潭燕集诗序》云：“都城西郊，有潭曰玉渊……财赋总管王侯明之，尚义好客，高出时彦。甲午（1234）秋孟，置酒潭上，邀翰林诸公，为一日之娱。”（见《秋涧集》卷四十二）

王思廉

王思廉（1237—1320），字仲常，真定获鹿人。至元十年（1273）因荐由世祖忽必烈授符宝局掌书，至元十三年（1276），姚枢举为昭文馆待制，迁奉训大夫，符宝局直长，十四年（1277）改翰林待制。尝进读《通鉴》，每侍读，世祖命数臣听受。世祖疑枢密副使张易等谋反，思廉进言解之。以儒素进，帝眷注优渥。历事世祖、成宗、武宗、仁宗四朝，累官至翰林学士承旨。延祐七年（1320）卒，年八十三。《元史》卷一六〇有传。参陈衍《元诗纪事》卷四小传。

《元史》本传云：“幼师太原元好问，既冠，张德辉宣抚河东，辟掌书记，复谢归……”孙楷第《元曲家考略》甲稿“李文蔚”条云，（王）思廉与李文蔚、白朴友，尝从元好问、张德辉、李冶等“龙山三老”于真定元氏县（今河北赞皇县）之封龙山。

王 铉

王铉，其人不详，字鼎玉，燕人。与武祯、胡德新友善，事见《金史》卷一三一武祯、胡德新二传。元遗山同年进士。

元遗山有《丹霞下院同仲泽、鼎玉赋》诗（七律）一首，小序云：“时从商帅军至南阳。”句云：“壮志自怜消客路，深居谁得似禅关。只应频有西来梦，夜夜青林杳霭间。”（《诗》卷八）又《遗山新乐府》卷三《一落索》（按，落又作“络”）自注：“戏王同年鼎玉。”句云：“人见何郎新来瘦，不见天寒翠袖。绣被熏香透，几时却似鸳鸯旧。”

《中州集》卷八有王渥《游丹霞下院同裕之、鼎玉分韵得留字》诗（七律）诗一首，句云：“载酒林泉阻胜游。”

王 恽

王恽（1228—1304），字仲谋，卫州汲县（今属河南卫辉市）人。早年读书苏门山，长有才干，操履端方，好学善属文，与东鲁王博文、渤海王旭齐名。史天泽攻宋过卫，接以宾礼。中统元年（1260），左丞姚枢辟为详议官，后选入京师，上书论政，与渤海周正并擢为中书省详定官，次年转翰林修撰、同知制诰，兼国史院编修官，受知于王鹗。寻兼中书省左右司都事。治钱谷，擢材能，议典礼，考制度，咸究所长，同僚服之。至元五年（1268），建御史台，首拜监察御史，直言敢谏，权贵侧目，陈天祐、雷膺交荐于朝。又授承直郎、平阳路总管府判官，释冤囚。任河南北道提刑按察副使，迁燕南河北道，按部诸郡，黜赃吏。进讲东宫，裕宗善其说。至元二十六年（1289），授少中大夫、福建闽海道提刑按察使，每谓治之本在于得人，有进言于朝。又上策讨钟明亮。至元二十八年（1291）召至京师，次年见忽必烈于柳林行宫，上万言书，极陈时政，授翰林学士。成宗元贞元年（1295），加通议大夫、知制诰同修国史，修《世祖实录》。大德八年（1304）卒，谥文定。号秋涧先生，有《秋涧集》行世。《元史》卷一百六十七有传。父天铎，金末户部主事。子公孺，元大德五年（1301）任卫州推官，孙笴任秘书郎。公孺为之撰碑文详其生平事迹，见《秋涧集》附录。

王恽有《追挽元遗山先生》诗（七律）一首云："文奎腾彩忆光临，孺子何知喜嗣音（自注："予年廿许，以诗文贽于先生，公甚喜，亲为删诲，且有'文笔重于相权''泰山微尘'之说。即欲挈之西行，以所传畀予，以事不克，至今有遗恨云"）。党赵正传公固在，阳秋当笔我奚任。天机翻锦余官样，月户量工更苦心。野史亭空遗事坠，荒烟埋恨九原深。"（《秋涧集》卷十七）又《中统五年（1264）六月初八日夜梦见遗山先生指授文格，觉而赋之以纪其意》诗（七律）一首云："分明昨夜梦遗山，指授文衡履绚间。道必细论能出理，文徒相剽亦何颜。江流不废惊千古，雾管时窥得一斑。落月满梁清境觉，紫桐花露湿吟冠。"（同上，卷十四）又《题遗山先生手书杂诗后》诗（七绝）一首云："文键亲承謦欬余，又从珠璧见遗书。常疑落落江山笔，不放奎光到玉除。"（同上，卷二十九）又《帝王镜略序》云："近读遗山先生《镜略》书，所谓片言而得要者也。其驰骋上下数千载之间，综理繁会数百万言之内，骈以四言，叶以音韵，世数代谢，如指诸掌。"（同上，卷四十一）又《遗山先生口诲》云："遗山先生向与颐斋张公（即张德辉），自汴北归，过卫。先君命录近作一卷三十余首为贽，拜二公于宾馆，同志雷膺在焉。先生略叩所学，喜见颜间，酒数行，命张灯西夹，曰：'吾有以示之。'先生凭几东向坐，予二人前侍。披所献狂斐，且读且窜，即其后笔以数语，摭其非是，且见循诱善意。而于体要工拙，音韵乖叶，尤切致恳。每篇终，不肖跪受教，再拜起立。夜向深，先生虽被酒，神益爽，气益温，言益厉……说既竟，先生复昌言曰：'千金之贵，莫逾于卿相。卿相者，一时之权；文章千古事业，如日星昭回，经纬天度，不可少易。顾此握管，铦锋虽微，其重也可使纤埃化而为太山，其轻也可使太山散而为微尘，其柄用有如此者。况老成渐远，斯文将在后来，汝等其勖哉毋替。'坐客四悚，有惘然自失，不觉映面发愧者，既而鼓动。客去，先生覆衾卧，予二人亦垂头倚壁熟睡。及觉，日上，先生与客已觞咏久矣。于是胠箧取一编书，皆金石杂著，授予曰：'可疾读吾听。'惬其音节句读不忒，顾先君字而谓之曰：'孺子诚可教矣，老夫平昔问学，颇得一二，岁累月积，针线稍多，但见其可者欲付之耳。可令吾侄从予偕往，将一一示而畀之，庶文献之传，罔陨越于下。'先君起拜，谢不敏曰：'先生惠顾若尔，何幸如之。知王氏且有人矣，敢不惟命？'期于明年春，当见先生于西山。时岁甲寅（1254）春二月也。后三十五载戊子（1288）冬十二月，腊节前三日，小子恽再拜谨述。"（同上，卷四十五）又《题元扬手书后》云："卷中诸公，皆一时名胜。先生俎豆其间，诸贤乐与游者，其以道义故也。予早岁读书苏门，尚及见之，岁时以文酒吟咏于山水间，彬彬然极承平时故家风味，不知轩冕为何物。"（同上，卷七十二）又《诗梦》述梦与姜文卿作诗酒会，觉而成诗，有"赏音千古遗山曲，坚意高歌要寿予"之句（同上，卷四十四）。又《兑斋曹先生文集序》云："北渡后，斯文命脉，主盟而不绝者，赖遗老数公而已。元李诸公与进（此字句疑有误）亲承指授，唯贻溪兑斋未之见也。"（同上，卷四十二）

王公孺《大元故翰林学士……谥文定王公（恽）神道碑铭并序》云："先公幼有至性，勤学多问若饥渴然，弱冠受教于鹿庵王公（磐），诗文字画已有声。紫阳（即杨奂）、遗山一见为指授所业，期以国士。杨西庵、曹南湖、高吏部、徒单颙轩爱其材器，折行辈与交，极口延誉……"（《秋涧集》附录）又《秋涧集》后序："弱冠已尝请教于紫阳，遗山……"（同上）

王秉彝《秋涧集后序》："翰林承旨文定王公（恽）……从游遗山、鹿庵，紫阳、神川（即刘祁）四先生之门。"（《秋涧集》卷一百）

张主簿

张主簿，其人不详。家在内乡板桥。

元遗山有《阻雨张主簿草堂》诗（五古）一首，句云：“世事不可期，客心徒自苦。”（《诗》卷一）又《张主簿草堂赋大雨》（七律）一首，句云：“长江大浪欲横溃，厚地高天如合围。”（《诗》卷八）又《张仲经诗集序》云：“及来内乡，尝阻雨板桥张主簿草堂，同赋《淅江观涨》诗。”（《文》卷三十七）按，诗见卷一《观淅江涨》（五古），自注：“时拜大赦五日矣。”时在正大五年（1228）六月，大赦事见《金史・哀宗纪》。

张彦远

张彦远，其人不详。受知于赵秉文。

元遗山有《太原赠张彦远》诗（七古）一首，句云：“因君夜话吴江春，酒光潋滟金杯滑。闲闲骑鲸去灭没，当年爱君俊于鹘。平生我亦识翁人，惆怅流年如电抹……眼看东阁奇士满，如君岂得藏蒿莱……”（《诗》卷四）又《孔道辅击蛇笏铭》云：“龙图孔公原鲁击蛇笏……入宣抚王公家，公之子以传彦远，彦远属某作铭。”（《文》卷三十八）又《张彦远江行八咏图》诗（七绝）一首，自注：“奉试时所见。”（《诗》卷十四）按，唐画家有张彦远，此图或系画家所遗传，抑或由张彦远所藏，不详。

张彦通

张彦通，燕省掾属，余不详。《金史》载有张亨字彦通者，不知是否即此人，此存疑。

元遗山有《燕省掾属张彦通举释菜之废典……赋二首》诗（七绝），句云：“他州亦可燕中比，只枉今无百彦通。”（《诗》卷十三）

张　效

张效，其人不详，字景贤，云中（今山西大同市）人。曾任登封令。

元遗山《寄英禅师》诗（五古）一首，自注："师时住龙门宝应寺。"句云："张侯诗最豪，惊风卷狂澜。"自注："前登封令张效，字景贤，云中人。"（《诗》卷二）又《送登封张令西上》诗（五律）一首，句云："罢县人称屈，悠悠复此行……山西多侠客，莫说是书生。"（《诗》卷七）

张晋亨

张晋亨（？—1276），字进卿，冀州南宫人。从其兄张颢归附严实，投蒙古。颢战没，以晋亨袭爵。为严实女婿，任偏将军。后从孛罗征益都（今山东青州市），有军功，领恩州刺史，迁镇国大将军。又从严实征淮楚、河南，为东平路行军千户。大小数十战，策功居多。严实卒，其子严忠济奏以为权知东平府事，历七年。宪宗时，从忠济入觐，上言减民输银户额三之一。受赐玺书、金符，任恩州管民万户。中统三年（1262），从严忠范与李璮战，败之，累官至怀远大将军、淄莱路治今总管，寻兼军事。至元十一年（1274）奉诏伐宋，皆有功。十三年（1276）卒。《元史》卷一五二、《新元史》卷一三七有传。子好古。

元遗山《陆氏通鉴详节序》云："历亭州将张侯晋亨知好此书（指《通鉴》），取陆氏详节且以外记及诸儒精义附益之……因锓木以传……张侯与有力焉。侯官偏将军，佩金符，食大县万家，千头木奴，足供指使，何至就楮墨工营什一耶？予惜其私淑之意不白，故为道其所以然。乙卯（1255）秋九月望日，太原元某裕之书。"（《文》卷三十六）

张致远

张致远，其人不详。

元遗山有《赠张致远》诗（七律）一首，句云："茅屋潇潇颍水滨，两山相望即比邻……相逢不尽平生意，耆旧风流有几人。"（《诗》卷十）

张平章

张平章，其人不详。

蒋平仲《小房随笔》云："元遗山，北方文雄也。其妹为女冠，文而艳。张平章当揆欲娶之，使人属裕之。辞以可否在妹，以为可则可。张喜，自往访之，觇其所向。至，则方自手补天花板，辍而迎之。张询近日所作，应声答曰：'补天手段暂施张，不许纤尘落画堂。寄语新来双燕子，移巢别处觅雕梁。'张悚然而出。"按，元遗山无妹，此当为其次女严之误。

张 澄

张澄，生卒年不详，字之纯，别字仲经，洺水（今河北永年县）人。早孤，出龙山贵族，少日随宦济南，从名士刘少宣学。客居永宁（今河南省洛宁县），与赵元、辛愿、刘昂霄为师友。又与杜仁杰、麻革、高信卿、康国挈家就元遗山于内乡，居于板桥张主簿草堂。后居白鹿原，名所居为"行斋"。金亡居东平，诗名藉甚，严实聘以师宾之礼，授馆于长清（今属山东济南市），参与幕府军事，为参议。后病卒。号桔轩，有《桔轩集》行世。《中州集》卷八有小传。父某，字子厚，三子，澄为其季子。澄子孔孙，字梦符，《元史》有传。

元遗山《行斋赋》序云："戊子（1288）冬十月，长寿新居成，仲经张君从予卜邻，得王氏之败屋焉……君为之补罅漏，治芜秽，盖十日而后可居……名曰行斋，而乞文于予……乃为之赋。"（《诗》卷一）又《长寿新居》诗（五律）三首，自注："同仲经赋。"句云："隐去初心在，亲朋复此偕"，"诗酒娱中岁，山林有外臣"。自注云："地名白鹿原，长寿村也。"（《诗》卷七》）又《与张杜饮》诗（七律）一首，句云："故人寥落晓天星，异县相逢觉眼明。世名且休论向日，酒尊聊喜似承平……轰醉春风一千日，愁城从此不能兵。"（《诗》卷八）按，张杜即张澄、杜仁杰。又《留别仲经》诗（七律）一首，句云："来时儿女拜灯前，此日壶觞是别筵。聚散共知阴有数，笑谈争遣病相先。秋风古道将谁语，残月长庚更可怜。鸡栅鱼梁一村落，若为还似浙江边。"自注："仲经方病中，故有上句。"（《诗》卷九）又《与冯吕饮秋香亭》诗（七律）一首，自注："二子皆吾友之纯席生。"句云："龙江文采今谁似（自注：谓之纯），凤翼（自注：永宁地名）年光梦已空。剩著新诗记今夕，尊前四客一衰翁。"（《诗》卷十）按，张澄出龙山贵族，故云。秋香亭在河南唐县，见《诗》卷十《夜宿秋香亭有怀木庵英上人》题注。又《遗山新乐府》卷二《临江仙》（其十五）小序："赠仲经女子楚楚。"句云："阿楚新年都六岁"，"旧说张门多静女"。《摊破浣溪纱》小序："代赠仲经所亲。"《梅花引》（其二）小序："同张仲经、杨飞卿赋青梅。"又《续夷坚志》"诗谶"条载张仲经赴官咸平道中诗。又《张君墓志铭》云："洺水张澄仲经状其先人（即张子厚）博平君行事，谓好问言……诚得吾子辱以铭赐之……好问不敏，然以不腆之文得幸于仲经，侧闻先大夫之字有年矣，其可辞哉？乃述而铭之……今仲经学精而行修，声光烂然，高出时辈，隆安张氏（按，张澄祖籍隆安，今属广西南宁市）遂为海内文章家，推究源委，公可以无恨矣。"（《文》卷二十四）又《张仲经诗集序》述张澄生平大略及诗学，并云："甲寅（1254）冬至日，诗友河东元某裕之题。"（《文》卷三十七）又《校笠泽丛书后记》云："右丛书，予家旧有二本……此本得于阎内翰子秀家……向在内乡，信之（麻革）、仲经尝约予合二本为一。"（《文》卷三十四）又《麻杜张诸人诗评》云："麻信之（革）、杜仲梁（仁杰）、张仲经（澄），正大中同隐内乡山中，以作诗为业，人谓东南之美尽在是矣。予尝窃评之……仲经守有余而攻战不足，胜负略相当……光弼代子仪军，旧营垒也，旧旗帜也，光弼一号令而精彩皆变，第恐三子者不为光弼耳。"（《文》卷三十）又元遗山《癸巳岁寄中书耶律公书》荐五十四人有"张仲经"名（《文》卷三十九）。

张澄有《次元裕之韵》诗（七律）断句云："长松偃蹇千年物，病鹤摧颓万里心。"（见《橘轩集》，又载元遗山《张仲经诗集序》，见《文》卷三十七）

盛如梓《庶斋老学丛谈》卷三云："张橘轩与元遗山为斯文骨肉。张云'富贵倘来良有命，才名如此岂长贫'，元改'倘来'为'逼人'，'此'为'子'。又云'半篙溪水夜来雨，一树早梅何处春'，元曰：'佳则佳矣，而有未安，既曰一树，乌得为何处？不如通作一句，改"一树"为"几点"。'壬辰（1232）北渡，寄遗山诗'万里相逢真是梦，百年垂老更何乡'，元改'里'为'死'，'垂'为'归'。如光弼临军，旗帜不易，一号令之而百倍精彩。"

张孔孙

张孔孙（1232—1307），字梦符，张澄之子。金亡，忽必烈诏徐世隆为太常卿，以孔孙为奉礼郎副之。廉希宪居政府，辟为掾。安童为相，尤礼重之，授户部员外郎，出为南京总管府判官。蒙古攻宋，孔孙上议释越境私贩者千数，使效战赎死，朝论采之。佥四川道提刑按察司事，升湖北道提刑按察副使，行部巴陵（治今湖南岳阳市），减死囚罪。后拜侍御史，行御史台事。至元二十二年（1285），安童荐为礼部侍郎，升礼部尚书。后治大名，赈饥民。除大名路总管，大兴学校，多惠政，拜集贤大学士、中奉大夫，商议中书省事。会地震，诏问弭灾之道，条对八事，有益治道，帝嘉纳之。拜翰林学士承旨。大德十一年（1307）卒，年七十五。号寓斋。《元史》卷一七四有传。

元遗山《张仲经诗集序》云："（仲经）病不起，其孤梦符持《橘轩诗集》求予编次。感念平昔，不觉出涕，因题其后。呜呼，有言可述，学者之能事；有子可传，人道之大本。吾仲经言可述矣，子可传矣……甲寅（1254）冬至日，诗友河东元某裕之题。"（《文》卷三十七）又《答大用万户书》："某顿首启：东原宿留几半岁之久……即日伏惟起居万福，孙德谦、张梦符津送至魏京，今东归矣。"（《文》卷三十九）

盛如梓《庶斋老学丛谈》卷三云："张寓斋相公，少年与孙德谦于东平严侯府从元遗山读书。其归也，命二子送行。及别，求诗，以'东平'二字为韵，孙得诗云……公得诗云：‘汝伯年年发如漆，看渠著脚与云平……’阅四十年，公佥汴省，分治扬州，里人高山甫一日以元诗归之。公喜甚，命予纪其事。”

张子厚

张子厚（1164—1199），名不详，字子厚，张澄之父。通经史，工书翰、医道，时人有千里驹之目。后以父荫仕为博平（今属山东聊城市）酒监。善治家。明昌初（1190），岁饥，设粥济民。以承安四年（1199）八月卒，年三十五。父某为栾城（今属河北石家庄市）、黄县（今属山东烟台市）令。兄腴，字味道。长子文、次子庆皆早卒。张澄为其季子。

元遗山以张澄之请，作《张君墓志铭》述其生平大略，并云：“私侧闻先大夫（即张子厚）之字有年矣。”（《文》卷二十四）

张君彦　傅彦远（附宣抚王公之子）

张君彦、傅彦远，二人不详。

元遗山《孔道辅击蛇笏铭》：“龙图孔公原鲁击蛇笏，阙里传宝旧矣，汴梁既下，入宣抚王公家。公之子以傅彦远、张君彦属某作铭，敢以芜辞赘于徂徕石先生（即宋人石介）之末，以俟后之君子，己酉（1249）十月日书。”（《文》卷三十八）

张　徽

张徽，生卒年不详，字君美，武功（今陕西武功县）人。

元遗山《杨焕然生子四首》诗（七绝），句云：“阿麟学语语牙牙。”自注：“阿麟，张君美儿子。”（《诗》卷十二）又《故河南路课税所长官兼廉访使杨公神道之碑》：“君（即杨奂，字焕然）初莅政，招致名胜，如蒲阴杨正卿、武功张君美……日与商略条画。”（《文》卷二十三）又元遗山《癸巳岁寄中书耶律公书》荐五十四人中有“秦人张徽”之名（《文》卷三十九）。

张君美

张君美，南宋人，与张徽非一人。其人不详，见《杨焕然生子四首》施国祁吟诗笺注（《诗》卷十二）。

元遗山有《送张君美往南中》诗（七古）一首，句云："南朝辞臣北朝客，栖迟零落无颜色。阳平城边握君手，不似铜驼洛阳陌……西湖十月赏风烟，想得新诗更潇洒。"（《诗》卷三）

张　柔

张柔（1190—1268），字德刚，易州定兴（今河北定兴县）人。世力农，少善武，以豪侠称。金贞祐间，义军四起，柔聚族保西山东流寨，招骁勇之士。金中都经略使苗道润荐为定兴令，遥领永定军节度使，兼雄州（治今河北雄县）管内观察使，权元帅左都监，行元帅府事。苗道润为副将贾瑀所杀，加柔骠骑将军、中都留守，兼大兴府尹、本路经略使，行元帅事。与蒙古军战于狼牙岭，被执，率众降。成吉思汗还其旧职。攻下雄、易（治今河北易县）、安（治今四川安县）、保诸州，诛贾瑀，徙治满城。破金武仙军，下完州（治今河北完县）等。以骁勇多战功名世，加河北东西路都元帅，号拔都鲁。被谮幽于中都行台，后得免，破金将王子昌军，擒王子昌。又败武仙军，降李全于益都。以镇保州，新建市井，安乐众民；通商惠工，遂致殷富；迁庙学于城东南，增其旧制。从破汴京，崔立降，柔于金帛一无所取，独入史馆，取金文献，卫送北归。与宋孟珙合攻灭金，俘状元王鹗，宾礼之。蒙古太宗州柔军民万户。攻宋，破洪山寨、三山寨，迫宋请和。从察罕攻滁州（治今安徽滁县），凡二十余战，河南三十余城皆属焉。庚子（1240）伐宋，次年升保州为顺天府。屡败宋军，帐下夹谷显祖诬柔，执之以北，大臣多保柔，卒辨诬，显祖被诛。宪宗蒙哥即位，仍军民万户，移镇亳州（今安徽亳州市），筑城修桥，通商贾之利；复建孔子庙，设学校，受帝赐。从忽必烈攻鄂（今湖北武昌县），有功。忽必烈即位，诏班师。中统二年（1261），以《金实录》献诸朝，且请致仕。至元三年（1266），判行工部事，城大都。四年（1267）进封蔡国公。次年卒，年七十九。《元史》卷一四七、《新元史》卷一三九有传。苏天爵《元朝名臣事略》卷六引王鹗《张柔墓志铭》、王磐《张柔神道碑》（此碑又见《畿辅通志》卷一百六十八）等载其事。有子十一人，弘略、弘范最显贵，《元史》卷一四七、一五六有传。元遗山与张柔俱为毛氏婿，有姻戚之谊。

元遗山有《顺天万户张公勋德第二碑》详述其生平战功及文治，且云："岁辛亥（1251），各行军千户贾侯辅持顺天路军民万户张公勋德碑见示，谓仆此内翰王君从之（即王若虚）之词也……今属笔于子，幸以第二碑实之……度不可以终辞，乃勉为次第之。"（《文》卷二十六）《顺天府营建记》详述其兴建顺天始末，且云："岁丁亥（1227），（柔）乃移军顺天……以营建为事……庚戌（1250）秋七月，予过顺天，左副元帅贾辅良佐授侯经度之事，请记之于石，曰：'始吾城无寸甓尺楹之旧，而吾侯决意立之……今属笔于子，其自意乎？'予因为言：'自予来河朔，雅闻侯名，人谓其文武志胆，可为当代侯伯之冠……予老矣，如获见其成，尚能为侯屡书之。'"（《文》卷三十三）

《金史》卷一二六《元好问传》云："晚年（好问）以著作自任……时金国《实录》在顺天张万户（柔）家，乃言于张，愿为撰述，既而为乐夔所沮而止。"郝经《遗山先生墓铭》所载与此略同（《陵川集》卷三十五）。又元遗山《与枢判白兄（即白华）书》云："向前八月大葬之后，惟《实录》一件，只消亲去顺天府一遭，破三数月功，披节每朝终始及大政事、大善恶，系废兴存亡者为一书，大安及正大事则略补之。此书成，虽溘死道边无恨矣。"（《文》卷三十九）又《续夷坚志》卷三"张女夙慧"条云："顺天张万户德明第八女，小字度娥……亡甫九岁，郝伯常（经）为诗吊之。"同卷"蛙化鼠"条自注："张侯德明说。"（按，此德明，与张柔字德刚异）同卷"驴腹异物"条云："（异物）今在顺天张侯家，余亲见。”

张子益

张子益，其人不详，为省郎、书记官。

元遗山有《送张书记子益从严相（即严实）北上》诗（七古）一首，序云：“子益省郎，观国之光，从公于迈……诗以送别，亦以趣其归云。”句云：“故家人物饶奇俊，耸壑昂霄今已信……莫把声华动台阁，东方书檄要陈琳。”（《诗》卷四）

张子钧　张飞卿

张子钧、张飞卿，二人不详，均任济南府参佐。

元遗山《济南行记》云：“乙未（1235）秋七月……（济南）府参佐张子钧、张飞卿觞予绣江亭，漾舟荷花中十余里。”（《文》卷三十四）又《泛舟大明湖》诗（七古）一首，句云：“长白山前绣江水。”（《诗》卷五）

张子和

张子和，生卒年不详，初名从正。睢州考城（今河南民权县西南）人，著名医学家。为人放诞，无威仪。颇读书、作诗，嗜酒。久居陈，后入太医院，旋隐居。与麻九畴、刘从益善。其事见《归潜志》卷六，《金史》卷一三一有传。

元遗山有《子和麋鹿图》诗（七绝）一首：“白发刁骚一秃翁，尘埃无处避西风。野麋山鹿平生伴，惆怅相见是画中。”（《诗》卷十四）按，又有燕子和者，见《诗》卷七，未知即诗题中子和否，俟考。

张行信

张行信（1163—1231），先名行忠，字信甫，莒州日照（今山东日照县）人。大定二十八年（1188）进士。胡沙虎除名为民，贿赂权贵，将复进用，举朝莫敢言，行信上章劾之。及胡沙虎杀卫绍王自立为太师、尚书令、泽王，人甚危之，行信坦然不顾。金宣宗即位，授参知政事。高琪专权，唯行信与之抗，朝廷称焉。哀宗时任尚书左丞，正大八年（1231）卒，年六十九，号拙轩。《金史》卷一〇七有传，《中州集》卷九有小传，《归潜志》卷六载其事。祖莘，父暐，兄行简。

元遗山有《拙轩铭引》云："左辖公（即张行信）以拙轩自号，征文于某，谨述而铭之……惟公以清白传世德，以忠信结人主，出入四朝，再秉钧轴，危言耸动。发天下凶竖未形之谋，则先识者以为明；犯强臣不测之怒，则疾恶者以为高，千载无所于让。"又有《题左丞家范宽秋山横幅》诗（五古）一首（《诗》卷二），《黄筌龟藏六图为张左丞赋》诗（七绝）一首（《诗》卷十一）。

张和之

张和之，其人不详。进士出身。

王恽《秋涧集》卷九十九："金清漳老人，南宫人。曾撰本县二郎庙碑。遗山见之，谓进士张和之，有'读得，行得'之语。"

张伯全

张伯全（1190—？），其人不详。南宫人，医生。父师文，字遵古，名医。与麻九畴、张子和为医道交。

元遗山《张遵古墓碣铭》："南宫张伯全将以某年月日率其先人之橐殡附于县西南……伯全雅从予游，因以碣铭为请曰：'维张氏上世自太原来居南宫，以医为业者八世矣，先人……时誉独著。先人殁于太安庚午（1210），不肖孤才二十许耳……伯全往在郾城，洎麻征君、张尚医子和推明河间刘守真之学……'予谓伯全斯言，可以考见其先人平生矣，乃为之铭。伯全之先人讳师文，字遵古，年六十终于家。"（《文》卷二十四）

张信之

张信之，其人不详。崔立之党，其事见《金史》卷一一五、一二六及《归潜志》卷十二。

《金史》《归潜志》均载张信之、元遗山等参与崔立碑事始末。

张子忠

张子忠，其人不详。金哀宗时翰林修撰。其事见《归潜志》卷十二。

《归潜志》卷十二载张子忠、元遗山等参与崔立碑事始末。

张元美

张元美，其人不详，金哀宗时翰林应奉文字。其事见《归潜志》卷十二。

《归潜志》卷十二载张元美、元遗山等参与崔立碑事始末。

张德辉

张德辉（1193—1274），字耀卿，冀宁交城（今山西交城县）人。金时见赏于赵秉文、杨慥。金亡，史天泽开府真定，辟为经历官，多所筹画。忽必烈召见之，陈请行孔子之道，推荐魏璠、元遗山、李冶等二十余人，并建言重农桑、宽民力。后又荐白华、郑显之、赵元德、李进之、高鸣、李槃、李涛。陈先务七事：敦孝友，择人才，察下情，贵兼听，亲君子，信赏罚，节财用。忽必烈以字呼之，并令教胄子孛罗。壬子（1252），与元遗山北觐忽必烈于潜邸，请为儒教大宗师，并请免儒户兵赋，从之。仍命德辉提调真定学校。忽必烈即位，任河东南北路宣抚使，击豪强，黜赃吏，均赋役，时称太平官府，多惠政。至元十一年（1274）卒，年八十。号颐斋。《元史》卷一六三、《新元史》卷一六七有传。苏天爵《元朝名臣事略》卷十详载其事。元遗山卒后，张德辉编《遗山先生文集》。

元遗山《寿张复从道》诗（古体）一首，句云："但愿颐斋寿金石，岁岁年年作生日。"（《诗》卷五）按，张复，字从道，张德辉子。又《耀卿西山归隐三首》诗（七绝），句云："傅岩只道无人识，已落君王物色中"〔按，诗题自注云："马卿（云卿）为耀卿张君写真，未几，被召北上"〕，"马卿似与物为春，难状灵台下笔亲"，"山林钟鼎无心了，谁是人间第一流"（《诗》卷十四）。又《令旨重修真定庙学记》："王（忽必烈）以丁未（1247）之五月召真定总府参佐张德辉北上。”（《文》卷三十二）又《癸巳岁寄中书耶律公书》荐五十四人中有“太原张耀卿”之名（《文》卷三十九）。

苏天爵《元朝名臣事略》卷十引王恽撰《张德辉行状》云：“（德辉）其所游者，雷、李、元、白，皆当世名士”（按，指雷渊、李献能、元遗山、白华），“壬子（1252），公与元好问北觐，奉启王（忽必烈）为儒教大宗师，王悦而受之。继启累朝有旨蠲免儒户兵赋，乞令有司遵行”，“（王）又访中国人才，公因举魏璠、元好问、李冶等二十余人”，“与人交，重然诺，不戏言笑。在尊俎间，亦以礼法自持，故元遗山呼为畏友……与遗山、敬斋（即李冶）游封龙山，时人目为龙山三老云”。以上《元史》本传从之。

王恽《遗山先生口诲》：“遗山先生向与颐斋张公自汴北归，过卫，先君命录近作一卷三十余首为贽，拜二公于宾馆，同志雷膺在焉。”（《秋涧集》卷四十五）

张　复

张复，生卒年不详，字从道。张德辉子。

元遗山有《寿张复从道》诗（古体）一首，句云：“先生弦歌教胄子，子亦诗礼沾余芳。齿如编贝发抹漆，玉树临风未二十。为渠欲作写真诗，老我惭无敬斋（即李冶）笔。复也美材具，璞玉未雕饰。良工在汝心，苦卓与真积……”（《诗》卷五）

张德谦

张德谦，生卒年不详，字圣予，或作圣与、胜予、圣俞，东平人，原籍大兴。三世辽宰相家，少日滑稽玩世，不得志，补中台掾，以文章名海内，工乐府。在东平筑新轩而居之，号新轩。

元遗山《云岩》诗（七古）一首，序云：“乙巳（1245）冬十一月，来东平，过圣与张君之新轩，而此石在焉。圣与名之曰‘云岩’。余问石所从来，圣与言夏津王帅得之汴梁泥途中，而以见贻。……乃为诗道其故。圣与三世相家，以文章名海内，其才情风调，不减前世贺东山、晏叔原，故卒章以萧闲明秀峰故事属之。”句云：“藏舟夜壑未厌深，竟作新轩坐中物……只欠宣和郑先觉，为君留写五湖真。”（《诗》卷四）按，萧闲指萧闲老人蔡松年，《中州集》卷一有小传。明秀峰，见蔡松年《江城子》词及注（见《中州乐府》）。郑先觉，即郑天民，宋宣和时画家，见《图绘宝鉴》。又《壬子冬至新轩，张兄圣与求为儿子阿平制名，余名之曰琥……》诗（七古）一首，句云：“玄默之冬客须城，问平之年才五龄。乃公为儿求制名，儿名从虎玉与并。”（《诗》卷四）按，苏天爵《元朝名臣事略》卷十引王恽《张德辉行状》云：“张新轩子琥。”又《东平送张圣与北行》诗（七律）一首，句云：“天山曾望使车还，官柳青青此重攀。去国衣冠元易感，中年亲友更相关……海内文章在公等（自注：兼谓李主簿仁卿），不应空老道途间。”（《诗》卷九）又《新轩乐府引》：“近岁新轩张胜与，亦东坡发之者与？新轩三世辽宰相家，从少日滑稽玩世……予与新轩臭味既同而相得甚欢，或别之久而去之远，取其歌词读之，未尝不洒然而笑，慨焉以叹……予既以此论新轩，因说向屋梁子……”（《文》卷三十六）又《续夷坚志》卷一“金狮猛”条云：“正大初（1224），张圣俞客舞阳……”自注：“圣俞说。”卷四“高白松”条云：“徐伟官京兆，梦……文士张圣予赋诗云……”又《癸巳岁寄中书耶律公书》荐五十四人有“燕人张圣俞”（《文》卷三十九）。又《故帅阎侯（珍）墓志》载遗山与大兴张圣予及宋文卿、勾龙瀛、刘子新、崔君卿、刘郁、田仲德于东平阎珍养素斋聚饮欢会事（《文》卷二十九）。

张特立

张特立（1159—1253），字文举，曹州东明（今山东东明县南）人。泰和三年（1203）进士，调宣德州司候。郡多皇族巨室，特立律之以法，阖境肃然。

后躬耕杞之圉城，以经学自乐。正大初（1224），侯挚、师安石荐为洛阳令。四年（1227）拜监察御史，多谏言。因忤白撒，左迁邳州（治今江苏邳州市）军事判官，归田里。晚年教授诸生，东平严实每加礼焉。忽必烈在潜邸，特赐号曰“中庸先生”，名其读书堂曰“丽泽”。癸丑（1253）卒，年七十五。《金史》卷一二八、《元史》卷一九九有传，《归潜志》卷六、卷九、卷十四载其事并诗一首。门人王鹗。

元遗山有《别张御史》诗（七律）一首，句云：“晚学天教及老成，翰林诗里羡鸿冥。箪瓢此日归颜巷，铜墨当时动汉庭。华衮谩劳纡直笔（自注：御史见贻之作，过有褒拂），绛帐无复与横经。只应千里并州道，常并虚危候德星。”（《诗》卷九）又《赠张文举御史》诗（七律）一首，句云：“安稳藜床坐欲穿，合教绝学到真传。清贫自苦知何负，神理无凭恐未然。麋乳尚怜孤竹饿，龙头谁识管宁贤。无穷白日青天在，会有先生引镜年（自注：先生新失明）。”（《诗》卷九）又《中庸先生垂示先大夫教子诗及裴内翰择之所述家传，爱仰不足，情见于辞》诗（七绝）二首，句云：“严训常如天日照，名家元自古今同”，“通德门里传故事，安平韵语到儿童”（《诗》卷十）。又《贺中庸老再被恩纶》诗（七律）一首云：“万古千秋丽泽堂，紫泥恩诏姓名香。治朝例有高年敬，神理终归晚节昌。东鲁儒生传旧学，曹南方志发幽光。季春羔雁秋风酒，准拟年年荐寿觞。”（《诗》卷十）

张仲可

张仲可，其人不详。东阿人。进士出身。

元遗山《跋张仲可东阿乡贤记》云：“东阿进士张仲可，以乡先生……由文阶而进者凡二十有三人，既列其姓名刻之石，文謄写别本以示同志。仆意以为……仲可，名家子，有志于学，敢以相告。兄贾丈显之尝试问之以为如何。岁丁巳（1257）夏五月二十六日，河东人元某谨书。”（《文》卷四十）

张仲文

张仲文，其人不详。

元遗山有《赠答张教授仲文》诗（七古）一首，句云："醉中握手一长嗟，乐府数来今几家。剩借春风染华发，笔头留看五云花。"（《诗》卷四）

张 伟

张伟，其人不详。按，前有张主簿，不详是否为同一人。

元遗山有《赠张主簿伟》诗（七律）一首，句云："从今弟侄通家了，莫向瓜田认故侯。"（《诗》卷九）

张 奥

张奥，其人不详。字子明，酒泉帅。

《遗山新乐府》卷四《太常引》（其五）小序云："寄酒泉帅张奥子明，子明鄠阳关去酒泉百里而远。"词句云："休唱渭城，春怕忆著，西州故人。"按，《金史》卷一一八苗道润传有道润部属总领张子明，或即此人。又张汉臣，字子良，有弟字子明，见《文》卷二十八《归德府范阳张公先德碑》，不详是否即此人。

张弘略

张弘略（？—1296），字仲杰，张柔第八子，遗山弟子。有谋略，通经史，善骑射。蒙古宪宗时曾入朝，授金符，权顺天万户。张柔致仕，为顺天路管民总管，行军万户。中统三年（1262），李璮叛蒙古，求救于宋将夏贵。弘略击之，尽复失地。至元三年（1266），城大都，佐其父为筑宫城总管。十四年（1277）率兵戍东海县，雇舟运粟。十六年（1279），镇压饶州义军。二十九年（1292）见忽必烈于龙虎台。元贞二年（1296）卒。赠蔡国公，谥忠毅。《元史》卷一四七有传。

元遗山有《与张仲杰郎中论文》诗（五古）一首，句云："文章出苦心，

谁以苦心为。正有苦心人，举世几人知……文须字字作，亦要字字读。咀嚼有余味，百过良未足。”（《诗》卷二）

张安宁

张安宁（？—1238），字不详，定襄人。

元遗山撰《九原府元帅张安宁墓表》，见光绪间张煦所撰《山西通志》卷九十六，其按语云：“此碑成于壬寅（1242）四月，距张殁已四年。文云：‘侯治吾州十五年。’”又称引《忻州志》云，安宁，定襄人，九原府定远大将军、总管大元帅。知其时忻州亦称九原府，安宁当与遗山有交。按，此墓表遗山文集失载。

张汉臣

张汉臣，生卒年不详。字子良，范阳（今属河北涿县）人。大安初（1209），以材选为军中千夫长，以功迁都统，率涿州、定兴、新城（今俱属河北）数千户就食东平，又徙寿春。州将夏全劫州民出屯鸡口，李敏据寿春，欲害之而未遂。汉臣募死士与宿州帅克石烈阿虎解其围。夏全来攻，复与宿帅众僧奴袭其营，全逃奔病死。壬辰（1232）蒙古围汴，间道入汴，汉臣奏国用安欲率兵勤王，即日受哀宗召对。然用安事败，汉臣独为朝论称之。戊戌（1238）冬率部投蒙古，遂拜方面之元帅要职。委任之初，提倡儒学文治，颇有作为。父珪，弟子明。按，疑为张奥兄。又，国用安事见周密《齐东野语》卷九。

元遗山有《归德府总管范阳张公先德碑》述其生平功业，且云：“范阳张公汉臣，遣其参佐陈玠、李侃、侯琎自曹南走书币及予于顺天。书谓予曰：‘子良不敏，爰自束发，以良家子隶军籍，转战南北将四十年……思得文士之见信于人者撰述之……维吾子惠顾之。’曩予在大梁，承乏左曹之都司。壬辰（1232）之围……有言宿州节度、宗室众僧奴之幕客张子良由间道赍奏牍至者……左曹者予得与闻之。朝议多公机警绝出、占对详尽……继有鹰扬骑都尉徐宿节钺之命，予亦备闻之。公初北归，介于东明商君孟卿父子及崔君君佐、王君安仁两君，以此碑为言。盖公颇知予，而予亦尝望见眉宇于众人之中，愿交之日久矣。诚得秉笔以相兹役，使孝子之情尽，诸侯之礼备，固所愿也，其敢以固陋辞？维张氏族出范阳……故予既论次先德，并以公出处附之，欲人知张氏所以起其宗者，盖如此。”（《文》卷二十八）

张　宇

张宇，其人不详，字彦升，号石泉，平阳（今山西临汾市）人。著名诗人。

房祺《河汾诸老诗集序》：“张石泉、房白云，与元老游从南北者。”按，《河汾诸老诗集》卷二专录“石泉张先生字彦升”诗，可参。

张汝翼

张汝翼（1175—1234），字季云，河内（今河南沁阳县）人。泰和三年（1203）经义进士，任河阳（今河南孟县）簿。崇庆二年（1213）任西宁主簿，四年（1215）为尚书省令史，后为泗州（治今江苏泗县）防御使事、军前行户工部事。五年（1216）宋攻之，州将无计，汝翼巡城安民。寻改灵璧军前规措使，充便宜总帅府经历官。元光二年（1223）改唐、邓、裕帅府经历官。兴定二年（1218）元帅、右都监尅石烈志（即牙吾塔，又称卢国瑞）开府保静军，擢拜秘书少监，居幕属，从事十三年，多所劝谏，招降宋将高显部。改遥领同知镇南军节度使事。正大七年（1230），尅石烈志行尚书省于陕西，汝翼去官，留归德。天兴元年（1232），由赤盏元凯起为经历官，次年哀宗走归德，改吏部郎中，后从徐州帅王德全、尚书完颜仲德任职，遥领钧州（治今河南禹州市）刺史，进阶通奉大夫。北渡后卒，年六十。父琳，长子翔，次子浚。

元遗山有《通奉大夫钧州刺史行尚书省参议张君神道碑铭并引》详述其生平，且云：“壬子（1252）冬十月，翔、浚奉王君禧伯撰家传，以铭为请，乃为论次之。”（《文》卷三十）

张汝明

张汝明（1158—1233），字子玉，汶上（今山东汶上县）人。大安元年（1209）经义进士。任泰和（今江西泰和县）主簿，崇庆元年（1212）改怀州武陟簿，贞祐间入为尚书省掾。正大元年（1224）擢同知嵩州军州事，审狱明察。三年（1226）辟许州长葛令，有政声。六年（1229）召为太常博士、权监察御史，迁户部员外郎，累官申州刺史。刚介有守，为官清廉。天兴二年（1233）卒，年七十六。父恕用。长子张昉，字显卿，为东平万户府经历官。次子晔，季子煦，皆早卒。张昉《元史》卷二七〇有传。

元遗山有《御史张君墓表》述其生平大略，且曰："东平幕府从事张昉持文士李周卿所撰先御史君行事之状，请于仆……'丧乱之后……（先御史）以闭户读书为业者余十五年……亦吾子所知者……今属笔于子，幸为论次。'……（汝明）仕宦三十年，家无余资，其他尚多可称，弗著，著不为穷达易节者，铭曰……"（《文》卷二十一）

张泽之

张泽之，其人不详，淮安（今江苏淮安县）人。元遗山之友。

元遗山《长真庵铭》云："淮安张泽之为予言，福昌之东，韩城长真谭公旧隐之迹在焉，其徒王志明葺居之，土木之功略具，用谭公之故，名曰长真……今年过八十……长真为得人矣。幸吾子为之铭。泽之予旧交，可信不妄，乃参用溪南诗老辛敬之语为作铭，铭曰……"（《文》卷三十八）

张润之

张润之，其人不详。遗山弟子。

元遗山有《赠张润之》诗（七古）一首，句云："遗山门客富儒雅，绿发张郎名姓新。莫道琴工有师法，海山深绝解移人。"自注："润之资甚美，故就其可致者而勉之。他日学业有成，老夫当以风鉴自负矣。"（《诗》卷四）

张　潜

张潜（？—1232），字仲升，外黄（今河南杞县）人。有志节，慕荆轲、聂政之为人。三十岁后折节读书，与妻负薪拾穗，行歌自得。生计简约清廉，不受赠馈。太学诸人高其行义，有“张古人”之目。天兴之兵乱，绝食而亡。曾从薛继先（字曼卿）学，从高仲振（字正之）学《易》，与王汝梅（字大用）同业。《中州集》卷九薛继先小传载其行事。

《遗山新乐府》卷一《八声甘州》（其一）句云：“一尊未尽，且共登临。”自注：“同张古人观许由冢。古人名潜，字仲（升），外黄人。”按，原句缺“升”字。

《中州集》卷九载张潜（仲升）《寄人宰县》诗（五古）一首，句云：“嫉恶看平日，知君有古风。莫教循吏传，独载鲁山翁。”按，此诗即寄元遗山之作。鲁山即唐人元结，遗山远祖。

张　喜

张喜，其人不详，为千户官。

元遗山有《张喜千户青词》（代作），且云：“臣某腐朽余生，编齐庶品……”（《文》卷四十）

张万公

张万公（1134—1207），字良辅，东阿人。正隆二年（1157）进士，仕长山令，有惠政，入为右司员外郎。太师淄王许以宰相器。明昌初（1190），累迁御史中丞，以谏立李元妃为后事忤旨，除彰国军节度使，召为大兴尹，拜参知政事，后出判东平、河中、济南，继擢平章政事，封寿国公。为相，知大体。上章极谏“括田”事，金章宗不纳。既致政，复起判济南，安抚山东，未几卒，谥文贞。《金史》卷九十五有传，《中州集》卷九有小传。父弥学，孙好退。

元遗山有《平章政事寿国张文贞公神道碑》详述其生平，并云：“故相寿国张公之孙好退谓某：‘……诚得吾子辱以第二碑赐之，则瞑目为无憾矣，敢百拜以请。’某窃自念，言不腆之文，顾无足以纪公之美……所以不敢终辞者，盖金朝官制，大臣有上下四府之目……惟公历试四朝，再秉钧轴，不难于他人之所难……（泰和）七年（1207）……薨，春秋七十有四。”（《文》卷十六）又《续夷坚志》卷四“张先生座名铭”条云：“张先生弥学，东阿人，平章政事寿国文贞公良辅之父。”

张公著

张公著（1164—1214），字庭俊，阳曲（今山西太原）人。明昌二年（1191）进士，任平遥丞，历洛郊（今属陕西）、云川（今属内蒙古）二县令，累迁至监察御史。李元妃兄喜儿以水田专私请于公著，公著责之。大兴尹胡沙虎恃宠不法，公著与孟铸上言其罪。山东居民为近侍局所扰，公著至，权贵为之敛手。泰和间迁为佥南京路按察司事，搏击豪右，发挝奸伏，有众望。卫绍王大安初（1209）改景州刺史兼漕运使。贞祐二年（1214）改同知河北东路兵马都总管兼河间府事，河间受攻，殁于阵，年五十一。子绰，孙革、贲、恒，二侄经、纬，均进士。

元遗山有《朝列大夫同知河间府事张公墓表》述其生平行事，且云：“岁癸卯（1243）秋九月，某客燕中，纬以世旧之故，征铭于某曰：‘自衣冠南渡，二十年之间，无复顾之望，叔父墓木已拱而旌纪寂寥……诚得吾子撰述，以著金石、传永久，则瞑目无恨矣……’某复之曰：‘……晚生预有荣焉，敢不唯命是听？’乃退而论次之，而系之以铭。铭曰……”（《文》卷十七）

张　朴

张朴，字孝纯，其人不详。虞集《道园学古录》卷五《田氏先友翰墨序》云：“张朴，字孝纯。”郝经《陵川集》卷二十五《邻野堂记》载张朴筑邻野堂事。按，此人与北宋末守太原终降金之张孝纯非一人。

元遗山有《孝纯宛丘迁奉》诗（七律）一首，句云：“孝子牵车古所哀”（指张朴迁先人之柩），“十月知君有新喜，小雏先与唤迎来”（指张朴之弟生第二子，见自注）（《诗》卷十）。

张去华

张去华，其人不详。

元遗山有《赠修端卿、张去华、韩君杰三人六首》诗（七绝），句云：“姓字旧熟相知新，三子皆我眼中人”，“去华手中倒树槼，亦要笔力挽千钧。知君办作南山豹，雾雨七日蔚成文”，“异时三客俱焰焰，人伦东国吾无惭”（《诗》卷十三）。

张梦祥

张梦祥，其人不详。元遗山同年进士。

元遗山《探花词五首》诗（七古），句云：“阿钦正使才情尽，犹欠张郎白玉鞭。”自注云：“李钦用二十七岁，张梦祥少一岁，又未婚云。”按，诗题施注云，元遗山同年生可考者有张梦祥等。

张 纬

张纬，字纬文，号愚斋、哝斋，张公著之侄。

元遗山《朝列大夫同知河间府事张公墓表》云张公（即张公著）“二侄经、纬”，并云：“岁癸卯（1243）秋九月，某客燕中，纬以世旧之故，征铭于某。”（《文》卷十七）又《癸巳岁上中书耶律公书》荐五十四人中有“太原张纬”（《文》卷三十九）。又《外家别业上梁文》自注云：“张纬文留滞燕京。”（《文》卷四十）又《别纬文兄》诗（七律）一首，句云：“异县他乡千里梦，连枝同气百年心。”（《诗》卷十）又《感寓》诗（七律）十首，句云：“乐丈张兄病且贫。”（《诗》卷十）施注云，乐丈即乐夔，张兄即纬文，名纬。又《人日有怀愚斋张兄纬文》诗（七律）一首，句云：“书来聊得慰怀思……风光流转何多态，儿女青红又一时。”（《诗》卷十）又《得纬文兄书》诗（五绝）

一首，句云：“鹊语喜复喜，山城谁与娱。青灯一杯酒，千里故人书。”（《诗》卷十一）又《遗山新乐府》卷二《浣溪纱》（其十二）小序：“别纬文张兄。”

王恽《秋涧集》：“赵大中庸说，尝见遗山与张纬文相谑，见碑文过，俞曰：‘遗山又货了一平天冠也。’”又王恽《玉堂嘉话》卷七：“遗山尝与张啖斋论文，见有窃用前人词意而复加雌黄者。遗山曰：‘既盗其物，又伤事主，可乎？’一坐为之绝倒。啖（斋）即张纬文先生，盖遗山戏语也。尝有诗云：‘因君寄谢啖斋老，道我今年二十七。’”（《秋涧集》卷九十九）

张　瑴

张瑴（？—1217），字伯英，许州临颍（今河南临颍县）人。大定二十八年（1188）进士，调宁陵县（今河南宁陵县）主簿，改泰定军节度判官，率儒士行乡饮酒礼。改同州（治今陕西大荔县）观察判官。是时，出兵备边，州征箭十万，限以雕雁羽为之。瑴以困民，以他羽为之。补尚书省令史，后迁监察御史，言奸臣纥石烈执中（即胡沙虎）事，士论壮之。从伐宋，迁武宁军节度副使。贞祐二年（1214），改惠民司令，历河南治中、隰州刺史、刑部郎中，同知河南府事，迁河东南路转运使、权行六部尚书、安抚使。兴定元年（1217）卒。曾以母丧归居许州西城辟圃，号小斜川。雅接文士，家多法书名画、古物秘玩。为政清廉，布衣蔬食，泊如也。与弟瑴友爱，俸入委弟掌之。《金史》卷一百二十八有传，《中州集》卷八有小传，《归潜志》卷四载其事。

元遗山《续夷坚志》卷一“稻画”条自注云：“事见平阳都运使张伯英文。”

张　瑴

张瑴，生卒年不详，字伯玉。张瑴之弟。少有俊才，美丰姿，髯齐于腹，人或称“张髯”“张胡”。为人豪迈不羁，从李之纯游，与雷渊、李献能、刘从益、王予可、麻九畴友善。家既贵显，厚以奉养，尝以小过杀妾，侮慢俗子，然交游有患难，极力挈扶，宾客满门。好收古人器物，古镜尤多，年未五十，卒以乐死。事附见《金史》卷一二八、《中州集》卷八张彀传，又见载于《归潜志》卷二、卷四。

元遗山《滍水》诗（五古）一首，题注："闻郾城张伯玉讣音作。"句云："遥酹滍亭月，永怀紫髯郎"，"中州有士论，指与雷李屈"（《诗》卷一）。又《范宽秦川图》诗（七古）一首，题注："张伯玉殁后，同麻征君知几（即九畴）赋。"句云："紫髯落落西溪君，长剑倚天冠切云……爱君恨不识君早，乃今得子胸中秦。作诗一笑君应闻。"自注云："予七年前过郾城，伯玉知予来，而都无宾主意，予以偃蹇而去。尔后虽愿交而髯殁矣，未尝不以为恨也。今日子思兄弟出此图，求予赋诗，酒恶无聊中，勉为赋此。画本米元章家物，有韩子苍题名，元章以为中立，元晖以为中正，以予观之，此特张髯胸中物耳，知者当不以吾言为过云。"（《诗》卷三）又《此日不足惜》诗（古体）一首，句云："又不见西家紫髯郎，老气雄万丈。狂歌饮燕市，击筑声呜呜。"（《诗》卷五）又《续夷坚志》卷二《背疽方二》云："此方京兆张伯玉家榜示传人。"

张　翰

张翰（1160—1214），字林卿，忻州秀容人。遗山岳父。大定二十八年（1188）进士，调隰州军事判官，历东胜（今内蒙古托克托）、义丰（今河北安国市）、会川（今属甘肃渭源县）令，补尚书省令史，迁监察御史。贞祐初（1213）为翰林直学士，光元帅府经历官，改户部侍郎。宣宗迁汴，翰由真定上书言五事：强本，足用，防乱，省事，推恩，上略施行之。有治剧才，所至辄办。初至南京（汴京），卒于户部尚书之任。弟修，字飞卿。子天任，字西美。犹子天彝，字仲常。

《中州集》卷八张翰小传云："贞祐初（1213），（翰任）户部侍郎。车驾南渡……予尝见于户曹。邠州书生言时事，相与诘难，凡数十条，率不思而对。虽反复计度者，亦自不能到，信通济之良材也。宣宗日暮相之，会卒，年五十五。”

张　肃

张肃（？—1278），字子敬，河中人。曾任蒙古国北军行省郎中，救援“驱户”三百余家，终于提刑之职，余不详。系李治侄婿。至元十五年（1278）卒。事见王恽《挽张子敬提刑》诗并注（《秋涧集》卷十八）及李治《敬斋古今黈》。

元遗山《颍亭留别》诗（五古）一首，题自注云：“同李治仁卿、张肃子敬、王元亮子正分韵得画字。”（《诗》卷一）又《答中书令（耶律）成仲书》云：“张子敬处备悉盛意。”（《文》卷三十九）又《癸巳岁寄中书耶律公书》荐五十四人有“河中张肃”（《文》卷三十九）。

张耘夫　刘　肃

张耘夫与刘肃（才卿），均邢州安抚官。余不详。

元遗山《邢州新石桥记》云：“两安抚张君耘夫、刘君才卿思欲为（修石桥）经久计，询访耆旧，行视地脉，久乃得之……仆知石梁之役，特此邦百废之一耳。异时过高明之壤，当举酒落之。二君勉哉！”（《文》卷三十三）

张奉先

张奉先，鹿泉县令。余不详。

元遗山有《甲寅九日同临漳提领王明之、鹿泉令张奉先、贾千户令春、李进之、冀衡甫游龙泉寺，僧颢求诗二首》（七律）（《诗》卷十）。按，施注云元遗山有《送奉先从军》诗，疑即此张奉先。诗见《诗》卷十，句云：“潦倒书生百战场，功名都属绣衣郎。虎头食肉无不可，鼠目求官空自忙……”

张景贤

张景贤（1179—1247），宁晋人。金哀宗时尚书省令史，考满，擢黄河漕运副使提举。后除洧川令。壬辰（1232）二月迁南京左警巡院副使，作粥济饥民，多所全活。升开封令，累官蔡州管内观察副使。丁未（1247）九月卒，年六十七。子世英，按，前有张效，亦字景贤，然非此人。

元遗山《中顺大夫镇南军节度副使张君墓碑》述其生平行事，且云："癸巳（1233）之兵，既破河南，景贤微服返乡里。予每过宁晋，景贤必以杯酒相劳苦。予问：'君闲居，何以自娱？'景贤为言：'吾平生嗜读书……'景贤为人有干局，而以学术济之，为政不务表暴，人久而信，故所去见思……"（《文》卷二十二）

张　德　赵昌龄

张德，字显卿，辽州（今山西左权县）人。明昌二年（1191）经童，贞祐四年（1216）进士，大安间及金亡后在世。余不详。赵昌龄，其人不详。

元遗山《双溪集序》云："燕中文士张显卿、赵昌龄为予言：'省寺宾客集，今中令（即耶律铸，楚材之子）诗传于时，欲吾子为作序引，其有意乎？'予复之曰：'……显卿、昌龄为我谢中令君，朝议以四世五公待阁下，天下大夫士以太平宰辅望阁下……'欲我叙《双溪小集》而遂已乎。年月日，门下士河东元某题。"（《文》卷三十六）又《续夷坚志》卷四"空中人语"条云："张显卿名德，辽州人。明昌二年（1191）经童，贞祐四年（1216）进士。自说大安庚午（1210）岁，曾与客饮……"

张嘴儿

张嘴儿，与其妻田氏善吹觱篥。余不详。

《遗山新乐府》卷四《木兰花慢》（其九）小序云："赠吹篥者张嘴儿暨乃妇田氏合曲，赋此。"词云："十年燕市重经过，鞍马宴鸣珂。趁饥凤微吟，娇莺巧啭，红卷钿螺……"

张正伦

张正伦，字公理（1166—1243），荡阴（今河南汤阴县）人。泰和二年（1202）词赋进士，任徐州录事判官，调郾城主簿，除民逋赋二十万。再调寿张（今山东寿张县）主簿，摧抑暴吏，调林虑令，召为尚书省令史，后任职吏部，更定铨选法。贞祐南渡，任大司农，曾上言请都关中。兴定三年（1219）任陕西东路转运副使，宰相胥鼎行台关中，辟为左右司郎中，处事干练有余力。汾晋陷没，荐材士郭文振等，使自为战守计。后以母老卜居渭南。五年（1221），关中行台任为沿山军马都提控，不给一卒，募兵五千，境内安然，并率兵御敌，保全三十万人。元光二年（1223）复河中行台，任行尚书省六部事，劝民佐军。又受任帅府经历官，协调主帅之不和，有惠政。入授京东路司农少卿，发奸擿伏，昭雪冤狱，抨击撒合辇之族，深得朝廷信任。后累迁右谏议大夫兼户部侍郎，言白撒之奸，请诛败军之将合喜。金亡，被俘北归隐居，癸卯（1243）卒于吏部尚书之任，年六十八。冀禹锡、李大节坐事，曾为之昭雪。长子知刚，次子知柔。

元遗山有《资善大夫吏部尚书张公神道碑铭并引》详述其生平政绩，文云："岁乙巳（1245）二月……葬我吏部尚书张公于辅岩……孤子知刚涕泗谓某言：'先公之葬，永年王磐状其行，东明王鹗志其墓……碑当有铭，州里大夫士属笔于子，敢百拜以请。'某以为……是以慨然论次之而不敢辞……"（《文》卷二十）壬辰（1232）蒙古围汴京，正伦与遗山在城中，崔立之变均受胁迫，见《归潜志》卷十一。按，《归潜志》言正伦而不称字，遗山《曹南商氏千秋录》云"大司农、户部尚书相人张正伦公理"，知公理乃正伦字，见《文》卷三十九。

张简之

张简之，其人不详。

元遗山有《大名赠答张简之》诗（七律）一首，句云："营平豪宕变温文，所见今知胜所闻……伐薪未敢烦名士，载酒能来过子云。后日山阳养衰疾，药

笼仙品正须君。”（《诗》卷十）

张荣祖

张荣祖（1181—1220），字孝先，获鹿人。有勇武，贞祐间为县监军，为经略使史侯倚重。于抱犊山破武仙军，有功。升任西宁州同知，减军赋以抒民困。庚戌（当为庚辰）病卒，年四十七。子伋等。

元遗山有《西宁州同知张公之碑》述其生平大略与武功（《文》卷三十）。

张光甫

张光甫，其人不详。

《遗山新乐府》卷二《临江仙》（其十六）小序云：“张光甫家儿子咬驴。”句云：“膝上添丁郎小小。”

武子告

武子告，其人不详。子为僧。

元遗山有《哀武子告》诗（七律）一首，句云：“今传史笔记归元”，“知君禄仕无心在，旌孝终当到李源”。自注：“子今为僧。”按，“归元”用《左传》先轸死狄事，武子告当属殉国者。

武伯佐

武伯佐，其人不详。

元遗山《王无竞题名记》云：“乙巳（1245）秋，予与梁辨疑、李辅之、武伯佐游崞山祠。”（《文》卷三十四）

武济川

武济川，眼医。余不详。

元遗山有《赠眼医武济川》（七绝）一首，句云：“知君圣处工夫到，且道心盲作么医？”（《诗》卷十一）

武元直

武元直，生卒年不详，字善夫，北平（今北京市）人。李光廷《年谱》六十四岁下云为东阿人。明昌中名士，善绘山水，有《朝云（当作巢云）曙雪（图）》等奇作传世。按，巢云，楼名，见《闲闲老人滏水文集》卷十六目录。其人见朱谋垔《画史会要》卷三及《图绘宝鉴》。赵秉文《闲闲老人滏水文集》、房祺《河汾诸老诗集》卷三录陈赓之作、王寂《拙轩集》、王恽《秋涧集》、耶律楚材《湛然居士集》卷十均载题咏其画及唱和诗，可参。

元遗山有《武善夫桃溪图二章》诗（七绝），句云："软红香土君休羡，千树桃花满意春。"（《诗》卷十四）又《巢云曙雪图，武元直笔，明昌名士题咏》诗（七绝）一首云："风流人物见承平，半向巢云有姓名。画手休轻武元直，胸中谁比玉峥嵘。"（《诗》卷十四）又《武元直秋江罢钓（图）》诗（七绝）一首（《诗》卷十四）。又《跋闲闲赤壁赋后》云："赤壁，武元直所画。"（《文》卷四十）

耶律辨才

耶律辨才（1171—1237），辽太祖长子东丹王突欲八世孙。契丹族，广宁（今辽宁北镇县）人。父耶律履，金明昌时拜尚书右丞，谥文献。辨才少有志节，年十八以门资试护卫。泰和中从军征宋，攻取三关，旋失而复夺，身被十三创，以功授冀州录事判官，转曹州司侯。蒙古军南下，因檄戍东平。入蒙古军议和，被劫俘，夺老幼数万人入都，因功授顺天军节度副使。从宣宗南渡，充孟津提控。兴定中任京兆府兵马使，累官中京兵马副都指挥使，因上言将相多非其材，忤权贵，授武庙署令。壬辰（1232）蒙古军围汴京，其弟蒙古中书令耶律楚材理索北归，请留死汴京，哀宗幸和事可成，厚赐遣之，留真定。丁酉（1237）卒，年六十七。弟思忠、楚材。子镛。侄铉、铸。

元遗山作《奉国上将军武庙署令耶律公墓志铭》述其生平功业，且云："镛弱冠而有老成之风，以尝从予学，来请铭，故略为次第之。"（《文》卷

二十七）

耶律楚材

耶律楚材（1190—1244），字晋卿。辨才弟。少博学多能，章宗时问以疑狱数事，同试十七人，所对独优，辟为掾，后仕为开州（今河南濮阳市）同知。贞祐南渡，完颜福兴行尚书事，留守燕，辟为左右司员外郎。蒙古取燕，太祖定燕京，召见之，受信任。太宗窝阔台即位后，任中书令，为定策立议制，劝太宗兄行君臣礼，以尊君权。次年上议军民分治，州郡长吏专理民事，万户府总军政。反对以汉地为牧场之说，建立赋税制度。立十路征收课税使，专掌钱谷。破金汴京时，得元遗山上书荐金朝材士五十四人书，后颇多任用，并劝阻屠汴京城，废屠城旧制。奏封孔子后裔孔元措袭爵衍圣公，设立经籍所、编修所，渐兴文教，保存宣扬中原先进文化。太宗九年（1237），以守成必用文臣为由，开科取士，释放被俘为奴之汉儒。任事近三十年，官至中书令，元代立国规模多由奠定。甲辰（1244）卒，年五十五。谥文正。有《湛然居士集》。兄辨才、思忠。子铉、铸，铸嗣领中书事。侄钧、镛。《元史》卷一四六、《新元史》卷一七二有传。又宋子贞《耶律楚材神道碑》（见苏天爵《元文类》卷五十七）。

元遗山《癸巳岁寄中书耶律公书》："四月二十有二日，门下士太原元某谨斋沐献书中书相公阁下……独有一事，系斯文为甚重，故不得不为阁下言之……"书中推荐金朝材士五十四人（《文》卷三十九，又见苏天爵《元文类》卷三十七，字句略异）。又《外家别业上梁文》："遗山道人……仕于危急存亡之秋……爰自上书宰相，所谓试微躯于万仞不测之渊。"（《文》卷四十）又作《中令耶律公（铸）祭先妣国夫人文》："维大朝癸卯（1243）岁八月……哀子某谨以家奠，敢昭告于先妣国夫人苏氏之灵……维先夫人系由鼎族，天作之配（按，夫人乃东坡后裔）……如何盛年，奄弃荣养……"（《文》卷四十）按，此文系代耶律铸作，祭楚材夫人苏氏。

耶律楚材《湛然居士集》卷十四有《和太原元大举韵》诗（七律）一首称遗山云：“魏帝儿孙气似龙，而今飘泊困尘中。君游泉石初无闷，我秉钧衡未有功。元氏从来多慷慨，并门自古出英雄。李唐名相沙堤在，好与微之继旧风。”

耶律铸

耶律铸（1221—1285），字成仲。耶律楚材次子。年二十三，楚材卒，嗣领中书省事，上言疏禁网。戊午（1258），宪宗征蜀，铸从之，屡出奇计克城，受重赐。己未（1259）宪宗卒，阿里不哥叛，铸弃妻子自朔方归忽必烈。中统二年（1261）拜中书左丞相，是年冬，征兵扈从，败阿里不哥于上都之北。至元元年（1264）加光禄大夫，奏定法令三十七章。二年（1265）行省山东，四年（1267）制乐舞成，五年（1268）复拜光禄大夫、中书左丞相。十年（1273）迁平章军国重事，十三年（1276）诏监修国史。十九年（1279）复拜中书左丞相，二十年（1280）坐事免官，二十二年（1282）卒，年六十五。谥文忠。有《双溪醉隐集》。《元史》卷一四六、《新元史》卷一七二有传。

元遗山有《感事》诗（七律）一首，句云：“血仇此日逢三怨，风鉴生平备九流。瓢饮不甘颜巷乐，市钳真有楚人忧。”（《诗》卷九）按，施注谓，此诗系元遗山因受托为耶律铸祖父耶律履等作神道碑而致谤所作，意同元遗山答耶律（铸）成仲书之旨，见下。又《答中书令耶律成仲书》云：“张子敬处备悉盛意，未几，张伯宁来招致殷重，甚非衰谬之所堪任。其还也，不得不以书通。癸卯（1243）之冬，盖尝从来使一到燕中，承命作先相公碑。初不敢少有所望，又不敢假借声势。悠悠者若谓风池被夺，百谤百骂，嬉笑姗侮，上累祖祢，下辱子孙。与渠辈无血仇、无骨恨，而乃树立党与，撰造事端，欲使之即日灰灭，固知神理有在。然亦何若以不赀之躯，蹈覆车之辙而试不测之渊乎？君侯材量闲博，蔼有时望，士大夫出于门下者，有何限量！朝夕接纳，足以广见闻、益智虑而就事业。顾仆何人，敢当特达之遇乎？复有来命，断不敢往。孤奉恩礼，死罪死罪。某再拜。”（《文》卷三十九）又《双溪集序》云：“燕中文士张显卿、赵昌龄为子言：‘省寺宾客集，今中令诗传于时，欲吾子为作序引，其有意乎？’予复之曰……显卿、昌龄为我谢中令君，朝议以四世五公待阎下，天下大夫士以太平宰辅望阁下……子欲我序《双溪》小集而遂已乎？年月日，门下士河东元某题。”（《文》卷三十六）按，《双溪集》即耶律铸诗集《双溪醉隐集》。

耶律思忠

耶律思忠（1172—1232），字天祐，小字善才。楚材兄。弱冠以宰相子引荐，补东上阁门祗侯。泰和四年（1204）调衡水令、兰州军士判官，入为西山阁门佥事。大安二年（1210）改太子典仪转裁造署令。从宣宗南渡。贞祐三年（1215）出为同知昌武军节度使事，改章化军。历嵩、裕、息、延四州刺史，同知凤翔府事、中京（今北京）副留守、同知归德府事。蒙古军袭荆襄，京师戒严，奉诏以都水监使，充镇抚弹压。壬辰（1232）二月，耶律楚材向金廷理索思忠、辨才北归。哀宗以和议可成遣之，思忠竟投汴京东城濠中水死，年六十一。子钧，任尚书省译史。兄辨才，弟楚材。侄铉、镛、铸。

元遗山为作《龙虎卫上将军耶律公墓志铭》述其生平行事，且云：“孤子钧……以好问于公有一日之雅，百拜请铭，故略为次第之，其铭曰……”（《文》卷二十六）

耶律贞

耶律贞（1166—1232），契丹族。河间（今河北河间县）人。耶律楚材族属。初以护卫事金章宗，累迁左将军。贞祐间，蒙古兵破潼关，贞义不受辱，自刺投涧，未死，左右寻得之，扶舁归洛阳，拜同知河南府事，未几，改孟州。明年，请老闲居洛阳。天兴初（1232）城陷，耶律楚材得之乱兵中，将北渡。贞不食七日死，年六十七。夫人纳合氏。弟某。

元遗山为作《漆水郡侯耶律公墓志铭》述其生平行事，且云："夫人（贞之夫人纳合氏）……在时尝求予铭公墓，其殁也，其弟重以临终之言为托，故略次第之。"（《文》卷二十七）

耶律浩然

耶律浩然，善画，余不详。

元遗山有《浩然师出围城赋鹤诗为送》（七律）一首云："梦寐西山饮鹤泉，羡君归兴渺翩翩。昂藏自有林壑态，饮啄暂随尘土缘。辽海故家人几在？华亭清唳也空怜。明年也作江鸥去，水宿云飞共一天。"（《诗》卷八）按，施注疑其人亦系耶律楚材理索北归之族属。又《跋耶律浩然山水卷》诗（七绝）一首，句云："六月三泉松桂寒， 西风早晚送归鞍。"（《诗》卷十四）又《浩然雪行图》诗（七绝）一首（《诗》卷十四）。

翟器之

翟器之，其人不详。

元遗山《许道宁寒溪古木图》诗（七古）一首， 题自注："为翟器之赋。"（《诗》卷四）

胥　鼎

胥鼎（？—1226），字和之，代州繁畤（今山西繁峙县）人。大定二十八年（1188）进士。至宁初（1213），由户部尚书参知政事。宣宗即位，除泰定军节度使，不赴，改判大兴。贞祐二年（1214），拜尚书右丞。宣宗南渡，出为汾阳军节度使，移知平阳，权河东南路宣抚使。四年（1216）授枢密副使，权右丞。兴定元年（1217）进平章政事， 封莘国公，行台关中，兼左副元帅。正大二年（1225）以温国公致仕，进封英国公，行台卫州，次年以病卒。鼎通达吏事，多上言谋划，有益国家，久负众望。其卒，雷渊为作神道碑，元遗山称其“国朝名相，以度量雄天下”。《金史》卷一〇八有传，《中州集》卷九有小传，《归潜志》卷六及《大金国志》均载其事。父持国，章宗时任尚书右丞。弟恒，字常之。子嗣祖。

元遗山有《将上书莘国幕府感怀呈贾明府》诗（七律）一首，句云：“兵家世不乏小杜，风鉴今谁如老庞。”（《诗》卷九）又《续夷坚志》卷三“神告胥莘公”条云：“胥莘公梦太神告之曰……”

邢将军

邢将军，其人不详。

元遗山有《画马为邢将军赋》诗（七古）一首，句云：“将军此纸何处得，便觉房星无光芒。”（《诗》卷三）

邢　敏

邢敏，生卒年不详，字公达，秦（今陕西省）人（见王恽《秋涧集》卷五十九《碑阴先友记》）。明法令，以廉自持，以荐授左司员外郎，终大名判官，曾出入台阁二十年。

元遗山有《萧斋》诗（五古）一首，序云：“故民部长陵萧公（即萧贡，事见《金史》卷一〇五本传），泰和、大安之间，名德雅望，朝臣无出其右……（予）北渡后居阳平，见关中人邢公达，谈公平生，往往色扬而神跃。问之，知其为公夫人之犹子也……公达初仕部掾，年甫三十，遂为州上佐，出入台阁二十年，虽其材致，然亦藉公为之司命耳。予雅知公达之敬公也，凡欲闻公之故，则就访之。公达所居之屋，乞名于予，因以‘萧斋’目之，且为之说云……”句云：“师尊（指萧贡）世共然，况予夙所亲……归秦如未老，会买东家邻。”（《诗》卷二）又《题邢公达寒梅冻雀图》诗（七绝）一首（《诗》卷十四）。

邵和卿

邵和卿，其人不详，子邵伯禄。

元遗山有《跋酒门限邵和卿酢归图》诗（七古）一首，题自注；“邵伯禄之父。”句云：“邵翁头白甫三十，高吟大醉无虚门。风流若似靖南湖（即靖天民，《中州集》卷九有小传），每恨闻名不相识……好著蹇驴驮我去，与君同醉杏园春。”（《诗》卷四）按，详诗意，其人为元遗山所钦慕而未曾识面者。

乔惟忠

乔惟忠（1192—1246），字孝先，涿州定兴（今河北定兴县）人。少为侠，游燕赵间。贞祐南渡，从万户张柔投蒙古，受任定远大将军，张柔倚为心腹。与宋将彭义斌战，设伏大败之。又克武仙，下彰德，略地齐鲁。张柔于满城开幕府，惟忠为元帅都监，以功迁左副元帅。蒙古太宗三年（1231），率军破金军于钧州，围汴京，又从围蔡州，以功封千户。丙午（1246）卒，年五十五。娶大名潞州录事毛氏女，与元遗山有姻亲。子珪袭千户，次子琚等。《新元史》卷一四五有传，郝经《陵川先生文集》卷三十六有《乔千户行状》。

元遗山《乔千户挽诗》（七律）一首，句云：“燕辽部曲千夫长，楚汉风云百战身。赤羽有神留绝艺，素旗无诔记连姻。”自注：“乔与予皆毛氏之婿。”（《诗》卷十）又《潞州录事毛君（伯朋）墓表》云：“曩予妇翁提举，以宗盟之故，洎君伯仲通谱牒。”（《文》卷二十八）又《千户乔公神道碑铭》述其生平武功，且云：“孤子某……以仆辱在葭莩之末，以神道碑为请，乃为件右之，其铭曰……”（《文》卷二十九另参《顺天府营建记》，见《文》卷三十三）

何孟春《余冬序录》云：“元遗山作《乔千户挽诗》：‘素旗无诔记连姻’，用潘岳《杨使君诔》之‘素旗’语，乔、元皆毛氏婿也。”

郝经《陵川先生文集》卷三十五《张公夫人毛氏墓铭》：“（夫人）二女，长适乔侯（惟忠）之子琚……元内翰以其姨女，尝与之号曰‘静华君’。”又卷一《静华君墨竹赋》注云：“君姓张氏，行台公（张柔）之女，元遗山之姨侄，总管乔君（琚）之妻。”

乔（琚）夫人张氏

张氏，生卒年不详。张柔之女，乔惟忠子乔琚之妻，号静华君。好佛，通诗、琴、画。

元遗山有《听姨女乔夫人鼓风入松》诗（七律）一首，句云：“白雪朱弦一再行，春风纤指十三星。”（《诗》卷十）又《乔夫人墨竹》诗（七绝）二首，句云：“只待惊雷起蛰龙，忽从女手散春风。”自注：“夫人参洞下禅有省。”（《诗》卷十三）又《乔夫人彩绣仙人图》诗（七绝）一首，句云：“彩服仙童画不如。”（《诗》卷十四）

郝经《张公夫人毛氏墓铭》云：“（张柔夫人毛氏）二女，长适乔侯（惟忠）之子琚……元内翰以其姨女，尝与之号‘静华君’。”（《陵川先生文集》卷三十五）按，元遗山续娶毛氏，与张柔妻毛氏姊妹行。又《静华君墨竹赋》注：“君姓张氏，行台公之女，元遗山之姨侄，总管乔君（琚）之妻。”（《陵川先生文集》卷一）又《乔千户行状》云：“（乔惟忠）夫人毛氏。”

何孟春《余冬序录》云：“元遗山作《乔千户挽诗》……所谓姨女乔夫人，盖千户之女也。”按，当为千户子媳。

刘因《静修文集》（丛书集成本）卷二《静华君张氏墨竹诗序》云：“静华君张氏，蔡武康（张柔）之女，嫁为乔氏妻，而金源名士王翛然、元裕之皆其外氏之亲表。”

信亨祚

信亨祚（1192—1240），字光祖，上谷（今属河北张家口市）人。贞祐间以良家子系军籍，从侯挚镇天平。宋将彭义斌来诱降，拒之。辛巳（1221）春归蒙古严实部，署五翼都统领，守曹州，破黄山，取恩州。彭义斌败死，亨祚以功迁同知曹州军州事、宣武将军，以宽待下，军纪严明，自奉颇廉，多赈饥民。

又好接文士，喜好书画。庚子（1240）卒，年四十九。子世昌，须城（治 wygd 今山东东平县）令。《新元史》卷一三七有传。

元遗山为作《五翼都统领豪士信公之碑并引》，且曰：“（亨祚子）世昌受学于予，以墓碑为请。予谓光祖能教其子学……”（《文》卷三十）

信世昌

信世昌，生卒年不详，亨祚子。有吏能，为须城令。岳父完颜从政（从政，完颜怀德子）。世昌为元遗山弟子。然陈衍《元诗纪事》卷四云：“世昌，字云甫，东平人，官至翰林学士承旨。”又引《归田诗话》言：“云父尝款待文山（文天祥）于被俘后，颇有向南之意。文山因教以诗法，即领悟，作乐府云云，文山称赏。”

元遗山《五翼都总领豪士信公（亨祚）之碑并引》云：“（信亨祚）葬于须城县卢泉乡金谷山东原之新阡……子男一人世昌，须城令……世昌受学于予，以墓碑为请。予谓光祖能教其子学，而世昌果以诸生厘戎务。今十年，大县万家，调度百出，他人筋疲力涸有不能办者，世昌常有余暇，吏曹求代者而不可得。生子如此，光祖（亨祚字）为不忘矣，黄金满籯何足道！”（《文》卷三十）又《临淄县令完颜公神道碑》：“（完颜怀德）子男一人，曰从政，男孙三人……女孙一人，嫁须城令信某……（从政）遣长子阿海护輀车而北，卜安厝之宅，惟须城东金谷乡之卢泉为吉，定为新阡……乃于省介参某人以墓碑为请，盖提领（即从政）君之子婿世昌，（世昌）予门弟子也，故予于君（即怀德）之平生颇知其崖略。”（《文》卷二十八）

焦和之

焦和之，其人不详。

元遗山有《送阎子实、焦和之北上》诗（五律）一首，句云：“春风两黄鹄，老眼看云霄。”（《诗》卷七）按，王恽《秋涧集》卷七十四有《送焦和之西夏行省·水龙吟》词，可参。

卢　昶

卢昶，生卒年不详，大名（今河北大名县）人。以方伎有名河朔，政和二年（1112）补太医，奉旨校正《和剂局方》，累迁尚药局使。年八十七卒。与遗山为姻戚。

元遗山有《卢大医墓志铭》述其生平、医道大略，且云："昶与予有姻戚之旧，因其子孙归葬，书以贻之，欲其乡人知此家出予门久，而予亦知其人之深也，铭曰……"（《文》卷二十四）

卫良臣

卫良臣，其人不详。洛阳人。

元遗山有《洛阳卫良臣以星图见贶漫赋三诗为谢》（七绝），句云："星图何物堪相报，借用卢仝月蚀诗。"（《诗》卷十三）

卫承庆

卫承庆，生卒年不详，字昌叔。襄城（今河南襄城县）人。与路铎、王磵、文伯起相识，诗风相近。《中州集》卷七有小传。

元遗山《锦机引》云："丁丑（1217）闲居汜南（今河南襄城县南），始集前人议论为一编，以便观览，盖就李嗣荣、卫昌叔家前有书而录之，故未备也。"（《文》卷三十六）按，卫昌叔又见《中州集》卷九王利宾小传。

师安石

师安石（?—1228），字仲安，《金史》本传作"字子安"。清州（今河北青县）人。承安五年（1200）进士。为人轻财尚义，初补尚书省令史。宣宗南迁，完颜承晖守燕都，将就死，安石受托奉遗表走汴，上嘉之，擢为枢密院经历官。哀宗时，进同佥枢密院事，迁御史中丞、工部尚书，为参知政事（《金史》称进右丞）。尝上言军备二事，上嘉纳之。正大五年（1228）以台谏劾近侍张文寿等，安石亦论列三人不已，触怒哀宗，疽发脑而死。《金史》卷一〇八有传，《归潜志》卷六载其事。元遗山言金兴定间宰师仲安，曾攻击其与赵秉文、杨云翼为一党，然考之《金史》子安事，颇不合，当存疑，或金有两师安石耶？

元遗山有《感事》诗（七律）一首，诗云："甛痔归来位望尊，骎骎雷李（指雷渊、李钦叔）入平吞。饥蛇不计撑肠裂，老虎争教有齿存。神圣定须偿宿业，债家犹足褫惊魂。且看含血曾谁噀，猪嘴关头是鬼门。"（《诗》卷九）按，施注以此诗为斥仲安而作，当存疑。又《赵闲闲真赞》云："兴定初（1217），某始以诗文见故礼部闲闲公，公若以为可教，为延誉诸公间。又五年，乃得以科第出公之门，公又谓当有所成就也，力为挽之，奖借过称。旁有不平者，宰相师仲安班列中倡言谓公与杨礼部之美、雷御史希颜、李内翰钦叔为元氏党人，公不之恤也。"（《文》卷三十八）

任嘉言

任嘉言，生卒年不详。字亨甫，汾州（今山西汾阳市）人。正大庚寅（1230）进士，其名见《改建题名碑》（清王昶《金石萃编》卷一百五十九），曾任金时泌阳（今河南泌阳县）令。其父懋德，字君范，贞祐间卒，年六十七。

元遗山为其父作《忠武任君（懋德）墓碣铭》云："（嘉言）以撰述为请。某于亨甫有州里通家之旧，不可以不敏辞，乃为论之并著予之所感焉。"（《文》卷二十九）又《遗山新乐府》卷三《定风波》（其四）后序云："永宁范使君园亭会汝南周国器、汾阳任亨甫、北燕吴子英、赵郡苏君显、淄川李德之。用东坡体，拟六客词。"句云："六客不争前与后。"

任耀卿

任耀卿，其人不详。

元遗山有《赠任丈耀卿》诗（七律）一首，句云："故人非复乌衣巷，胜事仍余绿野堂……投诗未觉追随远，预怯君家百罚觞。"（《诗》卷十）

崔 立

崔立（?—1234），将陵（今山东德州市）人。少贫无行，乘兵乱从上党公张开为都控、提控，遥领太原知府。蒙古军围汴京，任守城西面元帅，以城降蒙古，杀金留守二丞相，自称郑王。杀人纵火，贪狡淫暴，胁元遗山、王若虚、刘祁、麻革等为己立功德碑，元遗山以此受訾议于后世。又押送金室皇族五百余人至青城受戮，为众切齿痛恨。天兴三年（1234），终被李伯渊刺死。《金史》卷一一五有传，《归潜志》卷十一、十二载其叛金始末甚详。

元遗山《内翰王公墓表》《外家别业上梁文》（分见《文》卷十九、卷四十）及《金史》崔立、王若虚传，《归潜志》卷十一、卷十二，《大金国志》，郝经《辨磨甘露碑》诗（《陵川先生文集》卷八）均述及崔立胁迫元遗山为其撰定功德碑事详情，元遗山诗亦颇有涉及者。崔立被刺死，元遗山作《即事》诗（七律）一首，极快之，诗云："逆竖终当鲙缕分，挥刀今得快三军。燃脐易尽嗟何及，遗臭无穷古未闻。京观岂当诬翟义，衰衣自合从高勋。秋风一掬孤臣泪，叫断苍梧日暮云。"（《诗》卷八）又《秋夜》诗（七律）一首，施注亦以为崔立碑事而作，句云："春雷谩说惊坯户，皎日何曾入覆盆"，"百年世事兼身事，尊酒何人与细论"（《诗》卷十）。语隐而意尤深，痛受碑之累而遭谤也。又《李仲华湍流高树图二首》诗（七绝），注云："癸巳（1233）正月之变，逆党中有欲谋害己者，赖仲华力为营护得释，故篇末及之。"（《诗》卷十三）按，逆党指崔立之党。又《学东坡移居八首》诗（五古）有句"壬辰困重围，金粟论州勺"云云（《诗》卷二），《喜李彦深过聊城》诗（七律）句云"围城十月鬼为邻"（《诗》卷八），《野史亭雨夜感兴》诗（五古）句云"衷迟私自惜，忧畏当谁语"（《诗》卷二），均为围城遭际而发。

崔 遵

崔遵（?—1231），生年不详，字怀祖，北燕（今河北怀来县）人。大定二十五年（1197）进士，仕至同知武安军节度使事。少在太学，有赋声，南渡后居嵩山二十年。与前辈张信中、赵伯成、冯璧有诗酒往来。正大末（1231）死于兵乱。《中州集》卷七有小传，《归潜志》卷三载其事。

元遗山《寄英禅师，师时住龙门宝应寺》诗（五古）一首，句云："城中崔夫子，老笔郁盘盘。家无儋石储，气压风骚坛。"（《诗》卷二）按，崔夫子指崔遵，见自注。又《示怀祖》诗（七律）一首，句云："憔悴经年卧涧阿，囊中无物只诗多。自惊白鬓先潘岳，人笑兰衫似采和。"（《诗》卷九）又《追录旧诗二首》（七律）其二："潦倒聊为陇亩民，一犁分得雨声春……"自注："用崔怀祖韵。"

崔遵有《送裕之官邓下兼简仲泽》诗（七律）一首云："青灯别酒夜沉沉，力负相思自不任。闲里更谁更我醉，兴来无复伴君吟。一枝仙桂知难拟，千顷黄陂未厌深。为向荆州王粲道，安排佳境约相寻。"又《和裕之》诗（七律）二首，句云："行李西来便得君，相从回首七经春。君方备悉原思病，我亦私怜仲父贫。底事却成今日别，枯肠难着此愁新。鸢肩火色真将验，马虎何劳更问辛"，"不幸还能作幸民，十年同醉颍川春。酒船载我虽堪老，仕路有时或为贫……"（均见《中州集》卷七）按，前元遗山诗自注用崔韵，此崔诗题云"和裕之"，知二人先尚有诗往还，盖已佚。

崔振之

崔振之，其人不详，曾任咸宁令。

元遗山有《同周帅梦卿、崔振之游七岩》诗（五律）一首，自注："定襄七岩。"句云："同游尽亲旧，举目是家山。"又《送崔振之迎家汴梁》诗（五律）一首，句云："樊守能供酒，周侯许买山。从今钓滨上，日日望君还。"（均见《诗》卷七）又《续夷坚志》卷四"天裂"条云："元光壬午（1222）六月二十日，崔振之时起任咸宁令，聚县民……"自注："振之说。"

崔梦臣

崔梦臣，其人不详，并州（今山西太原市）人。世家子，好学有才。

元遗山有《送崔梦臣北上》诗（七古）一首，序云："梦臣崔卿，玉树清姿，土门华胄。成童授学，与鸡俱兴。肆笔成书，倚马可待……登金马而上玉堂，在此行矣。诗以劝驾，序宁阙乎？癸丑（1253）二月望日，新兴元某序。"句云："并州书郎年少客，细马金鞭日三百。生平意气凌青云，未怕天山雪花白……由来草创资润色，况复天造须经纶。他日南归吾未老，与君同醉晋溪春。"（《诗》卷四）

訾洞春

訾洞春（洞春疑为其号），其人不详。字子野。相者。

元遗山有《赠訾子野高士三章》诗（七绝），句云："仙翁高弟独君优，胸次清明辨九流。我是愚滨一愚叟，不妨同醉訾家洲"，"鸢肩燕颔非吾事，一片灵台欲付君"（《诗》卷十四）。按，《秋涧集》卷十五有《赠相者訾洞春》诗（七律）一首，另《静修文集》卷九有《訾相士诗卷》诗（七律）一首，可参。

乐　夔

乐夔，字舜咨，武安（今河北武安县）人，曾任金朝中京副留守。余不详。

元遗山有《赠答乐丈舜咨》诗（七律）一首云："舟车何地得通津，书疏相忘意更亲。但爱柏台推峭直，岂知梅赋更清新。两都秋色皆乔木，耆旧风流有几人。诗酒陪从约他日，鸡川已许濯缨尘。"（《诗》卷九）又《感遇》诗（七律）一首，句云："乐丈张兄病且贫。"（《诗》卷十）按，张兄指张纬。又《癸巳岁寄中书耶律公书》中荐五十四人中有"武安乐夔"（《文》卷三十九）。又《遗山新乐府》卷一《蝶恋花》（其五）小序云："同乐舜咨郎中梦梅。"

《金史》卷一二六《元好问传》云："（好问）晚年尤以著作自任……时金国《实录》在顺天张万户家，乃言于张，愿为撰述，既而为乐夔所沮而止。"

仇舜臣

仇舜臣，其人不详。曹益甫门生，平阳人。

元遗山有《赠答平阳仇舜臣》诗（七律）一首，句云："两辱携诗过草堂，曹君师席有辉光……沧海骊珠能几见，酆城龙剑不终藏。"自注："仇乃曹益夫门生也。"（《诗》卷十）

白季昌

白季昌，其人不详。善琴，任嘉言婿。

元遗山《学东坡移居八首》诗（五古），句云："季昌妙琴事，足以相娱嬉。"（《诗》卷一）又《忠武任君墓碣铭》云："（嘉言）女一人，适士子白季昌。"（《文》）卷二十九）

白宗完

白宗完（1144—1212），字全道，乡里称白善人，隩州河曲（今山西河曲县）人。博学多才，治家有方，施惠乡里。好佛。正大中赠中大夫、轻车都尉、南阳郡伯。邦人筑亭以"荣乡"名之，李纯甫为作记。崇庆壬申（1212）卒，年六十九。雁门李氏为作行状，王若虚作墓表，赵秉文书碑额。子彦州、贲、华（元遗山挚友）、（僧）宝莹、麟。孙嗣隆、忱、朴（元曲四大家之一）、恪、中山等五人。

元遗山作《善人白公墓表》述其世系生平大略，且云："岁辛亥（1251）冬十有二月，河曲白某……敢以通家之旧，属笔于吾子，幸为论次之。（好问）谨按，公讳某，字全道……"（《文》卷二十四）按，袁桷《清容居士文集》卷二十七《朝列大夫同佥太常礼院事白公（恪）神道碑》云："祖宗完。"

白　华

白华，生卒年不详，字文举，号寓斋。宗完子。贞祐三年（1215）进士，初为应奉翰林文字。正大元年（1224）累迁枢密院经历官，因奏事为上知。六年（1229）权枢密院判官，七年（1230）为枢密判官。金廷危难，多所论建，屡中事机。天兴初（1232），汴京受围，哀宗问计白华，华奏车驾当出外就兵，留皇兄荆王监国，如《春秋》纪季入齐为附庸事。起华为右司郎中，随哀宗奔归德。崔立以汴京降蒙古，哀宗命华至邓召兵入援，然事久不济。邓州帅移剌瑗入宋，华从之襄阳，宋任其为均州（治今湖北丹江口市）提督。后范用吉降蒙古，送华等于蒙古，此后与其子白朴卜居于滹阳。晚节多受非议。《金史》卷一一四有传，《归潜志》卷九载其事，唐圭璋《全金元词（下）》有小传，叶德均《白朴年谱》（见《戏曲小说丛考》上册）有详考。子朴等，兄贲，弟（僧）宝莹、麟皆早卒（此均为白宗完之李氏夫人生，李氏世家平定）。

元遗山有《送钦叔内翰并寄刘达卿郎中、白文举编修五首》诗（五古），句云："故应刘与白，亦复念微之。"（《诗》卷一）又《示程孙》诗（五古）四首，句云："白兄应见笑，此行亦区区。"（《诗》卷二）又《同白兄赋瓶中玉簪》诗（五古）一首，句云："怀人成独咏，远思徒悠悠。"（《诗》卷二）又《围城病中文举相过》诗（七律）一首，句云："生涯若被旁人问，但说经年鼠不来。"（《诗》卷八）又《和白枢判》诗（七律）一首，句云："书邮但觉浮沉久，诗卷何缘唱和曾……相逢定有池塘句，药裹关心恐未应。"（《诗》卷十）又《南阳县太君墓志铭》云："文举既参机务而赠夫人南阳县太君（白华之母），因请某铭其墓。某自龆龀识文举于太原，与之游，为昆弟之友，今三十年矣。知夫人之德与文举念其亲者为详且久，乃为之铭。"（《文》卷二十五）又作《善人白公墓表》（《文》卷二十四）述白华之父生平及家世颇详尽。又《与枢判白兄书》云："某顿首，自乙巳岁（1245）……连三年不宁居，坐是不得奉起居之间；吾兄亦便一字不相及，何也？如闻曾定襄人处寄书，然至今不曾见。但近得仲庸书，报铁山已娶妇，吾兄饮啖如平时，差用为慰耳（下言去秋得病，又欲赴顺天披节史籍事）王先生碑，今送去，中间有过当处，吾兄细为商略之。碑石想亦便立得。他日改定，亦无害也。所欲言者甚多，聊疏三二事，欲吾兄

知之。有便，望一书为报也。时暑，自爱不宣。”（《文》卷三十九）

白朴《天籁集》王博文序云:“（朴）甫七岁，遭壬辰（1232）之难，寓斋（即白华）以事远适。明年春，京城变，遗山遂挈以北渡……数年寓北归，以诗谢遗山云:‘顾我真成丧家狗，赖君曾护落窠儿。’……居无何，父子卜筑于滹阳……遗山每过之……”孙序云：“先生（指白朴）生长兵间，流离窜逐，父子相失，遂鞠于元遗山先生所。遗山教之成人，始归其家。”

白 朴

白朴（1226—1307），疑初名恒，字仁甫，后改字太素，号兰谷。祖籍河曲，后徙家真定，故又为真定人。白华子。著名元曲四大家（关、白、马、郑）之一，其生平事迹见元遗山《善人白公墓表》，袁桷《清容居士集》卷二十七《朝列大夫同佥礼仪院事白公神道碑铭》，钟嗣成《录鬼簿》，白朴《天籁集》王博文、孙大雅、朱彝尊三序，王国维《宋元戏曲考》附《元戏曲家小传》《录曲余谈》，孙楷第《元曲家考略》甲稿“李文蔚”条、乙稿“白无咎”条，叶德均《白朴年谱》。

元遗山《善人白公墓表》云：“谨按，公讳某，字全道，姓白氏，其家于河曲者，不知其几昭穆矣……男孙五人曰嗣隆，以荫监荥泽酒，曰忱，曰恒（当即朴），皆习进士；曰常山，曰中山，皆尚幼。”（《文》卷二十四）

白朴《天籁集》朱序云，朴为白华之仲子。王序：“（朴）甫七岁，遭壬辰（1232）之难。寓斋（即白华）以事远适。明年春，京城变，遗山遂挈以北渡……尝罹疫，遗山昼夜抱持，凡六日，竟于臂上得汗而愈，盖视亲子弟不啻过之。读书颖悟异常儿，日亲炙遗山謦欬谈笑，悉能默记。数年寓斋北归，以诗谢遗山云：‘顾我真成丧家狗，赖君曾护落窠儿。’居无何，父子卜筑于滹阳。律赋为专门之学，而太素有能声，号后进之翘楚者。遗山每过之，必问为学次第。尝赠之诗曰：‘元白通家旧，诸郎独汝贤。’（按，全诗今已佚）未几，生长见闻，学问博览。”孙序云：“先生（指白朴）生长兵间，流离窜逐，父子相失，遂鞠于元遗山先生所。遗山教之成人，始归其家。”

孙楷第《元曲家考略》甲稿“李文蔚”条：“王思廉（仲常）为仁甫友。仁甫与王思廉、李文蔚盖尝从元好问、张德辉、李冶于真定元氏县封龙山。”按，时元、张、李号“龙山三老”。

白朴词《水调歌头》（其十二）序云：“予儿时在遗山家，阿姊尝教诵先叔《放言》：‘古今忽白首。’感念之余，赋此词云。”按，《放言》见遗山《诗》卷二，其诗有“红颜不暇惜，素发忽已稠”句，当即此“古今忽白首”之意。又其诗“韩非死孤愤，虞卿著穷愁”云云。与此词文字略同，此词当改遗山《放言》诗为之。又词《水龙吟》（其八）序云：“遗山先生有《醉乡》一词，仆饮量素悭，不知其趣，独闲居嗜睡有味，因为赋此。”又词《秋色横空》（其一）序云：“本名《玉耳坠环》，‘秋色横空’盖前人词首句，遗山用以为名。（此词）题为《赠虞美人草》。”（均见唐圭璋编《全金元词》下册）

白　忱

白忱，生卒年不详，字诚甫，幼名铁山。白华子侄辈，白朴兄。余不详。

元遗山有《示白诚甫》诗（五律）一首云：“之子吟爆竹，乃公欣树萱。昆山多美玉，江水初发源。名教有乐地，诗书皆雅言。通家吾未老，倚杖望高轩。”（《诗》卷七）

白　恪

白恪（1245—1309），字敬甫，幼名常山，晚号竹梧。白华第三子，白朴弟。少警敏，元遗山深器之，蒙张德辉奖拔成就，累官为同佥太常礼院事。至大二年（1309）卒于官，年六十三。袁桷为作碑详述其生平（见下）。

元遗山有《常山侄四十月能搦管作字，笔意开廓，有成人之量，喜为赋诗，使洛（似当作‘洒落’）诵之》诗（七古）一首，句云：“牙牙作群雁雁行，是中乃有常山郎……此郎晚出西枢房，虎穴虎子不可当。天惊地怪见落笔，便合抱送中书堂。”（《诗》卷四）按，施注云：“常山，白寓斋第三子。”又《善人白公墓表》云：“（善人）男孙五人……曰常山，尚幼。”（《文》卷二十四）

袁桷《朝列大夫同佥太常礼院事白公（恪）神道碑》云：“君讳恪……少警敏，三岁善作字，书八卦八字，有以见乡先生元公好问，公作诗深器之……稍长，里之先进张先生耀卿（张德辉）爱其才，奖拔力成就……白于太原为令族，至金源氏兴，太原衣冠为最盛……（恪）晚自号竹梧……至大二年（1309）……卒于官，年六十有三。”（《清容居士文集》卷二十七）

白君举

白君举，其人不详。

《茅亭诗》录白君举酬元遗山诗（七律）一首，句云：“横槊赋诗吾岂敢，短衣扣角夜如何。相逢未尽相思话，草色连云水碧波。”（见施笺补载）

皇甫季贞

皇甫季贞，其人不详。

元遗山有《乞酒示皇甫季贞》诗（七绝）一首（《诗》卷十二）。

魏　璠

魏璠（1201—1270），字邦彦，号玉峰，浑源人。金贞祐三年（1215）进士，补尚书省令史，上言论将相非人及不当立德陵事，宣宗不报。授朝列大夫、翰林修撰，使武仙军，事未济。仙信谗欲杀之，不为屈。金亡，北还乡里。庚戌岁（1250），忽必烈在潜邸，征至和林。璠陈三十余事，举名士六十余人以对，后多被纳用。以疾卒于和林，年七十，赐靖肃。事见《金史》卷十七《哀宗纪》、《元史》卷一六四与《新元史》卷一九一魏初传，又见王逢《梧溪集》卷六《题金故翰林修撰魏公状表诗序》，王恽《秋涧集》卷八十至八十二《中堂记事》

及卷五十九《碑阴先友记》。

元遗山《游龙山》诗（五古）一首，句云："玉峰有佳招，绝唱须一酬。"（《诗》卷五）又《赠玉峰魏丈邦彦》诗（七律）一首，句云："眼明惊见玉峰寒……风波旧忆横身过，世事今归袖手看。"（《诗》卷十）又《玉峰魏丈哀挽》诗（七律）一首，句云："只缘大事存遗稿，重为斯文惜主盟。北斗太山初未减，秋霜烈日凛如生。莫疑知己无从报，直笔君看戮进明。"（《诗》卷十）又《资善大夫武宁军节度使夹谷公神道碑》述及魏璠受知于夹谷土剌事（《文》卷二十）。又《张仲经诗集序》云："（仲经）《寄魏内翰》云：'上阁寺高迎晚翠，游家楼小簇春红。'"（《文》卷三十七）又《伤寒会要引》述及李杲明为魏邦彦夫人医目病事（《文》卷三十七）。又《癸巳岁寄中书耶律公书》荐五十四人中有"山西魏璠"。

刘昂霄有《中秋日同辛敬之、魏邦彦、马伯善、麻信之、元裕之燕集三乡光武庙》诗（七律）一首，句云："登临还喜故人同。"（《中州集》卷七）按，魏璠事可参赵秉文《闲闲老人滏水文集》卷十三《商水县学记》、麻革《游龙山记》及刘祁《游林虑山记》（均见《归潜志》卷十三），《元史》卷一六〇及《新元史》卷一七一《李治传》，郝经《陵川先生文集》卷十三《哭魏先生诗》，魏初《青崖集》《先君墓碣铭》等。

魏　初

魏初（1231—1292），字太初，号青崖，宏州顺圣（今河北阳原县）人。魏璠从孙。璠无后，以初为孙。中统元年（1260）蒙古立中书省，辟为掾史，兼掌书记。未几辞归，隐居教授。后又召授国史院编修官，拜监察御史，建言立法制。又请免括大兴兵。累官江西按察使、侍御史、南台御史中丞。年六十一卒。有《青崖集》行世。子必复，官集贤侍讲学士。《元史》卷一六四、《新元史》卷一九一有传。

魏初尝为元遗山刻墓碑，翁方纲《年谱》附汪古愚辑《墓图记略》载《元遗山墓碑阴》云：“（姜）彧与（魏）初尝辱先生教诲，又尝闻先生之言：‘某身死之日，不愿有碑志。墓头树三尺石，书曰‘诗人元遗山之墓’足矣。彧与初适按部河东，得拜墓下，因买石以刻之……”按，此文亦见《青崖集》卷五《书元遗山墓石后》。碑今仍存忻州市韩岩村元遗山墓。

吴庭秀　吴庭俊

吴庭秀、吴庭俊，兄弟二人，交城人。庭秀生于大定十五年（1175），博闻强记，九经传注，手自抄写，尤习史书，有声场屋。贞祐兵乱，负母入山，道中遇害（1214），年四十。张德辉师事二人。

元遗山《十七史蒙求序》云：“始予年二十余，住太原学舍。交城吴君庭秀，洎其弟庭俊，与予结夏课于由义西斋，尝以所撰《蒙求》见示，且言：‘……子为我序之可乎？’予欣然诺之而未暇也。后三十七年，予过镇阳，见张参议耀卿。耀卿，受学于吴君之门者也。问以此书之存亡，乃云板荡之后，得于田家故箱中，因得而序之……吴君博闻强记，九经传注，率首（手）自抄写……贞祐之乱，负母入山，道中遇害，年甫四十云。庚戌（1250）五月晦日，新兴元某序。”（《文》卷三十六）

吴　章

吴章，生卒年不详，字德明，号定庵，石州（今山西吕梁市）人。金时以儒业进身，官至翰林学士。余不详。

《永乐大典》卷五千二百五引洪武《太原志》云：“金章字德明，石州人，道号定庵，以儒业进身，官至翰林学士，乃元遗山之师。”按，此人未见他书，不知《太原志》何所据而言。

吴辨夫

吴辨夫，生卒年不详，字思问，东平人。年十七父卒，为尚医王继先之婿。

贞祐南渡，充侍药局药童。金亡，以医业为行总府，署医工都管勾。祖父璋，仕金为郡功曹。父子昭，字进叔，与党怀英同窗，与贾显之相识。

元遗山作《尚药吴辨夫寿冢记》云："丁巳（1257）秋七月，予将西归。尚药吴辨夫有请曰：'思问不佞，侍先生汤液有年矣。日者不自揆度……预作冢墓，以寄终焉之去，而州里不经见，颇有言敢质之先生，以祛二三之惑。余谓辨夫……余以某年月日记，辨夫时年六十八云。"（《文》卷三十四）

吴　璋

吴璋（1148—1212），字器玉，长春（今吉林长春市）人。少父卒，养于姑乐亭齐氏。大定十年（1170）以荫补官，历遂城、满城四务酒官，有吏能。卫绍王时官显武将军，后调官监方城税。崇庆元年（1212）卒，年六十五。子仲侃、仲杰。

元遗山为作《显武将军吴君阡表》述其生平，且云："甲辰（1244）冬予过洛西。仲杰涕泗百拜，以墓碣铭为请。仲杰学为通儒，德为善人……乃为论次之，并用予之所感，为作铭，其铭曰……"（《文》卷二十九）

吴子英

吴子英，辽东（今辽宁辽阳市）人，余不详。疑为吴璋长子仲侃。

元遗山有《送吴子英之官桥东且为解嘲》诗（七律）一首，句云："柴东历鹿送君东，万古书生蹭蹬中。"（《诗》卷八）又《吴子英家灵照图》诗（七绝）二首（《诗》卷十一）。又《遗山新乐府》卷三《定风波》（其四）注云："永宁范使君园亭会汝南周国器、汾阳任亨甫、北燕吴子英、赵郡苏君显、淄川李德之。用东坡体，拟六客词。"按，《中州集》卷七周驰小传云："辽东人吴子英，尝从仲才学。"仲才，周驰字。

吴仲杰

吴仲杰，生卒年不详，字子贤，号樗庵。吴璋次子，兄仲侃。曾任邓州教授。

元遗山有《吴子贤樗庵二首》诗（七绝），句云："人道樗形百丑全，我知造物向君偏。"（《诗》卷十二）按，李光廷《年谱》"五十五岁"条云："子贤，名仲杰，长春人，时为邓州教授。"

吴天益

吴天益，其人不详。

元遗山有《答吴天益》诗（七律）一首，句云："兵中曾共保嵩丘，忽漫相逢在此州。"自注："来诗有'三经松菊'之句。"（《诗》卷十）

程　震

程震（1181—1224），字威卿，东胜（今内蒙古托克托）人。元遗山亲家。明昌三年（1192）经童出身，入仕有能声。兴定初（1217）为陈留县令，治为河南第一，召拜监察御史。以法劾皇子荆王专恃权势，纵奴侵民，宣宗责荆王，出内府银以偿物值，杖其奴尤不法者数人。未几，坐事罢官。正大元年（1224）卒，年四十四。《金史》卷一一〇有传，《归潜志》卷五、卷七载其事。兄鼎、雷。子思温。

元遗山为作《御史程君墓表》述其生平政绩（《文》卷二十一）。按，碑文亦见收于清王昶《金石萃编》卷一百五十八。

程思温

程思温，生卒年未详，字端甫，金末进士。程震子，元遗山长女真之婿。从弟思忠，能文章。

元遗山《癸巳岁寄中书耶律公书》荐五十四人有"东胜程思温及其从弟思忠"（《文》卷三十九）。

郝经《遗山先生墓铭》云："（元遗山）女五人，长曰真，适进士东胜程思温。"施注以思温即端甫，俱见《陵川先生文集》卷三十五并大德碑本。

程仲卿

程仲卿，生卒年不详。程震侄孙。祖父程鼎。元遗山外孙辈，余不详。

元遗山有《为程孙仲卿作》诗（古体）一首，句云：“参军爱友亲弟昆，御史风节海内闻……外翁老去住山村，正要儿童侍酒尊。他日新诗一千首，不愁无物饷吾孙。”（《诗》卷五）施注云，诗中参军即指鼎，御史即震。按，详诗意，仲卿即鼎之孙。外翁，元遗山自道也。又《御史程君墓表》云：“（程震）父德元……长曰鼎……调濮州司候。”（《文》卷二十一）

程自修

程自修，生卒年不详，字忘吾，洛阳人，隐士。杜本《谷音》卷上：“洛阳程自修，字忘吾，性孝友，读书城东门。翰林元裕之上其言行，除礼部郎中，自修闻之，弃家南去。”

倪文仲

倪文仲，其人不详。

元遗山《学东坡移居八首》诗（五古），句云：“倪家莲花白，每酿必见贻。”（《诗》卷二）施注云，倪家即倪文仲。又《遗山新乐府》卷三《鹧鸪天》（其六）小序云：“中秋饮倪文仲家莲花白，醉中同李仁卿赋。”

修端卿

修端卿，其人不详。

元遗山有《大简之画松风图为修端卿赋二首》诗（七绝）（《诗》卷十三）。又《赠修端卿、张去华、韩君杰三人六首》诗（七绝），句云：“姓字旧熟相知新，三子皆我眼中人”，“绿发修郎玉不如”，“异时三客俱焰焰，人伦东国吾无惭”（《诗》卷十三）。

侯金鼎

侯神童，字金鼎，利州（今河北建昌县）人。生十四月识字，余不详。

元遗山有《赠利州侯神童》诗（七古）一首，题自注："生十四月识字，余见时生二十一月，识字无算。"句云："人间失却麻神童（指麻九畴已谢世），明星煌煌出苍龙。只知江陵图籍尽一火，谁谓死草生华风。遗山老子未老在，见汝吐焰如长虹。"（《诗》卷四）自注："儿字金鼎。"

侯 挚

侯挚（?—1232），初名师尹，字莘卿，东阿人。明昌二年（1191）进士，入官慷慨有为。初为户部主事，因言事降长武县令。贞祐初（1213），蒙古军围燕都，请出募军有功，擢右补阙。宣宗南渡，迁六部侍郎，又因荐为太常卿，行尚书六部事，上章言九事，上略施行之。元帅蒲察七斤以通州（今北京市通州区）叛，挚为谍者间，上章自辩，权参知政事。俄拜参知政事，行尚书省于河北，上言募兵安抚河北东、西两路。贞祐四年（1216）拜尚书右丞，上言开沁水以便馈运及赈河北饥民。时红袄军起义于山东，挚上言招降石花五、夏全等壮士二万人，升资德大夫，兼三司使。兴定二年（1218），又上言抚辑山东、河北之民，开河禁，听南奔之民归里务农。又督兵讨李全于山东，受诏权移邳州行省，并上言令东平以东之贫民受地备耕战。王汝霖、程戬欲结宋兵以为外应，挚捕杀之。三年（1219），设汴京东、西、南三路行三司，挚总其事。四年（1220）迁荣禄大夫，致仕。天兴元年（1232），起复为大司农，旋致仕。又复起为平章政事，封萧国公，行京东路尚书省事。以军三千护送就舟张家渡，行至封丘，敌兵觉，不进追，诸将卒谋倒戈南奔，挚止之。十一月复致仕，居汴中。崔立叛金，挚为大兵所杀。挚为人威严，喜荐士，张文举、雷渊、麻九畴由其进用。南渡宰相中，人望最重。《金史》卷一〇八有传，《归潜志》卷六、卷七载其事。

元遗山有《侯相公所藏云溪图，曾命赋诗三首……北渡后往东平，路经云溪，因为之赋》诗（七绝）一首，句云："黄山图子翰林诗，千里东州有所思。前日相公门下客，国亡家破独来时。"（《诗》卷十二）按，赵秉文《闲闲老人滏水文集》卷十三有《双溪记》，王恽《秋涧集》卷二十六有《云溪先生画像诗》（七绝）一首，《中州集》卷六录雷渊《赋侯相公云溪》诗（七律）一首，可参。

解飞卿

解飞卿，进士出身，余不详。

元遗山有《题解飞卿山水卷》诗（七绝）一首（《诗》卷十二）。又《济南行记》："进士解飞卿，好贤乐善，款曲周密，从予游者凡十许日。"（《文》卷三十四）按，元遗山有《济南杂诗十首》（七绝）等，可参。

忽必烈（元世祖）

忽必烈（1215—1294），成吉思汗孙，蒙古宪宗蒙哥弟，蒙古族。蒙哥汗元年（1251）开府滦河上游之地，继以怀孟、京兆为分地，注意农桑，兴办屯田。宪宗蒙哥汗三年（1253），率军攻云南，次年灭大理而归。九年（1259），攻宋鄂州（今湖北武昌市），得蒙哥汗死讯，决策北还。次年在开平（今内蒙古多伦北之石别苏木）即大汗位，始建年号称中统。其幼弟阿里不哥与忽必烈争位，至元元年（1264），忽必烈获全胜，迁都燕京（后称大都，即今北京）。至元八年（1271），定国号为元（后人称元世祖）。至元十六年（1279）灭南宋，统一全国。在位期间任用刘秉忠、叶李等，建立包括行省制度在内的各项制度，并加强中央政府对边疆地区的管理，巩固和发展了我国统一的多民族国家。他除武力镇压人民的民族反抗斗争外，又任用许衡、姚枢等儒生，提倡程朱理学，推广发展中原先进的汉族文化，是杰出的政治家。《元史》卷四、《新元史》卷七至十二有本纪。

《元史》卷一六三《张德辉传》云："岁丁未（1247），世祖在潜邸，召见（德辉）……访中国人才，德辉举魏璠、元裕（之）、李冶等二十余人……壬子（1252），德辉与元裕（之）北觐，请世祖为儒教大宗师，世祖悦而受之。因启：'累朝有旨蠲儒户兵赋，乞令有司遵行。'从之。仍命德辉提调真定学校。"

苏天爵《元朝名臣事略》卷十“宣慰使张公（德辉）”条引王恽《张德辉行状》云：“壬子（1252），公（即张德辉）与元好问北觐（忽必烈），奉启请王为儒教大宗师，王悦而受之。继启累朝有旨蠲免儒户兵赋，乞令有司遵行。王为降旨，仍命公提举真定学校。”

李冶《元遗山先生全集（元中统本）序》：“主上（即忽必烈）向居藩邸，挹君（即元遗山）盛誉，一见遽以处之太史氏……奈何遇千载而心违，际昌辰而身往，此非君遗恨也耶！”

施国祁《年谱》附言：“其（指元遗山）晚年见元世祖于潜邸，卒以终身不仕……”

王鹗《元遗山先生全集序》：“国朝将新一代《实录》，附修《辽》《金》二史，而吾子荣膺是选。无何，恩命未下，哀讣遽闻，使雄文巨笔不得驰骋于数千百年之间。”

勾龙瀛

勾龙瀛，生卒年不详，字英孺，河朔（今山西北部）人。性方直，有诗声。王恽《秋涧集》卷五十九《碑阴先友记》略载其事。余不详。

元遗山《癸巳岁寄中书耶律公书》荐五十四人中有“河朔勾龙瀛”。又《遗山新乐府》卷四《清平乐》（其十一），小序云：“赠勾英孺家中女子阿金，张仲继二女名兰、楚。”句云：“莫道生男堪慰老，掌上金儿更好。”又《寒食灵泉宴集序》载元遗山友九人，中有“英孺”其人，当即龙瀛（《文》卷三十七）。又《故帅阎侯（珍）墓表》载遗山与张圣予、勾龙瀛、刘郁等于阎家饮酒欢会事（《文》卷二十九）。

纪子正

纪子正，冠氏人。余不详。

元遗山有《纪子正杏园燕集》诗（七古）一首，句云：“纪翁种杏城西垠，千株万株红艳新。”（《诗》卷五）又《别冠氏诸人》诗（七律）一首，题自注云：“戊戌（1238）秋八月初二日。”句云：“西城红艳杏园春……衣冠会集今为盛，里社追随分更亲。分手共伤千里别，低眉常愧六年贪。”（《诗》卷九）又《冠氏赋杏花四首》诗（七绝），句云：“闻道纪园千树锦，一尊犹及醉清明。”（《诗》卷十二）又《自赵庄归冠氏二首》诗（七绝），句云：“谁识杏花墙外客，旧家曾近丽川亭。”（《诗》卷十二）

移剌瑗

移剌瑗（?—1235），又名粘合（或写作粘何、粘哥），字廷玉，汉名刘介。契丹族，世袭猛安。好文，幕府多延致名士。初帅彭城，雷渊在幕，与杨叔能、元遗山善，一时士望甚重。为将镇静，不扰民。天兴间，哀宗出奔，迫于武仙兵，以女纳之仙。然疑仙，率邓州军民投宋将孟珙（白华从之）。宋以兵马辖处之，赐第，居襄阳（参《宋史·孟珙传》）。未几，病卒。《金史》颇分载其事，《归潜志》卷六亦载其事。

元遗山有《月观追和邓州相公席上韵》诗（五律）一首，句云：“绿泛兵厨酒，红依幕府莲。”（《诗》卷七）又《去岁君远游·送仲梁出山》诗（古体）一首，句云：“邓州大帅材望雄，爱客不减奇章公……幕中多士君又往，谈笑已觉南夷空。”（《诗》卷五）又《邓州相公命赋喜雨》诗（七律）一首，句云：“其识使君霖雨手，调元消息在今年。”（《诗》卷八）又《被檄夜赴邓州幕府》诗（七律）一首，句云：“未能免俗私自笑，岂不怀归官有程。”（《诗》卷八）又《谢邓州帅免从事之辟》诗（七律）一首，句云：“遥望朱门涕横落，相公恩德九泉深。”（《诗》卷八）又《新野先主届》诗（七律）一首，序云：“次邓帅韵。”（《诗》卷八）又《横波亭》诗（七律）一首，序云：“为青口帅赋。”（《诗》卷八）施注云，此帅即移剌粘合。又《巨然秋山为邓州相公赋》诗（七绝）一首（《诗》卷十一）。又《从邓州相公觅酒，时在镇平》诗（七绝）一首（《诗》

卷十一）按，元遗山在镇平诗尚多，可参。又《资善大夫武宁军节度使夹谷（土剌，字大用）神道碑铭》云：“（正大）三年（1226）召（夹谷土剌）为户部郎中。初置申州，辍公为刺史。明年，城洛阳，授同知中京留守兼同知金昌府事。留守移剌瑗雅敬公，事无巨细，咨之而后行。”（《文》卷二十）又《邓州新仓记》云：“观察判官曹君德甫以书抵某云：‘武胜一军雄殿南服，重兵所宿，兼倍诸道。故廪庾之积，尤为吾州之大政。今漆水公之镇是邦也，至之日即以新仓为事……子为我记之……’某属吏也，知公为详，故并著其设施如此。（正大八年）四月……南阳县令……元某记。”（《文》卷三十三）按，漆水公即移剌瑗。又《遗山新乐府》卷三《定风波》（其一）词后注：“邓帅漆水公寿筵。”

又《归潜志》卷六：“移剌枢密粘合，字廷玉，契丹世袭猛安也。弟兄俱好文，幕府延致名士。初帅彭城，雷希颜在幕，杨叔能、元裕之皆游其门，一时士望甚重。”

移剌买奴

移剌买奴，生卒年不详，字温甫，自号拙轩。契丹族，世袭猛安。好读史，慷慨有义气。喜交士大夫，视女真同列如奴隶。尝为宣抚使，因事坐废。后为虎贲都尉，提兵赴关中，全军而回，病卒。赵秉文为赋之。与刘从益、刘祁父子善。《归潜志》卷六载其事，参《闲闲老人滏水文集》卷二《拙轩赋》。

元遗山有《拙庵为温甫赋》诗（七绝）一首，句云：“毕竟世间谁是巧，鬓毛愁白可怜生。”（《诗》卷十一）

徐世隆

徐世隆（1206—1285），字威卿，陈州西华（今河南西华县）人。金正大四年（1227）进士，辟为县令，辞而务学。壬辰（1232），父殁。癸巳（1233），严实招为东平幕府书记。世隆劝严实收养寒素，一时名士多归之。蒙古宪宗用为官，固辞。壬子（1252），忽必烈召见于日月山。时方拟征云南，世隆对以“不嗜杀人者能一之”。严实得金太常登歌乐，忽必烈欲观之，徐世隆典领以行。既见，忽必烈欲留之，世隆以母老辞。严实子以世隆为东平行台经历，于是益赞严氏兴学养士。中统元年（1260），擢燕京等路宣抚使。世隆以新民善俗为务，多省民赈饥之惠政。三年（1262），还东平，请增宫县乐舞，制可。四年（1263），世祖问尧、舜、禹、汤为君之道，世隆取书所载帝王事以对。至元元年（1264），迁翰林侍讲学士兼太常卿，俄兼户部侍郎，承诏议立三省，定内外官制上之，从之。七年（1270），迁吏部尚书，又撰选曹八议。九年（1272），为东昌路总管，为政以宽。十四年（1277），起为山东提刑按察使。后上疏谏止征日本。十七年（1280），召为翰林学士等，皆以疾辞。晚年奏便宜九事。二十二年（1285）卒，年八十。《元史》卷一六〇、《新元史》卷一八五有传。苏天爵《元朝名臣事略》卷十二有“太常徐公”专条。遗山金末时同僚。

元遗山有《徐威卿相过留二十许日，将往高唐，同李辅之赠别二首》诗（七绝），句云：“衣冠八座文昌府，襆被三年同舍郎……保社追随有成约，不应关塞永相望”，“二年阻绝干戈地，百死相逢骨肉情。别后相思重回首，杏花尊酒记聊城”（《诗》卷八）。又《贺威卿徐弟得雄》诗（七律）一首，句云：“阿卿新喜到充闾”，“明年别作飞黄句，来贺君家第二雏”（《诗》卷九）。又《病中感寓赠徐威卿兼简曹益甫、高圣举先生》诗（七绝），句云：“不是徐卿与高举，老夫空老欲谁传。”（《诗》卷十）又《癸巳岁寄中书耶律公书》荐五十四人中有“西华徐世隆”（《文》卷三十九）。

鲜于彦鲁

鲜于彦鲁，生卒年等不详。宋文臣鲜于子骏之后人。其兄溥，字彦仁，栎阳令。《中州集》卷九有传。子忠厚。

元遗山有《为鲜于彦鲁赋十月菊》诗（七律）一首，句云：“秋香旧入骚人赋，晚节今传好事家。”（《诗》卷九）

完颜璹

完颜璹（1172—1232），本名寿孙，字仲实，一字子瑜。女真族，金室宗族，越王永功之长子。少时学诗于朱巨观，学书于任君谟。淡于名位，好贤乐施。明昌后，以帝猜忌，穷力于书，尤擅《通鉴》之学，虚怀雅接文士。家藏法书名画极富，赵秉文、杨云翼、雷渊皆推重之，元遗山称其为“宗室中第一流人”。壬辰（1232）围城中知国将亡，哀宗接见于隆德殿，进言保全宗族。是年病卒，年六十一。所居有樗轩、如庵，自号樗轩老人，有诗集《如庵小集》。封胙国公、密国公。《金史》卷八十五有传，《中州集》卷五有小传，《归潜志》卷一载其事。

元遗山有《密公宝章小集》诗（七古）一首，述其家世好尚、文事成就，评价甚高，句云：“恰似如庵连榻坐，一瓯春露澹相忘。”（《诗》卷三）又《摘瓜图二首·樗轩家物》诗（七绝），句云：“凭君莫话前朝事，比似黄台摘更多。”（《诗》卷十三）又《五月十一日樗轩老忌辰追怀》诗（七律）一首，句云：“遗后交情老更伤，每逢此日倍难忘。”（《诗》卷九）又《祖唐臣所藏樗轩画册二首》诗（七绝）（《诗》卷十四）。又《如庵诗文叙》述其生平文事，并云：“门下士河东元某为之引。”（《文》卷三十六）又《题樗轩〈九歌遗音〉大字后》云：“胙国公诗笔圆美，字画清健……画中有鉴裁，唯公与庞都运才卿、李治中平甫三二人而已。”

完颜璹有《得友人（即元遗山）书》诗（七律）一首，句云：“闻有书来喜欲狂，紫芝眉宇久难忘。别离唯叹我头白，诗句屡成君马黄。”（《中州集》卷五）

刘祁《归潜志》卷三云：“一时文士如雷希颜、元裕之……皆游其（指璹）门。”

完颜怀德

完颜怀德（1162—1221），字辅之，小字得孙。女真族，金宗室。至宁元年（1213）为临淄令，施政修整，不虐汉族。贞祐兵祸，率军投大帅驸马都尉仆散公某，授官辞去，侨居亳州。兴定五年（1221）卒，年六十。父习捏，子从政，孙阿海、守英、守杰。其子从政壬辰（1232）间率老幼千人归严实于东平，迁工匠副官，又授提领之职。孙女一，嫁须城令信世昌。世昌，信亨祚子。

元遗山为作《临淄县令完颜公神道碑》述其生平政绩，且云："提领……遣长子阿海护輀车而北……乃于省介参某人以墓碑为请，盖提领君之子婿（信）世昌，予门弟子也，故予于君之平生颇知其崖略。"（《文》卷二十八）

完颜斜烈（鼎）

完颜斜烈（?—1226），名鼎，字国器，丰州（今内蒙古呼和浩特市东）人，女真族。毕里海世袭猛安，系宗室萧王诸孙。年二十，以善战知名，自寿、泗元帅转安平（今河北安平县）都尉，镇商州（治今陕西商洛市）。威望甚重，敬贤下士，有古贤将之风，曾搜俘欧阳修子孙，纵遣之。与其弟完颜陈和尚事母甚谨。初，陈和尚为北兵所掠，得准至丰州省母，遂与斜烈杀监卒奉母南奔，金宣宗奇之。斜烈以世官授都统，行寿、泗元帅府事，陈和尚随为宣差提控，辟王渥为经历官。正大二年（1225）落帅职，例为总领，屯方城。正大三年（1226）病卒。《金史》卷一二三，《归潜志》卷二、卷六载其事。弟陈和尚。

元遗山有《中秋雨夕》诗（七律）一首，题自注："商帅国器筵中作。"（《诗》卷八）又《丹霞下院同仲泽（即王渥）、鼎玉（即王铉）赋》诗（七律）一首，题自注："时从商帅军至南阳。"（《诗》卷八）又《即事》诗（七律）一首，题自注："商帅国器见免从军。"句云："会最指天容我懒，鸱夷盛酒尽君欢。到家慈母应相问，为说将军礼数宽。"（《诗》卷九）又《俳体雪香亭杂咏十五首》（其六）诗（七绝），后二句云："禁苑又经人物散，荒凉台榭水流迟。"（《诗》卷十二）自注："十年前商帅国器方城梦中得后二句，为言如此。"又《遗山新乐府》卷二《三奠子》（其一），小序云："同国器帅、良佐、仲泽置酒南阳故城。”卷一《满江红》（其四）小序云：“方城商帅国器军中寄同年李钦用，钦用时为西台掾，在长安。”

王渥《水龙吟》小序：“从商帅国器猎，同裕之赋。”有句云：“一时胜事，宾僚儒雅。”（《中州乐府》）

完颜陈和尚

完颜陈和尚（1194？—1232），名彝，字良佐。斜烈弟。贞祐中，年二十余为蒙古军俘掠，请准归丰州省母，与从兄斜烈杀监卒奔金，金宣宗奇之。斜烈行寿、泗元帅府事，诏以陈和尚为宣差提控随之。雅好文史，如寒苦之士。正大二年（1225）随斜烈屯方城，以事系狱。斜烈卒，金哀宗特赦以立功报国，任忠孝军提控。作战敢死，治军有方，军纪严明，与蒙古军战连，获大昌原（今甘肃宁县太昌原乡）、卫州，倒回谷（今陕西蓝田县东南）之胜。正大九年（1232）兵败被俘于三峰山，拒降被杀。蒙古军敬畏之，为金末一代名将。卒后赠镇南军节度使。曾从王渥受朱子理学。《金史》卷一二三有传，《归潜志》卷六载其事。

元遗山奉诏作《赠镇南军节度使（完颜陈和尚）良佐碑》详述其生平战绩，并云：“（陈和尚死）事闻，诏赠镇南军节度使，尚书省择文臣与相往来而知其生平者为褒忠庙碑，宰相以东曹掾吏部主事臣某应诏。臣尝考于……”（《文》卷二十七）又《良佐镜铭》：“郾城张氏蓄古镜……丙戌（1226）夏四月予过汜南，良佐请铭其镜……良佐忠于爱君，笃于事长，严于军旅，又谦谦折节下士，从诸公授《论语》《春秋》……故就其可致者而勉之。”（《文》卷三十八）又《遗山新乐府》卷一《贺新郎》（其一），小序云：“为良佐所亲赋。”又卷二《三奠子》（其一）小序云：“同国器帅、良佐、仲泽置酒南阳故城。”又卷二《浣溪纱》（其一）小序云：“良佐以事系狱，以此寄之。”又卷三《桃源忆故人》（其一）小序云：“代赠良佐所亲。”

完颇仲希

完颜仲希，生卒年不详，金宗室后裔。少以孤儿隶羽林宿卫者多年，为人慷慨尚风气，善驰射。北渡后折节读书，与元遗山游，颇有名望。王恽《秋涧集》杂著有文载其事。元遗山称其为“吾弟”。

元遗山《送仲希兼简大方》诗（七律）一首，句云：“方外故人如见问，为言乘兴欲东流。”（《诗》卷十）

《秋涧集》杂著：“（仲希）翩翩佳公子也。如遗山先生，一代巨公，虽泛爱无间，翰墨之作初不轻与，至于君，题其居曰‘元斋’，继其德曰‘吾弟’，复有篇赠，称道其志向，非尚友重义，得如是乎？自是完希（按，完颜氏居曲阜者，后改完氏，见《日知录》）之名，轩翥于河朔者三十余年，非不重也。”

完颇白撒

完颜白撒（?—1233），名承裔，女真族，金末帝承麟之兄。贞祐间累官知临洮（治今甘肃临洮县）府事、兼本路兵马都总管。兴定间，多次击败宋与西夏军。哀宗时召还，拜尚书右丞，未几拜平章政事。贪鄙恇怯，专愎尤甚，不顾国危，属兵多扰民。蒙古兵围汴，白撒守城，多为私计，劝哀宗逃奔归德。白撒攻卫州，兵败，弃军遁，与哀宗狼狈入归德。部属怨愤，哀宗乃暴其罪，囚七日饿死。《金史》卷一一三有传。

《金史》本传云：“（正大三年）朝廷议罢白撒，白撒不自安，乃谓令史元好问曰：‘我妨贤路久矣，得退是幸，为我撰致仕表。’顷之，上已遣使持诏至其第，令致仕。既废，军士恨其不战误国，扬言欲杀之。”（后复起用白撒，遂与哀宗出奔归德）

完颇奴申　完颇习捏阿不

完颜奴申（?—1232），字正甫，女真族，完颜素兰之弟。金进士，仕历清要。正大三年（1226）由翰林直学士充益政院说书官，五年（1228）转吏部侍郎。

曾以御史大夫奉使蒙古，朝见蒙古太宗，迁吏部尚书。八年（1231）拜参知政事，天兴元年（1232）兼枢密副使。《金史》卷一一五有传。

完颜习捏阿不（?—1232），女真族。天兴元年（1232）任枢密副使，兼知开封府、权参知政事。天兴二年（1233），崔立以汴京叛金，与完颜奴申同被崔立叛军杀死，事见《金史》崔立传、完颜奴申传。《金史》卷一一五《完颜奴申传》载："天兴二年（1233）正月丙寅，省令史许安国诣讲议所言：'古者有大疑，谋及卿士，谋及庶人。今事势如此，可集百官及僧道士庶，问保社稷、活生灵之计。'左司都事元好问以安国之言白奴申，奴申曰：'此论甚佳，可与副枢议之。'副枢（即完颜习捏阿不）亦以安国之言为然。好问曰：'自车驾出京，今二十日许，又遣使迎两宫。民间汹汹，皆谓国家欲弃京城，相公何以处之？'阿不曰：'吾二人惟有一死耳。'好问曰：'死不难，诚能安社稷、救生灵，死而可也。如其不然，徒欲一身饱五十红衲军，亦谓之死耶？'阿不款语曰：'今日惟吾二人，何言不可。'好问乃曰：'闻中外人言，欲立二王监国，以全两宫与皇族耳。'阿不曰：'我知之矣，我知之矣。'即命召京城官民，明日皆聚省中，谕以事势危急当如之何。有父老七人陈词云云，二相命好问受其词。白之奴申，顾曰：'亦为此事也。'且问副枢：'此事谋议今几日矣？'阿不屈指曰：'七日矣。'奴申曰：'归德使未去，慎勿泄。'或曰是时外围不解，如在陷阱，议者欲推立荆王以城出降，是亦《春秋》纪季入齐之义，况北兵中已有曹王也。众愤二人无策，但曰'死守'而已。忽闻召京城士庶计事，奴申拱立无语，独阿不反复申谕：'国家至此，无可奈何，凡有可行，当共议之。'且继以涕泣。"（次日崔立变，二人被杀）

宁端甫

宁端甫，元时曾任御郎之职，与张立道出使安南，见《元史》张立道传。余不详。

元遗山有《宁拯端甫北上》诗（七律）一首，句云：“自是青云动高兴，未甘白发老诸生”，“长句送君还自愧，半山已有雁飞行”（《诗》卷十）。又《送端甫西行》诗（七律）一首，句云：“瀛州人物早知名，车骑雍容一座倾。美酒清歌良有味，绿波春草若为情。渭城朝雨三年别，平地青云万里程。老我秦游旧曾约，梦中仙掌已相迎。”（《诗》卷十）

房 皞

房皞，生卒年不详，元世祖至元中前后在世。字希白，号白云先生，平阳人。有《白云子集》传世（见顾嗣立《元诗选》）。

房祺《河汾诸老诗集序》：“张石泉（即张宇）、房白云（皞），与元老（遗山）游从南北者。”

宰 沂

宰沂，生卒年不详，字鲁伯，洛阳人。有长才奇节，曾与杨惟中说降西山主帅，后为王府征士。其事参见王恽《碑阴先友记》（《秋涧集》卷五十九）、郝经《邻野堂记》（《陵川先生文集》卷二十五）、苏天爵《元文类》所收姚燧之《送宰先生序》。

元遗山有《甲寅十二月四日出镇阳寄宰鲁伯》诗（五律）一首，句云：“冲寒骑瘦马，认影识衰翁。”

宗秀才

宗秀才，其人不详。

元遗山有《与宗秀才》诗（七律）一首，题自注：“阳平作。”句云：“已遣父兄知义训，肯容儿辈作耕夫……驷马高门看他日，始知种德有根株。”（《诗》卷十）

宋文之

宋文之，其人不详。

元遗山作《怒虎行》诗（五古）一首，题自注："答宋文之。"句云："赠君无别物，惟有百年心。"（《诗》卷六）

宋　可

宋可，生卒年不详，字予之，武陟（今河南武陟县）人。隐士，以孝敬其姑闻名。蒙古军驻山阴，闻其名访之，以其子为质，不从，后竟无子。《金史》卷一百二十七有传。

元遗山《雪后招邻居王赞子襄饮》（七古）一首，句云："宋公能诗雅好客，劝我移家来水旁。"自注："邻居宋可，字予之，隐君子也。"（《诗》卷三）

宋子贞

宋子贞（1186—1266），字周臣，潞州长子（今山西长子县）人。少时与族兄知柔同补太学生。金末，宋将彭义斌守大名，辟为安抚司计议官。义斌没，子贞率众投东平行台严实，疏通严实与丞相耶律楚材，使交欢无间。蒙古破汴梁，子贞赈救饥民，全活万余人。金之流寓之士，悉引见周给，拔名儒张特立、刘肃、李昶，与之同列，东平一时人才会集。蒙古太宗七年（1235），为行台右司郎中，纠察官吏，黜贪堕，奖廉勤，官府始有纪纲。又请罢东平将校擅征赋役，人以为便。实卒，子忠济袭爵，尤敬子贞，授为参议东平路事，兼提举太常礼乐。子贞作新庙学，以康晔、王磐为教官，齐鲁儒风为之一变。忽必烈南征，召子贞问计，以仁德为对。中统元年（1260），授益都路宣抚使，未几，入觐，拜右三部尚书。新立省部，典章多所裁定。又献策破李璮叛军，擒璮，且上书陈便宜十事，请建国学，入敕州郡课试诸生，三年一贡举。有旨次第施行之。至元二年（1265），与耶律铸行山东，迁调所部官。还，授翰林学士，参议中书省事。奏请班俸禄、定职田，从之。俄拜中书平章政事，复陈时务切要十二策，忽必烈颇悔用子贞晚。未几，以年老求退。至元三年（1266）卒，年八十一。《元史》卷一五九、《新元史》卷一五八有传。又苏天爵《元朝名臣事略》卷十“平章宋公”条，详其生平功业。子渤，字齐彦，有才名，官至集贤学士。

元遗山有《送宋省参并寄潞府诸人》诗（七古）一首，句云：“茅斋团团蜗壳大，若被旁人嘲塞破。官家眼孔十万缗，未与书生供一唾……荆人美璞刖之招，君足幸存仍可贺。云间太行青在眼，上客归来倾四座。因君寄问社中人，前日淡公行复过。”（《诗》卷三）又《宋周臣生子》诗（七绝）三首，句云：“天将文笔付家传”，“阿宁解语应须道，犹是渠家百日兄”（《诗》卷十二）。又《鸠水集引》云：“德安郑梦开以所编宋君周臣《鸠水集》见示云：‘宋君以文章名海内久矣，世以不见全集为恨。今欲锓木流布。子厚于宋者，请为题端。’某不敏，不足以知诗文正脉，尝试妄论之……癸丑（1253）清明日河东元某引。”（《文》卷三十六）

宋九嘉

宋九嘉（1185—1233），字飞卿，夏津（今山东夏津县）人。为人刚直豪迈，少游太学，有能赋声。长从李纯甫读书，为文有奇气，与雷渊、李经相埒。中至宁元年（1213）进士，历蓝田、高陵、扶风、三水（俱属陕西）四县令，入为右警巡使，应奉翰林文字。正大中，以病失音去官。癸巳（1233）殁于兵祸，年未五十。性不喜佛，常与李纯甫争辩。与刘祁亦善。《金史》卷一二六有传，《中州集》卷六有小传，《归潜志》卷一、卷八载其事。

元遗山《送弋唐佐还平阳》诗（七古）一首，句云：“通象弋宋共有无。”疑宋即指宋九嘉（《诗》卷五）。又《警巡院署记》云：“夏津宋侯之领右院也，以为吾之职有前世长安洛阳令之重，权则又右内史之所分，乃今侨寓于编户细民之间。余也不敏，就得以倥偬为辞，后之君子奚赖焉……故予乐为书之。侯名九嘉，字飞卿，擢进士甲科……正大二年（1225）五月日，儒林郎、权国史院编修官元某记。”（《文》卷三十三）

冯延登

冯延登（1175—1233），字子俊，一作子骏，吉州吉乡（今山西吉县）人。承安二年（1197）进士，调临真（今属陕西延安市）簿，德顺州（治今宁夏德隆县）军事判官，四年后转宁边（今山西偏关县）令。贞祐间，任河中府判官。兴定五年（1221），调京为国史院编修官，改太常博士。元光二年（1223），知登闻鼓院、兼翰林修撰，奉命使西夏，充接送伴使。金哀宗正大初（1224），西夏请和，延登有口辩，斥西夏岁币事之无理要求，使议和成。正大七年（1230），升国子祭酒，假翰林学士承旨，充国信使。次年奉国书朝见蒙古太宗。太宗欲使招降凤翔帅，延登慨然拒之，遂被囚于丰州。越二年，放还，复任祭酒，历礼、吏二部侍郎，权刑部尚书。1233年，蒙古军攻汴，延登出京逃难被俘，中途入井死，年五十八。延登工诗，受赏于赵秉文、高汝砺，自号横溪翁，有《横溪集》。《金史》卷一二四有传，《中州集》卷五有小传，《归潜志》卷四载其事。子源、吉、亨。女妙真，谨事舅姑于洛川。洛川城破，义不受辱，携三子赴井死，年仅二十四，《金史》卷一三〇传。

元遗山为作《国子祭酒权刑部尚书内翰冯君神道碑铭》述其生平行谊，并云："乙巳（1245）冬好问过大名，始以所闻（冯君延登死难事）告君之季子亨。亨乃发丧，葬衣冠。以好问尝得幸于君……以碑铭见请，谨为次第之……"（《文》卷十九）又《中州鼓吹翰苑英华序》："岁壬辰（1232），予掾东曹，冯内翰子骏延登，刘邓州光甫祖谦约予为此集。时京方受围，危急存亡之际，不暇及也。"（见《中州集》）

冯扬善

冯扬善，其人不详。

元遗山有《七月十六日送冯扬善提领关中三教》诗（五律）一首，句云："白首得新知"，"相思诗社酒，无计与追随"（《诗》卷七）。按，耶律楚材《湛然居士文集》卷十有《和冯扬善九日韵》诗等数首，可参。

冯 璧

冯璧（1152—1240），字叔献，别字天粹，号松庵，真定人。承安二年（1185）进士，调辽海主簿，罢和籴，民大悦。泰和四年（1204）调鄜州录事。次年，伐蜀，帅府委以书檄，以抚降官，军民迎劳之，以功迁一官。五年（1205），自东阿丞召补尚书省令史，以荐授应奉翰林文字，转太学博士。至宁初（1213），纥石烈执中杀帝，遂去官。宣宗南迁，时相奏复前职。贞祐三年（1215），迁翰林修撰，摄监察御史，劾奸猾，复进一官，政大理丞。兴定四年（1220），纥石烈牙吾塔纵兵掠民，璧治之，牙吾塔请死。考礼部员外郎，权右司谏，治书侍御史。璧上时务所当先者六事，劾完颜伯嘉，上言胡土门、毛花辇托疾营私事。迁刑部郎中，审冤狱。冬十月，出为归德治中，考保静军节度使，又考同知集庆军节度使，进一官，致仕。正大九年（1232），河南破，北归。庚子（1240）卒，年七十九。董绍祖、李纯甫、王若虚敬重之，雷渊、王渥、李献能、冀禹锡从之问学。《金史》卷一一〇有传，《中州集》卷六有小传，《归潜志》卷五载其事。父子翼，正隆进士。子渭。

元遗山有《缑山置酒，同内翰冯丈叔献、雷兄希颜赋诗，分韵得宾字》（五古）一首（《诗》卷一）。又《追用坐主闲闲公韵，上致政冯内翰二首》诗（七律），句云："归休甫及引年初"，"野史他年传耆旧，风流一一似公无"（《诗》卷八）。又《赠冯内翰二首并序》诗（七律），序文意已见下碑，此略。句云："耆旧如公可得亲，争教晚节傍风尘"，"龙门冠盖日追随，四客翩翩最受知……见说常山好归隐，从公未觉十年迟"（《诗》卷十）。又《遗山新乐府》卷一《摸鱼儿》（其一），小序云："正月二十七日，予与希颜陪冯内翰丈游龙母潭……龙潭寺南洼，尊冯丈所名。"句云："更须问，洼尊此日谁宾主。朝来苍，暮去紫，山鸟山花，前歌后舞，从我醉乡路。"又《内翰冯公神道碑铭》详其生平政绩，且云："雷渊、王渥、李献能、冀禹锡从之问学，其人皆天下之选，而好问与焉。自辛卯（1231）、壬辰（1232）以来，不三四年而吾五人惟不肖在耳，故渭（冯璧子）以撰述碑铭，莫好问为宜。尚忆公还镇阳，过好问冠氏，时方为中暍所苦，然语及旧事，则往往色扬而神跃，以公初挂冠时校之，其神情故未减也。意天锡公难老，使后生望见眉宇，以知百年来文章巨公、敦庞耆艾、故家遗俗盖如此……渭所以属笔者，其可辞哉？乃为论次之。"（《文》卷十九）又《跋松庵冯丈书》："如吾松庵丈，诗笔字画皆不减古人……"（《文》卷四十）又《癸巳岁寄中书耶律公书》荐五十四人有"冯内翰叔献"（《文》卷三十九）。

冯璧有《同裕之再过会善（寺）有怀希颜》诗（五古）一首，句云："寺元魏离宫，十日来凡两。前与髯卿偕，斋奠少林往……惜髯今不来，联诗共清赏。"按，元遗山有《同希颜、钦叔玉华谷还会善寺即事二首》诗（七绝），见《诗》卷十一。《遗山新乐府》卷一《水调歌头》（其一）小序云："少室五华谷月夕与希颜、钦叔饮醉中赋。"《同希颜、钦叔玉华谷分韵得军、华二字二首》诗（七绝），见《诗》卷十一。《会善寺》诗（七律）一首，见《诗》卷八。均可参。又《元光间予在上龙潭，每春秋二仲月，往往与元（遗山）、雷（渊）游历嵩少诸蓝。禅师汴公方事参访……驻锡东庵，因造谒间，出示裕之数诗。醉笔纵横，亦略道嵩游旧事，感叹之余漫赋长句》（七律）二首，句云："绫书大字拈香疏，须趁微之酒未酣。"按，冯诗均见《中州集》卷六。

冯漕绥

冯漕绥，其人不详。

元遗山有《题冯漕绥之〈硕人在涧〉横轴》诗（七绝）一首，自注："胡先生画。"（《诗》卷十四）按，胡先生当即胡叟，元遗山有《胡叟楚山清晓》诗（七绝）一首，见《诗》卷十四。

梁 陟

梁陟，字斗南，金明昌进士，历官南京转运使同知。金亡，终老于家。子移忠。耶律楚材《湛然居士文集》卷十四有《用梁斗南韵》诗，可参。事见万历《顺天府志》卷五。

元遗山有《梁都运乱后得故家所藏无尽藏诗卷，见约题诗同诸公赋》诗（七律）一首（《诗》卷九）。按，王恽《秋涧集》卷三十四有《跋梁中宪无尽藏手卷四首》诗，可参。又《梁移忠诗卷》诗（七律）一首，句云："乃翁垂白藉扶持"，"龙种作驹元自异"（《诗》卷十）。自注："时都运丈已下世。"施注，移忠为梁都运子。又《癸巳岁寄中书耶律公书》荐五十四人有"梁都运斗南"（《文》卷三十九）。

赤盏合喜

赤盏合喜（？—1232），女真族。宣宗时累迁兰州刺史、提控军马，屡败西夏兵。兴定三年（1219），迁元帅左都监，行元帅府事于巩州（治今甘肃陇西县）。正大八年（1231），蒙古军围汴京，合喜守城西北隅，受攻最急，颇失措。后蒙古退兵，合喜以守城有功，议入贺，不遂。旋罢枢密，复用事揽权。天兴元年（1232），闻援兵溃，即夜弃辎重驰还，废为庶人，欲投蒙古。会哀宗传语合喜，崔立即杀之。《金史》卷一一三有传。

《金史》本传："（正大九年四月）壬戌，合喜以大兵退，议入贺，诸相皆不欲。独合喜以守城为己功，持论甚力，呼令史元好问曰：'罢攻已三日而不入贺，何也？速召翰苑官作表。'好问以白诸相，权参政内族思烈曰：'城下之盟，诸侯以为耻，况以罢攻为可贺欤？'合喜怒曰：'社稷不亡，帝后免难，汝等不以为喜耶？'明日，近侍局直长张天任至省，好问私以贺议告之。天任曰：'人不知耻乃若是耶？'因谓诸相曰：'京城受兵，上深以为辱。闻百官欲入贺，诚有此否？'会学士赵秉文不肯撰表，议遂寝。"

游 叔

游叔，字麟之，金时曾任凤翔录事，事见《归潜志》卷四。余不详。

元遗山《西斋夜坐》诗（七律）一首，题自注："时为内乡令。"句云："只欠东山游录事，不来坚坐看纷哗。"自注："叔能、信之、张、杜诸人皆在，而麟之独不在。"（《诗》卷八）按，《归潜志》卷四："游叔麟之，为凤翔录事。"

湛澄之

湛澄之，其人不详。

元遗山有《赠湛澄之四章》诗（七绝）四首，句云："柳岸醉僧堪一笑，强教分别竟何如"，"布囊归去诗千首"，"十年不见山堂老，赖有澄之在眼中。总道木庵枯淡老，东风花柳各青红"，"散圣风流有别传，漆瞳一点出人天"（《诗》卷十四）。

祖唐臣

祖唐臣，隐士之流，生平不详，号愚庵（王若虚《滹南遗老集》卷四十五有《祖唐臣愚庵序》略述其行谊，可参）。鹤台（疑为今黑龙江鹤冈市）人。

元遗山有《祖唐臣愚庵》诗（七律）一首，句云："唤起罗池柳夫子，与君同醉訾家洲。"（《诗》卷四）又《祖唐臣母挽章》诗（七律）一首，句云："升堂结友平生事，重为王君废蓼莪。"（《诗》卷十）又《赠祖唐臣》诗（五古）一首，句云："怜君用幽意，老矣欲谁亲。"（《诗》卷七）又《祖唐臣所藏樗轩画册二首》诗（七绝）（《诗》卷十四）。按，《中州集》卷八录有王修龄《黄叶行送祖唐臣归柘县》诗一首，又刘因《静修文集》卷十一有《祖愚庵家藏画册二首》诗，可参。

李彦深

李彦深，济南人。余不详。

元遗山有《喜李彦深过聊城》诗（七律）一首，句云："围城十月鬼为邻，异县相逢白发新。恨我不如南去雁，羡君独是北归人。”（《诗》卷八）按，此诗作于羁管聊城时。又《遗山新乐府》卷二《浣溪纱》（其十一）小序云：“怀李彦深。李，济南人。”

李　昶

李昶（1203—1289），后改名彦，字士都，东平须城（今山东东平县）人。少颖悟过人，兴定二年（1218）廷试中第，正大初（1224）超授儒林郎，又调漕运提举。蒙古兵下河南，奉亲还里，行台严实辟授都事，常在左右，多得助益，又改行军万户府知事。严实卒，子忠济嗣，怠于政事，屡谏不从。杜门教授，名士李谦、吴衍辈出其门。己未（1259），忽必烈伐宋，召之，上疏论治国以不嗜杀为急。忽必烈即位，召至开平（今属内蒙古自治区），访以国事，知无不言。又移书时相，请蠲逋户之赋。中统二年（1261），阿里不哥归服，上贺表，请修政养民，辑亲抚将，上器重之。会严忠济罢，以其弟忠范代之，上表请昶回山东，愿以师事之。朝廷特授翰林侍讲学士，行东平路总管军民同议官。昶条陈十二事，除弊新民，一时称善。至元五年（1268）起为吏、礼二部尚书，多所裁定。八年（1271）授山东东西道提刑按察使。二十六年（1289）卒，年八十七。《元史》卷一六〇有传。

元遗山《癸巳岁寄中书耶律公书》荐五十四人有“东平李彦（即李昶）”（《文》卷三十九）。

李彦仁

李彦仁，其人不详，临汾人。其伯祖李大方，字广远，自号北山退翁。

元遗山有《临汾李氏任运堂二首》诗（五古），序云：“彦仁从军，久厌于事务之累，念欲脱去之而不可得也。故尝郁郁不自聊，求予发药之。予名其居曰‘任运堂’，且为赋诗。”句云：“君家北山翁，百世留清规。”自注：“北山翁，彦仁之伯祖。泰和中，以高道提点天长，胥莘公鼎赠诗，有‘百世清规’之语，故及之。”按，北山翁见元遗山《通玄太师李君墓碑》（《文》卷三十一）。

李　麟

李麟，字居之，贞祐间避兵侨居阳翟（今河南禹县），曾任参军之职。

元遗山有《李参军友山亭记》云：“（阳翟）镇人李参军麟居之，筑亭其中……故以‘友山’名之。庚戌（1250）之夏，自汴梁来请记于予……（曰）：‘家镇之阛阓中，而庭宇高敞如素封之侯。居有竹里，有堂曰清闷。党承旨世杰、张都漕仲淹、李都司之纯、李治中彦明、礼部闲闲赵公翰墨故在……贞祐初（1213），麟避兵南渡河，侨寓此州，乐其风土，遂有终焉之志……’予笑之曰：‘有是哉！予向所疑释然矣。子归，幸多问草堂之灵。’参军固佳士……”（《文》卷三十三）

李文卿

李文卿，其人不详。

遗山集有《阳城怀旧呈杨敬之、燕子和、李文卿》诗（五律）一首（《诗》卷七），又见李俊民《庄靖集》（施注误为《鹤鸣集》）。疑系李诗为后人窜入遗山诗中者，则文卿或非遗山友人，姑存疑之。

李唐佐

李唐佐，潞人。余不详。

元遗山有《答潞人李唐佐赠诗》诗（五律）一首，句云：“闻道嗟予晚，求师愧子贤。”（《诗》卷七）

李天成

李天成，其人不详。

元遗山有《送杨次公兼简秦彦容、李天成》诗（五律）一首，句云：“殷勤秦与李，无惜借余光。”（《诗》卷七）

李正甫

李正甫，晋（今山西）人。工诗。元遗山友人李庆之子，余不详。

元遗山《送诗人李正甫》诗（五古）一首："我尝读君诗，天趣触眼新。秦游得豪宕，晋产余真淳……空歌东野曲，不救西州贫。"（《诗》卷一）又《续夷坚志》卷一"刀生花"条云："予同舍李庆之子正甫为予言。"按，《河汾诸老诗集》卷五有房皞《送李正甫九日韵》诗，可参。

李子范

李子范，其人不详。

元遗山有《赠李子范家儿子》诗（七绝）一首，句云："神理乘除不偶然，只疑阳报向君偏。"（《诗》卷十三）又《李子范生子》诗（七绝）一首，句云："名姓定知书小录，作诗先与唤琼林。"（《诗》卷十四）

李仲华

李仲华，其人不详。

元遗山有《李仲华湍流高树图二首》诗（七绝），句云："不因脱兔投林了，何处而今更有诗。"自注云："癸巳（1233）正月之变，逆党中有欲谋害己者，赖仲华力为营护得释，故篇末有及。"（《诗》卷十三）

李　微

李微，生卒年不详，字子微，号九山居士，云中人。元遗山癸巳岁（1233）荐于耶律楚材，同年十月即为楚材《湛然居士文集》作序，比楚材为诸葛亮、范仲淹。楚材子耶律铸《双溪醉隐集》有《客中寄怀李先生九山居士》诗（五律），称其"先生"，铸似执弟子礼。刘祁《归潜志》有李微《归潜堂》诗（五古），勉刘祁有所作为。

元遗山有《送子微二首》诗（七绝），句云："乱后洛阳花木尽，不妨闲作水南人。"（《诗》卷十四）《癸巳岁寄中书耶律公书》荐五十四人有"云中李微”（《文》卷三十九）。按，《河汾诸老诗集》卷二有张彦升《和李子微村居诗》，可参。

李汉卿

李汉卿，其人不详，画家。

元遗山有《东平李汉卿草虫卷二首》诗（七绝），句云：“过眼千金一唾轻，画家元有老书生。”自注：“李资高亢，视钱币如粪土。贵人求画，或大骂而去，故不与世合。”（《诗》卷十三）

李湛然

李湛然，其人不详。隐士。

元遗山有《书扇李湛然》诗（七绝）一首。 按，《二妙集》有段成己《送李山人湛然之燕》诗，可参。

李纯甫

李纯甫（1177—1223），字之纯，宏州襄阴（今河北阳原县）人。幼颖悟异常，博览群书，尤长于《左传》《战国策》《庄子》《列子》，又喜谈兵，慨然有经世心。章宗南征，两上策，后多如所料。以荐入翰林。贞祐南渡，丞相高琪擢之，辞去。高琪诛，复入翰林，连知贡举。正大末（1231）因事出倅坊州（治今陕西黄陵县），未赴，考京兆府判官。卒于汴，年四十七。曾作《矮柏赋》，以诸葛亮、王猛自期。中年纵酒自放，自号屏山居士。负士林重名，有“当世龙门”之称。《金史》卷一二六有传，《中州集》卷四有小传，《归潜志》卷一、八、九、十、十二载其事。父采，字仲文。子仝，字稚川。

元遗山有《李屏山挽章二首》诗（七律），句云：“牧之宏放见文笔，白也风流余酒尊……中州豪杰今谁望，拟唤巫阳起醉魂”，“谈麈风流二十年，空门名理孔门禅……遗编自有名山在，第一诸孤莫浪传”（《诗》卷八）。又《王子端内翰山水同屏山赋二诗》（七绝），句云：“眼明今日题诗处，却见明冒玉

笋班。”（《诗》卷十一）

李纯甫有《子端山水同裕之赋》诗（七绝）一首，又《马图同裕之赋》诗（七绝）一首（均见《中州集》卷四）。

李德之

李德之，其人不详，淄川人。

《遗山新乐府》卷三《定风波》（其四）句云：“离合悲欢酒一壶……何处范家亭上会周吴”，“六客不争前与后”。自注：“永宁范使君园亭会汝南周国器、汾阳任亨甫、北燕吴子英、赵郡苏君显、淄川李德之。用东坡体，拟六客词。”

李特立

李特立（?—1242），字有之。金宣宗时任南京都转运使，重刑罚，号“半截剑”。壬寅（1242）卒。余不详。《归潜志》卷七，《金史》卷一〇二、一二九载其事。

元遗山有《都运李丈哀挽》诗（七律）一首，题自注：“有之。”句云：“白鹤会须寻旧约，青蝇犹解避余威。”注云：“李丈殁于壬寅（1242）夏六月，异香满室，三日蝇不近。”（《诗》卷九）又《内相文献杨公神道碑铭》称“李都运有之之吏能”（《文》卷十八）。又《续夷坚志》卷三“三秀轩”条云：“李都运有之、高户部唐卿、赵礼部廷玉读书永平西一山寺……故名所居为‘三秀轩’，后三人皆登上第极品。”

李文伯

李文伯，其人不详。

元遗山有《赠李文伯》诗（七律）一首，句云：“凤凰在山天下奇，泰和以来王李倪。承平人物天未绝，耆旧风流今复谁……万壑松声一壶酒，从公未觉去年迟。”（《诗》卷十）

李　通　李天民

李通，字彦达，寿阳人，寿阳县从事。李天民，字仲先，秀容人，寿阳县从事。余不详。

元遗山《寿阳县学记》云："甲辰（1244）之春，予归自燕、云，道寿阳，知有新学，往观焉……诸生合辞曰：'吾邑旧有庙学……县从事李通、李天民者窃有修学之议……欲谒文吾子，以纪岁月，顾以十食之役之故而无以自达也。'予谓二三君言……吾知张不渝（按，张系元祐中县知事）之后，唯此两从事而已，奚以斗食之薄、万钟之厚为计哉！通字彦达，县人。天民字仲先，上世秀容人。"（《文》卷三十二）

李参军

李参军，不知其名，参军当系职务。其人不详。

元遗山有《送李参军北上》诗（古体）一首，句云："今朝送君行，清涕留余潸……去年洛阳人，今年指天山……"（《诗》卷五）按，《文》卷三十三《李参军友山亭记》载李参军麟，字居之，筑友山亭。其人见前，或即此人。难以为断，姑两存之。

李　仝

李仝，生卒年不详，字稚川，李纯甫之子。与杜仁杰、刘郁等往还。耶律铸《双溪醉隐集》有赠李稚川诗。

元遗山《癸巳岁寄中书耶律公书》荐五十四人有"李仝"（《文》卷三十九）。

刘祁《归潜志》卷三"王郁"条，云"其游从最久者"，有杜仁杰、元好问、李仝等。

李献诚

李献诚，字钦若，河中人。李献能之从兄。事略见《归潜志》卷二，《金史》卷一二六。余不详。

《遗山新乐府》卷四《木兰花慢》（其一），句云："风声习气想风流……

料故人应也怪迟留……”小序云：“孟津官舍，寄钦若、钦用昆弟并长安故人。”

李献甫

李献甫（1191—1234），字钦用，李献能从弟。博通《书》《传》，尤精《左传》及地理学，有干局，时人称其精纶满腹。兴定五年（1221）进士。历咸阳簿，辟行台掾。正大初（1224），西夏请和，献甫从冯延登往议。夏使有口辩，献甫面折之，和议乃定。朝廷录其功，授庆阳总帅府经历官，寻辟长安令。京兆行台所在，供亿甚繁，喜献甫处之常有余，县民赖之以安，入为尚书省令史。天兴元年（1232），充行六部员外郎，以功迁镇南军节度副使兼右警巡使，死于蔡州之难，年四十。《金史》卷一一〇有传，《中州集》卷十有小传，《归潜志》卷二载其事。

元遗山《探花词》（七律）五首，题施注云："按，先生于宣宗兴定五年（1221）中进士第，年三十有二。其同年生可考者……李钦若献诚，钦用献甫……"句云："阿钦正使才情尽，犹欠张郎白玉鞭。"自注："李钦用，二十七岁。"（《诗》卷六）又《寄钦用》（七律）一首，句云："故人东望应相笑，世路羊肠乃尔难。"（《诗》卷八）又《闻歌怀京师旧游》诗（七绝）一首，句云："记得杜家亭子上，信之钦用共听来。"又《蘧然子墓碣铭》："天下爱予者三人，李汾长源、辛愿敬之、李献甫钦用，是三人者，皆有天下重名……钦用从死淮西，时年未四十也（按，此卒时年岁与《金史》《中州集》异）。"（《文》卷二十四）又《赞皇郡太君墓铭》云："（李）献诚、献甫同以兴定五年（1221）登科，乡人荣之。"（《文》卷二十五）又《答聪上人书》称李钦用为"平生知己"三人之一。又《遗山新乐府》卷一《念奴娇》（其一）小序云："钦叔、钦用避兵太华绝顶，有书见招，因为赋此。"《玉漏迟》小序云："壬辰（1232）围城中有怀淅江别业，为钦用弟赋。"《满江红》（其四）小序云："方城商帅国器军中寄同年李钦用，钦用时为西台掾，在长安。"句云："故人对酒应相忆，记雨窗相对话离忧”，“便与君重结入关期，明年必”。卷四《木兰花慢》（其一）小序云：“孟津官舍寄钦若、钦用昆弟并长安故人。”句云：“风声习气想风流……料故人应也怪迟留。”

李献能

李献能（1190—1232），字钦叔，李献诚从弟。贞祐三年（1215）进士，授应奉翰林文字。在翰苑凡十年，出为鄜州观察判官，继迁翰林修撰。正大末（1231），以镇南军节度副使充河中帅府经历官。蒙古军破河中，奔陕州（今河南陕县），行省以权左右司郎中，值军变遇害，年四十三。赵秉文、李纯甫尝称其为“天生今世翰苑材”。《金史》卷一二六有传，《中州集》卷六有小传，《归潜志》卷二、三、四、八、九、十载其事，王恽《玉堂嘉话》卷四载与杜仲良在茶肆，献能应急奉命撰诏事，可参。

元遗山有《送钦叔内翰并寄刘达卿郎中、白文举编修五首》诗（五古），句云：“我有平生怀，爱君如连枝”，“君年始三十，白发成一翁”，“君性我所谙，我心君所知。凡我之所短，君亦时有之”，“君归岂不佳，交游满京师。门前车马来，笑言慰所思……故应刘与白，亦复念微之”（《诗》卷一）。按，刘即刘光谦，刘泽之子；白即白华。又《闻钦叔在华下》诗（七古）一首，句云：“翰林仙人诗酒豪……闻君忍饥读《离骚》，思之不见心为劳。”（《诗》卷三）又《鸿沟同钦叔赋》（七古）一首（《诗》卷四）。又《去岁君远游・送仲梁出山》（古体）一首，句云：“平生得意钦与京。”（《诗》卷五）按，据自注，钦即李钦叔，京即冀京父。又《南冠行》诗（七古）一首，句云：“阿京风调阿钦才。”按，京即刘祁，字京叔。又《孟州夹滩饮承之御史家》诗（五律）一首，题自注云：“同钦叔作。”（《诗》卷七）又《楚汉战处》诗（七律）一首，题自注：“同钦叔赋。”（《诗》卷八）又《寄王丈德新二首》诗（五律），句云：“只应歌笑处，偏欠李鄜州。”自注：“钦叔时赴鄜州幕官。”（《诗》

卷七）又《同希颜、钦叔玉华谷分韵得军、华二字二首》诗（七绝）、《同希颜、钦叔玉华谷还会善寺即事二首》诗（七绝）（俱见《诗》卷十一）。又《四哀诗·李钦叔》诗（七律）一首，句云："当官避事平生耻，视死如归社稷心。文采是人知子重，交朋无我与君深。"（《诗》卷九）又《答聪上人书》云："（仆）所与交如辛敬之、雷希颜、王仲泽、李钦叔、麻知几诸人，其材量文雅皆天下之选。"（《文》卷三十九）又《遗山新乐府》卷一《水调歌头》（其一）小序云："少室玉华谷，日夕与希颜、钦叔饮，醉中赋此……"《水调歌头》（其五）小序云："与钦叔饮，时李以同州录事判官入馆司之。"句云："惭愧君家兄弟，半世相亲相爱，知我是狂夫。礼法略苛细，言语任乖疏"，"只有平生亲旧，欢笑穷年竟日，未必古人如"。《念奴娇》（其一）小序云："钦叔、钦用避兵太华绝顶，有书见招，因为赋此。"《洞仙歌》小序云："超化蘸碧轩得钦叔书，有相调之语……"卷二《临江仙》（其七、其八）小序云："与钦叔饮二首。"句云："邂逅一尊文字饮，春风为洗愁颜"，"与君成二老，来往亦风流"。《临江仙》（其九）小序云："孟津河山亭同钦叔赋，因寄希颜兄。"句云："河山君与我，独恨少髯参。"卷三《鹧鸪天》（其一）小序云："隆德故宫同希颜、钦叔、知几诸人赋。"《鹧鸪天》（其八）小序云："与钦叔、京甫饮。"句云："楼前分手却相携。"又《江城子》（其十）小序云："梦德新丈，因及钦叔旧游河山亭在……"卷四《太常引》小序云："东原上清宫，同杨飞卿夜话汝梁旧游，追怀钦叔内翰。"句云："莫话洛阳春，更谁似金銮故人。"《青玉案》小序云："代赠钦叔所亲乐府恽生。"又《续夷坚志》卷一"康李梦应"条记杨果（正卿）说康伯禄、李钦叔临难事。按，此条述李钦叔卒于癸巳（1233）正月，与《金史·徒单兀典传》载李钦叔卒于天兴元年即壬辰年（1232）十一月、《中州集》冀京父小传亦云钦叔卒于此时不同。卷三"刘致君见异人"条云："其外孙李内翰钦叔为予言。"卷四"史学优登科岁月"条载："河中李钦叔初生，其父才作汤饼局。有相者为□安史学优言，君后当擢第，但当出此儿门下……其后钦叔二十三，省元赐第……两预主贡，学优竟出其门云。”

李钦叔有《玉华谷同希颜、裕之分韵得秋字》诗（七绝）一首，又《荥阳古城登览寄裕之》诗（七律）一首（并见《中州集》卷六）。

雷渊有《玉华山中同裕之分韵送钦叔》诗（五律）一首，句云：“山川得佳客，草木生光辉……相期千载事，非君谁与归。”又《洛阳同裕之钦叔赋》（七律）一首，句云：“书生不奈兴亡恨，斗酒聊浇块垒胸。”（并见《中州集》卷六）

李献卿

李献卿，生卒年不详，字钦止，号定斋。李献能从兄。泰和三年（1203）进士，曾任华阴县主簿、佐坊州幕官，正议大夫、充盐部郎中行部事等。

元遗山《赞皇郡太君墓铭》：“献卿，中泰和三年（1203）进士第……释褐华阴簿……佐坊州幕官。夫人三子，献卿其长，今为正议大夫，宣差规措解盐司，充盐部郎中行部事……正大辛卯（1231）冬，献卿持夫人行事之状，涕泗百拜，谓某言：‘先大夫弃诸孤之养……献卿昆季及从弟献能得幸吾子者有年，吾母犹君之母也，铭其可辞？’某再拜……乃为铭。”（《文》卷二十五）又《癸巳岁寄中书耶律公书》推荐五十四人中有“河中李献卿”（《文》卷三十九）。又《九日读书山用陶诗……为韵赋十诗》诗（五古），句云：“亦有李与王，玉树含秋清。”（《诗》卷二）施注云，李即献卿。又《寄钦止李兄》诗（七律）一首，句云：“征东南北转秋蓬，关塞相望两秃翁。”（《诗》卷八）又《答定斋李兄》诗（七律）一首，句云：“小山丛桂姓名香，举世何人得雁行……十载相从未言晚，城南泉石有云庄。”（《诗》卷十）又《和白枢判，李定斋有诗寄白……白酬答云……余平解之》诗（七律）一首，句云：“相逢定有池塘句，药裹关心恐未应。”（《诗》卷十）又《定斋兄写真》诗（六言）一首，句云：“画作萧然野服，云龙蔽日骙骙。”（《诗》卷十一）按，施注云，《遗山新乐府》有《浣溪纱》词涉及钦止，然检其词并无涉钦止事，施注误。又《癸巳岁寄中书耶律公书》荐五十四人有“河中李献卿”（《文》卷三十九）。

李 生

李生，其人不详。

元遗山《市隐斋记》云：“吾友李生，为予言：‘予游长安，舍于娄公所。娄公，隐者也……渠欲得君作记，君其以我故为之。’予曰：‘……予为之记之……君归试以吾言问之。’贞祐丙子（1216）十二月日，河东元某记。”（《文》卷三十三）

李 谦

李谦，生卒年不详，字进之，太原（或作太谷）人。任真定府学教官。有迂轩。

元遗山《甲寅九日同临漳提领王明之、鹿泉令张奉先、贾千户令春、李进之、冀衡甫游龙泉寺，僧颢求诗二首》（七律），句云：“皇统贞元见题字，良辰美景记升平”，“乡社岁时容客醉，石墙名姓为僧留”（《诗》卷十）。又《李进之迂轩二首》（七绝），句云：“欹嵚历落从人笑，潦倒粗疏我自真”，“入门且莫分宾主，不但君迂我更迂”（《诗》卷十二）。又《蓟北杜国宝以真定教官李进之所撰大父中宪公及其先人帅府从事行状见示，用题三绝其后》（《诗》卷十四）。又《三皇堂记》云：“太原医师赵国器……介于太谷李进之请予为记……乙酉（1225）初吉新兴元某记。”（《文》卷三十二）又《令旨重修真定庙学记》云：“丁酉（1237）……教官李谦暨诸生合辞属好问为记。”（《文》卷三十二）又《癸巳岁寄中书耶律公书》荐五十四人中有“太原李谦”，或即此人。按，其时有两李谦。另一李谦，字受益，郓之东阿人，与徐世隆、孟祺，阎复齐名，任东平府教授，见《元史》卷一百六十本传。

李 冶

李冶（1192—1279），又名治，字仁卿，真定栾城（今河北栾城县）人。

金时进士，调高陵簿，辟知钧州事。后流落忻、崞间。忽必烈即位前召见之，冶荐魏璠、王鹗、李献卿、兰光庭、赵复、郝经、王博文等，并申以天下治道，立法度，正纪纲，忽必烈嘉纳之。晚家元氏，买田封龙山下。至元二年（1265），以学士召，就职期月，卒于家，年八十八。号敬斋，有文集行世。又为著名算学家，作《测圆海镜》。父李遹，号寄庵，元遗山为作墓铭。李冶与元遗山、张德辉号“龙山三老”。《元史》卷一六〇、《新元史》卷一七一有传，苏天爵《元朝名臣事略》卷十三载其生平事迹。

元遗山《颍亭留别》诗（五古）一首，题自注：“同李冶仁卿、张肃子敬、王元亮子正分韵得画字。”句云：“故人重分携，临流驻归驾。”（《诗》卷一）又《祁阳刘器之以墨竹得名，今年……赋二十韵答之》诗（五古）一首，句云：“封龙有佳招，因之发深省。”（《诗》卷二）施注谓，佳招指李冶、张德辉之招。又《学东坡移居八首》诗（五古），句云：“永怀王与李（施注疑指王鹗、李冶），朔漠行当归。”（《诗》卷二）又《望王李归程》诗（七律）一首，句云：“一褐霜寒晚思孤，眼中行李见归途……何时斗酒欢相劳，惊看燕家头白乌。”（《诗》卷八）又《和仁卿演太白诗意二首》诗（七律），句云：“风流五凤楼前客，寂寞千秋身后名”，“四十九年堪一笑，昨非今是可怜生”（《诗》卷九）。又《东平送张圣与北行》诗（七律）一首，句云：“海内文章在公等。”自注：“兼谓李主簿仁卿。”（《诗》卷九）又《感寓》诗（七律）一首，句云：“南杨北李闲中老。”（《诗》卷十）施注以北李即指李冶。又《燕省掾属张彦通举释菜之废典，仁卿以诗美之赋二首》诗（七绝），句云：“李侯落笔非无意，告朔羊存得已多。”（《诗》卷十三）又《无尘亭》诗（七绝）二首，句云：“亭中剩有题诗客，独欠云间李谪仙。”自注：“时仁卿尚未到燕。”（《诗》卷十三）又《遗山新乐府》卷三《鹧鸪天》（其六）小序云：“中秋饮倪文仲家莲花白，醉中同李仁卿赋。”又《寄庵先生墓碑》云，寄庵先生卒，“孤子治（冶）自阳翟护先生之柩归葬于栾城……再拜涕泗，谓门下士元某言：‘先入诸孤唯治仅存……吾子盍以所闻见者为我书之？’某窃自念，言自南渡以来，登先生之门者十年。先生不鄙其愚幼不肖……其何敢辞……谨论次其事如右，又系之以铭。”（《文》卷十七）《癸巳岁寄中书耶律公书》荐五十四人有“真定李治（冶）”（《文》卷三十九）。

《元史》卷一六三《张德辉传》云：“（德辉）与元裕（之）、李冶游封龙山，时人号为‘龙山三老’云。”

《元朝名臣事略》卷十三“内翰李文正公”条引徐世隆《四贤堂记》云：“初，聂侯珪以土豪归国……闻敬斋李公之名而贤之，挚至郡舍。会遗山元公还太原，过之，为数日留，因追忆闲闲、文献二老作诗云……昔在礼部，翰林对持文柄，时号‘杨赵’。遗山、敬斋皆二公门下，自南都时，才已相埒。北渡后，尝往来西州，寓志于文字间，赓唱迭和，世亦谓之‘元李’。海内之人，识与不识，往往诵其诗，读其书，敬仰其人……”

李冶《元遗山先生全集序》：“吾友元君遗山，其二李（指李白、李邕）后身乎？……君尝言，人品实居才学气识之上。吾因君言，亦尝谓天下之事皆有品，绘事围棋，技之末也，或一笔之奇，一着之妙，固有终身北面而不能寸进者，彼非志之不笃、习之不专也，直其品不同耳！如君之品，今代几人？方希刷羽天池，扬光紫微，不幸遘疾而殁……顾余朴学，未暇题评，言念旧游，聊为扬榷云尔。中统三年（1262）阳月，封龙山人李冶序。”

李 遹

李遹（1156—1222），字平甫，自号“寄庵”。李治父。幼从家学习医，改读律，又改读六经，为文章。二十岁移籍太学，试补河北东路提刑司书史。登明昌二年（1191）进士，任藁城丞，有政绩，升辽东宜风（今属辽宁辽阳市）令，改卢龙令。后为潞州涉县令，开渠利民，入为尚书省令。相继任大兴府推官、河北东路转运司都勾判官、辽东路盐使，因事降太常博士兼秘书省校书郎。至宁元年（1213）迁同知静难军节度使事，改许昌军节度使事，又改山东西路兵马副都总管、东平府治中。胡沙虎专权时，辞官归阳翟近二十年，兴定、元光间卒，年六十七。任大兴府推官时曾摘胡沙虎阴事数十条，二年后上奏之，朝论称焉。工诗画，为王庭筠、周德卿、赵秉文、李纯甫所激赏。《中州集》卷五有小传，《归潜志》卷四载其事。父李拯。

元遗山《寄庵先生墓碑》自称为寄庵先生“门下士”，并云：“某窃自念，自南渡以来，登（寄庵）先生之门者十年。先生不鄙其愚幼不肖，与之考论文艺，商略古昔人物之流品、世务之终至，问无不言，言无不尽，开示期许，皆非愚幼不肖所当得者。今得属辞比事，以相兹役，顾以不获为恨，其何敢辞？……治（冶）重以大谊要责，以为‘得先人所知者多矣，孰若吾子之深？与先人相从者多矣，孰若吾子之厚？治（冶）不谋若，实治（冶）之尤，谋之或违，尤将谁在？’于是不得终辞，谨论次其事如右，又系之以铭。铭曰……”（《文》卷十七）又《续夷坚志》卷一“诗谶”条载李遹（平甫）诗五言二句。

杨云翼有《李平甫为裕之画系舟山图，闲闲公有诗，某亦继作》诗（五古）一首，见《中州集》卷四。

李　浩

李浩，临淄（今属山东淄博市）人。刘汝翼弟子，余不详。遗山《癸巳岁寄中书耶律公书》荐五十四人中有李浩（《文》卷三十九）。又《大中大夫刘公（汝翼）墓碑》云：“当时从公诸学者，如罗鼎臣、贾庭扬、李浩辈，往往甲乙擢第，其有功后进盖如此。”（《文》卷二十二）

李　汾

李汾（1192—1232），字长源，太原人。少旷达不羁，以奇节自许。避乱入关，京兆尹子容爱其才，招致门下。留二年，之泾州，张信甫以上客礼之。以荐为史馆从事，刊修史书，傲视他人，因此致讼。寻入关，又驱马至京师，后任恒山公武仙行尚书省讲议官，因事受忌，为武仙所害。时在天兴壬辰（1232）三月，年四十一。平生以诗为专门之学，有幽并豪侠歌谣慷慨之气，元遗山称为“并州少年”，为其三知己之一。《金史》卷一二九有传，《中州集》卷十有小传，《归潜志》卷二、七、八、九载其事。

元遗山有《女几山避兵送李长源归关中》诗（七古）一首，句云：“与君此别欲何言，若个男儿不湮阨。相濡相沫尚可活……见君轩盖长安陌。”（《诗》卷三）又《雪后招邻舍王赞子襄饮》诗（七古）一首，句云：“君不见并州少年作轩昂，鸡鸣起舞望八荒，夜如何其夜未央！卖刀买犊未厌早，腰金骑鹤非所望……”自注云：“并州少年谓李汾长源。”（《诗》卷三）按，元遗山有专作《并州少年行》七古一首，或系为李汾而作，见《诗》卷六。又《醉中送陈季渊》诗（七古）一首，句云：“李汾王郁俱灰尘。”（《诗》卷五）又《此日不足惜》诗（七古）一首，句云：“君不见东家骑鲸李，胆满六尺躯。万言黄石策，八阵夔州图。”（《诗》卷五）又《送希颜赴召西台兼简李汾长源》（七古）一首，句云：“长安市上见李白，为我一醉秦东亭。”（《诗》卷五）又《四哀诗·李长源》（七律）一首，句云：“同甲四人三横殒，此身虽在亦堪惊。”（《诗》卷九）又《过诗人李长源故居》（七律）一首，句云：“千丈气豪天也妒，七言诗好世空传。”（《诗》卷九）又《题李庭训所藏雅集图二首》诗（七绝）一首，句云：“谁画风流王李郝。”（《诗》卷十二）按，施注以李即指李汾，王指王渥，郝指郝居中仲纯。又《遗山新乐府》卷一《水调歌头》（其二）小序云：“与李长源游龙门。”又《遽然子墓碣铭》云：“天下爱予者三人：李汾长源、辛愿敬之、李献甫钦用，是三人者，皆有天下重名。然长源瘐死西山狱中……”（《文》卷二十四）又《答聪上人书》云：“平生知己如辛敬之、李钦用、李长源辈数人。”（《文》卷三十九）

李汾有《古月一篇为裕之赋》诗（七古）一首，句云："起来茫茫视八极，万里只有元丹丘。丹丘子，游人间，风尘何为往复还。玉华山人近招我，九日朝帝苍梧山。"（《中州集》卷十）

《归潜志》卷九云："元裕之、李长源同乡里，各有诗名。由其不相下，颇不相咸。李好愤怒，元尝云：'长源有愤击经。'元好滑稽，李辄以诗讥骂，元亦无如之何……元因赋《金谷怨》乐府诗，李见之，作代《金谷佳人答》一篇以拒焉，一时士人传以为笑谈。……元和其诗，先子称工。"按，元遗山诗见《诗》卷六。元遗山称李汾为知己，此文称二人"不相咸"，或有误会处。

李过庭

李过庭（？—1242），字庭训，武亭（今陕西武功县）人。贞祐二年（1214）进士，历宜阳、永宁、荥阳（今俱属河南）三县令。入为右曹掾，断狱宽平。正大中，擢为三部司正，终于昌武军节度副使。少日曾从王特起（字正之）学，诗文皆有可观。壬寅（1242）暴卒。子萼，字华甫。《中州集》卷八有小传。

元遗山有《题李庭训所藏雅集图二首》诗（七绝），句云："衣冠忽见明昌笔"，"谁画风流王李郝，大河南望泪如川"（《诗》卷十二）。《癸巳岁寄中书耶律公书》荐五十四人有"武亭李庭训"（《文》卷三十九）。

李成之

李成之，其人不详。

元遗山有《李成之、王彦华、赵孝先以提学命见饷佳酒且求制名，辄以诗纪之》（七古）一首（《诗》卷四）。

李　楫

李楫，生卒年不详，字济川，淄川（今山东淄博市南）人。少见赏于郭景纯，登大定十九年（1179）进士第，调历城主簿，改积石州军事判官，迁范阳令。

未几，除吏部主事，开仓赈陕西饥民，改太府监丞。明昌三年（1192），以岁欠，任山东东西路劝农副使，有惠政。大定五年（1211），授沁州刺史兼知军事，以母卒还归乡里。年五十五卒。子国瑞、国维。

元遗山为作《沁州刺史李君神道碑》述其生平政绩（《文》卷十六）。

李 挺

李挺，字钟秀，雁门（今山西代县）人。余不详。

《中州集》卷十滕茂实小传云："好问儿时，先大夫教诵秀颖（茂实字）临终诗，然亦仅能记末章数语而已。庚子（1240）春，自山东还乡里，值乡先生雁门李钟秀挺求秀颖诗文。钟秀云……"

李 蔚

李蔚，字庆之，孟津（今河南孟津县）人。元遗山同舍生，余不详。

《续夷坚志》卷四"相字"条云："宋末有相字者……其验如此。尝与同舍生孟津李蔚庆之论及，予谓古无相字法，殆是以他术耶？李曰：'不然，此龟卜之余意耳。'"遗山《癸巳岁寄中书耶律公书》荐五十四人有李蔚其人（《文》卷三十九）。

李国维

李国维，字德之，号竹斋，李楫次子。其生平参元遗山《沁州刺史李君神道碑》（《文》卷十六），又见王恽《玉堂嘉话》卷一。元遗山同年。

元遗山有《送李同年德之归洛西二首》诗（七绝）句云："栖迟零落情转亲……水南水北相逢在，剩醉酴醾十日春"，"逢君聊得慰蹉跎……洛中定有人相问，休道今年白发多"（《诗》卷十）。

李天翼

李天翼，生卒年不详，字辅之，固安（今河北固安县）人。贞祐二年（1214）进士，历荥阳、长社、开封（今俱属河南）三县令，有治声，迁右警巡使。蒙古军陷汴京，寓居聊城，辟济南漕司从事。以非命死。《中州集》卷八有小传。

元遗山有《徐威卿相过留二十日许，将往高唐，同李辅之赠别》诗（七律）二首，句云："别后相思重回首，杏花尊酒记聊城。"（《诗》卷八）又《送辅之、仲庸还大梁》诗（七律）一首，句云："淋浪别酒青灯夜。"（《诗》卷八）又《绣江泛舟有怀李郭二公》诗（七律）一首，句云："咫尺西州两诗客，不来同作饮中仙。"（《诗》卷八）按，《河汾诸老诗集》录曹益甫《送李郭二公还乡诗》，施注疑李即天翼，仲庸为郭仲庸。又《送李甫（当作"辅"）之官青州》诗（七律）一首，句云："亲朋离燕日相仍，又向扁舟别李膺……郑重双鱼问消息，故候瓜圃在东陵。"（《诗》卷十）又《王无竞题名记》云："乙巳（1245）秋，予与梁辨疑、李辅之、武伯佐游崞山祠。"（《文》卷三十四）又《送李辅之官济南序》云："辅之李君膺剡章之招，有泛舟之役……诸公从衎圣孔公赋诗赠别凡若干首，而某为之引。"（《文》卷三十七）又《超然堂铭》："仲宁提领……盖尝从吾友辅之、教授张君学。"（《文》卷三十八）又《癸巳岁寄中书耶律公书》荐五十四人有"固安李天翼"（《文》卷三十九）。

李邦彦

李邦彦，芮城（今山西芮城县）人，隐居于中条山。余不详。

元遗山有《酬中条李隐君邦彦》诗（五律）一首，句云："州路限南北，相逢今白头。"（《诗》卷七）又《送邦彦北行》诗（五律）一首，句云："此数推前辈，陪从结后缘。川途即睽隔，诗酒重留连……"（《诗》卷七）又《藏云先生袁君墓表》云："丁未（1247）春，芮城李邦彦过吾州。邦彦，先生乡曲，与之（即藏云先生袁从义）游甚款，用是重以斯文为请，予问邦彦……"（《文》卷三十一）

李邦瑞

李邦瑞，其人不详。耶律楚材《湛然居士集》卷四、七、十有和李邦瑞韵等诗六首，其卷四《邦瑞乞访亲因用其韵》（七律）一首，句云："凡子生还愁未解，萱堂仙去恨尤深……养老送终真有憾，号天如割望云心。"

元遗山有《即事呈邦瑞》（七律）一首，句云："郑庄父子重相留"，"开尊便觉贤人近，污足宁论力士休。明日燕台传盛事，坐中宾客尽名流"（《诗》卷十）。

李春卿

李春卿，其人不详。

元遗山有《赠李春卿》诗（七律）一首，句云："窦家十郎指顾问，因君我亦爱西山……重来已有明年约，剩破都城几往还。"（《诗》卷十）

李　杲

李杲，生卒年不详，字明之，镇（今河北正定县）人。世以财雄乡里，从易州张元素学医，尽传其业，不屈于权贵。其于伤寒、痈疽、眼目病为尤长。《元史》卷二〇三有传。子执中。

元遗山为李作《伤寒会要引》，述其学医经历、医德及医事数则。并云："往予在京师，闻镇人李杲明之有国医之目，而未之识也。壬辰（1232）之兵，明之与予同出汴梁于聊城，于东平与之游者六年，于今然后得其所以为国医者为详……戊戌（1238）之夏，予将还太原，其子执中持所谓《会要》者来求为序……河东元某书于范尊师之正一宫。"（《文》卷三十七）

李嗣荣

李嗣荣，其人不详。

元遗山《锦机引》云："兴定丁丑（1217）闲居汜南，始集前人议论为一编（指《锦机》），以便观览，盖就李嗣荣、卫吕叔家前有书而录之，故未备也。"（《文》卷三十六）按，吕叔名承庆，《中州集》卷七有小传。

李周卿

李周卿，其人不详。李光廷《年谱》"四十九岁"条云即李桢。按，桢字干臣，《元史》有传，与此人不合。

元遗山有《别李周卿》诗（五古）三首，句云："唯君笃高义，日来款柴关……相思一尊酒，幽恨寄山间"，"望君清庙瑟，一洗筝笛耳"，"怀我同心人，团茅住深竹……安得万里风，相从两黄鹄"。自注云："周卿学有渊源，东州诗人未见其比。与予约西游，如诗中所说。"（《诗》卷二）又《别周卿弟》（七律）一首，句云："晚岁论诗辱见收，相从许久重相留……荒城后日思君处，风色萧萧入白头。"（《诗》卷九）又《御史张君墓表》云："东平幕府从事张昉持文士李周卿所撰先御史君行事之状，请于仆。言……"（《文》卷二十一）又《寒食灵泉宴集序》载与宴者有"周卿"其人。按，元遗山同时又识有郭周卿，见《汾河汾诸老诗集》房希白诗、杜仁杰《善夫集》诗及王恽《秋涧集》卷四十三《遗安郭先生文集引》，以上作周卿者系郭姓、李姓，均可两疑之。

夹谷土剌

夹谷土剌（1158—1240），字大用，世为合懒路人，女真族。泰和三年（1203）进士，历抚宁海滨簿。贞祐南渡，召为省掾，随宣宗南行。贞祐五年（1217）以荐充京东总帅府经历司。主帅牙古大资骜狠恃功，土剌多直言。兴定初（1217），画策败宋军，以功迁两阶。兴定四年（1220）召为户部员外郎，转刑部，寻迁郎中。元光初（1222），授京南路少卿兼郎中。正大初（1224），擢裕州刺史。三年（1226），召为户部郎中。洛阳留守移剌瑗雅敬之，多咨问事。俄改汝州防御使，得民拥戴。又改陈州，敢击悍吏。请老，由张特立、乐夔上书，授同知开封府事。六年（1229）授武宁军节度使等。金亡，其子斜烈为蒙古先锋，与土剌相失二十年，迎土剌北归。土剌杜门谢客，有去国之感，自奉甚薄，五年后卒，年七十三。父夹谷阿海，金骠骑尉上将军、澄州刺史。子德兴、斜烈、万僧。斜烈为蒙古先锋使，与郝丑和尚友善。

元遗山为作《资善大夫武宁军节度使夹谷公神道碑铭》述其生平功业，且云："五路万户郝丑和尚以行状来请，曰：'吾子往来省寺，宜知武宁（即土剌）之详，先锋（即斜烈）与我结弟昆之义，公之葬，犹葬吾父也。幸辱以神道碑赐之。'予素善郝侯，义不可辞，乃用所以知公者，著之篇而系之以铭。"（《文》卷二十）

韦仲安

韦仲安，昆阳（今河南叶县）进士，余不详。

元遗山《叶县中岳庙记》："（中岳庙）泰和末（1208），太原祁人樊道真始以邑人之意而经度焉……癸未（1223）之夏，予过昆阳，进士韦仲安道樊之意，欲得吾文以记其经营之始，故为之书，且告以福不可徼、祸不可逃也。如是，庶几来者有所警焉。"（《文》卷三十二）

袁显之

袁显之，其人不详。

元遗山有《袁显之扇头》诗（七绝）一首（《诗》卷十四）。

姚　枢

姚枢（1203—1280），字公茂，柳城（今辽阳朝阳）人，后迁洛阳。少力学，宋九嘉识其有王佐略，杨惟中与之偕觐蒙古太宗。乙未（1235）南伐，枢从惟中即军中求儒、道、医、卜者，使多人脱死，得名儒赵复，始得程颐、朱熹之书。辛丑（1241）为燕京行台郎中，因牙鲁瓦赤行台事货赂，弃官去，于辉州作家庙，许衡依之，就录程、朱所注书。忽必烈遣赵璧召枢，枢为书数千言，首陈二帝三王之道。忽必烈奇其才，动必召问，使传授世子经。宪宗即位（1264），颇有建言。忽必烈依其策请封于关中。忽必烈征大理，枢请勿杀人，从之，并为之释疑于宪宗。忽必烈即位，立十道宣抚使，姚枢使东平，置劝农，均赋役，罢铁官。二年（1265）拜太子太师，不就，改大司农。诏赴中书议事，讲定条格，与丞相史天泽奏之。曾料李壇必败，王文统必反，果然。四年（1267）拜中书左丞，奏罢世侯，置牧守。或言中书政事大坏，上言释帝之怒。十年（1276）拜文馆大学士，详定礼仪。帝议取宋，上言止军官利财剽杀，请禁宋之滥刑。十三年（1279）拜翰林学士承旨。十七年（1280）卒，年七十八，谥文献。《元史》卷一五八、《新元史》卷一五七有传。苏天爵《元朝名臣事略》卷八“左丞姚公献公”条及《元文类》卷六十姚燧所作《姚枢神道碑》，详其生平功业。

元遗山有《同姚公茂徐沟道中联句》诗（五律）一首，句云：“联诗强一笑，凄绝恐消魂。”（《诗》卷七） 按，该诗前四句为姚作。又《答公茂》诗（七律）一首，句云：“文昌除目人惊看，似觉规摹到汉宫……林下升平有他日，草堂应许驻金鞍。”（《诗》卷九）

弋唐佐

弋唐佐，生卒年未详。名彀英，汝州（今河南临汝县）人。师事程天益，兵间以功授汝州防御副使。好治史，集有《诸家通鉴节要》一书。父润。

元遗山有《送弋唐佐、董彦宽南归》诗（七古）一首，句云：“淡公谈癖何所笑，但笑弋卿坚又勇。”（《诗》卷三）又《送弋唐佐还平阳》诗（古体）一首，句云：“我从商余之山过庵罗，闻君六经百家富研摩……通家弋宋共有无，行辈许之为老友。晋州一书君肯来，握手大笑心颜开……爱君直欲抵死留，自言世事非所求……相知非不多，但苦心不同。同心一人去，坐觉长安空。”（《诗》卷五）又《答弋唐佐》诗（五律）一首，题自注：“鲁山人，有志道学。”句云：“遭乱无安地，分忧得若人。乡邻存世谱，骨肉到情亲……怀哉沂水上，同咏舞雩春。”（《诗》卷七）又为其父作《临海弋公阡表》，并云：“彀英，予交游中最可保任者，以墓表为请，义不可辞，乃为论次之而系以铭。”（《文》卷二十四）又《集诸家通鉴节要序》云：“汝下弋唐佐集《诸家通鉴》成一书……时授馆平阳张存惠魏卿家。张精于星历之学，州里以好事见称，请为唐佐锓木以传。唐佐过某于太原，以定本见示，且言……唐佐真积之力久，必能得其微旨，幸为讲明之，以晓我曹之未知者。年月日，河东人元某谨序。”

弋　润

弋润（？—1233），字天泽，戈唐佐之父。家赀雄一乡，胆勇过人，有古豪士风。中年好儒学，折节下士，以张翥为甥女婿，使登进士。壬辰（1232）河南破，次年度陷兵不得脱，投水死。子彀英，次子世英，三子庭英。

元遗山为作《临海弋公阡表》详其生平，且曰：“彀英，予交游中最可保任者，以墓表为请，义不可辞。”（《文》卷二十四）

术虎筠寿

术虎筠寿（1170—1221），字坚夫，上京（今黑龙江哈尔滨市）人，女真族。大定二十九年（1189）选充亲卫军，骑射骁捷，初著籍，即衙直点检司。泰和中元妃李氏兄弟贵宠，其奴陵轹平民，筠寿击以马棰。奉一老生教读律详熟，继从人授《春秋》。从军南征，破罗山，得经生曹鼎，从之讲授。泰和八年（1208），以荐充奉职。大安初（1209），使高丽，授中宫护卫，寻迁御前。后从缙山高琪军，以马易得蒙古所掠老幼千余人归，以功加镇国上将军。贞祐二年（1214）扈从南迁，有建言，宣宗诏以便宜提控尚辇局，授器物局副使。谏宣宗罢不急之用，出为桥西都提控。四年（1216）守虎牢，斩军中横暴者。五年（1217）同知定国军节度使事，有惠政。兴定二年（1218）改同知陇安军节度使事，败西夏军，因事改马步军都总领。五年（1221）卒，年五十一。父阿散，子仲道、仲贞、仲坦、彭孙、聃孙。

元遗山为作《龙虎卫上将军术虎公神道碑》述其生平事迹，且曰：“仲坦举公柩北归……枉道过好问新兴，授公行事之状，涕泗百拜，以神道碑铭为请。仲坦从好问游，有昆弟之义，义不可辞，乃为件右之……”（《文》卷二十七）

董文甫

董文甫，生卒年不详，字国华，号无事道人，潞州人。金承安中进士。贞祐南渡（1214），尝为大理司直，历金昌府判官、礼部员外郎、昌武军节度副使。恬于世味，于心学有得，参取佛、老二家，以习静为业。正大中，以公事至杞县，自知死期，作诗而逝。《中州集》卷九有小传，《归潜志》卷五载其事。子安仁。

《中州集》卷九董文甫《文中子续经》诗（七绝）一首，元遗山注："予尝以王氏（即王通，文中子）六经为问，先生云：'王氏六经，是权道设教，虽孔子亦然，但后人不能知之耳。'因以此诗见示。"又《续夷坚志》卷一"董国华"条云："董文甫，字国华，潞人，承安中进士……"按，与《中州集》小传所载略同。

董彦宽

董彦宽，其人不详。按《元史》卷一四八《董俊传》载，俊，真定藁城（今河北藁城县）人。子文蔚，字彦华；文用，字彦材；文直，字彦正；文忠，字彦诚等（《新元史》卷一四一有董文蔚等传，可参），均以"彦"为字，彦宽或亦系董氏之族人。

元遗山有《送弋唐佐、董彦宽南归》诗（七古）一首，句云："他时记籍社中人，流外更须增一董。"（《诗》卷三）按，施注以彦宽即董文甫，未见确据。

董德卿

董德卿，南宫人，余不详。

元遗山有《别董德卿》诗（七律）一首，句云："烂醉秋风四十场，此回歌笑重难忘……同甲弟兄虽异姓，宦游州郡即吾乡。悬知后日登高地，剩为行人望太行。"（《诗》卷十）又《续夷坚志》卷四"西阴井移"条云："南宫士董德卿亲见之。"

范庭玉

范庭玉，其人不详。按，《图绘宝鉴》卷五画家有范庭玉。

元遗山有《秀隐君山水为范庭玉赋》诗（七绝）一首（《诗》卷十四）。按，秀隐原作“隐秀”，误。

蒲察元衡

蒲察元衡（1179—1230），字君平，真定人，女真族。泰和三年（1203）进士，任永年县（今属河北邯郸市）丞，历三县佐，有吏能，召为左三部检法司正。贞祐初（1213）至汴，拜监察御史，授庆阳治中权府事，入为刑部郎中。正大二年（1225），审冤狱，所全活者千余人。四年（1227）为户部侍郎，与张惠鞠郑州军卒谋反案。七年（1230）任集庆军节度使、亳州管内观察使，未赴卒，年五十有二。子恒端。

元遗山为作《资善大夫集庆军节度使蒲察公神道碑铭并引》且云：“既葬之几年，某过东平，恒端以碑铭为请。平时以公恂恂退让，不为锻炼之风所移，尝向慕之。故不复以固陋辞，乃为铭曰……”（《文》卷二十）

蒲察琦

蒲察琦（1190—1232），本名阿怜，字仁卿，棣州阳信（今山东阳信县）人，女真族。试补刑部掾，袭兄为谋克。正大六年（1229），为安平都尉粘葛合典属官。金哀宗迁归德，汴京立讲议所，受陈言文字。崔立叛变后，自缢死，年四十余。《金史》卷一二四有传。母完颜氏。

《金史》本传云：“哀宗迁归德，汴京立讲议所，受陈言文字……时左司都事元好问领讲议，兼看读陈言文字，与琦甚相得。崔立变后，令改易巾髻，琦谓好问曰：‘今日易巾髻，在京人皆可，独琦不可。琦一刑部译史，袭先兄世爵，安忍作此。今以一死付公，然死则即死，付公一言亦剩矣。’因泣涕而别。

琦既至其家（欲自缢，家人泣劝），母止之曰：‘勿劝，儿所处是矣。’即自缢，时年四十余。”

兰文仲

兰文仲，其人不详。施注疑即兰光庭或兰子野。

元遗山有《兰文仲郎中见过》诗（七律）一首，句云：“玉台辞客富年华，乐府风流有故家……后夜云州古城下，故应回首一长嗟。”（《诗》卷十）又《续夷坚志》卷四“日中见异物”条云：“兰仲文说。”按，仲文原作仲大，当为文仲之倒且误。

萧仲植

萧仲植，其人不详。所居曰长史斋。

元遗山有《萧仲植长史斋》诗（七古）一首，句云：“萧郎家世陵谷后，争信空囊蓄奇货。萧斋故事今复举，未怕秋风吹屋破。”（《诗》卷三）

萧汉杰

萧汉杰，生卒年不详。金初尝赐姓奥里氏，时人又称奥里汉杰。大兴人。不乐举业，为人慷慨有志胆，好读书，知古兵法及阴阳孤虚禄命之术。从军二十年，积官从三品，领虢州（今河南灵宝市）倅、关陕总帅府提控，佩金符。出入行阵，濒死者屡。铁岭之溃（见《金史·徒单兀典传》），入陕州。陕州乱，群不逞辈系汉杰狱中。汉杰亡走，渡河，为失侯故将二十年。壬子（1252）冬，与元遗山相遇于东平。余不详。父仲宽，字居之。

元遗山《赠萧汉杰》诗（七律）一首，序述其生平事迹，且云：“壬子（1252）冬，（汉杰）与余相值于东原，问其世，知其为故人大钧之同母也。问其日事，则曰：‘止以唐生季主之业游时贵间耳！’因与论余之行年，而有契于余心者。私窃慨叹……其别也，因为长句以赠。”诗云：“射虎将军右北平，短衣憔悴宿长亭。雷轰宝剑无留迹，火借青囊为乞灵。四壁不知贫作祟，一瓢谁识醉中醒。相逢莫话槽机石，自省枯槎是客星。”（《诗》卷十）按，序言“故人大钧”，其人不详。

燕子和

燕子和，其人不详。

元遗山有《阳城呈旧，呈杨敬之、燕子和、李文卿》诗（五律）一首（《诗》卷七）。按，此诗又见李俊民《庄靖集》，李集中又有《燕子和重修阳城县庙疏》一文，则子和系俊民友人。疑此诗系后人将李诗窜入遗山集者，子和亦或非遗山之友。姑存之。

慕容安行

慕容安行，其人不详，山阴（今江苏淮安县）人。临潼簿。

元遗山有《寄英禅师，师时住龙门宝应寺》诗（五古）一首，句云：“安行诗最工，六马鸣和鸾。”自注：“慕容安行，山阴人，临潼簿。”（《诗》卷二）

苏 车

苏车（1189—1252），字彦远，真定人。初以父任为河北西路转运司押，后迁平舆（今河南平舆县）等地酒官。以守职授归德下邑主簿，未赴。当再历诸司，授蔡州税务使，擢卫州获嘉县令。终于丰卫东库副使，官镇国上将军。北渡后，壬子年（1252）卒，年六十四。为人安贫乐道，不傍权门。父世称，子庆，弟彦和。

元遗山作《苏彦远墓铭》述其生平仕履，且云：“至于当世名士，尝与彦远周旋者，亦皆称道之。予识之汴梁。汴梁破，见于夏津之镇阳。凡二十年，每叹其安贫自乐，不肯一傍时贵之门，虽士夫之守死善道者不能过，而或者乃以任子概之可乎？盖予于是乡得两人焉，曰常先生仲明，而彦远其一也。仲明之没，子既表其墓矣，若彦远者，可独使之随世磨灭欤？乃作铭，授其弟彦和，

使刻之。”（《文》卷二十四）

苏君显

苏君显，赵郡（今山西洪洞县）人。余不详。

《遗山新乐府》卷三《定风波》（其四）句云：“六客不争前与后。”自注：“永宁范使君园亭会汝南周国器、汾阳任亨甫、北燕吴子英、赵郡苏君显、淄川李德之。用东坡体，拟六客词。”

樊天胜

樊天胜，生卒年里不详。丙戌（1226）春，曾从征淮海。常山军取太原等地，将尽戮民，天胜为哀请免。又三年，救平定等县民三十余村落。后为定襄知郡、九原府元帅。

元遗山《送崔振之迎家汴梁》诗（五律）一首：“樊守能供酒，周侯许买山。”（《诗》卷七）按，施注以樊守即樊天胜。又《哭樊帅》诗（七律）一首，句云：“自倚沈冤有舌存，争教无路叩天阍……春风花落歌声在，梦里能来共酒尊。”（《诗》卷十）又《樊侯寿冢记》：“（樊天胜欲作寿冢）又谋于州之士，仆僭为侯言……侯喜而饮予酒，再拜谢曰：‘有是哉。’请刻予之文于石。”（《文》卷三十四）又《忻州天庆观重建功德记》）：“贞祐之乱……宣抚使刘公易起殿于明庆（堂）之故基，而州将樊天胜力复玄元（庙）之旧。”（《文》卷三十五）又有《樊守谢上词》（《文》卷四十）。按，此文系元遗山代樊所作。又《续夷坚志》卷一“王增寿外力”条，自注：“樊帅说。”“任氏翁媪”条：“定襄沙村，樊帅所居，说……”

樊大临

樊大临，字顺之，定襄士人。樊天胜之侄，至元初（1264）出仕。

元遗山有《送樊顺之》诗（七律）一首，句云：“寄谢溪风亭上月，老夫乘兴欲西游。”（《诗》卷十）又《续夷坚志》卷四“临晋异瓜”条云：“定襄士人樊顺之亲见之。”

韩君锡

韩君锡，沁州（今山西沁县）人。隐士，有耕读轩。余不详。

元遗山有《寄题沁州韩君锡耕读轩》诗（五古）一首，句云：“束带见督邮，甘以辞华轩。啸傲南窗下，且乐我所然……读书与躬耕，兀兀送穷年。渊明不可作，尚友乃为贤……”（《诗》卷二）

韩君杰

韩君杰，其人不详。

元遗山有《赠修端卿、张去华、韩君杰三人六首》诗（七绝），句云：“姓字旧熟相知新，三子皆我眼中人”，“韩生颇似周生勤”，“异时三子俱焰焰，人伦东国吾无惭”（《诗》卷十三）。

韩德华

韩德华，燕京人，汝州倅，韩昉之后裔。余不详。

元遗山有《酬韩德华送归之作》诗（五古）一首，句云：“韩侯晚相值，意气尤恳恳。我尝相斯人，趣向识端本。”（《诗》卷二）又《汝州倅韩君德华……名其伯男子曰鲁……余字之世公……》诗（七古）一首，句云:“百年故家余素封”“汝州有子今成童”（《诗》卷四）。又《德华小女五岁，能诵余诗数首，以此诗为赠》诗（七绝）一首，句云：“学念新诗似小茶”，“好个通家女兄弟”《诗》卷十三）。又《寒食灵泉宴集序》述及与宴者九人有德华者，或即韩氏（《文》卷三十七）。

韩恬然

韩恬然，某州县之官，余不详。

《遗山新乐府》卷二《感皇恩》（其三），小序云：“寿韩侯恬然。”句云：“石上玉芝，松间瑶草，容易休教使君老。”

韩不疑

韩不疑，生卒年不详，字居之，小字锦郎，渔阳人。韩玉之子。

元遗山《中州集》卷八韩玉小传：“玉字温甫，其先相人……（后）为渔阳人……子不疑，字居之，小字锦郎。以父死非罪，丙申（1236）之夏，过予冠氏，出其父临终时手书云……予为之恻然。”

苗君瑞

苗君瑞，平阳人，仕为省郎。父彦实，师事乔民，通音律，撰集《琴辨》一书传世。余不详。

元遗山为苗彦实作《琴辨引》，述其求学大略兼论音乐，且云：“长子名某，字君瑞，尝仕为省郎，闲居燕中……将（以《琴辨》）锓木以传，请予题端，且以卜当传与否也。予谓君瑞言……请以此为之引，岁丁巳（1257）秋八月初吉，遗山诗老引。”（《文》卷三十六）

薛居中

薛居中，生卒年不详，字鼎臣，临漳（今河北临漳县南）人。泰和进士，初任滏阳（治今河北磁县）簿，后为王屋、登封（今俱属河南）令，以例罢。有惠政，颇得民心。

元遗山有《薛明府去思口号七首》诗（五古），极赞其惠政，句云：“能吏寻常见，公廉第一难。”（《诗》卷十一）按，事见《金史》卷一二八《王浩传》，《中州集》卷五有赵元《薛鼎臣罢登封》诗一首，可参。又为作《登封令薛侯去思颂》述其政绩及作颂缘由（《文》卷三十八）。又《续夷坚志》卷四“仙猫”条云：“天坛中岩有仙猫洞，王屋令临漳薛鼎臣呼之而应，亲为予言。”

薛 玄

薛玄（？—1271），字微之，河南下部（今河南富平县东）人。幼有诗声，载书入少华，又从通理学者游，一以圣贤为宗。元初游大同，过应州（治今山西应县），由高、韩二帅府荐于中书令耶律楚材，得应州教授。又见高僧万松，宣扬儒教君臣父子之道。又因耶律楚材荐，授检察使，督卫辉、河南等地，改转运使，以功受赏。杨奂廉访河南，辟为幕府，岁余弃去。友杨果、李微、麻革、孟攀鳞、郭镐，李廷、窦默、宰沂，责王文统聚撰历代诡异书。中统初（1260）任官，屡辞不就，日与辛愿等讲贯古学，且以教人。自耶律楚材以下均称洛西神仙，其门生后皆知名，权贵多踵门请益。至元八年（1271）卒。号庸斋。程钜夫《雪楼集》卷九《薛庸斋先生碑》载其事。父沂，子友直、友谅。

程钜夫《雪楼集》卷九《薛庸斋先生碑》云："（薛庸斋中统间）日与女几辛愿、柳城姚枢、稷山张德直、太原元好问、南阳吴杰、洛西刘绘、淄川李国维、济南杜仁杰、解梁刘好谦讲贯古学，且以淑人。"另参元遗山《送李同年德之归洛西二首》诗（见《诗》卷十）。

黄逸民

黄逸民，冠氏学生。余不详。

元遗山有《代冠氏学生修庙学壁记》，是赵天锡修庙学，代黄逸民作记。记末云："县学生黄逸民记。"（《文》卷三十二）

綦　毅

綦毅，字威卿，山东胶东（今山东东部一带）人。幼长于忻州，与王万钟、田紫芝善。祖父戬，字天锡（事见《金史》卷八十三《祁宰传》及施注引《族帐部曲录》及岳珂《桯史》）。与綦君美为昆弟。

元遗山为作《綦威卿毅挽辞》诗（五古）一首，句云："东海于门旧，炯争邑墓迁。"自注："綦，东海人。威卿之祖待制公（即綦戬）知忻州，因家焉。"（《诗》卷七）施注："威卿与君美当属昆弟行。"

綦君美

綦君美，幼长于忻州，曾任湖城（今河南灵宝市）令。余不详。祖父綦戬。

《遗山新乐府》卷二《朝中措》（其六），小序云："綦君美，东海名家。大父内翰（指綦戬）海陵朝以文章显，出刺吾州（即忻州）。君美以荫补，尝令湖城，晚得见子石柱， 因为赋此。"句云："看取翰林枝叶，却如东海当年。"

药正卿

药正卿，其人不详。

元遗山有《药正卿饷酒》诗（七绝）一首（《诗》卷十二）。

杜 生

杜生，姓名等均不详，善音乐。

元遗山《宝岩纪行》诗（五古）一首，句云："同来二三子，寝饭故相就。况有杜紫微，琴筑终雅奏。"（《诗》卷二）又《赠绝艺杜生》诗（七绝）一首，句云："解作江南断肠曲，新声休教李龟年。"（《诗》卷十二）又《杜生绝艺》诗（七绝）一首，句云："杜生绝艺两弦弹……数声全似古阳关。"（《诗》卷十三）

杜仁杰

杜仁杰，生卒年不详，字仲梁。原名之元，字善夫，号止轩，济南长清（今山东长清县）人。工诗曲。金正大中与麻革、张澄隐内乡山中，以诗唱和。元至元中，屡征不起。与元遗山为密友。孙德谦辑有《善夫先生集》。子元素，仕元，为福建闽海道廉访使。顾嗣立《元诗选》三集有杜仲梁小传，其事又见孙楷第《元曲家考略》乙稿"梁进之"条（按，梁乃杜之妹婿）。

元遗山有《半山亭招仲梁饮》诗（七古）一首，句云："半山事前浙江水，只可与君消百忧。"（《诗》卷三）又《去岁君远游·送仲梁出山》诗（五古）一首，句云："去岁君远游，今年客他州"，"忆初识子梁王台，清风入座无纤埃"，"匣中有长剑，为君鸣不平"，"邓州大帅材望雄，爱客不减奇章公"（《诗》卷五）。

又《泛舟大明湖》诗（七古）一首，题自注："待杜子不至。"（《诗》卷五）又《和仲梁》诗（五律）一首，句云："一尊堪共醉。"（《诗》卷七）又《与张杜饮》诗（七律）一首，句云："故人寥落晓天星，异县相逢觉眼明。世事且休论向日，酒尊聊喜似承平。"（《诗》卷八）按，张指张澄。又《送杜子》诗（七律）一首，句云："来鸿去燕三年别……轰醉东风有成约"（《诗》卷八）又《水帘纪异》诗（七古）一首，题自注："癸卯（1243）九月四日，同杜仲梁赋。"（《诗》卷五）又《济南行记》述乙未（1235）秋游济南事，且曰："初至齐河，约杜仲梁俱东，并道诸山南，与太山接……至济南，又留二日，泛大明，待杜子不至。"（《文》卷三十四）又《逃空丝竹集引》评杜诗云："仲梁材地有余，而持择功夫胜其余"，"仲梁气锐而笔健，业专而心精，极他日所至，当于古人中求之"（《文》卷三十六）。又《麻杜张诸人诗评》云："麻信之、杜仲梁、张仲经正大中同隐内乡山中，以作诗为业，人谓'东南之美，尽在是矣'。予尝窃评之：仲梁诗如偏将军将突骑，利在速战，屈于迟久，故不大胜则大败。仲经……"（《文》卷三十九）又《天砚铭》云："杨子得片石于马山之前……杜仲梁曰：'此天砚也。'焕然乃请余为之铭。"（《文》卷三十八）又《张仲经诗集序》云："予官西南，仲经偕杜仲梁、麻信之、高信卿、康仲宁挈家就予内乡。"（《文》卷三十七）又《癸巳岁寄中书耶律公书》荐五十四人有"济南杜仁杰"（《文》卷三十九）。

施注"补载"引《善夫先生集》有杜仁杰病中呈元遗山诗（七律）一首云："十载犹能复笑谈，归来重觅读书龛。耒阳白酒君应具，勾漏丹砂我自惭。民讼几何消自苦，山城虽小得穷探。也知清俭难持久，好趁秋风醉菊潭。"按，顾嗣立《元诗选》癸集张志纯小传云："志纯，号天倪子……与元好问、徐世隆、杜仁杰游。"可参。又杜仁杰撰《元遗山先生文集（中统本）后序》（见施注序例），对遗山诗文备极推崇，此不具录。

杜 先

杜先，金宣宗时为彰德招抚使，又为林州（治今河南林县）招抚使，金亡为道士。事见《金史》宣宗纪、张开传。余不详。

元遗山有《送杜招抚归西山》诗（七律）一首，题自注："杜，乱后为黄冠师。"句云："少日先声慑虎貔，只今骑马欲鸡栖"，"因君唤起思乡意，君在西山我更西"（《诗》卷八）。

杜莘老

杜莘老，画家，云中人。余不详。

元遗山有《寄杜莘老》诗（七绝）三首，句云："先生画笔果通灵"，"祝君老眼明于镜，豪末清妍子细分"，"杯酒殷勤兴不孤，更教怀袖得新图"（《诗》卷十四）。又《杜莘老夏日汾亭横轴》诗（七绝）一首，句云："杜侯老笔尧民意，黄阁清风有故家。"（《诗》卷十四）按，《汾亭古意图》诗元遗山自注："云中杜丈莘老，与张、郭年相若，而画不下古人，为侯广道作汾亭古意横披，洒然有尘外意。"张指张公佐，郭指郭熙（见《诗》卷四）。又按，王恽《秋涧集》卷二十九有《题杜莘老春融秀岭图诗》（七绝）一首，卷二十四有《杜莘老荒山访友图》诗（七绝）一首。

杜国宝

杜国宝，蓟北（今北京大兴县）人。余不详。

元遗山有《蓟北杜国宝以真定教官李进之所撰大父中宪公及其先人帅府从事行状见示，用题三绝其后》诗，句云："长留北海文章在，千古云麾有姓名。"（《诗》卷十四）

杨文秀

杨文秀，字伯达，江左（今江苏东南）人。善制墨，子彬得其遗法，以授耶律楚材。楚材授子铸，使造一万丸，曰"玉泉万笏"。事见陆友《墨史》。

元遗山有《赋南中杨生玉泉墨》诗（七律）一首，题自注："墨不用松烟，而用灯煤。"句云："万灶玄珠一唾轻，客卿新以玉泉名。"（《诗》卷九）

杨 鹏

杨鹏，字飞卿，汝海（今河南临汝县）人。金哀宗时，呼延实领青阳砦事，张楷以汝州事托实。哀宗以姬汝作为同知汝州防御使，呼延实忌之，欲迁州入山，杨鹏为详议官，劝实还山，与汝作坚守汝州。后蒙古兵经汝州，梁皋杀汝作，皋后亦为蒙古兵所杀。事见《金史》卷一二三《姬汝作传》。飞卿工诗，后客居东平二十年，有《陶然集》。

元遗山有《寄杨飞卿》诗（七律）一首，句云："三间老屋知何处，惭愧云间陆士龙。"（《诗》卷九）又《寄答飞卿》诗（七律）一首，句云："一首新诗一纸书，喜于沧海得遗珠"，"并州命驾才千里，嵇吕风流未可无"（《诗》卷九）。又《陶然集诗序》云："贞祐南渡后，诗学为盛，洛西辛敬之……等不啻十数人，称号专门。就诸人中，死生于诗者，汝海杨飞卿一人而已。李内翰钦叔工篇翰，而飞卿从之游……大为钦叔所推激，从是游道日广而学亦大进。客居东平将二十年，有诗近二千首，号《陶然集》……飞卿每作诗，必以示予。予相去千余里，亦以见寄，其所得予亦颇能知之。飞卿于海内诗人，独以予为知己，故以集引见托。或病吾飞卿追琢功夫太过者，予释之曰……《陶然》后编请取此序证之，必有以予为不妄许者，重九日遗山真隐序。"（《文》卷三十七）又《遗山新乐府》卷二《临江仙》（其十八）小序云："赠答飞卿弟。"词云："壮岁论交今晚岁，只君知我平生。六年相望若为情，吕安思叔夜，残月配长庚。济上买田堪共隐，嵩丘朝暮阴晴。紫云仙季白云兄，风流成二老，林下看升平。"卷三《梅花引》（其二）小序云："同张仲经、杨飞卿赋青梅。"卷四《太常引》（其四）小序云："东原上清宫同杨飞卿夜话汝梁旧游，追怀钦叔内翰。"句云："莫话洛阳春，更谁似，金銮故人。"

施注补载《陶然集》杨鹏送元遗山诗（七律）一首云："三馆才名天下闻，乱来俗议乱纷纭。两朝文笔谁争长，一代诗人独数君。南浦春深愁送别，西山晚翠约平分。何时并坐龙潭上，野水添杯看白云。"

杨天德　杨新甫

杨天德（1180—1258），字君美，奉元（今陕西西安市）人。少游学，隶太学，登兴定二年（1218）进士。初仕聊城丞，未赴。辟陕西行台掾、权大理丞、主庆阳安化（今甘肃庆城县）簿，寻辟隆德（今宁夏隆德县）令、安化令，补尚书都省掾，迁转运判官。蒙古军克汴京，流寓宋鲁，十年归长安。戊午（1258）卒，年七十有九。苏天爵《元文类》收录许衡《南京转运司度支判官杨公（天德）铭》详其生平。子恭懿（1225—1294），字新甫，一作元甫，随父逃乱而东，居于汴、于归德、于东平。年十七随父西归，隐居不仕，力学读书。年二十四，得朱熹书，以为人伦日用之常、天道性命之妙皆萃于此。至元十二年（1275）召至京师，未几辞归。十六年（1279）以修历召，历成，授集贤学士，兼太史院事，后累召以议中书省事，皆辞。三十一年（1294）卒，年七十。苏天爵《元朝名臣事略》卷十三"太史杨文康公"条详其生平。

元遗山有《赠杨君美之子新甫》诗（七律）一首，句云："书林头白坐吟呻，青佩横径更几人"，"看取杨家伯男子，今年天壤姓名新"（《诗》卷九）。又《中州集》卷八杨兴宗小传云："予同舍郎关中杨君美。"

杨云翼

杨云翼（1169—1228），字之美，乐平（今山西昔阳县）人（《归潜志》卷四作平定人）。明昌五年（1194）经义进士。博通经传，至于天文、律历、医卜之学无不臻极。贞祐诸臣中，极负盛名，与赵秉文代掌文柄，时号"杨赵"。以大节自任，被推为中朝第一。宣宗频岁南伐，云翼直言屡谏，言"两淮生灵皆陛下赤子，不能外御北兵而取偿于宋，以天下为度者，不如是也"。后全军败，宣宗悔悟，责主兵者曰："我当何面目见杨云翼耶？"兴定末（1222），拜吏部尚书，中外望其旦暮入相，以足疾不果。正大五年（1228）卒，终于翰林学士，年五十九，谥文献。《中州集》卷四有小传，《金史》卷一一〇有传，《归潜志》卷四、卷七载其事。次子恕。

元遗山作《杨之美尚书挽章》诗（七律）一首，句云："受恩知己无由报，独为斯文泣至公。"（诗》卷八）又《存殁》诗（七律）一首，句云："行间杨赵提衡早。"（《诗》卷十）又《题刘威卿小字难素册后二首》诗（七绝），句云："东国人伦赵与杨。"（《诗》卷十四）又《内相杨文献公哀挽三章，效白少傅体》诗（七绝），句云："龙门依旧太山高"，"姓名三字金瓯重，事业千年片简青"。又《内相文献杨公神道碑铭》详述其生平事业，并云："孤子恕谓门下士元好问言，翰林修撰王彪事状具在，墓当有碑……责曰：'先公平生以国士待吾子，不得论次遗烈以见于后世乎？'好问度不可辞，乃件右之，且系之以铭。"（《文》卷十八）

杨云翼有《李平甫为裕之画系舟山图，闲闲公有诗，某亦继作》诗（五古）一首，句云："彼美元夫子，学道如观澜。孔孟泽有余，曾颜膏未残。向来种德深，直与山根蟠。之子起其门，孤凤骞羽翰。计偕聊尔耳，平步青云端。竭来游京师。士子拭目观。礼部天下士，文盟今欧韩。一见折行辈，殆如平生欢。舞雩咏春风，期著曾点冠。五言造平淡，许上苏州坛。我尝读子诗，一倡而三叹……吾子忠厚姿，不受薄俗漫。晴云意自高，渊水声无湍。他日传吾道，政要才行完。会使兹山名，与子俱不刊。"（《中州集》卷四）

杨　恕

杨恕，生卒年不详，字诚之，杨云翼次子。金正大四年（1227）经义科进士。金亡，初未出。中统元年（1260）与刘郁等同时被召见，后为提控令史。癸酉（1273）刘郁被谴，辞退，以恕继其左司都事之职。刘因家贫，恕为翰林待制，出资助其葬父与祖。后终于易州尹。其事见《元史》卷四、卷一七〇。元遗山《癸巳岁寄中书耶律公书》荐五十四人有“杨恕”（《文》卷三十九）。遗山曾因其请，为其父云翼作《内翰文献杨公神道碑》（《文》卷十八）。

杨　奂

杨奂（1186—1255），字焕然，乾州奉天（今陕西乾县）人。金末举进士不中，作万言书指陈时病，未及上而归。癸巳（1233），崔立变，奂微服北渡，冠氏帅赵寿之延致之，待以师友礼。东平严实数问之，未诣。戊戌（1238），刘用之试诸道进士，奂试东平，两中赋论第一。北上谒耶律楚材，以其荐授河南路征收课税所长官兼廉访使。既至，召名士议事，为政清简。在官十年，请老于燕之行台。乙卯（1255）卒，年七十。奂有众望，号“关西夫子”，人称紫阳先生。有《还山集》等行世。《元史》卷一五三、《新元史》卷二三七有传，《归潜志》卷三、苏天爵《国朝元朝名臣事略》卷十三载其事。父振。

元遗山有《赠答杨焕然》诗（五古）一首，句云：“关中杨夫子，交谊世所闻……古来知己难，万里犹比邻。”（《诗》卷一）又《杨焕然生子四首》诗（七绝），句云：“愁颜我亦为君开”，“我欲去为汤饼客，买羊沽酒约何时”，“我笑先生老更迂”，“更醉使君汤饼局，儿童他日记通家”（《诗》卷十二）。又《故河南路课税所长官兼廉访使杨公神道之碑》详其生平行谊（《文》卷二十三）。按，碑文亦见收于清王昶《金石萃编》卷一百五十九。又《癸巳岁寄中书耶律公书》荐五十四人中有“杨焕然”（《文》卷三十九）。又《天砚铭》：“杨子得片石于马山之前……杜仲梁曰：‘此天砚也。’乃为之铭。”（《文》卷三十八）

杨奂有《浮生一首送裕之》诗（五律）一首云：“汉节飞云外，秦城落照边。浮生空自老，归计定何年。泪满陈蕃榻，心摇祖逖鞭。短诗聊遣兴，羞向故人传。”（《还山遗稿》）

杨宏道

杨宏道（1189—？），一作弘道，字叔能，淄川人。号素庵、默翁。博学，无所不知。不为科举计。尝荫仕于金，正大元年（1224）监麟游（今陕西麟游县）酒税，遭乱南归，为唐州司户。北还，寓家济源，卒年七十余。事见鲜于枢《困学斋杂录》，唐圭璋《全金元词》有小传。子复。

元遗山有《济南庙中古桧同叔能赋》诗（五古）一首（《诗》卷二）。又《送杨叔能东之相下》诗（五律）一首，句云："海内杨司户，声名三十秋。文高徒自苦，食尽与谁谋……东游可无虑，敬客有萧侯。"（《诗》卷七）又《怀叔能》诗（七律）一首，句云："别却杨侯又一年，西风每至辄凄然。"（《诗》卷八）又《寄叔能兄》诗（七律）一首，句云："星斗龙门姓字新，岂知书剑老风尘……银烛对谈词馆夜，雪梅同醉浙江春。只应千里东州月，处处相逢即故人。"（《诗》卷九）又《杨叔能小亨集引》云："贞祐南渡后，诗学大行……叔能则未有知之者。兴定末（1222），叔能与予会于京师，遂见礼部闲闲公及杨吏部之美。及将往关中，张左相信甫、李右司之纯、冯内翰子骏皆以长诗赠别，闲闲作引……今年其所撰《小亨集》成，其子复见予镇州，以集引为请……予既以如上语为集引，又申之以《种松》之诗（按，此诗《诗》卷一有，未知即是否），因为复言，归而语乃翁。吾老矣，自以瓠壶之日久矣，非夫子亦何以发予狂言？己酉（1249）秋八月初吉，河东元某序。"（《文》卷三十六）又《陶然集诗序》亦称南渡后诗学为盛，有杨叔能等十数人为工（《文》卷三十七）。又《遗山新乐府》卷三《定风波》（其二），句云："白发相看老弟兄，恨无一语送君行"，"耆旧风流谁复似，从此休将文字占时名"。自注："杨叔能将归淄州，与予别于山阳，作《鹧鸪词》留赠云：'邂逅梁园对榻眠，旧游回首一凄然。当时好客谁为最，李赵风流两谪仙……'因用其意答之。李赵，谓闲闲公与屏山。"又《续夷坚志》卷一"铁中虫"条，载杨叔能见铁中虫事，可参。

杨敬之

杨敬之，其人不详。

元遗山有《阳城怀旧呈杨敬之、燕子和、李文卿》诗（五律）一首（《诗》卷七）。按，此诗又见李俊民《庄靖集》，集中又有李俊民所作《阳城县杨敬之重修太清观四圣阁疏》一文，知敬之乃李俊民友人。疑此诗系李诗，为后人窜入遗山诗集者。

杨　振

杨振（1153—1215），字纯夫，一字德威，号萧轩，杨奂父。金正隆间避乱寓乾州南。泰和间令其子奂学诗，后奂学为通儒，负盛名。贞祐三年（1215）卒，年六十三。

元遗山为作《萧轩杨公墓碑》述其生平（《文》卷二十二）。按，碑文见收于清王昶《金石萃编》卷一百五十八，残泐颇甚。

杨次公

杨次公，其人不详。

元遗山有《送杨次公兼简秦彦容、李天成》诗（五律），句云："殷勤秦与李，无惜借余光。"（《诗》卷七）

杨　果

杨果（1197—1269），字正卿，号西庵，祁州蒲阴人。幼失父母，从人南渡，坎坷十余年。自宋迁亳，又迁许昌，以教读为业。登正大甲申（1224）进士，以李蹊荐为偃师（今河南偃师市）令，改蒲城陕县（今属河南三门峡市）令，有干才。金亡，杨奂征收河南课税，起为经历官，继为史侯（天泽）之参议。中统元年（1260）为北京宣抚使，入拜参知政事。至元六年（1269）出为怀孟路总管，卒，年七十三。有《西庵集》。苏天爵《元朝名臣事略》卷十"参政杨文献公”条详其生平政绩，《元史》卷一六四有传，王恽《秋涧集》卷五十九《碑阴先友记》载其事。

元遗山有《寄杨弟正卿》诗（七律）一首，句云：“归程未觉西庵远，夜夜清伊绕石楼。（《诗》卷九）又《感寓》诗（七律）一首，句云：“南杨北李闲中老。”施注云：“杨即杨果。”（《诗》卷十）又《廉访使杨公（奂）神道碑》载杨奂起用蒲阴杨果事（《文》卷二十三）。又《癸巳岁寄中书耶律公书》荐五十四人有“中山杨果”（《文》卷三十九）。又《续夷坚志》卷一“康李梦应”条载：“陕令杨正卿令人送桃符，所书如梦中所云。”自注：“正卿说。”

杨　慥

杨慥（?—1233），字叔玉，代州五台（今山西五台县）人。承安五年（1200）进士，历州县，入为尚书省令史，拜监察御史、侍御史等，累官为权参知政事。蒙古攻汴京次年卒。资质雅重，处事有法，工诗文。《中州集》卷九有小传。

元遗山有《双峰竞秀图为参政杨侍郎赋》诗（七古）一首（《诗》卷三）。又《云岩》诗（七古）一首，序云：“兴定末（1222），（武）伯英殁于关中，杨户部叔玉购石得之，壬辰（1232）围城中以示余，且命作诗。危急存亡之际，不暇及也。”又《续夷坚志》卷一“明月泉”条云：“杨叔玉，五台人，为予言：‘明月泉吾所亲见，非传闻也。’”

杨　漕

杨漕，其人不详。漕，人名抑或漕运官之称，姑存疑。

《遗山新乐府》卷二《朝中措》（其八》小序云：“寄杨漕。”

杨　某

杨某，伊阳（今河南嵩县）人。余不详。

元遗山有《题伊阳杨氏戏虎图》诗（七绝）一首（《诗》卷十一）。

郝 某

郝某，当系忻州官员，余不详。

元遗山代郝侯作《忻州修学疏》（《文》卷三十九）。按，疏中涉及傅慎微（字机先）、要介（字伯升）、孙九鼎（字国镇）、醉轩先生姚孝锡（字仲纯）等人，均非元遗山同时人。

郝天挺（晋卿）

郝天挺（1161—1217），字晋卿，泽州陵川人。家世业儒。少日有赋声，早衰多疾，厌于名场，遂不复就举。贞祐之兵，避于河南。为人正直博学，不附权贵，为元遗山师。兴定元年（1217）卒，年五十七。《金史》卷一二七有传，《中州集》卷九有小传。子思温，字和之。孙经，字伯常，元初名臣。次孙恒，三孙彝。

元遗山为作《郝先生墓铭》详其生平为人及授学经历，且云："先人乃就陵川令之选，时乡先生郝君方聚子弟秀民教授县庠……某既从之学，先生尝教之曰：'学者贵其有受学之器。器者何？慈与孝也。今汝有志矣，器如之何？'又曰：'今人学词赋，以速售为功，六经百氏分裂补缀外，或篇题句读之不知。幸而得之，且不免为庸人，况一败涂地者乎？'又曰：'读书不为文艺，选官不为利养，唯知义者能之。今世宦多用贪墨败官，皆苦于饥冻不能自坚耳。丈夫子处世，不能饥寒，虽一小事亦不可立，况名节乎？汝试以吾言求之。'先生工于诗，尝命某属和，或言令之子欲就举，诗非所急，得无徒费日力乎？先生曰：'君自不知。所以教之作诗，正欲渠不为举子耳。'盖先生事后学者类如此，不特于某然也（按，《中州集》小传、《金史》本传均据此）。先人既罢官，某留事先生又二年，然后归。先生殁于成皋），其子思温归葬乡里，以书抵某，言'吾子往年赴吊成皋，曾以墓铭为请……'辛丑（1241）之秋，又属其外兄牛元伟来致词……某再拜曰：'仆有罪。'乃叙而铭之……"（《文》

卷二十三）又《赠答郝经伯常。伯常之大父（即天挺），余少日从之学科举》诗（七律）一首，句云："故家珠玉自成渊，重觉英灵赋予偏。"（《诗》卷九）

郝天挺《送门生（即元遗山）赴省闱》诗（七律）一首云："青出于蓝青愈青，小年场屋便驰声。未饶徐淑早求举，却笑陆机迟得名。嗟我再衰空眊矂，喜君初筮已峥嵘。此行占取鳌头稳，平地烟霄属后生。"（《中州集》卷九）

郝经《遗山先生墓铭》："（遗山先生）年十有四，其叔父为陵川令，遂从先大父学，先大父即与倡和。或者讥其不事举业，先大父言：'吾政不欲渠为举子尔，区区一第，不足道也。'遂令肆意经传，贯串百家，六年而业成。""先生与家君（即思温）同受业于先大父。"（《陵川先生文集》卷三十五）按，大德碑本与此同。《金史》卷一二六《元好问传》："年十有四，从陵川郝晋卿学，不事举业，淹贯经传百家，六年而业成。"

又郝经《先大夫墓铭》："河东元好问从之（即郝晋卿）最久而得其传，卒为文章伯，震辉一世……兴定元年（1217）终，春秋五十有七。"（《陵川先生文集》卷三十六）

郝天挺（继先）

郝天挺（1247—1313），字继先，出于蒙古朵鲁别族。少受业于元遗山，以勋臣子，忽必烈召见之。裕宗遇之甚厚，参与武宗继位大事有功，助成皇庆之治。仁宗时曾首陈纪纲之要，又上疏陈七事：惜名爵、抑浮费、止括田、久任使、论好事、奖农务本、励学养士，诏行之。丞相卜怜吉歹待以师礼。皇庆二年（1313）卒，年六十七，谥文定。曾注《唐诗鼓吹》。《元史》卷一七四、《新元史》卷一四八有传。父郝和尚拔都，蒙古太宗、宪宗时多武功，为河东行省五路军民万户。子佑，字君辅。

《元史》卷一七四本传云："天挺英爽刚直，有志略，受业于遗山元好问。"《新元史》本传同。

赵孟頫《唐诗鼓吹序》："中书左丞郝公，当遗山先生无恙时，尝从学诗。公因人传句释，使诵者见其指归。夫唐人之诗美矣，非遗山不能尽去取之工；遗山之意深矣，非公不能发比兴之蕴。此致公惠后学之心，亦遗山裒序是编之初意云。至大元年（1308）九日。"

卢挚《唐诗鼓吹序》："《唐诗鼓吹》集者，遗山先生元裕之之所作。新斋郝公幼受学遗山，尝以是集教之诗律，公慨然师承之有自，故为之注。大德七年癸卯（1303）六月。"按，金元之际有两郝天挺，清王士禛《池北偶谈》已辨之。

郝　经

郝经（1223—1275），字伯常，郝天挺（晋卿）孙。家世业儒，金末随父思温避兵河南之鲁山。金亡，徙顺天，居五年，为守帅张柔、贾辅所知，延为上客，受元遗山劝勉。忽必烈开邸金莲川（今属内蒙古正蓝旗），召经，咨以治国之道，条上数十事，大悦，遂留王府。经又随忽必烈统东师至濮，进言以德取宋。受命与杨惟中至江淮，惟中中途欲还，经则扬旌南下，惟中惧谢，复与俱行。经闻蒙古宪宗在蜀，师久无功，进《东师议》，请会兵渡江，围鄂。宪宗死，经复进议，乃班师。忽必烈即位，以经为翰林侍读学士，使宋，且定和议。经奏便宜十六事，皆立政大要，遂行。王文统忌经，阴使李璮攻宋，欲假手害经。入宋被羁留十六年，伯颜伐宋问罪，经乃得还。归之次年病卒，年五十三。谥文忠。著述甚丰，今存有《陵川先生文集》。《元史》卷一五七、《新元史》卷一六八有传。弟彝、庸，子采麟。

元遗山有《赠答郝经伯常，常之大父，余少日从之学科举》诗（七律）一首，句云："文阵自怜吾已老，名场谁与子争先"，"蔡邕书籍待渠传"（《诗》卷九）。又《续夷坚志》卷三"抱阳二龙"条云："辛亥（1251）冬，予与毛正卿、德义昆仲、郝伯常、刘敬之诸人一游。"郝经《遗山先生墓铭》："岁丁巳（1257）

秋九月四日，遗山先生卒于获鹿寓舍十日。讣至，经走常山三百里，已马舁归葬，爇文酹酒，哭于画像之前而已。先生与家君同受业于先大父，经复逮事先生有年，义当叙而铭之。”并述遗山生平文事功业（《陵川先生文集》卷三十五。大德碑文与此略同）。又《祭遗山先生文》极称元遗山之文“收有金百年之元气，著一代衣冠之典刑”，“先生虽死，文或不死，是谓亡而不死。先生虽可哀，吾徒无所仰，尤为可哀也”（同上，卷二十一）。又《元遗山真赞》称元遗山“复几千年，更有兹人也耶”（同上，卷二十二）。又《原古上元学士》诗（五古）一首，句云：“伟哉遗山老，青云动高兴”，“作噩建子月，投我以照乘……今乃得溟渤，问津有龟镜。挈我登龙门，绠我出虎阱。摇摇风中旌，兹始见依凭。缅思先世泽，于今果无竟。”（同上，卷二）又《寿元内翰》诗（七古）一首，句云：“秋风飒飒吹庭梧，长庚吐焰横太虚。遗山先生曳长裾，醉鞭黄鹄来天隅……”（同上，卷八）按，由此诗可知元遗山生于秋季。又《辨磨甘露碑》诗（七古）一首，为元遗山因崔立碑事受谤而辨之，句云：“作诗为告曹听翁（即曹通甫），且莫独罪元遗山。”（同上，卷八）又《获鹿新居哭元遗山》诗（五古）一首（同上，卷三）。

《元史》卷一百五十七郝经传载：“郝经……祖天挺，元裕（之）尝从之学……金亡，徙顺天……往来燕赵间，元裕（之）每语之曰：‘子貌类汝祖，才器非常，勉之。’”

郝居中

郝居中，生卒年不详。字仲纯，太原人。金枢密院令史出身，尝刺坊州。正大末（1231），除凤翔治中、南山安抚使，诗亦有工。《中州集》卷二郝俣小传附其小传。父郝俣，正隆二年（1157）进士，号虚舟居士。

元遗山有《题李庭训所藏雅集图二首》诗（七绝），句云：“谁画风流王李郝，大河南望泪如川。”注云：“王谓仲泽，李谓长源，郝谓仲纯。”

郝和尚拔都

郝和尚拔都（?—1252），太原人，以小字行。幼为蒙古兵所掠，在郡王迄忒麾下，长通译语，善骑射。成吉思汗遣使宋，往返数四，以辩称。戊子（1228）岁为九原府主帅，率兵南伐，有功。乙未（1235）从皇子南伐，至襄阳，大破宋军。又从征蜀，下诸城，取夔府（今重庆奉节县）。以善战名，身被创痕二十一处。庚子（1240）拜宣德（今河北宣化市）、西京（今山西大同）、太原、平阳、延安五路万户。甲辰（1244）受定宗赏赐，分于部属。戊申（1248）还治太原，请除重税，出己资助国用。己酉（1249）升万户府为河东北路行省，得以便宜行事，凡四年。壬子（1252）卒，谥忠定。子十二人，天益、仲威、扎剌不花、天举、天祐、天泽、天麟、天挺等。

《元史》卷一五〇、《新元史》卷一四八有传。

元遗山有《赠郝万户》诗（七古）一首极称其功业，句云："诗书义府无古今"，"密侯勋业君自识，计算不数韩淮阴。莫看仁柔行儒雅，朱轮画毂见天心"（《诗》卷四）。又《安肃郝氏先茔碑》述郝氏世系功业颇详（《文》卷三十）。又《资善大夫武宁军节度使夹谷公神道碑铭》云："（夹谷公之将葬）五路万户郝丑和尚（即郝和尚）以行状来请曰：'吾子往在省寺，宜知武宁（即夹谷土剌）之详，先锋（土剌之子）与我结为弟昆之义，公之葬，犹葬吾父也，幸辱以神道碑。'予素善郝侯，义不可辞。"（《文》卷二十）

胡寿之

胡寿之，其人不详。

元遗山有《胡寿之待月轩三首》诗（七绝），句云："千门万户清光里，袖手东窗有几人？"（《诗》卷十四）

胡景嵩

胡景嵩（1155—1213），字彦高，武安（今河北武安县）人。少立志就学，年三十，擢大定二十五年（1185）词赋甲科。初仕海州军事判官，升即墨令。清介自律，深治侵民者，不信妖邪，逐群狐，李纯甫为文颂之。迁河南府推官，为民申冤。召赴太原推官、大兴推官，改上京等路提刑司判官、西京路转运副使，又为国子监丞兼户部员外郎，转同知辽东路转运使事，除牛头税不符实者。入为刑部员外郎，断狱公允，道陵帝称之。泰和六年（1206），为上京、东京等路按察司佥事。上言三事，如择良相、正六宫等，不报。改同知镇西军节度使事。大安初（1209），擢坊州刺史，改解州刺史，逾年迁同知东平府路兵马都总管事。崇庆二年（1213）卒，年五十九。父仲溶。子德珪等三人。曹珏同乡。

元遗山为作《朝散大夫同知东平府事胡公神道碑》述其生平政绩，且云："岁丙午（1246），某过彰德，德珪方为府从事，谓某言……（以铭为请），某不敏，尝问公于曹征君子玉。子玉，公乡里，知公为详，以为公无他过人，但能充孝弟之性而已……"（《文》卷十七）

胡　叟

胡叟，其人不详。

元遗山有《胡叟楚山清晓》诗（七绝）一首（《诗》卷十四）。

敬　铉

敬铉，字鼎臣，易水（今河北易县）人。金兴定五年（1221）进士，主郏城（今河南郏县）簿，改白水（今陕西白水县）令。北渡后隐居。仕蒙古为中都提举学校官。号大宁先生，有《春秋备忘》行世。《元史》卷一七五、《新元史》卷二〇一有传，吴澄《草庐集》卷十一《春秋备忘序》、《元史》卷四《世祖纪》载其生平事。侄孙敬俨，元翰林学士承旨。

元遗山有《与同年敬鼎臣宿顺天天宁僧舍》诗（七律）一首，句云："萧萧风雨打僧窗，耿耿青灯对客床。每恨相望隔关塞，岂知连日醉壶觞……三十余年老兄弟，此回情话独难忘。"（《诗》卷九）又《赠答同年敬鼎臣》诗（七律）

一首，句云：“束发从君妄尉侯”，“百壶清酒未消忧”（《诗》卷九）。又《癸巳岁寄中书耶律公书》荐五十四人有“易州敬铉”（《文》卷三十九）。

《元史》卷一七五《敬俨传》云：“（俨）叔祖铉，与太原元好问同登金进士第。”

楸 举

楸举，生卒年不详，楸或误作阚。字彦举，陕人，或作关东（今陕西东部）人。性嗜酒，工于诗曲，客京师十余年，流落以死。有《函谷道人集》。陈衍《元诗纪事》卷四小传引《秋涧集》云，彦举“少为里啬夫，初不解文字，一日忽能作诗，吐奇怪语，尝赠诗”云云。孙楷第《元曲家考略》甲稿及补，详考其人。郝经《陵川集》卷二十四有《与楸彦举论诗书》一文，可参。

元遗山有《为楸子醵金二首》诗（七绝），句云：“知是还山亭上客，无衣无褐欲何如。”（《诗》卷十四）

赵 元

赵元，生卒年不详，字宜之，号愚轩，定襄人。经童出身，举进士不第，以年调巩西主簿，未几失明。工诗，泰和以后有诗名，李纯甫作诗称之。南渡后往来洛西，为赵秉文、雷渊、崔遵所重。《中州集》卷五有小传，卷四有李纯甫《赵宜之愚轩》诗，卷十有辛愿《赠赵宜之》诗，《归潜志》卷二载其事。父淑，字清臣。子颐，为隐士。

元遗山有《继愚轩和党承旨雪诗四首》（五古），句云：“愚轩具诗眼，论文贵天然。”（《诗》卷二）又《愚轩为赵宜之赋》（七古）一首，句云：“令人却澹愚轩愚，一蹴藩篱开廓空。愚轩虚室久生白，掌上精真元自洞”，“先生真是有道者，老境一愚聊自送。”（《诗》卷五）又《寄赵宜之》（古体）一首，诗题自注：“赵时在卢氏。”（《诗》卷五）又《寄答赵宜之兼简溪南诗老》诗（七律）一首，句云：“故人憔悴蓬茅晚，料得老怀如我今。”（《诗》

卷八）《中州集》卷五赵元小传云：“宜之之父名淑，字清臣，由门资叙，与先陇城为莫逆交。故好问交游间，得宜之之诗为多。”又《书怀继元弟裕之韵》诗（五古）四首，句云：“惟当种溪田，与子长相期”，“不见元鲁山，梦寐役所思。遗山乃其后，僻处政坐时。时复一相过，照眼珊瑚枝。奇书多携来，为子卧听之”。又《次韵裕之见寄二首》（七律），句云：“莘川拟作桃身。”（《诗》卷八）按，施注云此次韵诗为二首，然遗山诗仅存《寄答赵宜之兼简溪南诗老》一首，另一首已佚。又《题裕之家山图》诗（七古）一首，句云：“元家故山吾与邻，梦见不如画图真。”又《次韵答裕之》诗（七律）一首，句云：“行藏一话倾心肺”，“朱研不妨闲度日，青山终得共餐霞。扶持老病须君辈，满地豺狼万里家”。又《寄裕之二首》诗（七律），句云：“闲陪老秀（当指田德秀）春行脚，闷欠耀元夜对床”，“梦里纸衾三丈日，话延雪屋一龛灯”。

赵天锡

赵天锡（1189—1238），字受之，冠氏人。其祖饶财，贞祐之乱，父林保冠氏有功，升冠氏令。蒙古兵南下，防御使苏政以天锡为冠氏令。天锡率县人壁桃源、天平诸山。辛巳（1221），归行台东平严实，从征上党，迁元帅左都监兼冠氏令。冠氏帅李全降宋将彭义斌，天锡避之，复破义斌于真定，授左副元帅，同知大名路兵马都总管事，又多败李全军。戊戌（1238）征宋，驻兵蕲、黄间，被病还。卒于冠氏，年五十。天锡日以文史自随，喜接名儒。卒后，子贲亨嗣（天锡凡六子），贲亨字文甫。《元史》卷一五一、《新元史》卷一四五有天锡传。

元遗山有《寿赵受之》诗（七律）一首，句云：“山东诸将拥云台，共许元戎有雅怀。”（《诗》卷十）又为作《千户赵侯神道碑铭》述其生平武功，并云：“（天锡）孤子复亨……以予尝得幸于其先人，辱以神道碑为请。予往客平阳（按，当为阳平）者六年，戊戌（1238）七月以叔父之命，将就养于太原，侯留连郑重，数月不能别。军行河平（今河南辉县市），予与之偕。分道新乡，置酒行营，夜半把烛，相视不觉流涕之覆面也。明日使人留语云：'欲与吾子别而情所不忍，唯有毋相忘而已。'于是疾驰而去不反顾焉。呜呼，此意其可忘哉！乃为之碑而系之以铭。'"（《文》卷二十九）又《冠氏赵侯先茔碑》云："冠氏帅赵侯录其世次见属曰：'贞祐之季，中原受兵，先人忠显君起田间……天锡既隶今行台，及再受公任……惧前人之隐德无所发见，将遂湮灭，宜有文辞，以昭示来裔，敢再拜以请……'"（《文》卷三十）又《东游略记》："丙申（1236）三月二十有一日，冠氏赵侯将会行台公于泰安，侯以予宿尚游观，拉之偕行凡三十日，往复千里，而在鞍马者八日。此行游太山五日，灵岩、龙泉皆一宿而去，得诗凡十首云。"（《文》卷三十四）又元遗山《灵岩题名》云："冠氏帅赵侯、齐河帅刘侯率将佐来游，好问与焉。丙申（1236）三月廿五日题。"（见《文》补载）又《紫微观记》云："东平左副元帅赵侯之太夫人既老矣，即弃家为全真师……赵侯为之起殿阁、立堂宇……请予记其事。予为之说云……侯名天锡，字受之，崇儒重道，出于天性。虽在军旅，而文史未尝去手。尝与奉天杨焕然读徂徕石君《唐鉴》，主论释老家，慨然以为知言，决非漫为风俗所移者，是观之作特以养志云。年月日，河东元某记。"（《文》卷三十五）

赵元德

赵元德，其人不详。曾受张德辉荐任职，见《元史》卷一六三《张德辉传》。

元遗山有《赵元德御史之兄七秩之寿》诗（七律）一首，句云："典刑依旧老成人。"（《诗》卷十）按，赵元德之兄，亦不详其人。

赵端卿

赵端卿（1179—1232），字正之，通许（今河南通许县）人。兴定五年（1221）进士，任征事郎守解州安邑（今山西运城市西北）丞，即闭户读书，无复仕进意，以孝弟忠信授子弟，拒为官。正大初（1224），杨云翼、赵秉文奏为国史编修官，力辞而去。天兴壬辰（1232）之变，以病卒，年五十四。与王硐（字逸宾）、王世赏（字彦功）、游总（字宗之）、高仲震（字正之）四人，时人目为高士。子晋、益。

元遗山为作《奉直赵君墓碣铭》云："予尝爱予同年进士通许赵君……君天资既高，且恬于进取，其学也优柔餍饫，久与俱化，眉宇津津然，望之知其为善人……晋来速铭，用所以知君者著于篇，而不敢一言私焉。"（《文》卷二十二）

赵秉文

赵秉文（1159—1232），字周臣，磁州滏阳人。大定二十五年（1185）进士，调安塞簿，以课最迁邯郸令，再迁唐山。丁父忧，以荐起为南京路转运司都勾判官。明昌六年（1195），入为应奉翰林文字，同知制诰。上书论宰相胥鼎当罢，坐此狱久废。后起为岢岚军州事，转北京路转运司支度判官。泰和二年（1202）召为户部主事，迁翰林修撰。十月出为宁边州刺史，三年改平定州刺史。为政宽简，出禄粟倡豪民赈饥，全活者甚众。大安初（1209），蒙古军南下，召议御边策，上言未用。迁官为翰林直学士。贞祐初（1213），建言迁都、导河、封建三事，朝廷略施行之。次年，请守一州恤民，不许。贞祐四年（1216）拜翰林侍讲学士，有所建言。兴定元年（1217）转侍读学士，拜礼部尚书兼侍读学士，同修国史，知集贤院事。次年知贡举，坐事削两阶，因请致仕。贞祐初（1213），以李献能赋词藻颇丽，擢为第一，李因是入翰林而秉文竟以是得罪。兴定五年（1221），复为礼部尚书，每见帝辄为言当俭勤、慎兵刑。哀宗即位，改翰林学士，同修国史，兼益政院说书官。进《无逸直解》《贞观政要》《申鉴》。天兴元年（1232），蒙古军围汴京，为哀宗作赦文。时年已老，日以时事为忧，草《开兴改元诏》，闾巷传诵。是年五月壬辰卒，年七十四。秉文仕五朝，官六卿，平易近人，多荐材士，与杨云翼代掌文柄，时号"杨赵"。工诗善书，文墨政事多有可称。晚年喜禅，人或惜之。号闲闲居士，有《闲闲老人滏水文集》。《金史》卷一百一十有传，《中州集》卷三有小传，《归潜志》卷一、七、八、九、十载其事颇详。子赵似。

元遗山有《九日读书山用陶诗……为韵赋十诗》诗（五古），句云："往年在南都，闲闲主文衡。九日登吹台，追随尽名卿。酒酣公赋诗，洒落笔不停。"（《诗》卷二）又《野菊，座主闲闲公命作》诗（七律）一首（《诗》卷八），《野菊，再奉座主闲闲公命作》（七律）一首（《诗》卷九）。又《五月十二日座主闲闲公讳日作》诗（七律）一首，云："厝火谁能救已然，直教忧疾送华颠。赠官不暇如平日，草诏空传似奉天。故垒至今埋恨骨，遗宗何力起新阡。门生白首浑无补，陆氏庄荒又一年。"（《诗》卷九）又《存殁》诗(七律)一首，句云："行间杨赵提衡早，老去辛刘入梦频……两都秋色皆乔木，一代名家不数人。"（《诗》卷十）又《题刘威卿小字难素册后二首》诗（七绝），句云："东国人伦赵与杨"，"曾是两翁门下客"（《诗》卷十四）。又《闲闲公墓铭》详述其生平政绩文事，并云："若夫不溺于时俗，不汩于利禄，慨然以道德仁义性命祸福之学自任，沉潜乎六经，从容乎百家，幼而壮，壮而老，怡然涣然之死而后已，惟我闲闲公一人……公之葬也，孤子似以好问公门下士，来速铭，因考公平生而窃有叹焉……"（《文》卷十七）又《赵闲闲真赞二首》序云："兴定初（1217），某始以诗文见故礼部闲闲公，公若以为可教，为延誉诸公间。又五年，乃得以科第出公之门。公又谓当有所成就也，力为挽之，奖借过称。旁有不平者，宰相师仲安班列中倡言，谓公与杨礼部之美、雷御史希颜、李内翰钦叔为元氏党人，公不之恤也。正大甲申（1224），诸公贡某词科，公为监试官，以例不赴院宿。一日坐礼曹，钦叔从外至，诵某《秦王破窦建德、降王世充露布》，公颇为耸动，顾座客陈司谏正叔言：'人言我党元子，诚党之耶！'公之笃于自信盖如此。壬辰（1232）冬，某以东曹掾知杂权都司，取行止卷观之，见公独衔及杨雷猥相荐引者十七章，窃自念……惟是愚陋，不足以当大贤特达之遇，兀兀近五十而迄无所成，是为愧负耳。北渡后，求汴人赵济甫为公写真，因题赞其上。呜呼，公道德文章，师表一世，如我乃得而事之。公初不以利禄期我，然则今所以事公者，虽出于门弟子之私，亦岂独以门弟子之私也哉！”“公无恙时，辱公陶甄，携之提之……念公生平，使我涕涟。颜如渥丹，双瞳炯焉。彼粹而温，既与不可传者死矣，观乎此，则犹可以仿佛其足音之跫然”（《文》卷三十八）。又《答聪上人书》云：“仆自贞祐南渡河，时犬马之齿二十有五，遂登杨赵之门。”（《文》卷三十九）又《跋闲闲自书乐善堂诗》云：“……癸丑（1253）六月吉日，门生河东元某谨书。”（《文》卷四十）。又《跋松庵冯丈书》：“闲闲公有言：以人品取字画，其失自欧公始。”（《文》卷四十）又《题闲闲公书〈赤壁赋〉后》云：“东坡赤壁词……闲闲公乃以仙语追和之……辛亥（1251）夏五月，以事来太原，借宿大悲僧舍，田侯秀实出此轴见示……门生元某谨书。”（《文》卷四十）又《太原昭禅师语录引》云：“正大初（1224），予在史馆，昭公属予求书屏山所作铭于礼部闲闲公。公初以目疾为辞，予请之坚，公因问……公欣然曰：‘铭安在？我当为书之。’”（《文》卷三十七）。又《暠和尚颂序》云：“余往来南都，侍闲闲赵公、礼部杨公、屏山李先生燕谈。”（《文》卷三十七）又《题学易先生刘斯立诗帖后》云：“学易先生诗绝似东坡和陶，不应入江西派，闲闲之论定矣。”（《文》卷四十）又《遗山新乐府》卷一《满庭芳》（其二），小序云：“同座主闲闲公赋。”又卷二《促拍丑奴儿》（其一），小序云：“学闲闲公体。”

赵秉文有《游华山寄元裕之》诗（七古）一首，句云：“君且为我挽回六龙辔，我亦为君倒却黄河流。终期汗漫游八极，乘风更觅元丹丘。”又《寄裕之》诗（七律）二首，句云：“紫芝眉宇何时见，谁与嵩山共往还。”又《系舟山图》诗（七绝）一首云：“山头佛屋五三间，山势相连石岭关。名字不经从我改，便称元

子读书山。”（均见《中州集》卷三或《闲闲老人滏水文集》）

《归潜志》卷八云：“赵闲闲……诗颇许麻知几、元裕之。”卷八又云：“正大初（1224），赵闲闲长翰苑，同陈正叔、潘仲明、雷希颜、元裕之诸人作诗会，尝赋《野菊》……闲闲同馆阁诸公，九日登极目亭，俱有诗”

郝经《陵川集》卷三十五《遗山先生墓铭》云：“（元遗山）为《箕山》《琴台》等诗，赵礼部见之，以为少陵以来无此作也。以书招之，于是名震京师，目为元才子。”大德碑《遗山先生墓铭》、《金史》卷一二六《元好问传》并从此。

赵伯成

赵伯成，生卒年不详。字子文，宛平（今北京市西南）人。明昌五年（1194）进士，博通书传，人以赵骨鲠目之。累迁侍御史，拜中丞，哀宗时为吏部尚书。《中州集》卷八有小传。

《中州集》卷八有赵伯成《元弟以所业见投，赋诗为赠》（五律）一首云：“耆旧隔存殁，为君重叹嗟。入门得嵇绍，文赋见张华。凤有凌云笔，方乘犯斗槎。忘年即吾友，未可论通家。”

赵德用　石　青

赵德用，严实部属，任彰德总管兼州事，余不详。石青，严实部属，任防御使，茌平（今山东茌平县）人，余不详。

元遗山《博州重修学记》：“今行台特进公以五十城长东诸侯，凡四境之内仙佛之所庐及祠庙之无文者，率完复之，故学舍亦与焉。防御使茌平石侯青、彰德总管兼州事赵侯德用，乃以行台之命，葺旧墓之余而新之……赵侯请予记之，予窃有所感焉。博自唐以来为雄镇……”（《文》卷三十二）

赵叔宝

赵叔宝，其人不详。

元遗山有《宿海会寺同孙讲师、明上人、赵叔宝、刘巨济夜酌二首》诗（七绝）（《诗》卷七）。按，此诗又见李俊民《庄靖集》，叔宝系俊民友人。疑此诗系李诗窜入遗山集中者，叔宝或非遗山所交者。

赵 复

赵复（1200—1277），字仁甫，云梦（今湖北云梦县）人，或作德安（今江西德安县）人。蒙古太宗伐宋，屠德安俘民，杨惟中、姚枢求儒、道、释、医、卜士，脱之。复欲投水死，姚枢救而慰之。赵复遂以程、朱诸经传注付枢，程朱之学遂北传。复至燕，学者从者百余人。忽必烈即位前尝召见之，问伐宋策，对曰："宋，吾父母国也，未有引他人以伐吾父母者。"杨惟中、姚枢为建太极书院，请复讲授，颇多著述。姚枢退隐苏门（今河南卫辉市有苏门山），乃即复传其学，许衡、郝经、刘因皆得其书而尊信之。复虽居燕，不忘故土，因家江汉之上，以江汉自号，学者称之曰江汉先生。至元十四年（1277）卒，年七十八。《元史》卷一八九、《新元史》卷二三四有传。苏天爵《元文类》有姚燧序文述其生平，吴莱《渊颖集》卷三有诗《观姚文公集记赵江汉旧事》（五古）一首，《静庵笔谈》有文载其事。

元遗山《学东坡移居二首》（五古），句云："赵子笃于学，间以问所疑。"（《诗》卷二）施注以赵子即指赵复。又《赠答赵仁甫》诗（古体）一首，题注云："仁甫名复，云梦人，江表奇士也。"句云："我友高御史，爱君旷以真。昨朝识君面，所见胜所闻……轩昂见野鹤，过眼无鸡群……君居南海我北海，握手一杯情更亲。老来诗笔不复神，因君两诗发兴新。都门回头一大笑，袖中知有江南春。"（《诗》卷五）又《赠答赵仁甫》诗（七律）一首，句云："但见室中无长物，不闻门外有轩车。六朝人物风流在，两月燕城笑语疏。"（《诗》卷十）

《元史》本传云："元好问文名擅一时，其南归也，复赠之言，以博溺心、末丧本为戒，以自修读《易》，求文王、孔子之用心为勉。"又施注引《静庵笔谈》云："赵仁甫，本宋人，被俘居燕。其经学文章，虽李敬斋（冶）、元遗山亦推让焉。"

赵 述

赵述，字勉叔，高平人。承安二年（1197）进士，任金工部侍郎之职，余不详。父可，字献之，《中州集》《金史》有传，《归潜志》卷十载其事。

元遗山有《工部赵侍郎下世日作》（七绝）一首云："鹤骨翛然卧石床，情知合眼即仙乡。安时处顺吾儒事，枉却南华说坐忘。"（《诗》卷十四）又《最乐堂铭》云："工部高平赵公，德宇冲粹，与物无竞，扬历中外逾三十年……新居有堂，取古人为善自得之义，名之曰'最乐'，公平生考之，可谓无愧其名矣。新兴元某为作铭。"（《文》卷三十八）《中州集》言赵述落魄嗜酒，卒以乐死。按，光绪《山西通志》卷九十五著录《最乐堂铭》，附考以高平赵公即赵佐俯，字才美者，见《金史·仆散端传》。似误。

赵 滋

赵滋（1177—1237），字济甫，号蘧然子，汴人。晓音律，善谈笑。及长，折节读书，学诗画书文，无不通。其书得赵秉文不传之妙，从胙国公完颜璹游，性极强记。丁酉（1237）卒，年五十九。《中州集》卷十有小传。其次女为商挺之妻。

元遗山有《蘧然子墓碣铭》述其生平，且云："予官京师，始用二公（指赵秉文、完颜璹）意交之，而未款也。乱后，予客冠氏，蘧然子亦来东州，每见之，必连日竟夕而不忍去也……予居东州久，将还太原，行有日，蘧然子闻之，诵予诗文，恨相见之晚而从之不得久也，为之泣数行下。丁酉（1237）冬，复来东州，而蘧然子下世已数月矣。其婿商挺孟卿为予言，予已北归，蘧然子为之饮食不美者数日……他日，孟卿示予蘧然子故书，凡予所谈，往往记之纸墨间，予诗文则间亦记之也……其所以爱我者乃如此。予愚谬，不足比数，何以得蘧然子为此哉！"（《文》卷二十四）

赵雄飞

赵雄飞（1158—1204），字真卿，高唐（今山东高唐县）人。承安二年（1197）进士，任长垣县（今河南长垣县）主簿，再任南乐县（今河南南乐县）簿，代理县令，终于懿州顺安令。所在拯水灾，惩夺民，安流散，击奸恶，杜私请，多惠政。泰和四年（1204）卒，年四十七。子安上、安常、安世、安国。

元遗山为作《顺安县令赵公墓碑》述其生平政绩，且云："高聘君（指高鸣）哀安世不夭，既铭志石矣，闻之诸公，谓'吾子纪述国来名卿贤大夫言行，以传不朽……'某再拜曰：'因所愿也。'乃为之铭。"（《文》卷二十）

赵吉甫

赵吉甫，号汲古先生，燕京人。余不详。家有种德园，亦名西园。

元遗山有《赵吉甫西园》诗（五古）一首，题自注云："园名种德。"句云："赵侯嗜读书，兀坐守遗编……汲古先有斋，种德今有园……"（《诗》卷二）又《赵汲古南园》诗（七律）一首，句云："尊酒相陪有今日，却惭诗垒不能军。"（《诗》卷十）按，王恽《秋涧集》卷二十五有《庆赵汲古八秩之寿效乐天体》诗三首，郝经《陵川先生文集》卷二十五有《种德园记》，房祺《河汾诸老诗集》卷八录曹益甫《赵吉甫种德园》诗，均可参。

赵　素

赵素，生卒年不详，字才卿，号虚白先生，河中人。全真道处士。

元遗山《皇极道院铭》云："虚白处士赵君，已入全真道，而能以服膺儒教为业，发源《语》《孟》，渐于伊洛之学。方且探三圣书而问津焉……以母老得请，归在镇阳。行台奉被恩旨，发泉公帑，筑馆迎祥观之故基，是为皇极道院……处士名素，字才卿，河中人，虚白其号云……"（《文》卷三十八）

赵孝先

赵孝先，其人不详。

元遗山有《李成之、王彦华、赵孝先以提学命见饷佳酒，且求制名，辄以诗记之》（七古）一首（《诗》卷四）。

赵　著

赵著，生卒年不详，约1232年前后在世。字光祖，燕京人。人称虎岩先生，有侠义名。太宗八年（1236），耶律楚材请立编修所于燕京，经籍所于平阳，召儒士梁陟充长官，以王万庆、赵著副之。此前已召著与梁陟、王万庆直释九经，进讲东宫，以兴文治。尝为耶律铸《双溪醉隐集》作序。其事见《元史·耶律楚材传》、虞集《道园学古录》卷五《田氏光友翰墨序》、刘祁《归潜志》卷三。

元遗山《癸巳岁上中书耶律公书》荐五十四人有“渔阳赵著”（《文》卷三十九）。

刘祁《归潜志》卷三“王郁”条云：“奇士也。”称“其游从最久者”，有元好问、曹居一、赵著等。

赵振玉

赵振玉，生卒年不详，字国宝，龙山（今河北廊坊县西）人。金至宁元年（1213），蒙古史天泽军破北京，降龙山，赵归附之，被任以龙安府库使，改永安（今河南芝田县）令，迁军中提控。金正大二年（1225），史天泽遭变，与从兄真玉走满城，推天泽季弟帅军复真定，振玉为之招降数州，任庆源军节度使，兼赵州管内观察使。正大六年（1229），蒙古太祖末年改河北西路按察使兼帅府参谋，次二年复授庆源。蒙古太宗九年（1237）授真定路工匠都总管，太宗乃马真后二年（1243）尚任此职。为庆源节度使时招散亡，劝农事，通贸易，安境内，有政绩。其人好儒学，接文士，出家财与张德辉合力修真定庙学、赵州庙学，有良吏风。父琳。其事又详李冶《赵振玉神道碑》（《畿辅通志》卷一七一）。

元遗山有《挽赵参谋二首》诗（五律），句云：“偃息参戎幕，敦庞一褐宽。

儒宫亲俎豆，宾榻老衣冠”，“篇什中州选，兵间仅补完。风人定谁采，墨本赖君刊（按，指为元遗山刊行《中州集》事）……高门有孙息，玉立看儒冠”（《诗》卷七）。又《龙山赵氏新茔之碑》述其家世及生平功绩，且云：“癸卯（1243）冬十月，侯介于同官李稚川、周才卿为予言：‘吾赵氏世居保塞……诚得吾子辱以文赐之，为幸多矣，敢再拜以请。’自予北渡河，时过庆源，闻庙学之盛，他州郡莫与为此……盖一本于侯之经度……范、萧两炼师及参佐诸人亦皆称侯满城之举……至于不腆之文，所以记新茔者，乃其滥觞耳。赵侯其勉。”（《文》卷三十）又《赵州学记》云：“（赵州庙学）岁癸卯（1243）真定路工匠总管赵侯慨然以修复为事……曾不期年，截然一新……予过庆源，尝往观焉，问所以经度者，郡人高德茂等合辞道其然，且请予记之……侯名振玉，龙山人，先节度庆源，有良民吏之风，其与文士游，盖其素尚云。”（《文》卷三十三）又《令旨重修真定庙学记》云：“王（忽必烈）以丁未（1247）之五月，召真定总府参佐张德辉北上……令旨以振玉、德辉合力办集（真定庙学）……既丁酉（1237）释菜之礼成，教官李谦暨诸生合辞属好问记之……故乐为天下书之。”（《文》卷三十三）

张德辉《中州集》后序云：“己酉（1249）秋，得真定提学龙山赵侯国宝资藉之，始锓木以传。”按，指《中州集》，参上诗“墨本赖君刊”数句。

赵思文

赵思文（1164—1231），字庭玉，一作廷玉，永平（今河北卢龙县）人，一作中山人。明昌五年（1194）进士。贞祐南渡，曲折南奔，为朝廷所知，授太府监丞。兴定二年（1218）同知西安军节度使事兼行六部郎中，四年（1220）除右司谏，上言丰委积、汰冗兵、减军士家口之妄费者，忤枢密副使阿海下狱，诏勿问。五年（1221）出知虢州军州事、虢州刺史，平民御敌。六年为吏部郎中兼翰林修撰，奉诏审冤狱。元光末（1223）升同知南京路都转运使事。正大元年（1224）同知中京留守，四年（1227）同知开封府事，理王义之狱。五年（1228）改汝州防御使，惩贪冒者赵玉、狂徒李生。七年（1230）改集庆军节度使，为政宽厚，有众望。八年（1231）拜礼部尚书，卒，年六十八。素有君子长者之目。《中州集》卷八有小传，《归潜志》卷四载其事，略有歧异。弟庭珪。子贽、克刚、克基，女适刘郁。孙继祖、遹祖、显祖、绍祖。

元遗山为作《通奉大夫礼部尚书赵公神道碑》，述其生平业绩甚详，且云："诸孤以王内翰百一所撰志铭见示，且以神道碑铭为请。好问甫从官学，即闻高谊。南宫献赋，误为杨浚所赏；桓府参军，重辱褚裒之问。辄叙东国人伦之旧，以寓西州华屋之感。恨知之者未尽，推之者未至，何愧之有焉。其铭曰……"（《文》卷十八）又《续夷坚志》卷三"三秀轩"条云："李都运有之、高户部唐卿、赵礼部廷玉读书永平西一山寺……故名所居为三秀轩。"

赵景温

赵景温，其人不详。

元遗山有《旧与赵景温》诗（七绝）一首云："浮云流水易西东，回首梁园似梦中。一别十年今又别，酒尊能得几回同。"（《诗》卷十四）

赵克刚

赵克刚，字介叔，赵思文次子。见《中州集》卷八赵思文小传、元遗山文集卷十八《通奉大夫礼部尚书赵公（思文）神道碑》。

元遗山有《追怀赵介叔》诗（七律）一首，句云："今古人门各一时，燕南剩有桂林枝……善政传归遗爱颂，阴功留在称家儿……"（《诗》卷十）

赵尚宾

赵尚宾，其人不详。金末进士出身。王恽《秋涧集》卷三十八《河内修武县重修庙学记》："如近代进士张梦弼……赵尚宾，文采风流，照映一时。"

元遗山有《过浊鹿城与赵尚宾谈山阳旧事》诗（七律）一首，句云："因

君忆得曹瞒事，铜雀台荒又几年。”（《诗》卷九）

史庭玉

史庭玉，字德秀，济源人，后居山阳。《中州集》卷九史士举小传附及之。余不详。李俊民《庄靖集》有《游济源序，同史德秀》，可参。祖父士举，金贞祐避兵投涧死。按，另有田德秀，与此非一人。

元遗山有《寄史德秀兼呈济上诸交游》诗（七律）一首，句云：“乡社追随有成约，更教空负老来闲？”（《诗》卷十）又《同德秀求田燕川，分得同字》诗（七律）一首，句云：“杖履追随自今始，此行聊记与君同。”（《诗》卷十）

史天泽

史天泽（1202—1275），字润甫，永清（今河北永清县）人。父秉直金末率里中老幼降木华黎，荐其子天倪，木华黎任为万户，帅真定，天泽从之。天倪为武仙所害，天泽于满城得士马甚众，义为复仇。蒙古国王孛鲁任为都元帅，大败武仙，复真定。继缚斩宋将彭义斌，又屡败武仙。己丑（1229），蒙古太宗命天泽为真定、河间、大名、东平、济南五路万户，败金将完颜合达及武仙军，复卫州。壬辰（1232），出兵渡河。金哀宗出汴，令完颜白撒袭新卫，天泽大破之。金主自缢死，天泽还真定，除重赋，以家赀充贡赋，境内以宁。金亡，天泽从皇子攻宋，所向辄克。忽必烈请以天泽为河南经略使，兴利除害，境内大治。戊午（1258）秋，从宪宗伐蜀，败宋吕文德水军。忽必烈即位，首召天泽，问以治国之道，具疏以对，帝嘉纳之。中统二年（1261）拜中书右丞相，罢括户。中统三年（1262），平李璮之叛，并自请解史氏子侄兵权。至元元年（1264），任右丞相，三年（1266）为枢密副使，四年（1267）改中书左丞相，八年（1271）平章军国重事。十年（1273），与阿术攻樊城，降襄阳。十一年（1274）因疾还真定，十二年（1275）卒，年七十四，谥忠武。天泽年四十折节读书，尤熟《通鉴》，善知人用士，出入将相五十年。《元史》卷一五五、《新元史》

卷一三八有传。王恽《秋涧集》卷四十八《史公（天泽）家传》详其生平功业。

王恽《史公家传》云："北渡后，名士多流寓失所，知公（指史天泽）好贤乐施，偕来游依。若王滹南、元遗山、李敬斋、白枢判、曹南湖、刘房山、段继昌、徒单讲侍，为料其生理，宾礼甚厚。暇则与之讲究经史，推明治道。"

史 元

史元（1182—1238），字邦直，河内人。兴定五年（1221）进士，初仕武陟簿，以能入为尚书省令史。以纵论三白渠利弊书对宰相问，迁管局黄河漕运。河南破，授彭城令，转充观察判官，多所建白。戊戌（1238）卒，年五十七。遗山同年。

元遗山为作《史邦直墓表》述其生平云："邦直，予同年进士，又交分殊款。其孤请为墓碣铭，乃论次之。"（《文》卷二十二）又《寄史同年二首》诗（七绝），句云："情话通宵慰别离，殷勤酿酒趁花期"，"晚节邻居定有缘……知君东望亦凄然"（《诗》卷十二）。

史子桓

史子桓，太原人，曾任顺庆教官。孝子，其父壬辰（1232）兵乱失所在，徒步千里寻之，元遗山、李冶诸人均赋诗送之。郝经作《送太原史子桓序》亦称之，见《陵川先生文集》卷三十。魏初《青崖集》卷五《申氏父子庆会诗引》述其事，均可参。

元遗山有《赠史子桓寻亲之行》诗（七古）一首，句云："瓜田故侯贫且病，爱莫助之徒自伤。后日书来闻吉语，通家犹得似南阳。"（《诗》卷四）按，详诗意，史当为元遗山南阳令时友人。

史 学

史学，1214年前后在世。字学优，延安（今陕西延安市）人，《归潜志》作河南人。长于史传、地理。工诗，绝句殊妙。年五十擢南省魁，后中廷策，得主武阳簿，有政声。再辟卢氏令，病卒。与李纯甫、刘祁父子、李汾、白华、李献能、王郁善。《归潜志》卷二、九、十载其事迹。

《归潜志》卷九载史学、元遗山与刘从益、郝居中、李汾、王郁、李钦叔，白华等赋昆阳怀古诗唱和事。

娄 生

娄生，其人不详。

元遗山有《娄生北上》诗（五律）一首，句云："明年佩符节，知有奉春孙。"按，此句用《汉书·娄护传》之典，娄护封奉春君。

曹 元

曹元（1180—1219），字长卿，隰州（今山西隰县）人。少力学自奋，通经传、阴阳、医药、法理，好周急继困，为众推重。贞祐之兵，州倅逃生，集众迎之，以安境内。次年大饥，出所余以赈民。兴定己卯（1219）卒，年四十四。夫人霍氏陷于蒙古军，怒骂被杀。曹益甫与之同宗。子椿年、松年、大年。

元遗山为作《信武曹君（元）阡表》，表云："己酉（1249）秋九月，予以事来燕都，行台参佐曹侯椿年持其先人信武君事状，再拜涕泗为予言：'往者过太原，尝以宗人益甫咫尺之书之故，得见颜色。时先人始就安厝，欲求阡表。以昭示永久而未敢也。侧闻从者在燕，将往拜之，而邂逅于此，今愿窃有请焉。'按，事状益甫所撰。益甫，予同舍郎，其言可信不妄，且曹侯之意甚贤，故为论次之。"（《文》卷二十九）

曹 珏

曹珏（1173—1246），字子玉，磁州滏阳人。少读书有声望，居方城教授二十年为业。与人交重廉信，杨叔玉、康伯禄荐之，因兵乱不果。里中郭提控受诬，为之申理。又全活避兵之民兹众，人多敬重之。自号嚣嚣老人，有《卷澜集》。岁丙午（1246）卒，年七十四。子国器，字大用，没于京师之兵。次子汝弼。孙孝。

元遗山有《怀安道中寄怀曹征君子玉》诗（七律）一首，句云："赭水欢游事已非，襄山回首重依依"，"袖里短书怀老笔，梦中皤腹见褒衣。祝君饱吃残年饭，会有怜墙白版扉"（《诗》卷九）。又《宏州赠曹丈子玉》诗（七律）一首，诗云："丘园旧忆询幽仄，裘褐今闻识姓名。故国衣冠有遗老，岁寒松柏见交情。寄书千里空头百，握手一杯俱眼明。来往襄阴从此始，剩将歌笑慰生平。"（《诗》卷九）又《追怀曹征君》诗（七律）一首云："生死论交不易忘，一回言别泪千行。空劳结伴归莲社，无复题诗寄草堂。楚国先贤宜有传，粤阡羁鬼漫思乡。因君错怨天公了，且道今谁晚节昌。"（《诗》卷十）又《哭曹征君子玉二首》诗（七绝），句云："今年我在君先殁，泪尽荒城君得知"，"斗酒只鸡孤旧约，素车白马属何人"（《诗》卷十四）。又为作《曹征君墓表》述其生平，表云："岁丙午（1246）秋九月日，曹征君子玉以疾终于襄阴之寓舍，春秋七十有四……始予在京师，登君乡先生礼部闲闲公之门。公每论人物，及君姓名，必极口称道，谓今人少见其比。其后见君于方城，介于太原右司仲泽，乃定交焉。君长予十七岁，予以兄事之。壬辰（1232）之兵，君流寓宏州。癸卯（1243）冬，予自新兴将之燕中，乃枉道过之。死生契阔，始一见颜色，握手而语，恍如隔世，不觉流涕之覆面也。又五年，予闲居乡里，与君相望六百里而近耳，妄人有传予下世者，君闻之寝食俱废，至问之卜筮，及就日者王希道推予禄命，以自开释。已而知其妄也，又为之喜见颜间。居未几，闻君九月之讣，予为位而哭，且为文以哀之。孤子汝弼徒步至云州，求予铭先人之墓，不及见而去。君之孙孝待于镇州者，又三数月矣。追念平生之言，乃而泣铭之……"（《文》卷二十三）

曹德甫

曹德甫，金正大间武胜军观察判官，余不详。

元遗山《邓州新仓记》云："观察判官曹君德甫以书抵某云：'武胜一

军，雄殿南服，重兵所宿，兼倍诸道。故廪庾之积，尤为吾州之大政。今漆水公之镇是邦也，至之日即以新仓为服……断手于（正大）八年（1231）之四月，文石既具，子为我记之……’某属吏也，知公为详，故并著其设施如此。四月二十三日，儒林郎、南阳县令、武骑尉、赐绯鱼袋元某记。”（《文》卷三十三）

曹得一

曹得一，其人不详，施注疑为曹居一昆弟行。居一系元遗山旧交。

元遗山有《南冠行》诗（七古）二首，题自注："癸巳（1233）秋为曹得一作。"句云："曹侯少年出纨绮，高门大屋垂杨里。诸房三十侍中郎，独守残编北窗底……生不愿朝入省暮入台，愿与竹林嵇阮同举杯……安得酒船三万斛，与君轰醉太湖秋。"（《诗》卷五）又《曹得一扇头》诗（六绝）一首（《诗》卷十一）。

曹居一

曹居一，生卒年不详，字通甫，一字听翁，又号南湖散人，太原人。金末进士，仕元为行台员外郎。鲜于枢《困学斋杂录》、王恽《秋涧集》卷五十九《碑阴先友记》载其事，《归潜志》卷三、卷十二亦述及之。弟字吉甫。居一与王郁、刘祁、雷渊、李献能等均友善。

元遗山有《送曹吉甫兼及通甫》诗（五律）一首，句云："意气羡君豪，怜君屈骑曹。"（《诗》卷七）又《九日午后入府，知曹子凶问，夜为不寐，为作诗二首》（七律），句云："角逐文场早决机，晚年书卷不停披。诗如鲁望何多态，檄比宾王又一奇……遗编缀辑非吾事，千古朱弦有子期"，"一瞥风花才过眼，半生歌笑几伸眉。陆家正有诸郎在，宝剑千金更属谁"（《诗》卷十）。又《曹子归葬疏》云："久要不忘，交情乃见。通甫曹君，牧之风调，张祐才名。"（《文》卷三十九）又《癸巳岁寄中书耶律公书》荐五十四人有"燕人曹居一”（《文》卷三十九）。

刘祁《归潜志》卷三述及曹居一、元遗山均与王郁友善，卷十二述及壬辰（1232）崔立碑事云：“（碑事）今天下士议往往知裕之所为，且有曹通甫诗、杨叔能词在，亦不待余辩也。”按此，居一当为崔立碑事与闻者。另，苏天爵《元文类》卷六十九有曹居一《李伯渊奇节传》，述李刺杀崔立始末，颇生动，可参。

曹松年

曹松年（1201—1275），字寿之，隰州人。金时以兄（椿年）荫祗候承奉班，后仕为行尚书省左右司郎中。王恽《秋涧集》卷十二《哀曹君词并序》述其生平大略并云：“维至元乙亥（1275）夏四月……曹君卒于乡里……君讳松年，字寿之，享年七十有五。世为隰州隰川人。”父曹元，兄椿年，弟大年。

元遗山有《曹寿之平水之行》诗（七律）一首，句云：“相逢衰飒叹颠毛”，“西风先有龙门约，共举一杯持两螯”（《诗》卷十）。又《信武曹君阡表》述其父曹元生平并及松年初以兄荫祗侯承奉班事（《文》卷二十九）。

曹　桢

曹桢，字幹臣，应州金城（今山西应县）人。余不详。耶律楚材《湛然居士文集》卷十二有《用曹桢韵诗并序》，可参。

元遗山有《送曹幹臣》诗（七律）一首云：“和林音驿日怀思，燕市歌欢有此时。老我真成铁炉步，感君时送草堂赀。黄杨旧厄三年闰，赤骥非无万里姿。平地烟霄付公等，不妨闲和凤池诗。”（《诗》卷十）

曹之谦

曹之谦，字益甫，号兑斋，应州人。客居汴京，以宣扬儒学为志。北渡，居平阳三十余年。房祺《河汾诸老诗集》序及该集卷八专录曹之谦诗，可参。余不详。

元遗山有《益父曹弟见过，挽留三数日，大慰积年倾系之怀也，漫为长句以赠。弟近诗超诣，殆欲度骅骝前，故就其所可至而勉之》诗（七律）一首云："九万扶摇先有程，只应贫病坐时名。暂同寝饭聊堪喜，细话艰危却自惊。从事旧惭三语掾，通家犹记十年兄。文章正脉须公等，如我何年画虎成。"（《诗》卷十）又《病中感寓赠徐威卿兼简曹益甫、高圣举先生》诗（七律）一首，句云："正赖天民有先觉，岂容文统落私权。东曹掾属冥行废，乡校迂儒自圣癫。"（《诗》卷十）又《信武曹君阡表》云："益甫，予同舍郎，其言可信不妄。"

房祺《河汾诸老诗集》卷八载曹之谦《寄元遗山》诗（七律）一首云："诗到夔州老更工，只今人仰少陵翁。自怜奕世通家旧，不得论文一笑同……黄金矿里相思泪，几堕凭高北望中。"又《读唐诗鼓吹》诗（七律）一首云："杰句雄篇萃若林，细看一一尽精深。才高不似人间语，吟苦定劳天外心。白璧连城无少玷，朱弦三叹有遗音。不经诗老遗山手，谁解披沙拣得金。"又此集房祺序云："曹兑斋与元老同为省掾，日以文诗讲议者。"

曹之谦尝欲刻《元遗山诗集》，未就，其子輗继成之，段成己为之作序："余亡友曹君益甫尝谓予曰，昔与元遗山为东曹同舍郎，虽在艰危警急之际，未尝一日不言诗。迨今垂三十年，其所与论辩，历历犹可复。北渡而后，诗学日兴，而遗山之名日重……自侨居平阳，时为诸生举似其一二，然以未见其全为学者惜。间遣人即其家，尽得所有律诗凡千二百八十首，又续采所遗落八十二首，将刻梓以传，以膏润后学，未及而益甫没。于后四年，子輗继成父志，同门下客杨天翼，命工卒其事。俶落于至元戊辰（1268）之秋，迨庚午（1270）夏，首尾历六十五旬有五日……稷亭段成己引。"

王恽《兑斋曹先生文集序》云："（曹兑斋）既而与遗山同掾东曹，机务倥偬间，商订文字未尝少，辄至以正脉与之（见上诗），其奖藉如此。"（《秋涧集》卷四十二）

秦 略

秦略（1163？—1229？），字简夫，号西溪道人，陵川人。少举进士不中，即以诗为业。诗尚雕刻，不欲见斧凿痕。《悼亡》一诗，高出时辈，文士极称道之。正大中卒，年六十七。《中州集》卷七有小传。父事轲。子志安，字彦容，号通真子。

元遗山有《寄英禅师，师时住龙门宝应寺》诗（五古）一首，句云："老秦诗最和，平易出深艰。脱身豺虎丛，白发罹惸鳏。"（《诗》卷二）又《送诗人秦略简夫归苏坟别业》诗（古体）一首，句云："三月不见君，渴心欲生尘。论文一樽酒，雅道谁当陈？昨朝见君'临水'句，乃知抽青配白非诗人。南山明月北山云，恨君不作由东邻……石田茅屋连苏坟，两儿力耕足养亲。君诗或者昌晚节，不应道路长逡逡……"（《诗》卷五）又《通真子墓碣铭》："（通真子）父讳略，字简夫（下略述秦略生平）。往予先君子令陵川，予始成童，及识通真子之大父（事轲）。闲居嵩山，与西溪翁（秦略）为诗酒之友者十五年。通真子以世契故，与予道相合而意相得也。"（《文》卷三十一）又《续夷坚志》卷四"秦简夫临终诗"条："陵川秦简夫，年四十，困于名场……（卒）时年五十七。"按，《中州集》作卒年六十七，与此异。

秦略有《同希颜、裕之赋乐真竹拂子》诗（七绝）一首（《中州集》卷七）。

晁国章

晁国章，生卒年不详，字公宪，高平人。教授乡里，乐于提诲，门人经指授者，肃然如在官府，进退拱揖，皆有可观。《中州集》卷八晁会小传附国章传。国章，宋仁宗时晁迥后人。祖父晁会。外祖父李晏，号游仙野人，《中州集》卷二有小传。

元遗山有《答晁公宪世契二首》诗（七律），句云："文元道院玉为渊，卧治堂中宅相贤。名世共知先德在，诗书仍自外家传"，"通家能有几人存，华屋生平得细论。入座旧曾称小友，挟书今复授诸孙。已烦学舍分余俸，更约田家共老盆。一诺知君山岳重，车行五日是并门”（《诗》卷十）。

田紫芝

田紫芝（1192—1214），字德秀，沧州（今河北沧州市东）人。少孤，养于外家定襄赵氏，多居忻州。年十三，外祖广宁府治中赵君命赋《丽华引》，语意惊绝，人谓李长吉复生。资性颖悟，一览万言。年二十，读经传子史几遍。为人疏俊，而以蕴藉见称，与同郡王元卿齐名。贞祐初（1213）避兵台山，为游骑杀害，时年二十三。《中州集》卷七有小传，并有王元卿（名万钟）小传。按，另有史庭玉，亦字德秀，非此人。

元遗山《后饮酒五首》诗（五古），句云：“吾友田紫芝。”（《诗》卷一）又《綦威卿毅挽辞》云威卿：“通家仍孔李，知己与王田（即王万钟、田紫芝）。”（《诗》卷七）又《遗山新乐府》卷四《水龙吟》（其四）小序云：“同德秀游盘谷。”又《续夷坚志》卷四“田德秀夙悟”条云：“（紫芝）与余游从，曾大雨后有诗见示云：‘醉梦萧森蝶翅轻……’予兄敏之私谓予言：‘诗首二句，非鬼语乎？’吾谓其非寿者相也。果以弱冠下世云。”又“田德秀诗”条引其《登凌云台》诗（又见《中州集》卷七），可参。

田德秀《夜雨寄元敏之昆弟》诗（七律）一首，句云：“醉梦萧森蝶翅轻，一灯无语梦边明……对床曾有诗来否，为问韦家好弟兄。”（《中州集》卷七）

田仲新

田仲新，田琢子，云朔（今山西雁北地区）人，余不详。田琢，字器之，《金史》卷一〇二有传，《归潜志》卷五、卷七载其事。《中州集》卷五有庞铸《田器之燕子图》诗并附田器之自叙，及杨云翼、王大用、李献能、赵秉文咏该图诗，可参。

元遗山有《益都宣抚田侯器之燕子图诗传本。己亥（1239）秋七月，余得于冯翊宋文通家。会侯之子仲新自燕中来，随以归之。仲新谓余言，兵间故物一失，无所复望，乃今从吾子得之，焕若神明，顿还旧观，似非偶然者，方谒时贤，以嗣前作，幸吾子发其端，因赋三诗。丙午（1246）春三月，河东元某谨题》诗（《诗》卷十三）。按，诗三首，均七绝。

田汉卿

田汉卿，字景延，清苑（今河北清苑县）人。工书画，善写真，多识古字。至元十二年（1275）尚在世。其事见刘因《静修文集》（丛书集成本）卷二《田景延写真诗序》、卷五《田先生真赞》、卷七《赠写真田汉卿，别字景延》诗（七古）一首等。友郝经。

刘因《静修文集》卷三《书饕餮图后》云："金台田景延得古饕餮，拱泉而垂腹，羸其面而坐则人焉，其下有若承盘者然。河东元裕之为之考定，其为古器无疑也。景延遂以刘敞、吕大临例而图之，其友郝伯常（即郝经）欲为道其然而不果，而属予。"按，该集卷二《饕餮古器记》所载略同，而无景延名，可参。

元遗山有《赠写真田生三章》诗（七绝），句云："人物翩翩美少年，书生颖悟亦天然。"（《诗》卷十四）

田道章　田　喜

田道章，清苑人，与刘因友善。其父田喜。贞祐间蒙古陷保州，喜以身代父死，幸得苏而脱。出而闻父未免，复潜还葬父，人莫之觉，有孝子名。仕至佩金符，岁乙未（1235）卒，年四十三。刘因《静修文集》（丛书集成本）卷四《孝子田君墓表》、卷十一《田孝子诗卷二首》诗（七绝）述其事。

刘因《静修文集》卷四《孝子田君墓表》云："清苑孝子田君……其子道章，资高爽，喜读书，而遗山元公、陵川郝公皆尝以诗文以美之。雅善予，一日状其父之孝行，访予于易水之上……君讳喜，世为保之清苑人……"

田益之

田益之，其人不详。

元遗山有《送田益之从周帅西上二首》诗（五律），句云："市近厨无肉，书香蠹有虫。"（《诗》卷七）按，周帅即周献臣，字梦卿。

毕淑贤

毕某（1200—1254），字淑贤，永清人。贞祐之乱，年十一，逃难走济南，为总管成江得之草间，养为子，因事宰相侯挚。随成江从田琢击宋军，以功补昭信校尉，遥授章丘尉。金军败，宋将李全用为帐前都统换承信郎，迁统制。丁亥（1227），蒙古军围益都，李全欲自刭。毕淑贤劝之降蒙古，全活数十万众。丞相崇进又召降成江。从崇进十五年，累官宣武将军，复毕氏姓。丙午（1246）复授濮州刺史。甲寅（1254）岁卒，年五十五。子守约，婿张守谦。《新元史》卷一三七有传。

元遗山为作《濮州刺史毕侯神道碑铭》述其生平事迹，且曰："乙卯（1255）秋八月，予来自镇阳，东平参佐王君璋以毕侯叔贤之子、之子婿来请曰：'……吾子于侯有一日之雅，敢以属笔，使不随世磨灭为幸也……'予独取其有及民之功者，为之铭……"（《文》卷三十）

吕仲贤

吕仲贤，其人不详。元遗山有《以玉连环为吕仲贤寿》诗（七绝）一首，句云："愿得主人如此物，吕翁他日作回仙。"（《诗》卷十三）

吕　豫

吕豫（1130—1213），字彦先，怀州修武（今河南修武县）人。少时游学东州，以《易》为专门，为醇德先生王广道所器重。一时名士如折安上、王善、苗景藩、段彦昌、孙希贤、田子发，从之学者甚众。家于太行五峰山，因自号南峰先生。受宗室复兴聘，延致大名，以师礼礼之。贞祐癸酉（1213）被游骑杀害，年八十四。子天民，尝任冠氏主簿。

元遗山为作《南峰先生墓表》述其生平，且云："天民与好问有通家之好，

以墓表见属，余亦惧先生之潜德将随世而磨灭也，乃为之铭。天民尝任冠氏主簿……”（《文》卷二十四）

吕大鹏

吕大鹏，生卒年不详，字鹏举，河南密县人。自言宋名相申公吕公著之裔。金宣宗频岁南伐宋，上诗欲以撼主兵者，其事与诗见《中州集》卷九小传。余不详。按，刘祁《归潜志》卷十四录吕大鹏五律一首，可参。

元遗山《癸巳岁寄中书耶律公书》荐五十四人有“郑人吕大鹏”（《文》卷三十九）。

吕国材

吕国材，其人不详。

元遗山有《吕国材家醉饮》诗（七律）一首（《诗》卷九）。

罗友卿

罗友卿，其人不详。

元遗山有《赠罗友卿》诗三首（七绝），句云：“闲中日月病中身，寂寞相求有几人。”（《诗》卷十三）

严　实

严实（1182—1240），字武叔，泰安长清（今山东长清县）人。略知书，志气豪放，落魄里社，屡以事系狱，为侠少辈出死力得脱。癸酉（1213）秋，成吉思汗军南攻山东、河北、河东，金东平行台以实为百户。次年，破走张汝楫军，以功授长清尉。因谮投宋，任济南治中，太行之东皆受实节制。庚辰（1220），以金来攻，知宋不足恃，投蒙古木华黎，挈所部彰德、大名、磁、洺、恩、博、滑、浚等州三十万户归之，拜行尚书省事。攻下曹、濮、单三州。偏将李信叛实，杀其家属降宋，实发兵诛信。攻东平，入居之。壬午（1222）宋将彭义斌来攻，实约大将孛里海御之，兵久不至，乃与义斌连和。实伺机与孛里海擒义斌，京东州县复为严有。庚寅（1230），朝蒙古太宗，太宗称："严实，真福人也。"甲午（1234），朝于和林，授东平路行军万户。先是，实所统凡五十余城，至此，惟德、兖、济、单隶东平。初下彰德，木华黎弟带孙欲屠数万人，实劝止之，又止屠濮州等数处民无数。尝命作粥济流民，全活者众。且喜接儒士，多惠政。庚子（1240）卒，年五十九。子忠贞、忠济、忠嗣、忠范、忠杰、忠裕、忠祐。《元史》卷一四八、《新元史》卷一三七有传。

元遗山为作《东平行台严公神道碑》《东平行台严公祠堂碑铭并序》述其生平功业，且云："（严实）既葬之三月，孤子忠济等状公之行，以神道碑为请，敢以智愚之所共知者论次之而系之以铭"，"壬子（1252）孟冬，公之嗣子某走书币及好问于镇阳。书谓好问：'先公……长魏齐鲁五十城者逾二十年，官有善政，政有遗爱……惟吾子惠顾之……'好问既述公之事，又系之以诗……"（《文》）卷二十六）。又《东平府新学记》述严实子忠济兴新学于奉平始末，且曰："顾以客东诸侯者久，猥当授简之末，俎豆之事固喜闻而乐道之，何敢以不敏辞……河东元某记。"（《文》卷三十二）

《新元史》卷一百八十八阎复传云："严实招诸生肄进士业（于东平府学），延元好问校试，四人中选，复为首，徐琰、李谦、孟祺次之，时称东平四杰。"

严忠嗣

严忠嗣（？—1276），字大用，严实子。少从张澄、商挺、李桢学。辛亥（1251），其兄忠济授以东平人匠总管，遥领单州防御使事。乙卯（1255），充东平路管军万户，从忠济战，颇有功。中统三年（1262），李璮叛，忠嗣击之，以功受赏。中统四年（1263）罢官，至元十三年（1276）卒。《元史》卷一百四十八、《新元史》卷一百三十七有传。

元遗山有《同严公子大用东园赏梅》诗（七律）一首（按，施注以大用即忠嗣字），句云："东阁官梅要洗妆，青云公子不相忘……花行更比梳行好，谁道并州是故乡。”（《诗》卷十）又《约严侯泛舟》诗（七律）一首，句云：“仙舟共载平生事，未分枯槎是客星。”（《诗》卷十）又《答大用万户书二》云：“某顿首启，东原宿留几半岁之久，辱公家贤弟昆慰藉之厚，内省谬愧，无以当之耳，即日伏惟起居万福。孙德谦、张梦苻津送于魏京，今东归矣……所需《横笛仕女图》今奉去，《树萱堂记》相见下笔未晚。《欹器赋》全文并跋语千万录寄，欲入见闻录中。时暑强学，为亲加爱，不一一，某再拜。”（《文》卷三十九）又《东平府新学记》述忠济于东平新建庙学，教养诸生，师事张澄且张澄妻之于女事（《文》卷三十二）。按，《张仲经（澄）诗集序》亦载张澄受聘于严实，授馆于长清事，见《文》卷三十七。与《元史》忠济、忠嗣传载兴庙学、师张澄事合，可互参。

严忠杰

严忠杰，严实子，忠嗣弟。余不详。

李冶《元遗山先生全集序》：“（遗山殁）东平严侯弟忠杰，有文如《淇奥》，好善如《干旄》，独能求得其全编，将锓之梓，且西走书数百里，命余序引。”又徐世隆《元遗山先生全集序》：“东平严侯弟忠杰，喜与士人游，雅敬遗山。”

路 铎

路铎（？—1213），字宣叔，冀州（今河北衡水市冀州区）人。明昌三年（1192）为左三部司正，因上言迁右拾遗。次年建言治卢沟河策，止章宗民饥时幸景明宫。尚书左丞完颜守贞罢职，铎上言请用为平章政事，又劝帝勿幸景明宫，继因言宰相权重改右补阙，又改南京判官。承安二年（1197）召为翰林修撰，以直言受忌于胥鼎，改监察御史。因劾参知政事杨伯通引用乡人，受责，迁侍御史，主奏事。因事改景州（治今河景县）刺史，尝述十二训以教民，诏嘉之，迁陕西路按察使。坐宴饮事夺一官解职。泰和六年（1206），召为翰林待制兼知登闻鼓院，累除孟州防御使。贞祐初（1213），城破，投沁水死。铎尝谏章宗元妃李氏出身贱，不应上僭，其兄弟恃宠纳赂，有杨国忠之祸，坐谤讪除名，布衣还乡里。其母临终嘱其忧国爱君，他日必复起，当再言前事，勿有所顾藉。铎历官台谏，有直臣风。为文尚奇，诗温润精致。号虚舟，有《虚舟居士集》。《金史》卷一百有传，《中州集》有小传附其父路仲显（字伯达）小传，《归潜志》卷十载其事。

元遗山《续夷坚志》卷四“护兰童子”条载路铎逸事。

郝经《遗山先生墓铭》云：“（遗山）年十一，从其叔父官于冀州，学士路宣叔赏其俊爽，教之为文。”（《陵川先生文集》卷三十五，大德碑本同）

马庆祥　马三达

马庆祥（1179—1224），字瑞宁，本名习礼吉思，出花门贵族，静州天山（今新疆托克逊县）人。庆祥泰和中试补尚书省译史，通六种语。奉使通向蒙古，使还，授开封府判官。蒙古攻陕右，拜为凤翔府路兵马都总管判官。元光二年（1223）冬，与胥谦分道清野，战不利，次年与其子三达被俘，庆祥不屈死，年四十六。诏赠恒州刺史。三达逃归。《金史》卷一二四有传。

元遗山为作《恒州刺史马君神道碑》述其生平义事，且云：“己酉（1249）秋九月晦，三达涕泗再拜，以君墓铭见请。予谓南渡以来，死节之士皆耳目所接见，恒州之事固已饱闻而餍道之矣……是可铭也，乃为论次之。”（《文》卷二十七）又《马侯孝思堂记》亦载其事，三达为其父作孝思堂，请元遗山作是记，略如上文（《文》卷三十三）。

马伯善

马伯善，其人不详。

刘昂霄有《中秋日同辛敬之、魏邦彦、马伯善、麻信之、元裕之燕集三乡光武庙》诗（七律）一首，句云：“登临还喜故人同。”（《中州集》卷七）

马郎中

马郎中，其人不详。

元遗山有《燕都送马郎中北上》诗（七律）一首，句云："功曹此日汉萧何，家世当年老伏波……太史占天应有喜，一星朝处五云多。"（《诗》卷十）

马云卿　马云汉

马云卿、马云汉，皆马天徕（一作马天来）弟，介休人。三人俱工画。云卿金正大六年（1229）为太学生，事见朱谋垔《画史会要》卷三。马天徕，《中州集》卷七有小传，卒于天兴元年（1232），年六十一。《归潜志》卷五亦载天徕事。陶宗仪《南村辍耕录》卷二"丁祭"条云："内翰王文康公鹗，字百一……国初自保定应聘北行，时故人马云汉以宣圣（孔子）画像为赠。"按，施注引《秋涧集》《湛然居士文集》《画史会要》等诗文述及马氏兄弟事，可参。

元遗山有《马云卿画纸衣道者像》诗（七绝）一首（《诗》卷十四）。又《耀卿（即张德辉）西山归隐三首》诗（七绝），题自注云："马卿为耀卿张君写真，未几，被召北上。"（《诗》卷十四）又《归义兴侍者溪山萧寺横轴》诗（七绝）一首，自注："云汉此画，甚有太山典刑……"（《诗》卷十四）又有《马云汉方镜背有飞鱼》诗（七律）一首（《诗》卷十）、《介山马卿云汉为仲晦甫写真赞》（《文》卷三十八）。

刘　诩

刘诩，生卒年不详，字子中，号梦庵，又号蓬山散人，上谷人。颇通儒，幼依全真道出家，后返俗。曾任严实东平府从事。与耶律楚材有交，《湛然居士集》卷十有《和刘子中韵》诗并序，可参。

元遗山《过刘子中新居》诗（七古）一首，句云："先生爱画如惜玉"，"何时却与溪南老，紫盖山前共往还"。自注："子中旧与溪南诗老辛敬之游，故有下句。”（《诗》卷四）又《刘子中梦庵》诗（五律）一首（《诗》卷七）。又《内翰王公墓表》述及上谷刘诩与王若虚游太山事（《文》卷十九）。又《寒食灵泉宴集序》载元遗山九友人名中有“子中”，当即刘诩（《文》卷三十七）。

刘　方

刘方，字元卿，陵川人。余不详。

《续夷坚志》卷三“陵川人祈仙”条载“陵川士人刘方元卿说”县中人祈仙事，且云：“元卿今客顺天，屡为予言，故续记于笔，陈于丧乱之后也。”

刘彦卿

刘彦卿，金末任户部主事，余不详。

《续夷坚志》卷一“镇库宝”条载：“京城变后，予同户部主事刘彦卿往观之（指镇库宝）。”

刘　训

刘训，金时河南省掾，博学知名。余不详。

吴澄《草庐集·刘忠宪行状》：“公之父训，金朝河南省掾，博学知名，与太原元好问友。”（施注附录引）

刘长卿

刘长卿，金末尚书省郎，余不详。

元遗山有《题省掾刘德润家骖鸾图，并为同舍郎刘长卿记异。刘在方城先有碧箫之遇，如芙蓉城事云》诗（七绝）一首（《诗》卷十一）。

刘君用

刘君用，号可庵，余不详。

元遗山《刘君用可庵二首》诗（七绝），句云：“恶恶不可恶恶可。”（施注云，此句袭刘君用诗原句）

刘巨济

刘巨济，其人不详。

元遗山有《宿海会寺同孙讲师、明上人、赵叔宝、刘巨济夜酌二首》诗（七绝）（《诗》卷七）。按，此诗又见李俊民《庄靖集》，巨济当系俊民之友。疑此诗系李诗窜入遗山集中者，而巨济或非遗山所交，姑存疑。

刘秉忠（聪上人）

刘秉忠（1216—1274），字仲晦，初名侃，因从释氏，又名子聪，人称“聪书记”。自号藏春散人。其先瑞州（今江西高安市）人，后为邢州人。庚辰（1220），蒙古木华黎取邢州，立都元帅府，其父刘润为都统。秉忠生而秀异，八岁入学，日诵数百言。年十三，为质子于帅府。十七为邢台节度使府令史，居常不乐，弃去，隐武安山中。天宁虚照禅师招之为僧，使掌书记。后游云中，留居南堂寺。忽必烈即位前，召海云禅师于和林，海云邀秉忠同行。既见，应对称旨，屡承顾问。秉忠于书无所不读，通儒释道三教及诸术，论天下事如指诸掌，世祖大爱之。海云南还，秉忠留和林。因父丧还邢州，服除，复召之至和林。上书数千百言，备陈重儒崇文、正朝廷、振纪纲、选贤任相、安民固本之道，忽必烈深为嘉纳，以为诚如所言，天下可不劳而治。又教忽必烈收揽中原雄才硕学，为荐数十人，均有显绩。且以张耕、刘肃治邢州，尝试改革，获大益，升邢州为顺德府。助忽必烈建金莲川幕府并经营漠南汉地。癸丑（1253）从征云南，与张文谦、姚枢谏止忽必烈屠城。己未（1259）从攻鄂，复与张文谦、姚枢以云南言力赞于忽必烈，所至全活不可胜计。忽必烈即位于开平，秉忠任光禄大夫，位太和，参领中书省事。秉忠奉命营建两都，相宅筑城，不三年而毕功，遂改开平为上都。又建言定都于燕，改燕京为中都，又改名大都，定国号为“大元”。元初，以秉忠旧策颁俸禄，定官制，施行全国，又与孛罗奉旨访前代耆旧，定章制，制朝仪，开一代成宪，时称辅圣主、开文治、立太平、光守成，“实惟太傅刘公为称首”。中统十一年（1274）无疾而卒，年五十九。世祖惊悼之，营其葬于大都。十二年（1275）赠太傅，谥文贞。成宗时赠太师，谥文正。有文集十卷。无子，以弟秉恕子为后。《元史》卷一五七、《新元史》卷一五七有传。其事又见苏天爵《元朝名臣事略》卷七“太保列文正公”条及《元文类》卷十一李盘《太保刘秉忠赠谥制》、卷四十八徐世隆《祭太保刘公文》，姚燧《牧庵集》卷一《刘秉忠赠赵国文正公制》，陈基《夷白斋稿》卷十二《刘文正公小像赞》，宋濂《宋文宪公全集》卷三十九《刘文正公秉忠》等，另可参耶律楚材《湛然居士文集》卷十三《请聪公和尚住山阴县复宿山疏》。

元遗山有《答聪上人书》论学诗要旨及诗友交往，且云：“某顿首启，四月末自太原来镇州，得春后手书，副以宝刀新什，反复熟读，且喜且叹，又愧衰谬，无以称副好贤乐善之心……乃今得方外三四友如上人者，其自幸宜如何哉。上人天资高，内学富，其笔势纵横，固已出时人畦畛之外，唯前辈诸公议论，或未饱闻而餍道之耳。《锦机》已成，第无人写洁本。年间得断手，即当相付，亦倚公等成此志耳。人行遽书不尽言，时暑，万万以道自护，不宣。”（《文》卷三十九）

刘器之

刘器之，祁阳（今湖南祁阳县）人。工画。

元遗山有《祁阳刘器之以墨竹得名，今年春薄游鹿泉，因为余写真，重以小景见饷，以求予诗而已赋二十韵答之》诗（五古）一首，句云：“刘生工写照，游戏出俄顷”，“知君有深意，劝我事幽屏”（《诗》卷二）。又有《写真自赞》（《文》卷三十八），可参。

刘　敏

刘敏（1202—1253？），字德柔，一字有功，宣德人。甲戌岁（1214），成吉思汗师次燕西，敏年十二，避兵失亲，蒙古大将收养之，成吉思汗留为宿卫。

习蒙古语，阅二岁，能通诸部语，嘉赐名为“玉出干”。遂从征西辽、回回国。癸未（1223），授安抚使，兼燕京路征收税课、漕运、盐场、僧道、司天等事，给以西域工匠千余户，及山东、山西兵士，立两军戍燕，置二总管府，以敏从子二人为二府长，敏总其役。初耶律楚材总裁都邑，契丹人往往掠民，敏戮其渠魁。豪民冒籍良民为奴，敏悉归之。选习星历者为司天太史氏，兴学校，进名士为之师。太宗即位，敏参与城和林，建万安宫，设宫闱司局，立驿传。辛丑（1241）授行尚书省，诏其所行，有司不得与闻。牙鲁瓦赤以流言诬敏，帝罢之，仍令敏独任，辟李臻为左右司郎中。定宗即位，受诏与奥都剌同行省事。辛亥（1251），宪宗即位，召赴行在所，与牙鲁瓦赤同政。甲寅（1254），请以子代。宪宗伐宋，敏谏止之，不从，退居南丰。忽必烈南征，过南丰，敏入见。未几病卒，年五十九。《元史》卷一五三有传。

元遗山有《龙门公墨竹风烟夕翠二首》诗（七绝），句云：“今日龙门图上看，萧郎只合老荒寒。”（《诗》卷十三）施注以龙门公即刘德柔，李光廷《年谱》“五十四岁”条注云即刘敏。遗山又奉命作《大丞相刘氏先茔神道碑》，称刘德柔为“今行台龙门公”，并述其先世生平功业（《文》卷二十八）。

刘仲通

刘仲通，其人不详。

元遗山作《刘丈仲通哀挽》诗（七律）一首云：“拙宦深辜远业期，无儿更结下泉悲。温纯如此岂复见，报施言之尤可疑。四叶名家今日尽，百年潜德几人知。元刘交分平生重，才薄犹堪第二碑。”（《诗》卷八）

刘仲修

刘仲修，曾任省郎之职，凤山老人刘克明之子，雁门人。余不详。

元遗山有《赠答雁门刘仲修》诗（七律）一首，序云：“仲修省郎，乘传见新兴，有诗见及，推激过称甚，非衰谬所宜得者。愧汗之余，辄用韵为谢。

仲修诗律深密，得于尊公凤山老人过庭之训，且其颜状绝类吾友李从事长源，故篇中及之。”句云：“车骑雍容一坐倾，并州人物未凋零……少微见比吾何敢，洗眼仙槎候客星。”（《诗》卷十）又《寄答刘生》诗（七律）一首，句云：“省郎共结交情厚，野老还顾礼数宽。”（《诗》卷十）按，此称省郎，当即仲修也。又《德修家儿子》诗（七律）一首，句云：“凤山自有鹓雏种。”（《诗》卷十）按，诗云凤山，此德修当即凤山子，或为仲修之误。

刘克明

刘克明，号凤山老人，余不详。子刘仲修。

元遗山有《挽雁门刘克明》诗（七律）一首，句云：“诗骨畅然野鹤孤，两年请坐记围炉。金初宋季闻遗事，草靡波流见古儒……凤山后日先贤传，再有刘宗祭酒无。”（《诗》卷十》）按，祭酒，用刘向典故。

刘从益

刘从益（1183—1226），字云卿，浑源人。大安元年（1209）进士，累官监察御史，坐事去职。后起为叶县令，修学励俗，有古良吏风。请为县民减赋一万，流亡者归之四千余家。未几，被召入授应奉翰林文字，逾月卒，年四十四。叶人为位而哭，立石颂德。从益博学强记，精于经学，为文长于诗，五言尤工，有《蓬门集》。《金史》卷一二六有传，《中州集》卷六有小传，《归潜志》卷八、卷九载其事。曾祖柄，号南山翁，大安进士。祖父龙山君。父似，号西岩子。子祁、郁俱有名。赵秉文《闲闲老人滏水文集》卷十二有《故叶令刘（云卿）遗爱碑》。碑立于正大四年（1227），从益卒之次年。

元遗山有《赠答刘御史云卿四首》诗（五古），句云：“旧闻刘君公，学经发源深。骅骝万里气，圣途已骎骎。大梁语三日，副我夙所钦”，“圣学要深谈，惜君别匆匆。何时沂水上，同咏舞雩风”（《诗》卷一）。又《游龙山》诗（古体）一首，句云：“曩予尉大梁，得交此州雷与刘（即从盖）。自闻两公夸南山，每恨南海北海风马牛……”（《诗》卷五）又《孟州夹滩饮承之御史家》诗（五律）一首，句云：“平生杨大理，惜不预佳招。”自注：“云卿赴召五日矣。”（《诗》卷七）按，刘从益赴召入为翰林在正大初（1224），见《归潜志》卷九。又《存殁》诗（七律）一首，句云：“老去辛刘入梦频。”（《诗》卷十）又《续夷坚志》卷一“诗谶”条载刘从益诗句，可参。其诗亦见《中州集》刘从益小传。

刘德润

刘德润，兖州（今山东济宁市兖州区）人。金末任省掾之职，继为行台详议官，与孙庆友善，见《宣武将军孙君墓碑》（《文》卷三十）。余不详。

元遗山有《题省掾刘德润家骖鸾图，并为同舍郎刘长卿记异……》诗（七绝）一首（《诗》卷十一）。又《续夷坚志》卷三“关中丁亥（1227）岁灾变”条云：“刘善甫从弟刘润之说。”施注以润之即德润。

刘 济

刘济（1240？—1291），字济川，大名人。金时伪齐刘豫之孙。其父投蒙古国，见成吉思汗于六盘山，受管军千户。至元四年（1267），济年二十八岁，以通书数计策。善战，镇父兵，从攻襄阳。至元十二年（1275），伯颜守无为，拟取淮西。济分地守城，击溃宋军于北门。十三年（1276），父罢职，济为修武校尉，为千户。十四年（1277）擒获焦湖伪钞者，归之有司，又从攻安庆。十六年（1279）加武略将军。十八年（1281）移戍海上，百姓安之。二十年（1283）镇饶州。二十二年（1285）平“盗贼”，遂行屯田，兴水利，收谷二十余万。二十八年（1291）加授中千户，卒，年五十二。子元亨等，孙舆。虞集《道园学古录》卷十三《福州总管刘侯墓碑》详其事。按，元时另有一刘济，字巨川，真定行唐人，见《新元史》卷二二九。非此人。

元遗山《九日读书山用陶诗……为韵赋十诗》诗（五古）句云：“登高有佳招，山中古招提。翩翩刘公子，王田重相携。”（《诗》卷二）又《紫微刘丈山水为济川赋》诗（七古）一首，句云："自非刘宗祭酒阜昌孙，未信仙翁轻落笔。"（《诗》卷四）又《春日书怀呈刘济川》诗（七律）一首，句云："周侯（指周梦卿）见说应相笑，共隐三泉先有盟。"（《诗》卷十）又《遗山新乐府》卷三《江城子》（其十一）小序云："有刘济川来别，同宿会康，梦与予过田家饮，行及太原，作此为寄。济川，阜昌诸孙，在颍上时，乃与伯玉、知几游从。"句云："镜中看，各衰颜，恰待蒙泉东畔买东山……人生难得老来闲，记清欢，见君难……断岭不遮南望眼，时为我，一凭栏。"按，知几即麻九畴，卒于蒙古兵初至河南时即1223年，此前刘济已与麻游从，至少已届青年，虞集碑云济川卒于至元二十八年（1291），年五十三，年岁当有误。

刘浚明　李九成

刘浚明，定襄教官，字之深，余不详。李九成，定襄州倅。余不详。

元遗山《创开滹水渠堰记》（约作于1242—1244年间）云："州倅定襄李侯介于教官刘浚明之深，以滹水新渠记为请，曰……侯名九成……年月日记。"（《文》卷三十三）

刘　远

刘远，其人不详，善制笔。

元遗山有《刘远笔》诗（七古）一首，句云："何时酌我百壶酒，为汝醉草垂天云。"（《诗》卷四）按，郝经《陵川先生文集》卷九有《鼠毫笔行·赠刘远》诗，可参。

刘汝翼

刘汝翼（1186—1252），字舜卿，淄州邹平（今山东邹平县）人。少师单雄飞、张元造，有名于山东。贞祐四年（1216）进士，调兖州录事，未赴。为卢氏主簿，入为尚书省掾，迁同知嵩州军州事兼阳翟县令。均赋敛，绳土豪，击奸猾，改洛阳令。正大八年（1231），超同知汝州防御使事，留为户部员外郎。

河南受兵，蒙古中书令耶律楚材理索北归，居镇阳。史天泽辟为幕府行部郎中。庚子（1240）为尚书省参佐，癸卯（1243）授六部侍郎廉访使。壬子（1252）冬卒，年六十六。父时吕，子五人，衎、衡、复、元等。弟子罗鼎臣、贾庭扬、李浩等，多中第者。

元遗山为作《大中大夫刘公墓碑》述其生平功德，且云："某早以诗文授知于公，千虑一得，极口称道。诸孤以碑铭为请，辄为铭诗，以表公墓而不敢一言私焉。"（《文》卷二十二）《癸巳岁寄中书耶律公书》荐五十四人有"沛县刘汝翼"（《文》卷三十九）。

刘　涛

刘涛，字及之，夏津（今山东夏津县）人。明昌二年（1191）同进士，以孙铎荐入翰苑，历太原运副、汾州倅，入为太子赞善。以彰德治中致仕，寻卒，康瑭为之营葬。余不详。《中州集》卷四有小传。

元遗山有《东湖次及之韵》诗（七古）一首，句云："竹溪花岛要君诗"，"因君寄诗使君公，却恐他年厌求索"（《诗》卷四）。

刘祖谦

刘祖谦，生卒年不详，字光甫，安邑人。承安五年（1200）进士，为吏有声，由宁陵令丁父忧，数年不调。南渡后，召为大理司直，拜监察御史，出为河南府判官。正大初（1224）为右司都事，除武胜军节度副使，召为翰林修撰，遭乱北迁，为兵士所杀。工书画，通佛老。《中州集》卷五有小传，《归潜志》卷四、卷八载其事。父东轩，工画。子敏仲。与雷渊、李献能、王渥、刘祁友善。

元遗山《蒲桃酒赋序》云："刘邓州光甫为予言：'吾安邑多蒲桃，而人不知有酿酒法……'"（《诗》卷一）又《段志坚画龙方刘邓州赋》诗（古体）一首，句云："怪得堂堂髯御史，平生长有雨随车。"（《诗》卷五）又《刘光甫内乡新居》诗（七律）一首，句云："为向长安旧游道，世间元有北窗凉。"（《诗》

卷八）又《寄刘光甫》诗（七律）一首，句云："因风寄谢刘夫子，极口推称恐太高。"（《诗》卷十）又《刘邓州家聚鸭图》诗（七绝）一首（《诗》卷十一）。又《藏云先生袁君墓表》云："（藏云先生袁从义犹子）致中（于内乡）介于刘邓州光甫丐予以文表先生之墓……乃为次第之。"（《文》卷三十一）又《朝元观记》云："（朝元观成）众议……以先友溪南辛敬之、刘邓州光甫之故而为之记，予诺之……"（《文》卷三十五）又《东坡诗雅引》云："正大己丑（1229），河南元某书于内乡刘邓州光父之东斋（即上诗所云新居）。"（《文》卷三十六）又《张仲经诗集序》云："及予官西南……时刘内翰光甫方解邓州倅，日得相从文字间。"（《文》卷三十七）又《苙云墓铭》云："刘邓州光父，（法云）师乡曲也，知师为详，托予铭其墓。予以刘为不妄许可者，乃为之铭。"（《文》卷三十一）又有《默庵铭为刘司正光甫作》（《文》卷三十八）。又《中州鼓吹翰苑英华序》："岁壬辰（1232），予掾东曹，冯内翰子骏延登、刘邓州光甫祖谦约予为此集。"又《遗山新乐府》卷四《清平乐》（其十二）小序："光甫副使寿席，鹓雏指其儿子阿咬。"句云："走马章台人未老，金翠鹓雏更好"，"谁似君家池馆，又添丹桂灵椿"。

刘　祁

刘祁（1203—1250），字京叔，刘从益子。金末为太学生，颖异苦学，有神童之目。其古文赋赵秉文、李纯甫、杨云翼、雷渊、王若虚见之，咸称异才，交口腾誉。其父教之六经，得斯文正脉。壬辰（1232）围城中，因崔立建功德碑事有涉，后人有所议。金亡北还，筑"归潜堂"。蒙古太宗十年（1238）诏试儒人，祁就试，魁西京，选充山西东路考试官。后征南行台，粘合邀至帐下，待以宾友礼，凡七年而卒，年四十八。著《归潜志》，修《金史》多采取之。《金史》卷一二六《刘从益传》附其事。《中州集》卷六刘从益小传云："二子，祁字京叔，郁字文季，俱有名于时。"王恽《秋涧集》卷五十九《碑阴先友记》、卷五十八《浑源刘氏世德碑铭》述其世系生平，郝经《陵川先生文集》卷二十《浑源刘先生哀辞并引》亦述其事，称刘祁为“一代伟人”。文季，中统元年（1260）辟为中书省左右司都事，出尹河南，召拜监察御史。年六十卒，号“归愚”。作有《西使记》（见《玉堂嘉话》）。

元遗山有《赠答刘御史云卿四首》诗（五古），句云：“阿京吾所畏，早生号能文。初无王家癖，声光自流闻。此行不虚来，得接大小君。信知珠玉渊，足当羔雁群。君家有箕裘，圣学待册勋……”（《诗》卷一）又《赠萧链师公弼》诗（七古）一首，句云：“吾家阿京爱公弼。”（《诗》卷三）又《去岁君远游·送仲梁出山》诗（七古）一首，句云：“平生得意钦与京，青眼高歌望君久。”（《诗》卷五）又《南冠行》诗（七古）一首，句云：“阿京风调阿钦才。”（《诗》卷五）又《归潜堂》诗（七律）一首，句云：“南山老桂几枝分，翰墨风流属两君（按，指刘祁、刘郁）”，“共说人间好歆向，争教茅屋著机云”，“皇天久矣付斯文”（《诗》卷十）。又《故帅阎侯珍墓表》载遗山与张圣予、刘郁、勾龙瀛等人于东平阎珍养素斋饮酒欢聚事（《文》卷二十九）。又《癸巳岁寄中书耶律公书》荐五十四人中有刘祁（《文》卷三十九）。

刘祁《归潜志》卷十一《录大梁事》，卷十二《录崔立碑事》详述壬辰（1232）围城崔立叛金及为己立功德碑，牵涉元遗山、刘祁、王若虚等撰文事始末。《金史·王若虚传》颇采此文。元遗山《外家别业上梁文》亦曲折言之（《文》卷四十）。郝经《辨磨甘露碑》诗（七古）一首，辨元、刘此事曲直，可资参证（《陵川先生文集》卷八）。

刘 述

刘述（?—1268），字继先，太原人。贞祐南渡，述六岁，从亲南下，后遭壬辰（1232）之变，备尝饥险。北渡至安平，回归乡土，环堵萧然。刻意于学，博通诸书，尤好性学、史学，交游皆天下名士。耶律楚材、王鹗荐用之，不就。

至顺天，隐居教授，优游林下。刘肃辟为武邑（今河北武邑县）令，未几，以病辞。居真定之北潭，至元五年（1268）卒于顺天，年岁未详。事见《静修拾遗》《先世杂事记》。

元遗山有《寄刘继先》诗（七律）一首，句云："坐忆分携一慨然"，"待君同系晋溪船"（《诗》卷九）。又《故河南路课税所长官兼廉访使杨公（奂）神道碑》云杨奂"初莅政，招致名胜"，其中即有"太原刘继先"等，"日与商略，条画约束，一以简易为事"（《文》卷二十三）。

刘敬之

刘敬之，其人不详。

《续夷坚志》卷三"抱阳二龙"条云："顺天西北四十里抱阳岩宝教院大小二青龙……辛亥（1251）冬予与毛正卿、德义昆仲、郝伯常、刘敬之诸人一游。"

刘　肃

刘肃（1188—1263），字才卿，威州洺水（今河北永年县）人。金兴定二年（1218）进士，尝为尚书省令史，敢犯帝怒，为盗诬辨冤。调新蔡令，命多牛者不加赋，民遂殷富。入宋境而归者被诬谋叛，肃上言申论之，奏可，继擢户部主事。金亡，依东平严实，辟行尚书省左司员外郎，又改行军万户府经历，赞实奏罢东平赋丝银。忽必烈在潜邸，以为邢州安抚使。肃兴铁冶，行楮币，公私赖焉。中统元年（1260），擢真定宣抚使，建策理财币，中书从之。二年（1261）授左三部尚书，未几，兼商议中书省事。四年（1263）卒，年七十六，谥文献。与刘祁、刘述、张耘夫等有交谊。《元史》卷一六、《新元史》卷一百八十五有传。袁桷《清容居士文集》卷三十六《祖肃中书左三部尚书……（刘赓）谥文献加赠上柱国》详其生平。子宪、憼。孙赓，任翰林学士承旨。

元遗山有《题刘才卿湖石扇头》诗（七绝）一首（《诗》卷十二）。又《邢州新石桥记》云："（邢）州北郭有三水焉……两安抚张君耘夫、刘君才卿欲为经久计……异时过高明之壤，当举酒落之，二君勉哉！”（《文》卷三十三）又为代作《刘宣抚设醮青诗》（《文》卷四十）。

刘寿之

刘寿之，其人不详。

元遗山有《刘寿之买南中山水画障，上有朱文公元晦淳熙甲辰（1244）中春所题五言，得于太原酒家》诗（七绝）一首（《诗》卷十三）。

刘威卿

刘威卿，其人不详。

元遗山有《题刘威卿小字难素册后二首》诗（七绝），句云：“书林头白一儒冠”，“东国人伦赵与杨”，“曾是两翁门下客，殊年袖手亦无妨”（《诗》卷十四）。按，赵、杨当指赵秉文、杨云翼。

刘谦甫

刘谦甫，其人不详。金末汴京参政官。

刘祁《归潜志》卷十二《录崔立碑事》述及刘谦甫与元遗山、刘祁等撰文竖碑之牵涉。

刘昂霄

刘昂霄（1185—1222），字景玄，一字季房，号女几樵人，陵川人。博学强记，能背诵《太平广记》，兼王中立论人物、李纯甫玄谈之长。尝用门资叙，调庆阳军器库使，不就。隐居洛西山水间。元光元年（1222）卒，年三十八（《归潜志》云卒年逾四十，《中州集》云卒年三十七，各不同）。《中州集》卷七有小传，《归潜志》卷三载其事。与张澄、赵元、辛愿、雷渊、麻革等友善。父俞，明昌二年（1191）进士。子庸。

元遗山有《寄答景玄兄》诗（七律）一首，句云：“故人相会不相忘”，“奋袖清谈夜窗白，几时危坐听琅琅”（《诗》卷八）。又《题山亭会饮图二首》诗（七绝），句云：“女几樵人塞上词。”自注：“刘景玄号。”又《遗山新乐府》卷二《感皇恩》（其二）小序云：“洛西为刘兄景玄赋《秋莲曲》。”又为作《刘景玄墓铭》述其生平才学，且云：“泰和中，予初识景玄于太原。人有为予言，是家读《广记》半月而初无所遗忘者，予未之许也。杯酒间，戏取市人日麻鳞杂米盐者，约过目则读之，已而果然。大率景玄之学，无所不窥，六经百氏外，世谱、官制、地理与兵家所以成败者为最详。作为文章，渊绵致密，视之若平易，而态度横生，自有奇趣，他人追之有不能到者……初举进士不中，以荫补官……诸公期以明年，荐试辞科，而景元病不起矣。正大乙酉（1225）夏，予自京师来哭其墓。太夫人谓好问言：‘吾儿有当世志，今郁郁以死矣。子与之游，最为知己，当为作铭，无使埋没也。’好问泣且拜曰：‘铭吾兄者，莫好问为宜。’乃作铭……”（《文》卷二十三）

刘昂霄有《中秋日同辛敬之、魏邦彦、马伯善、麻信之、元裕之燕集三乡光武庙，诸君有诗，昂霄亦继作》诗（七律）一首，句云：“登临还喜故人同。”又《送裕之往洛阳兼简孙伯英》诗（七绝）一首，句云：“竹床石枕应无恙，尚可分风供十方。”又《题裕之家山图》诗（七绝）一首云：“万里神州劫火余，九原夷甫有余辜。作诗为报元夫子，莫倚家山在画图。”又《同敬之、裕之游水谷，分韵赋诗，得荷风送香气五字，各赋一首》诗（五绝）五首，句云：“迂辛与臞元，得句犹有味。”（均见《中州集》卷七）

刘时中

刘时中，一作时举。从忽必烈征云南、破大理，受命为宣抚使，安辑百姓。余不详。

元遗山有《刘时举节制云南》诗（七古）一首，句云：“云南山高去天尺，汉家弦声雷破壁……幽并豪侠喜功名，咄嗟顾盼风云生。今年肘后印如斗，过眼已觉乌蛮平。”（《诗》卷四）忽必烈征云南事见《元史·世祖纪》，其云：“帝既入大理，获高祥，斩于姚州。留大将兀良合台戍守，以刘时中为宣抚使，与段氏同安辑大理，遂班师。”又见《元史·兀良合台传》，可参。按，元时另有二刘时中，一为散曲家刘致，字时中；一为元末人。详叶德均《戏曲小说丛考》卷上《元代曲家同姓名考》。又按，遗山代作《刘宣抚设醮青词》，宣抚指刘肃，当非此人。

刘惠之

刘惠之，曾为某幕府从事，宣德人。余不详。

元遗山《两山行记》云：“甲辰（1244）夏五月八日，予以事当至崞县，约李和，适幕府从事宣德刘惠之等还军官山过吾州……”（《文》卷三十四）又《临锦堂记》云：“芜城自唐季及辽为名都……幕府从事刘公子裁其西北隅为小圃……堂于其中，名之曰‘临锦’。癸卯（1243）八月，公子觞予此堂，坐客皆天下之选。酒半，公子请予为堂作记并志雅集……刘公子出贵家，春秋鼎盛，志得意满，时辈莫敢与抗，乃能折节下士，敦布衣之好，以相期于文字间。境用人胜，果不虚语……予知其自临锦主人发之，故乐为之书。”（《文》卷三十三）

刘光谦

刘光谦，字达卿，沈州（今辽宁沈阳市）人。泰和三年（1203）进士，资干局，处事详雅。为朝廷所知。累官司农少卿，病疮许州，卒年五十六。《中州集》卷八有小传。父泽，字润之。

元遗山有《送钦叔内翰并寄刘达卿郎中、白文举编修五首》诗（五古），句云：“故应刘与白，亦复念微之。”（《诗》卷一）刘即光谦，白即白华，微之，元遗山自谓也。又《中州集》卷八刘光谦小传云：“好问为举子时，识于登封，相得甚欢。尊酒间谈笑有味，使人不能忘也。”

刘　子

刘某，其人不详。

元遗山有《送刘子东游》诗（七律）一首，句云："刘郎世旧出雄边，生长幽并气质全……"（《诗》卷十）按句意，刘子当系幽并人。

刘使君

刘使君，其人不详。

元遗山有《文湖州草虫为刘使君赋》诗（七绝）一首（《诗》卷十一）。

刘　氏

刘氏，其人不详。

元遗山有《刘氏明远庵三首》诗（七绝），句云："栽花种柳明年了，拄杖敲门日日来。"（《诗》卷十二）

岳邦献

岳邦献，扶风（今陕西扶风县）人。科举曾中解元，余不详。

元遗山有《岳解元生子》诗（七律）一首，题自注："邦献。"句云："扶风里社他年看，闹簇灵椿桂五枝。"（《诗》卷九）又《吊岳家千里驹》诗（七律）一首，句云："蜀客凄凉土一丘……不如无子却无忧。"（《诗》卷十）又《岳邦献寿》诗（七绝）一首，句云："八十老翁持酒劝，酣歌一曲太平春。"（《诗》卷十四）

陈　赓　陈　庾

陈赓（1190—1274），字子飏，号默轩，临晋（今山西临猗县）人。早年与弟陈庾、陈膺齐名，元遗山称其为"三凤"。正大初（1224），与庾入汴。时相高汝砺专恣不法，赓上书斩汝砺以谢天下，书上不报。又责陈规不早谏，规乃入极言，不听，赓长叹而去。汝砺后竟因此恚死。崇庆中，奉父母居华阴十余年，正大避乱于陕之颍川，壬辰（1232）之变陷于汴京围城。北渡后，历事四大幕，张德辉宣抚河东，张仲一建行省，署为参议。与元遗山、贾损之、赵庆之、麻平甫、刘光甫、薛继先、辛愿、赵元、和献之、赵秉文、杨慥、麻九畴、雷渊、李汾、李献卿、杨奂、杨弘道、赵著等名士有交游。至元十一年(1274)卒，年八十五。父仲谦。

陈庾(1194—1261)，字子京。赓之弟。少与赵定、刘绘、张澄同学，号为“四秀”。随亲官青州(今山东青州市)。崇庆壬申(1212)，四方兵起，携家还猗顿(今山西临猗县)。河东破，涉河客华阴二年，后出关居洛西十余岁。贞祐间转徙流寓，兴定庚辰(1220)隐卢氏山中。元光、正大间赴试不利，省亲于陕，移住解梁。后应高雄飞之召，为平阳校官，耶律铸置经籍所于平阳，命其校雠，领所事。忽必烈征至六盘山，与语，大悦。中统元年(1260)因张德辉荐，授平阳路提举学校官。次年卒，年六十八。与元遗山、刘昂霄，李微、杨奂、麻革、杜仁杰、商挺相友善。子元义、元忠。二陈事见程钜夫《雪楼集》卷二十一《故河南两路宣慰司参议陈公(赓)墓碑》及《故平阳路提举学校官陈先生(庾)墓碑》、卷二十三《陈氏三先生(赓、庾、元忠)画像赞》。房祺《河汾诸老诗集》卷三、卷四分载二人诗。

房祺《河汾诸老诗集序》：“子飏、子京二陈昆仲，与元老(遗山)或诗或文，数相赠遗者。”

程钜夫《雪楼集》卷二十一《故河南两路宣慰司参议陈公墓碑》载赓与弟庾、膺齐名，“太原元好问号为‘三凤’”，并云北渡后赓与元遗山等游。同卷《故平阳路提举学校官陈先生墓碑》亦载号“三凤”事，并云庾与元遗山“诸贤咸相友善”。

陈季渊

陈季渊，家在滍水之阴，京兆人。余不详。

元遗山有《醉中送陈季渊》诗(七古)一首，句云：“爱君只欲苦死留，不道南飞何所乐……李汾王郁俱灰尘，天意乃在滍阳陈。舌吐万里唾一世，眼高四海空无人……一月觞君上池水，眼中之人不易忘。衰颜明镜两寂寞，别意春江谁短长。但愿年年见颜色，与君连日醉壶觞。”（《诗》卷五）

戴表元《剡源集》卷八《陈季渊诗集序》：“季渊，京兆人，与遗山元裕之同辈，遗山盛推下之。”按，王恽《秋涧集》卷十五有《挽陈季渊三首》诗，可参。

陈　规

陈规，生卒年不详，字正叔，绛州稷山（今山西稷山县）人。明昌五年（1194）词赋进士，南渡为监察御史。贞祐三年（1215）劾侯挚于国无功，又言警巡使冯祥刻督为事，诏罢祥职。四年（1216）上言开河禁，放免纥石烈鹤寿所俘掠之民，罢宣差虐民，又上章言改革政事八条，宣宗不悦。正大元年（1224）为右司谏，寻权吏部郎中，与杨云翼上言缓修河中府，未几坐事解职。二年（1225），与台谏奏五事，略施行之。以大旱奉诏审冤狱，又言不宜与宋、西夏开战，并与李大节劾撒合辇不法事，使之出为中京留守，朝廷快之。又与大节言三事，宣宗嘉纳之。时近臣切议，惟畏陈规。南渡，与许古并称直臣。死之日，家无一金。刚毅质实，博学能文，笃于学问，刘从益叹为宰相材。《金史》卷一〇九有传，《归潜志》卷四、卷八载其事。

《归潜志》卷八云：“正大初（1224），赵闲闲长翰苑，同陈正叔、潘仲明、雷希颜、元裕之诸人作诗会，尝赋《野菊》。”按，元遗山《野菊》诗见前赵秉文条。

陈时可

陈时可，生卒年不详，字秀玉，燕京人。金翰林学士，正大七年（1230）仕蒙古，为燕京课税所长官。号通寂老人、清溪居士。其事见鲜于枢《困学斋杂录》、苏天爵《元文类》卷五十七录宋子贞《耶律文正碑》。耶律楚材《湛然居士文集》诗、《二妙集》段成己诗均有及之，可参。

元遗山有《过寂通庵别陈丈》诗（七律）一首，题自注：“甲辰（1244）秋并序。”（按，诗题“寂通”当为“通寂”之倒，《困学斋杂录》云时可号“通寂老人”）序云：“陈丈未识某而爱其诗，曾对高御史士美言，我他日见遗山，当快饮百醉。后见之而公已病，乃相约易百醉为百杯。每见以酒筹计之，至七八十杯，复有此别，故诗中及之。”句云：“三月有期何敢负，百杯未满会须填。违离更觉从公晚，却望都门一慨然。”（《诗》卷十）

陈仲谦

陈仲谦，其人其事未详。按光绪间张煦撰《山西通志》卷九十五著录《规措使陈仲谦墓碑》，系正大二年（1225）元好问撰，碑旧在临晋县，未见其文。可知此年之前，仲谦当与遗山有交。

周才卿

周才卿，曾入赵天锡墓府，号拙庵。余不详。

元遗山有《周才卿拙庵》诗（七绝）一首，句云：“诗笔看君有悟门。”（《诗》卷十四）又《龙山赵氏新茔之碑》云：“癸卯（1243）冬十月，（赵）侯（振玉）介于同官李稚川、周才卿为予言（请为新茔碑）……”（《文》卷三十）

周　鼎

周鼎（1182—1218），字器之，定襄人。少从祖父学六经，应童子举，又从平阳毕晋卿学赋学。贞祐乙亥（1215）登进士第，初仕五台主簿。太原行元帅府事翟德升复用为定襄丞，兵乱，保民甚众。迁阳曲令、权河东北路转运司户籍判官、帅府检察。雁门破，没于兵，时兴定二年（1218），年三十七。弟献臣，子铁和。

元遗山作《阳曲令周君墓表》述其生平行谊，且云：“好问辱从君游，献臣以墓表见属……始恨交游半生，知君不尽耳，乃为述其故……”（《文》卷二十二）

周献臣

周献臣，字梦卿，鼎弟。仕蒙古为定襄帅，兼善医道。余不详。

元遗山《同周帅梦卿、崔振之游七岩》诗（五律）一首，题自注："定襄七岩。"句云："同游尽亲旧，举目是家山。"（《诗》卷七）又《送崔振之迎家汴梁》诗（五律）一首，句云："樊守能供酒，周侯许买山。"（《诗》卷七）按，樊、周指樊天胜与周梦卿。又有《送田益之从周帅西上二首》诗（五律）（《诗》卷七）。又《送周帅梦卿之关中》诗（七律），句云："忆君醉别柳边村"，"射虎南山付公等"（《诗》卷九）。又《追赋定襄周帅梦卿家秋日牡丹》诗（七律）一首（《诗》卷九）。又《周氏卫生方序》云："定襄周侯梦卿，弱冠从其兄户籍判官器之（即周鼎）作举子……（集验方为《周氏卫生方》）予以世契之故，得传录焉……予于周侯不独美其已试之功……遗山元某引。"（《文》卷三十七）又《遗山新乐府》卷二《朝中措》（其七）小序云："周帅华堂紫牡丹。"又《续夷坚志》卷四"舜麦"条自注："定襄周梦卿说。"

周良老

周良老，其人不详。

元遗山有《赠周良老》诗（七古）一首，句云："我居聊城欲二载，喜见周叟醇而温。"（《诗》卷四）

周　驰

周驰，生年不详，字仲才，号迂斋先生，济南人。从醇德先生王广道受经学，从泰山李时亨受赋学，与党怀英、赵秉文为忘年交。大定中，以策论魁天下，私试亦频中监元。以饶财资乡人从学，贞祐济南城陷，携二孙赴井死。弟子吴子英。《中州集》卷七有小传。

元遗山《送王彦华》诗（七古）一首，句云："迂斋受学青衿日，殷重遗山为拊摩。东国人伦吾岂敢，只凭月日决魏科。"（《诗》卷四）

周国器

周国器，汝南（今属河南）人。余不详。

元遗山《遗山新乐府》卷三《定风波》（其四），句云："见说德星今又聚，何处？范家亭上会周吴。"自注："永宁范使君园亭会汝南周国器、汾阳任亨甫、北燕吴子英、赵郡苏君显、淄川李德之。用东坡体，拟六客词。"

段克己　段成己

段克己（1196—1254），字复之，号遁庵，绛州稷山人。弟段成己（1199—1279），字诚之，号菊轩。段氏兄弟早有才名，工诗词，礼部尚书赵秉文尝目为"二妙"，并题其居里"双飞"二大字。正大七年（1230），成己登进士第，授宜阳主簿。克己同年举进士，无意仕途，纵酒自放。天兴元年（1232），二人被陷于开封围城。城破得脱，俱隐于龙门山。克己卒，成己迁居平阳，元世祖忽必烈征为平阳儒学提举，坚辞不就。二人诗作合刻有《二妙集》行世，房祺《河汾诸老诗集》卷六、卷七分录其诗。后人孙德谦编有《段遁庵先生年谱》《段菊轩先生年谱》各一卷。

房祺《河汾诸老诗集序》："遁庵、菊轩，有稷亭'二段'之目，与元老相次登第者。"成己并为曹益甫本《遗山先生诗集》作引（见施注序例）。

毋受益

毋受益，其人不详。

元遗山有《送毋受益自潞府归嵩山》诗（五律）一首，句云："青山吾旧隐，此日羡君归。"（《诗》卷七）

阎商卿

阎商卿，其人不详。

元遗山有《阎商卿还山中》诗（七古）一首，句云："阿卿去月从我来，今日西山成独往。"（《诗》卷三）

阎 珍

阎珍（1185—1241），初名轮，字载之，上党潞人。及长，仕州县，累至公府掾。壬午（1222），严实率蒙古兵攻上党，珍降之，授宣武将军、潞州招抚使，保州人数万。有诬其敛民，查不实，严实为申之，加怀远大将军、元帅左监，兼同知昭义军节度使事。继拜辅国上将军、左副元帅、昭义军节度使，选壮士数千守潞州。金兵攻蒙古军，恒山公武仙降蒙古复谋南归，劫珍送马武砦上党公张开，张开释之不诛。河南破，珍复归严实，留之东平。辛丑（1241）元日饮酒，次日暴卒，年五十七。《新元史》卷一三七有传。子德荣、义荣。

元遗山为作《故帅阎侯墓表》述其生平大略，且曰："辛丑（1241）元日，予方客东平，载之盛为具，召予及大兴张圣予、祁人宋文卿、东光勾龙英孺、镇人刘子新、太原崔君卿、浑源刘文季、寿春田仲德辈饮于家之养素斋……明日疾暴作，一仆地遂不起……孤子德荣请于予曰：先人得幸吾子，前日之饮亦惟子之故，今大故矣，忍使之随世磨灭耶？'予即为叙其平生，使刻之石……"（《文》卷二十九）

阎子实

阎子实，曾任职于蒙古国，余不详。

元遗山有《送阎子实、焦和之北上》诗（五律）一首，句云："春风两黄鹄，老眼看云霄。"（《诗》卷七）

阎 复

阎复（1236—1312），字子靖，一作子静，号静山，山东高唐人。少颖悟，弱冠入东平学，师康晔。严实于东平行台试进士，以元遗山校试其文，复为首选。岁己未（1259），复掌书记于行台，擢御史掾。至元八年（1271），用王磐荐，为翰林应奉。后以才选充扈驾上京，忽必烈升之为翰林修撰。至元二十三年（1286）累迁为翰林学士。世祖屡召至榻前，面谕诏旨，具草以进，世祖称善。

二十八年（1291）欲以复为相，命为浙西道肃政廉访使，以坐桑哥奸败事免官。三十一年（1294），成宗以旧臣召入朝，除集贤学士，阶正议大夫。元贞元年（1292）上言京师首建庙学，从之。又上疏言定律令，减江南公田税，颇多采用。大德元年（1297），仍迁翰林学士。四年为帝密荐哈剌哈孙为左相，复亦拜翰林承旨。十一年（1307），武宗即位，首陈三事：惜名器，明赏罚，择人才。未几，遥授平章政事，皇庆元年（1312）卒，年七十七。谥文康。有《静轩集》。《元史》卷一六〇、《新元史》卷一八八有传。袁桷《清容居士文集》卷二十七《翰林学士承旨阎公神道碑铭》、卷三十九《谢阎学士》、卷三十六《翰林学士承旨阎复追封永国公谥文康制》、张之翰《西宕集》卷十四《送翰林学士阎公浙西道廉访使序》、王旭《兰轩集》卷十三《静山记》均载其事。

《元史》卷一六〇《阎复传》云："弱冠入东平学，师事名儒康晔。时严实领东平行台，招诸生肄进士业，迎元好问校试其文。预选者四人，复为首，徐琰、李谦、孟祺次之。"《新元史》本传略同。

阎复《静轩集》有《遗山先生挽诗》（七律）一首云："萧寺秋风卷王荷，月明人影共婆娑。谁知别后骊驹曲，便是先生薤露歌。野史夜寒虫蠹简，锦机春暖风停梭。只应前日西州路，常使羊昙忍泪过。"

智仲可

智仲可，其人不详。施注疑为智廷贤，见《元朝名臣事略》卷十一引《李德辉行状》，可参。

元遗山有《智仲可月下弹琴图》诗（七古）一首（《诗》卷四）。《续夷坚志》卷四"鸡泽神变"条，自注："智仲可说。"

郑梦开

郑梦开，德安（今湖北安陆县）人。

元遗山《鸠水集引》云："德安郑梦开以所编宋君周臣（子贞）《鸠水集》

见示，云‘宋君以文章名海内……子厚于宋者，请为题端’。某不敏，不足以知诗文正脉……”（《文》卷三十六）

常君卿

常君卿，其人不详。

元遗山有《寄谢常君卿》诗（七律）一首，句云：“百过新篇卷又披，得君重恨十年迟。文除岭外初无例，诗学江西又一奇……仙乡白凤瀛洲近，洗眼云霄看后期。”（《诗》卷十）

常用晦

常用晦（1178—1251），字仲明，平山（今河北平山县东南）人。少强学自立，有声场屋间。后与文士交益众，赋业外兼究它书。名医张子和著医书数十万言，求麻知几润色之，用晦遂得以探其微旨，助张发药，病家赖焉。真定幕府辟为本路府学教授，在职数年，士论归之。辛亥（1251）卒，年七十四。父振，子德。

元遗山为作《真定府学教授常君墓铭》述其生平大略，且云：“元光癸未（1223），予过郾城，见麻征君知几，问所与周旋者（知用晦其人）……及仲明来馆舍，因得接杯酒之欢，然未款也。北渡后，来镇阳，仲明在焉。予首以知几存没访之……予初谓知几少许可，而独予仲明有端人之取，固已慕向之。及知几将迁内乡，托于予者为甚厚。仲明之先世又出于代雁门，用是交遂款。如是六七年岁。辛亥（1251）九月，自太原东来过仲明之门，而仲明之下世十许日矣。孤子德雅知予敬其先人，涕泗以墓铭为请。予复之曰：‘此吾之志也，奚以请为？’乃作铭并论次之……”（《文》卷二十四）又《常仲明教授挽词》诗（七律）一首，句云：“云际虚瞻处士星，岂知谈笑已忘形”，“晋产真淳有典刑”，“白帽枉教淹晚节，绿囊元拟济含灵”。自注：“常，代州崞县人（按，常后占籍平山，见上文），客郾城，与（麻）知几游从，知医，临终殊明了。”（《诗》卷十）

忻州郡守

忻州郡守某，其人不详。

元遗山代其作《郡守天池祈雨状》云："维太岁甲辰（1244）辛未朔二十四日甲午，忻州某官等惶恐百拜，献状天池龙君殿下……"（《文》卷四十）

结 论

以上所考凡469人，并非遗山一生接触的全部人物。文中略去了三部分人：一、遗山直系亲属和姻亲中的部分人物。这些人物的考证见本书《元遗山亲属考》。二、遗山交往的许多僧道之流。这些人物的考证见本书《元遗山交往僧道考》。三、个别与遗山虽有往来但关系甚远、彼此影响很小的以及与遗山彼此虽有影响但无直接交往的人物。这些人物姑置而不论。

可以说，这469人已占到了遗山交往人物的绝大多数。通过遗山与这469人的交往，可以较全面地考察遗山所受的社会熏陶和思想影响，了解遗山在怎样的文化环境中成长，又从事和经历了怎样一些社会活动以及这些活动的性质、内容和范围，还可看出遗山成年后所具有的社会地位，他的种种言行活动产生了怎样的社会作用和效果等，从而为客观地研究和评价遗山提供较为可靠的基础和依据。

遗山生活的金元之际，史学界一般指公元1211年蒙古骑兵攻入长城，到1271年元世祖建立元朝这60年间。遗山生于1190年，到1211年，年仅22岁。这一段是其童年和青少年时期。蒙古军南攻时，遗山刚刚成年。成年后便遇上了国家多难、战祸蔓延的动荡岁月。从1211年到1234年金亡，这是遗山用世后的前半段，共24年。在此期间，遗山以文名取称于世，步入仕途，直至入京任职，亲睹金廷政治腐败、社会动乱和百姓的苦难，激发了忧国忧民的意识。

特别是在金亡之前的汴京围城中，经历了血与火的浩劫，遗山陷于无力回天的极度痛苦和磨难中，政治立场和人生态度发生了巨大转折，对金廷政权由失望转为绝望。尽管他抱着“出死以为民”的志向，积极从事“救生灵、安社稷”的活动，终归是徒劳无益，眼看着金朝无可挽回地覆灭了。金亡之际，遗山被蒙古军羁管于山东聊城，几年后才脱离羁管，开始以金室遗臣、文坛盟主身份，风尘仆仆，奔走于河朔地区，从事保存和宣扬中原先进文化的积极活动，同时开展了广泛的社会交游。从 1234 年算起，到他去世的 1257 年，这 23 年间，作为遗山用世期的后半段，遗山通过他的崇高声望和卓越才能，联络了一大批志同道合之士，相互配合，彼此呼应，掀起了一股尊儒重道的社会思潮。这股在中原地区本非新鲜的社会思潮，由于在蒙古军南下造成对社会经济文化的极大破坏，致使历史发生暂时逆转的特定条件下，获得了重新复兴的生命力，对推动社会趋于安定统一发生了独特的积极作用，可以说，促进了历史暂时逆转后的重新起步。当然，就其根本原因来讲，这种儒学思潮的进步性，取决于蒙古国上层进步政治势力推行上层建筑的变革，以适应在中原先进农业地区的统治利益的需要，同时也适应了广大下层人民渴望恢复发展经济、过上正常生活的客观要求。可以不夸张地说，正是这一社会思潮，为忽必烈日后统一天下、开创元朝提供了必不可少的精神武器和重要条件。总之，是时代造就了元遗山，使他成为那个特定历史环境中进步文化的杰出代表，成为开创大元王朝的在野功臣。也只有从这里，我们才能较全面地认识遗山在金元之际历史贡献的价值和意义；而人们一向称道的遗山在文学和历史学方面的成就，只不过是他在这一时期历史贡献中比较显眼的一部分而已。

基于上述认识，我们不妨以 1234 年金亡为界，将遗山交游的人物分为三批，略作分类统计，以便于从定量分析中考察遗山社会交往关系中包含的意义。

遗山交往的 469 人中，可确知和推知卒于金亡之前的有 120 人，占

25.6%；卒于金亡之后的有 252 人，占 53.7%；卒年尚难推知的有 97 人，占 20.7%。

遗山一生有三次遭遇反对派。第一次是青年时至汴京受到赵秉文的延誉和器重，文名大振之时，当时一位宰相攻讦遗山靠私情博重名，指斥赵秉文庇护遗山，系“元氏党人”。这位宰相据说即上文所考之师安石，但文献缺载，考师安石《金史》本传，其人似不类嫉贤妒能之辈，故此事件尚待澄清。此事曾激起遗山愤慨，但最终并未影响遗山仕途进取，对其一生行事影响不大。

第二次是汴京围城中受到叛将崔立及其党羽的胁迫，遗山在友人李仲华（见上文所考）救援下脱险。

第三次是将近晚年的元遗山至燕京受耶律楚材父子之托，为其先人耶律履作碑，曾受到至今不知其名的一些人的指责，认为遗山背弃亡金，有意谋仕新朝。这件事使遗山受到很大刺激，他在寄耶律铸的书信中曾披露了不愿做官的愿望和内心的愤懑。不愿出仕新朝，应是遗山的初衷，但时议的非难，恐怕也是使深受纲常伦理束缚的遗山无法出山从仕的现实原因之一。如果说，崔立之变，使遗山痛感国破家亡，激起国亡史存、己所当任的责任感，从而积极从事抢救文献、保存文化的起点；那么，这后一次横遭士议，则迫使他不得不以金室遗臣的特殊身份，坚持以在野之身，来尽力完成上述未竟之业了。所以，崔立之变和燕京受谤，是从反面坚定了遗山的既定信心，促使他从事文化事业的反作用力。

以上三次反对派的干预，除崔立及其党羽史有明载外，多数人物不见遗山文集，可知这些人物的言行之不足道，也说明遗山心存宽厚，不肯显斥人过。一般来讲，遗山声望甚著，又待人平易，其笃于交谊，奖掖后学，是有公论的。他交结的人数量多、范围广，具有博大的胸怀和卓越的交际才能，这是遗山使自己成为同时代佼佼者的重要原因。

在遗山交游者中，第一部分，为卒年难以推知者 97 人。这部分人可分为八类如次：

1. 崔立事件参与者 3 人：张信之　张子忠　张元美

2. 遗山在金廷的同年 2 人：张梦祥　王　铉

3. 医生 5 人：王德卿　王泽民　张子和（金代杰出医学家）　张简之　武济川

4. 画家 1 人：张彦远

5. 孝子 1 人：张　朴

6. 南宋臣 1 人：张君美（非张徽）

7. 音乐艺人 1 人：张嘴儿

——以上凡 14 人

8. 同遗山从事文事交往活动的个别金廷武将和绝大多数的文臣、进士、学者、材士等文化人士 83 人，占到 97 人中的 85.6%，名单是：

高君用　高良卿　高少政　康　国　唐子达　文　生　郭唐臣　郭辅之
要襄叔　孙显卿　王亚夫　王仲理　王希古　王超然　王辅之　张致远
张平章　张君彦　傅彦远　张子益　张和之　张仲文　张泽之　张去华
张光甫　翟器之　邢将军　邵和卿　白君举　宗秀才　宋文之　皇甫季贞
冯漕缓　湛澄之　李彦深　李文卿　李天成　李子范　李参军　李　生
李春卿　李嗣荣　韦仲安　袁显之　范庭玉　兰文仲　燕子和　慕容安行
樊大临　韩君锡　韩恬然　綦　毅　綦君美　药正卿　杨敬之　秦彦容
杨次公　杨　漕　杨　某　胡寿之　赵叔宝　赵　素　赵景温　曹德甫
晁国章　吕仲贤　吕国材　罗友卿　马伯善　刘长卿　刘君用　刘巨济
刘仲通　刘仲修　刘寿之　刘　子　刘使君　刘　某　岳邦献　陈仲谦
毋受益　阎商卿　常君卿

第二部分，卒于金亡之前的交往者 120 人。据其不同身份和情况，可分为如下 8 类：

1. 金廷进士 5 人：

庞 汉　康良辅　李 楫　秦 略　段克己

2. 在金未出仕的文士之流 16 人：

高 永　麻 革　冀明秀　王利宾　王方钟　王 郁　武子告　卫承庆

吴庭秀　吴庭俊　弋 润　鲜于彦　鲁杨振　曹 元　曹 珏　周 驰

3. 隐士 10 人：

麻平甫　麻九畴　辛 愿　靖天民　张 潜　张 瑴　祖唐臣　郝天挺

田紫芝　刘克明

4. 武职将领 8 人：

郭 瑁　聂天骥　张荣祖　樊天胜　马庆祥　完颜斜烈　完颜陈和尚

王德录（此人系蒙古国将领）

5. 医生 2 人：卢 昶　李 杲

6. 遗山的反对派 2 人：

师安石（打击遗山之细节，不详）　崔立（民贼叛将）

7. 有金廷误国之将 2 人：完颜白撒　赤盏合喜（均系遗山深为不满者）

——以上凡 45 人

8. 剩下的多数人物是金廷著名文臣、要员能吏、地方乡绅、名流材士等，均系有相当地位和社会影响者 75 人，占 120 人的 62.5%，其名单如次：

庞 铸　高 嶷　高 夔　商 衡　康德璋　康 锡　郭 峤　许 古

石裕卿　雷 渊　贾益谦　贾令春　冀禹锡　王庭筠　王特起　王仲元

王中立　王 革　王 扩　王 渥　张主簿　张子厚　张行信　张汝翼

张汝明　张万公　张公著　张 瑴　张 翰　耶律思忠　耶律贞　胥 鼎

崔 遵　白宗完　吴 章　吴 璋　程 震　侯 挚　移敕买奴　完颜琦
完颜怀德　完颜奴申　完颜习捏阿不　宋九嘉　冯延登　游 叔　李纯甫
李献甫　李献能　李 遹　李 汾　术虎筠寿　董文甫　蒲察元衡
蒲察琦　薛居中　杨云翼　杨 慥　胡景嵩　赵 元　赵端卿　赵秉文
赵伯成　赵 述　赵雄飞　赵思文　吕 豫　路 铎　刘从益　刘 涛
刘祖谦　刘昂霄　刘光谦　陈 规　周 鼎

这75人中的绝大多数在金朝政治、军事、经济活动方面，特别是思想文化活动方面有着重大建树或有所作为。他们同遗山的交往，对遗山本人以及彼此之间有着重要影响，值得重视。有必要指出，其中商衡、康锡、聂天骥、冀禹锡、张潜、武子告、耶律贞、弋润、周驰、蒲察琦、马庆祥共11人，均系金亡时为国死难的烈士，赢得了遗山深沉的敬意。此外，在遗山所作《聂孝女墓铭》（见《文》卷二十五）中，也列举出一批殉国志士的名单，其壮烈行为使遗山受到极大激励。只是由于从文献中难以考知这批志士是否与遗山有过直接交往，故未能收入本文，留下了缺憾。但无疑他们都是对遗山发生积极思想影响的重要人物。

第三部分，是卒于金亡之后的交游者252人。他们中有许多人是在金亡之前便与遗山有深交的，在金亡后仍参与各种社会活动，与遗山保持往来。这252人可分为如下6类：

1. 元世祖忽必烈以及出仕蒙古国的名臣要员、各级官吏（包括由金入仕蒙古国者）等81人，其名单如次：

忽必烈　高 鸣　商 挺　商 琥　郭守敬　覃 澄　石子章　雷 膺
孔元措　王 鹗　王元粹　王明之　王思廉　王 恽　张彦通　张 徽
张子钧　张飞卿　张德辉　张 复　张 奥　张 喜　张 肃　张耘夫
张奉先　耶律楚材　耶律铸　信亨祚　崔振之　崔梦臣　白 恪　魏 璠

魏　初　吴辨夫　程思温　徐世隆　宁端甫　宰　沂　宋子贞　冯扬善
李　昶　李　麟　李　微　李　通　李天民　李　冶　李天翼　姚　枢
韩德华　薛　玄　杨天德　杨新甫　杨　恕　杨　奂　杨　果　郝继先
郝　经　敬　铉　赵元德　赵　复　赵吉甫　赵　著　娄　生　曹居一
曹松年　曹　桢　刘　训　刘秉忠　刘　敏　刘德润　刘汝翼　刘　祁
刘　述　刘　肃　刘时中　刘惠之　陈　赓　陈　庾　陈时可　阎子实
阎　复

2. 中原地区地方帅、汉人世侯及其部属 40 人，其名单如次：

严　实　康　晔　贾　起　孙　庆　孙德谦　张孔孙　王玉汝　张晋亨
张　澄　阎　珍　严忠嗣　刘　诩　严忠杰　赵德用　信世昌　张特立
张德谦　赵天锡　黄逸民　周才卿　张　柔　张弘略　乔惟忠　贾　辅
史天泽　赵振玉　李　谦　常用晦　杜国宝　聂　珪　张安宁　郝和尚拔都
周梦卿　田益之　刘浚明　李九成　毕淑贤　刘　济　郝　侯
忻州郡守

——以上两类人凡 121 人，占 252 人的 48%

这 121 人，系金亡之后蒙古国统治中原时期政治、军事、经济、文化诸活动中的头面人物和活跃分子，为元王朝的建立立下汗马功劳，做出了种种贡献。其中有一批政治家、理财家、思想家、文学家、开国名臣和著名将领，还有衍圣公（孔元措）、名医（吴辨夫）、宗教活动家（王元粹、冯扬善）、刻书家（赵著）、科学家（郭守敬）等，其中不少是遗山的师长、弟子、旧僚、姻亲，彼此关系密切，非同一般。

3. 前朝（或新朝）进士 10 人：

贾仲德　贾仲温　张无咎　王敦父　王　赞　张仲可　解飞卿　赵尚宾
段成己　贾庭扬

4. 金室遗臣、文士 34 人：

孙德秀　王以道　王若虚　王　彧　张　效　张　纬　张景贤　张正伦
耶律辨才　邢公达　任嘉言　崔振之　乐　夔　白　华　冯　璧　完颜仲希
梁　陟　李正甫　李特立　李献卿　李献诚　李过庭　李　蔚　李国维
夹谷土敕　苏　车　杜　先　杨　鹏　杨宏道　刘彦卿　刘谦甫
张汉臣　移敕瑗　萧汉杰（此 3 人系武将）

5. 文学家、诗人、才女但未曾参与政治军事活动者 6 人：

张　宇　白　朴　房　皞　杜仁杰　橄　举　静华君（女）

6. 未详仕履的名流有 81 人，其中文化人士 61 人：

高评事　商　道　靖文炜　郭仲通　郭仲庸　晋　古　冀衡甫　王彦华
王　铸　张　伟　张润之　张　德　赵昌龄　武伯佐　焦和之　任耀卿
仇舜臣　白季昌　白　忱　吴子英　吴仲杰　吴天益　程仲卿　倪文仲
修端卿　勾龙瀛　宋　可　李彦仁　李唐佐　李仲华　李德之　李文伯
李　仝　李　浩　李成之　李邦彦　李邦瑞　李周卿　弋唐佐　董彦宽
董德卿　萧仲植　苏君显　韩君杰　韩不疑　赵孝先　赵克刚　史庭玉
曹德一　曹之谦　田仲新　吕大鹏　马三达　马郎中　刘　方　刘敬之
陈季渊　周良老　周国器　智仲可　郑梦开

书画家 9 人：

武元直　耶律浩然　李汉卿　杜莘老　赵　滋　田汉卿　马云卿　马云汉
刘器之

隐士 2 人：程自修　李湛然

音乐艺人 2 人：苗君瑞　杜　生

孝子 2 人：史子桓　田道章

此外，医生张伯全 1 人，制笔家刘远 1 人，宗教活动家郭大方 1 人，相者訾洞春 1 人，神童侯金鼎 1 人。

值得指出的是，从师弟关系来分析，遗山亲承指授或视为师长的 10 人，即赵秉文、杨云翼、路铎、郝天挺、王中立、吴章、王若虚、冯璧、刘汝翼、张特立，后 4 人活到了金亡之后，其中刘汝翼、张特立尚积极参与社会活动。遗山的弟子 17 人，即郝经、魏初、王恽、郝继先、王思廉、许楫、阎复、贾仲德、贾仲温、张宏略、严忠杰、张孔孙、孙德谦、信世昌、白朴、张润之、雷膺（与阎复在东平一起被遗山选拔的孟祺、徐琰、李谦 3 人，及遗山指授过的耶律楚材之子耶律铸尚不包括在内），均是金亡后社会活动中的活跃人物，其中不少为元朝开国的重要人物，白朴则系在野的杰出元曲作家。

我们还可以看到，在汴京围城中遗山上耶律楚材书中列举的 54 位金廷材士，其中相当多数人均在金亡后受到蒙古国的任用，或在各方面有所建树（详见姚从吾《元好问癸巳上耶律楚材书的历史意义与书中五十四人行事考》）。

以上对遗山一生交游的 469 位主要人物按卒年可考与否分三大部分，并分为若干类型来考察，只是一个粗线条的大略排比。其中有的人虽归于某一部分、某一类中，其身份和活动范围却并不单纯。卒年不详者有的生活时间可能只限金亡之前，有的则可能经历两朝；身份仕履不详者从事种种活动，也往往一身兼数任，这是极易理解的。当然，也存在着因笔者学识浅陋，本可考知其履历行事而未考、误考以至遗漏、疏误、分类不当者，也有未曾涉及的对遗山仅发生间接影响的重要人物，但总体上看，仍可从上述大体上的量的分析，了解这张以遗山为中心所交织而成的社会关系网络，其活动的实质性内容、特征，由点到面地考察当时社会环境、社会思潮、时代精神以及遗山本人及其同道的历史地位和作用。我想，通过这篇《交游考》，至少可以说明以下几点：

一、遗山的社会交往随着年事增加、阅历丰富、声望日隆，接触面愈来愈广，接触的人物愈来愈多，可以说上自金元两朝皇室权贵、各级官员，下至文人学士、隐者名流，三教九流，无所不包。这是遗山同时代的其他杰出人物罕有其匹的，说明遗山不仅是当时杰出的文学家、史学家，还是一位卓越的社会文化活动家。

二、在金亡之后，遗山的交往重点是与蒙古国军政权要人物及与其关系密切者，大部分对象是士大夫知识分子。这些人物造成了一股进步的社会思潮，遗山虽不能说是当时精神界的唯一代表，也可以说是重要的精神领袖。

三、遗山在金亡之前是当世才子，在金元之际是北方文坛盟主，他从事的主要是文化活动。但在金亡之后，遗山只能采取以在野遗民身份的特殊方式，从事这一活动。从其取得的巨大社会效果看，是需要很高的社会交际才能和极高的文化素养的。这说明，遗山的历史贡献固然同时代的要求分不开，但也同他本人具有的主观条件密切相关。

四、总的来看，遗山一生遭遇的反对派不算多，但也给他造成了很大的精神压力甚至灾难。但遗山没有向反对派势力屈服，而且取得了很大成功。这需要对事业坚定的信念、恒久的毅力和宽以待人的气度和胸怀。遗山具备了这些可贵的品质。

通过全面考察，可以说，遗山在动乱的年代，始终站在时代的前列。时代造就了这位北方文雄，而遗山也没有辜负他所处的时代。

本文所考元人详细传记资料，可检中华书局 1987 年出版的《元人传记资料索引》。本文所考元人见于该索引者有如下 84 人：高鸣、商道、商挺、商琥，康晔、郭守敬、许楫、聂珪、石子章、雷膺、贾辅、麻革，王德禄、王玉汝、王革、王思廉、王恽、王鹗、孙庆、张柔、张孔孙、张弘略、张晋亨、张特立、荣祖、张德辉、耶律楚材、耶律铸、邢敏、乔惟忠、信亨祚、信世昌、白恪，白朴、魏璠、魏初、徐世隆、宁端甫、房皞、宰沂、宋子贞、梁陟、李谦，李冶、李昶、李楫、姚枢、樊天胜、樊大临、薛玄、杜仁杰、杨奂、杨宏道、杨果、杨恕、郝天挺（继先）、郝经、郝和尚拔都、敬铉、檝举、赵天锡、赵复、赵素、史天泽、曹松年、曹居一、晁国章、毕淑贤、严实、严忠嗣、严忠杰、刘敏、刘济、刘祁、刘述、刘肃、刘秉忠、刘时中、陈赓、陈庾、段克己、段成己、阎珍、阎复。

元遗山交往僧道考

元遗山在金元之际的社会动荡年代，周游中原各地，交游极为广泛。除大量世俗名流人士外，还有一批宗教界僧道方外之士同他密切往来。这些僧道多数是具有相当文化修养的士大夫知识分子，为逃避战祸和种种人世灾难，借宗教求庇全身。其中佛教徒以禅宗弟子为多，道教徒则主要是全真道、太一道门徒。由于战争浩劫造成的深重灾难，使生活无望的民众滋生了厌世苟全情绪，从而为佛道势力的兴盛提供了条件；加之金朝和蒙古统治者对宗教的有意利用和提倡，使佛道宗教的情绪弥漫于社会各阶层，形成了对政治颇具影响的一股思潮。元遗山本人在这样的环境中，深受习染，对佛学与道家思想颇为熟悉，并抱有尊重态度。他虽然不以僧道安身立命，反对宗教中的迷信愚昧成分，但同修养高深的佛道宗师却交谊深厚。遗山为一代文坛盟主，所到之处，常受佛道人士礼遇招待。寺观往往成为遗山暂时养憩忘忧之所，在此与友人谈诗论文或从事撰述，成为他人生的乐事。遗山有时自称“我本宝应僧”，自号“山人”“居士”，甚至同意他的一个女儿为黄冠，说明遗山对佛道的感情倾向。他的著述中保留有相当数量有关寺观和佛道人士传记的文字，为研究当时的宗教史、思想文化史提供了宝贵材料，反映了遗山思想意识中以儒为主、兼采佛道的宽容精神和时代特色。全面研究遗山，考察佛道思想对他的深刻影响，便是必不可少的一个方面。为此，首先应弄清遗山与僧道人士的交往关系。笔者这篇考证文字，目的就是提供解决这一问题的基本工具和线索。有关遗山思想中佛道影响的论述，笔者在本书探讨遗山哲学思想的文章中仅仅略有涉及，未及进一步深入阐述。限于本书篇幅，容日后另作专文介绍。

本文考证一遵前《交游考》之例，凡文中引遗山诗摘句，采施国祁《元遗山诗集笺注》一书，简作《诗》；引遗山文句，采读书山房本、张穆校订补充的《元遗山先生全集》之文，简作《文》；引施国祁注文者，以“施注”标明；王恽《秋涧先生大全文集》简作《秋涧集》；凡笔者补充说明或考证，则以按语附焉。文中疏误不周之处，谨祈读者指正，不胜感激。

以下分佛、道两部分，按人列条。以人数不多，便于查考，故不再细为次第。

僧（26人）

兴国院诸僧

元遗山为该院诸僧作《兴国院改律为禅请住持疏二首》（《文》卷三十九）。

谦长老

元遗山有《寄答仰山谦长老》诗（七律）一首，句云：“木庵推出谦书记，乞与云林百自由。”自注：“渠住招隐。”（《诗》卷九）

子京禅师

元遗山有《奉酬子京禅师见赠之什》诗（七绝），句云：“嵩少诗僧几人在，因君回望一凄然”，“旧游重忆故人诗，一点青灯两鬓丝”（自注：“住在嵩山时”），“兵尘千里邈相望，乱后相逢话更长”（《诗》卷十二）。

相禅师（西溪师）

相禅师，名弘相，王氏，沂水（今山东沂水县）人。幼出家，事沂州普照僧祖照十年，又学于虚明亨和尚。又十年，出住郑州之大觉、嵩山之少林，沂州之普照，最后住嵩山之清凉。年六十四卒。夏坐年四十六。度十人，曰义，曰喆，而为上首。所证三人，曰显（嗣师席），曰静，曰隽。所著文集三：曰《归乐》，曰《退休》，曰《清凉》，并录一卷传诸方。显等以某年月日奉其遗骨，塔于西溪之上。相禅师，工诗文。

元遗山有《寄英禅师，师时住龙门宝应寺》诗（五古），句云：“清凉诗最圆（自注：相和尚住清凉），往往似方干。”（《诗》卷二）又为作《清凉相禅师墓铭》述其生平，且曰：“清凉，唐废寺。大定中，第一代琇公开荆棘，立之在两山间。初无所知名，琇殁后，遂虚席。久之，西岩德来居。德，辈流中号为楚楚者……盖又一再传，而得吾西溪师。（相卒，弟子显等）以状来乞铭，凡此皆状所言也。初予未识师，有传其诗与文来者，予爱其文，颇能道所欲言。诗则清而圆，有晚唐以来风调，其深入理窟，七纵八横，则又于近世诗僧不多见也。及登其堂，香火间有程沂州戬名幡，问之侍者，云师与程游甚款，殁后岁之祀之，予用是与之交……予尝论师之为人，款曲周密而疾恶太甚……今年西堂成，约予来习静度此夏，比京师归而师殁矣，惜予欲叩真所知而不及也。乃为之铭曰……”（《文》卷三十一）又《兴福禅院功德记》云：“予居嵩前，往来清凉，如吾家别业，自第一代琇公而下若草堂德、山主通、西溪相与相之徒显、靖、隽诸人，皆有道行可纪，故尝称述之……”（《文》卷三十五）又《寄西溪相禅师》诗（七律）一首，句云：“拂衣明日西溪去，且放云山入浩歌。”（《诗》卷八）又《戏相师》诗（七绝）一首，句云：“胸次九流君自了，看来唯少醉如泥。”（《诗》卷十四）

俊书记

俊书记，相禅师之徒，为嵩山侍者（见“相禅师”条）。

元遗山有《答俊书记学诗》诗（七绝）一首云：“诗为禅家添花锦，禅是诗家切玉刀。心地待渠明白了，百篇吾不惜眉毛。”（《诗》卷十四）又《暠和尚颂序》云：“余亦尝赠嵩山侍者学诗云：‘诗为禅家添花锦……”（《文》卷十四）按，前引《清凉相禅师墓铭》《兴福禅院功德记》俊作“隽”，当是一人。

伦伯达

伦伯达，西域僧。

元遗山有《与西僧伦伯达》诗（七绝）二首，句云：“不似遗山元老子，尘埃风雨过平生”，“半世秦川在梦中，几时莲社与君同。渊明自比吾何敢，或有新诗及远公”（《诗》卷十四）。

德禅师（西岩德）

德禅师，嵩山清凉寺第一代琇公之继席者，所传为相禅师。有清凉草堂。旧曾隐于伊阳，工诗，又称西岩德。

元遗山有《德禅师清凉草堂》诗（五古）一首，句云：“旧隐伊陆巷，把茅入宴息……多生负诗债，秋物苦催索。遥知得新句，嵩少为动色。”自注：“上人旧隐伊阳，伊阳有伊陆巷……”（《诗》卷一）又《清凉相禅师墓铭》云：“清凉，唐废寺。大定中第一代琇公……殁后，遂虚席久之，西岩德来居。德，辈流中号为楚楚者。又屏山李公为之护持，苟可以用力，则无不至，而亦竟无所成，盖又一再传而得吾西溪师。”（《文》卷三十一）又《兴福禅院功德记》云：“予居嵩前，往来清凉，如吾家别业。自第一代琇公而下若草堂德、山主通、西溪相与相之徒显、靖、隽诸人，皆有道行可纪，故尝称述之。”（《文》卷三十五）

僧　源

僧源，字济甫，宋州（今河南商丘县）人。工诗。

元遗山《寄英禅师，师时住龙门宝应寺》诗（五古）一首，句云："洛甫诗最苦（自注：僧源，字洛甫，宋州人），寸晷不识闲。倾身营一饱，船上八节滩。"（《诗》卷二）

赟禅师

赟禅师（1161—1221），名法赟，侯氏，兖州人。自幼出家，事嵫阳明首座。大定间以诵经通，得僧服。精于佛理义理，得法于告山明和尚。嗣法灵岩才师，住告山寺，再住兖州普照寺，与路铎友善。兴定末（1221）卒，年六十。弟子汴禅师。

元遗山与汴禅师交游三十年，因汴之请为其师赟禅师作《告山赟禅师塔铭》述其生平（《文》卷三十一）。铭作于"丁巳（1257）夏五月二十有五日"。

坟　云

坟云（1162—1226），原名法云，刘氏，临汾（今山西临汾市）人。十一岁出家于洪洞圆明寺，师于僧智真。二十五岁受义学于广化寺僧慧，学禅于韶山义公。后至南阳，主崇胜之观音院，住灵山寺，为之起报恩寺。父母亡，曾为庐墓旁，守孝三年，人称"坟云"。正大三年（1226）冬卒，年六十四。弟子四人，觉懿、行思、行了为上首。刘祖谦（字光甫）与之同乡里。

元遗山为作《坟云墓铭》述其生平，且云："（刘光甫）知师为详，托予铭其墓。予以刘为不妄许可者，乃为之铭……"（《文》卷三十一）

洪　倪

洪倪，河东（今山西）人。初受具于王山参枝足清和尚，复裹粮千里，以巾侍自誓，往投师万松和尚，万松一见以座元处之。承事十五年，备极劳苦。刘师彰夫人郑氏及报心寺提点僧润共起崇孝寺，请洪倪为第一代主，凡十年，又别为寿圣禅寺，为万寿长老，主该寺。

元遗山因其请作《寿圣禅寺功德记》述该寺兴建始末，且云：“万寿长老僧洪倪暨予皆河东人。今年夏，予来燕城，知师主寿圣也，将往过之。师遣侍者致参，承云：‘三四年以来，常欲走书币太原，有请于吾子，幸今至矣，税驾于我可乎？’予欣然从之。他日问所求，师曰：‘无他，惟丐文以记寺事耳。’请具道所以然……予捧手曰：‘有是哉！兴建本末，当如师所请。’……年月日，元某记。”（《文》卷三十五）

净　文

净文，少室清凉寺僧，因郜智进之请，居登封兴福禅院。

元遗山《兴福禅院功德记》云：“兴福禅院，在登封醴泉乡之西保，其初，檀越郜智进买地于蒋整家，筑佛屋其上，请少室清凉僧净文居之……予赴召京师，（山主）通与显（清凉寺僧相之徒）偕智进来，谒文以记此寺经度之始。予诺之，然以趣装未暇也……丁酉（1237）之秋，见净文于山阳（今河南辉县）。盖自河南历大名、东平，访予而及之。谓予言：‘丧乱后两寺幸存，千里之来，尚欲成诸师之志，以无忘郜氏耳。’予欣焉为记之……”（《文》卷三十五）

汴禅师

汴禅师，嵩少间龙兴寺僧，旧隐济源。工诗。

元遗山有《汴禅师自斫普照瓦为研，以诗见饷，为和二首》诗（五古），句云：“赠比黄金璞，辞惭紫石歌。遥知玉音在，洗耳俟研磨”，“禅河一勺水，更拟就师传”（《诗》卷七）。又《赠汴禅师》诗（五律）一首，句云：“道重疑高謇，禅枯耐寂寥……赵子曾相问，冯公每见招。”（《诗》卷七）按，赵子、冯公指赵元、冯璧，又《寄汴禅师》诗（七律）一首，句云：“白头岁月坐诗穷，止有相逢一笑同。斋粥空疏想君瘦，冠巾收敛定谁公”“见说悬家好薇蕨，草堂知我是邻翁”。自注：“时汰逐释老家甚急，故有冠巾收敛之句。”

（《诗》卷八）又《留别龙兴汴禅师、普照镒禅师》诗（七律）一首，句云："十年不见木庵师，二老相从又一时。"（《诗》卷九）又《告山赟禅师塔铭》云："龙兴汴禅师为予言：'汴落发于告山赟，承事五六年……吾子尝试听之……敢以撰述为请，幸吾子惠顾之。'不肖交于汴公者三十余年矣。汴南迁后，嗣法虚明亨公，在法兄弟最后蒙印可于临济一枝，亭亭直上，不为震风凌雨之所摧偃。龙兴焚荡之余……予尝以五言赠之，有'大道疑高謇，禅枯耐寂寥……'丁巳（1257）夏二十有五日，河东人元某记。"（《文》卷三十一）按，此诗见上引，"大道"作"道重"。又《中州集》卷六冯璧《漫赋长句》诗（七律）二首，题云："元光间，予在上龙潭，每春秋二仲月，往往与元、雷游历嵩少诸蓝。禅师汴公，方事参访，每相遇，辄挥毫赋诗……"

澄　徽

澄徽（1192—1245），何氏，平定人。七岁入冠山大觉寺，师宗圆大德洪公，洪心异之。崇庆初（1212），以恩例得僧服。洪命历讲席以求义学。不三四年，能为先学者指说。依清拙真禅师于亳泗间。真知其不凡，赠以诗。再参少林寺僧隆、宝应寺僧迁，最后入龙潭虚明寿和尚之室，虚明以第一座处之，传禅宗云门宗法脉。正大甲申（1224），住陈之东林。明年，开堂于亳州之普照寺，名士史奕等为具疏。后以世将乱，从虚明于净安，筑室汴水上。五六年，杖策北渡。金吏部尚书张公理留住彰德之天宁寺，不二年，遁居大名。雅善琴道，通诗律。俄以补印《藏经》功，赐号"寂照通悟大禅师"。乙巳（1245）冬卒，年五十四。弟子智赟、子昶、善明、子广、德澄、普琼等十一人。著有《升堂语录》《解道德经》及诗文集。

元遗山为作《冠山寂照通悟禅师徽公塔铭并引》述其生平，且云："往予过大名，曾一诣师。予先世家平定，然未尝语及之也……及到大名，而师之逝已三日矣。僧赟及琼辈以予师乡曲，丐为塔铭……度不可终辞……乃退而为之

铭……时大朝丙午年（1246）四月初十日……”（温玉成《元好问〈徽公塔铭〉注》，见《山西大学学报》1985年第3期）

僧　志

僧志，乾明寺僧，万寿寺暠和尚法兄弟。

元遗山《暠和尚颂序》云：“岁甲寅（1254）秋七月，余自清凉还太原，会乾明志公出其法兄弟万寿暠和尚颂古百则语，诿余题端。余往在南都……读一语未竟，觉水壶先生风味津津然出齿颊间，当是此老少年作举子时结习未尽尔。志公试以此语问阿师，当发一笑。中元日，遗山居士元某引。”（《文》卷三十七）

英禅师（木庵）

英禅师，名性英，字粹中，号木庵，著名诗僧。弱冠为举子，从高博州仲常游，得其议论为多，因仲常得僧服。贞祐初渡河居洛西，时人以诗僧目之。与辛愿、赵元、刘昂霄、元遗山游，诗道益进。出住龙门宝应寺，有“山堂夜岑寂”及《梅花》等篇，赵秉文、杨云翼、李纯甫、雷渊、李钦叔、刘从益、王郁相与激赏之。住龙门、嵩山少林寺二十年，仰山五六年，元遗山称其为诗僧第一代。又主持少林寺药局，多拯济人。魏初《青崖集》卷五有《木庵塔疏》称其为“百年耆旧，一代宗师”。

元遗山《龙门杂诗二首》诗（五古），句云：“不见木庵师，胸中满泥尘。西窗一握手，大笑倾冠巾。”施注云：“师名性英，字粹中，木庵其号也。”又《寄英禅师，师时住龙门宝应寺》诗（五古）一首，句云：“我本宝应僧，一念堕儒冠……故人今何如，念子独轻安……前时得君诗，失喜忘朝餐……爱君梅花篇，入手如弹丸。爱君山堂句，深静如幽兰。诗僧第一代，无愧百年闲。思君复思君，恨不生羽翰。何时溪上石，清坐两蒲团。”（《诗》卷二）又《怀粹中》诗（五律）一首云：“醉解不复寐，吟君田舍诗。从知石门老，未比木庵师。日月淹书尺，江山入鬓丝。何因重谈笑，却似少林时。”（《诗》卷七）又《留别龙兴汴禅师、普照镒禅师》诗（七律）一首，句云：“十年不见木庵师，二老相从又一时。”（《诗》卷九）又《寄英上人》诗（七律）一首，句云：“乍贤乍佞谁为我，同病同忧只有君。白首共伤千里别，青山真得几时分。相思后夜并州月，却为汤休赋碧云。”（《诗》卷九）又《寄答仰山谦长老》诗(七律)一首，句云：“木庵推出谦书记，乞与云林百自由。”（《诗》卷九）又《夜宿秋香亭，有怀木庵英上人》诗（七律）一首，句云：“兄弟论交四十年，相从旬日却无缘。”（《诗》卷十）按，施注亭在河南唐县（今属河北）。又《赋粹中师拂子》诗（七绝）一首（《诗》卷十一）。按，《中州集》卷七秦略有《同希颜、裕之赋乐真竹拂子》诗。又《赠湛澄之四章》诗（七绝），句云：“总道木庵枯淡好。”（《诗》卷十四）又《少林药局记》云：“少林英禅师为余言：‘昔青州辨公初开堂仰山……其后得医者新公度为僧，俾主药局……兴定末（1221），东林隆住少林……故少林有药自东林隆始。局事之备，迨予三年矣，子幸以文记之。’……（予）故备述之。”（《文》卷三十五）又《木庵诗集序》述英禅师生平甚详，并评其诗艺，称其为“诗僧家第一代者”等（《诗》卷三十七）。

魏初《青崖集》卷五《木庵塔疏》云：“木庵上人……接迹于赵礼部、李屏山之后，定交于雷御史、元遗山之间。”

惠　寂

惠寂（1148—1226），王氏，西河阳城里（今山西汾阳市）人。少有出家志，长多读佛书，授华严法界观于汾州天宁宝和尚。父卒，乃祝发，居孝义寿圣寺，年五十一。崇庆初（1212），以恩例得僧服，遂主信公讲席。避兵南下，居汝州之普照，又迁南阳之鄂城。以华严为业，手抄全经。正大丙戌（1226）卒，年七十九。弟子祖登、法昌、福桑、尼了遇。

元遗山为作《华严寂大士墓铭》述其生平，且云："辛卯（1231）夏四月，昌等因比丘尼净莲求予铭其墓……乃为之铭。"（《文》卷三十一）

超禅师

超禅师，有晦寂庵。

元遗山有《超禅师晦寂庵》诗（七绝）一首，句云："一语调君君莫笑，妙高峰顶更超然。"（《诗》卷十四）

明　玘

明玘，太原僧。初，晋阳白马川之清宁社有威德院，僧善信及其徒真果于皇统初主之。真稍葺堂物，大定中，真果之徒明玘广其寺。玘曾刻《华严经》，于寺作水陆，以新经施，且烧二指为供。

元遗山因明玘之请作《威德院功德记》，且云："寺事成，玘为予言如此，且强予记之。玘今老矣，予尝见其持律严，入理深，护念所业如捍头目，盖人有不可及者，每窃叹焉……"（《文》卷三十五）按，又有明上人，见《诗》卷七《宿海会寺同孙讲师、明上人、赵叔宝、刘巨济夜酌二首》诗，未知明上人即明玘否。然其诗又见李俊民《庄靖集》，疑后人误以李诗为遗山诗，窜入遗山集者。

昭禅师

昭禅师，太原僧，虚明亨禅师弟子辈。弟子蔚某。

元遗山作《太原昭禅师语录引》，且云："正大初（1224），予在史馆，昭公属予求书屏山所作铭于礼部闲闲公。公初以目疾为辞，予请之坚，公因问法王（昭公）皆来有何言句。时昭公方为虚明作塔于法王（寺）之朝台，有偈云：'以塔为身，以铃为舌，万仞冈头，横说竖说。'予为公举似，公欣然曰：'铭安在？我当为书之。'盖师家父子为时贤所称如此。岁丁酉（1237）八月，予自大名还太原，师之徒蔚某，出师语录，求作序……故略以数语遗之。太原元某引。”（《文》卷三十七）又《野谷道中怀昭禅师》诗（七律）一首，句云：“说向阿师应被笑，人生生处果难忘。”（《诗》卷九）

僧　颢

僧颢，龙泉寺僧。寺在龙山。

元遗山有《甲寅九日，同临漳提领王明之、鹿泉令张奉先、贾千户令春、李进之、冀衡甫游龙泉寺，僧颢求诗二首》（七律），句云：“乡社岁时容客醉，石墙名姓为僧留。登高旧说龙山好，从此龙泉是胜游。”（《诗》卷十）

僧　显

僧显，顺天宝教院僧。

元遗山《续夷坚志》卷三“抱阳二龙”条云：“顺天西北四十里抱阳岩宝教院大小二青龙……寺僧显，淳质有道行，时年七十八，说龙之美。”

镃禅师

镃禅师，普照寺僧。寺在亳州。

元遗山有《留别龙兴汴禅师、普照镃禅师》诗（七律）一首，句云：“十年不见木庵师，二老相从又一时。”（《诗》卷九）

普　安

普安，不详。

元遗山有《赠答普安师》诗（七律）一首，句云：“入座台山景趣新，因君乡国重情亲”，“忘言今得眼中人”（《诗》卷十）。按，详诗意，普安当为五台山寺僧。

铸和尚

铸和尚，丹霞寺僧。

《续夷坚志》卷三“方长老前身”条云：“丹霞长老义方，字志道，尉氏人，前身柳小二……小二家供给之，出家法云寺。后嗣法铸和尚住丹霞，亲为予言。”

兴侍者

兴侍者，归义寺僧。

元遗山有《归义兴侍者溪山萧寺横轴》诗（七绝）一首（《诗》卷十四），又《归义僧山水卷》诗（七绝）一首（《诗》卷十四）。按，归义寺，施注云在燕京。兴侍者当即该寺僧人。

道（33人）

天封观道士

元遗山为该观道士代作《请太一宫提点李大师住天封疏》（《文》卷三十九）。

王纯甫等

王纯甫，曾为行台员外郎，广宁（今辽宁北镇县）人。弃官学道，住崞县神清观。其徒和志冲。与忻州天庆观庄炼师通玄相往来。元遗山与王纯甫、定襄李之和游凤山，宿王仲章道正之瑞云庵，又访古于此山来仪观道士孙守真。

元遗山有《两山行记》，述甲辰（1244）夏五月游凤山，与王纯甫等上述数人交往事（《文》卷三十四）。

王守素（孙伯英）

王守素（1180—1230），原名孙伯英，初名邦杰，后改天和。雄州容城（今河北容城县）人，世居洛阳。在太学时与一时名士游，友雷渊、王之奇、辛愿。曾为故相程辉（字日新，《金史》卷九十五有传）为河南判官时门下士。河南府治中高庭玉（字献臣）接纳奇士，号“衣冠龙门”。为府尹构陷，雷渊等俱陷大狱，伯英以先事遁去，依殷辅之商州，变姓名，从外家称道人王守素。会赦，乃归。年四十，厌于名场，多读庄、列之书。兴定初（1217），知世将乱，为黄冠师。正大庚寅（1230）殁于亳州太清宫，年五十一。出身武将世家，又与刘昂霄友善。子璋，婿王好礼，《中州集》卷九有小传。

元遗山为作《孙伯英墓铭》述其生平行事，且云："贞祐丙子（1216），予自太原南渡，故人刘昂霄景玄爱伯英，介予与之交，因得过其家。登寿乐堂，饮酒赋诗，尊俎间，谈笑有味，使人久而不厌。"（《文》卷三十一）又《紫虚大师于公墓碑》云："吾友孙伯英，河洛名士……一见师即北面事之，竟为黄冠以殁。张（内翰敏之），予所敬；而孙，予所爱也。二君子且然，予于离峰子（于公）何疑哉！"（《文》卷三十一）

萧炼师

萧炼师（?—1249），名道辅，字公弼，号东瀛子，太一道始祖萧真人抱珍之再从孙，卫郡人。金天眷间，萧真人创太一道于汲郡，传二代师；二代师退席，传三代师王志冲，字用道者（以法嗣，王氏改从萧氏）。志冲传萧道辅。道辅博学富才智，士论有"中州相"之目，所交皆天下士，与王若虚友善。丙午（1246），召赴蒙古太后幄殿。后史天泽以忽必烈之聘，召至和林，占对称旨，赐号中和仁靖真人。道辅曾于癸酉蒙古兵南攻卫州时，募人敛民遗骸。又与乌正卿、徒单云甫、张几道、王子初、王天铎及其子王恽有交。道辅传太一道于李居寿字伯仁者（亦改从萧氏姓），号演化贞常真人。道辅卒于己酉（1249）冬。其事见王若虚《滹南遗老集》卷四十二《太一三代度师萧公墓表》，王恽《秋涧集》卷二十四《萧征君哀词》、卷三十九《堆金冢记》、卷四十《大都宛平县京西乡创建太一集仙观记》、卷四十七《太一五祖演化贞常真人行状》、卷六十一《凝寂大师张公铭》等。《元史》卷二〇二载其事，然名作"辅道"。

元遗山有《赠萧炼师公弼》诗（七古）一首，句云："吾家阿京（指刘祁）爱公弼，吾家泽兄（指王渥）敬公弼。半生梦与公弼游，岂意相逢在今日。春风和气在眉宇，玉壶冰鉴藏胸臆。人间万事君自知，未必君材人尽识……”自注：“时汰佛老家甚急……”（《诗》卷三）又《跋萧师鹭鸶败荷扇头》诗（七绝）一首（《诗》卷十四）。又《通玄大师李君墓表》云：“癸卯（1243）冬，予自燕都还太原，道出范阳，君（即李大方）之族孙闵持萧炼师公弼所录事迹，以墓表见属……”（《文》卷三十一）

武诚之

武诚之，太原酒政武端甫之父。

元遗山有《送武诚之往汉陂》诗（七律）一首，句云：“行李中春发晋溪，离筵词客赋新题。”自注：“太原酒政端甫之父，此时为黄冠。”（《诗》卷十）

武炼师

武炼师，字子和，住雁门寿宁寺。

元遗山有《南楼月夕望风山有怀武炼师子和》诗（五绝）一首，句云：“相望不相见，山中君得知。”（《诗》卷十一）又《子和麋鹿图》诗（七绝）一首（《诗》卷十四）。又《两山行记》云：“（予）北渡又十年，每过雁门寿宁武尊师子和，必以此山（指风山）为言。”（《文》卷三十四）

何巨川

何巨川，京师长春宫道士，有虚白庵，临安（今浙江杭州市）人。蒙古军伐宋，巨川曾上书忽必烈，言宋未有可伐之罪。至正间，诏追赠二品官。《南村辍耕录》卷六载其事，又王恽《秋涧集》卷十四有《题何炼师巨川虚白庵》诗，郝经《陵川先生文集》卷二有《虚白庵》诗，可参。

元遗山有《空山何巨川虚白庵二首》诗（七律），句云：“旧问韦编悟括囊”。“梦里江声憾客床”（自注：“何，临安人”），“重与青灯约对床”（《诗》卷十）。

何道士

何道士，神霄观道士，观在山东聊城。

元遗山有《觅神霄道士古铜爵》诗（七古）一首，句云：“巧偷豪夺吾何敢，他日酬君九府钱。”（《诗》卷三）又《续夷坚志》卷一“李昼病目”条云：“聊城李昼生二子，其一失明，其一生而无目，李去岁一目复枯。问神霄何道士求治疗。何问渠……”“人生尾”条云：“清河王博……一日指聊城何道士言……”自注：“何道士云。”又有“神霄丹宝”条，可参。

冷德明　房志起

冷德明，修武马坊清真观全真道士，其师刘志敏为丘处机高弟。兴定庚辰（1220）之兵，观废，冷德明葺居之。法兄弟房志起。

元遗山有《马坊冷大师清真道院三首》诗（七绝），句云：“我亦因君有静缘。”（《诗》卷十二）又《清真观记》述冷德明复葺该观始末，且云：“岁甲午（1234），予自大梁羁管聊城，（冷）德明之法兄弟房志起自覃怀来，介于幕府诸君请予为记……因为次第之，并著予所感焉……六月十六日前进士河东元某纪。”（《文》卷三十五）又代作《清真道院营建疏》云：“奉为本庵，欲创圣位（指为丘处机建位）……戊申（1248）六月日，遗山老人疏。”（《文》卷三十九）

王志常　王守冲

王志常（1162—1250），号恒心道人，秀容人，本乡天庆观道士。幼随道士由乡至济源天坛，入阳台宫为香火童子。八年乃归天庆观，事王大用佐材尊师，略知古今史事，留意医药。天庆观废于贞祐之兵，因刘宣抚使、樊天胜之助，乃力为营建。生大定壬午（1162），卒于庚戌（1250）冬，年近九十。弟子王守冲。

元遗山为作《天庆王尊师墓表》述其生平修道事，且云：“（弟子）守冲等为植碑，予用所知者为之铭。”（《文》卷三十一）又《忻州天庆观重建功德记》述天庆观重建始末及观之原委并诸异事，且云：“岁庚戌（1250）春二月，予还自镇州，管内道士王守冲谓予言：‘兵荒之后，吾所居无尺木寸甓之余，先师拨土立之。计所成，不能前世百分之一，而吾师弟子之心力尽矣。先师留语，以观记属吾子，幸吾子不让。’予私窃慨叹，予年运而往矣，其所经见亦已多矣。曩予婴年，先大夫挈之四方，十八乃一归，始闻乡里谈天庆异事……（王志常）年近九十，以去冬留颂而逝，皆予所接见者也。因为守冲言，子之居，人境俱胜，异事又多，垂示永久，宜无不可……予方质以所闻，撰《新兴方志》。子之师不以属笔，且当志之，况于平生之言。乃为记其事……”（《文》卷三十五）按，王志常修道与天庆观降鹤异事又见《续夷坚志》卷四“王尊师天坛之行”条、卷一“大庆鹤降”条，可参。

王道成

王道成，其人不详。

元遗山有《赠王仙翁道成》诗（七律）一首云：“览照休惊白发新，弈棋翻覆见来频。燕南赵北留诗卷，王后卢前尽故人。平地青云一炉药，旧都乔木百年身。凭君剩醉浮香酒，梁苑而今不算春。”（《诗》卷十）按，浮香，馆名，在顺天，见《顺天营建记》。据此，道成当住顺天者也。

王炼师

王炼师，丹阳（今江苏丹阳县）人，余不详。

元遗山有《留赠丹阳王炼师三章》诗（七绝），句云：“当时笑伴今谁在”，“烂醉玄都有旧期”，“弊尽貂裘白发新，京华旅食记前身。仙翁相见休相笑，同是邯郸枕上人”（《诗》卷十四）。

邵抱质

邵抱质，紫微刘尊师弟子。

元遗山《跋紫微刘尊师山水》云：“（紫微）刘尊师爱画山水……今年九十有七，为门弟子邵抱质作……抱质请予题记，因为书之……癸丑（1253）

冬十月旦，郡人元某记。”（《文》卷四十）

寂 然

寂然，全真道士，名小功，当为元遗山族兄。与袁守素有交。

元遗山《太古观记》云：“往予小功兄寂然亦为全真道。予尝问：‘子之道奈何？’寂然举女几野人辛愿敬之之言曰：‘全真家，其谦逊似儒，其坚苦似墨，其修习似禅，其魂然无营，又似夫为浑沌民之术者。’……”（《文》卷三十五）。又《通仙观记》云：“袁（守素）往年从予小功兄寂然授《老子》章句，且以吾宗奉仙老师（元）明道为介，故为记之……”（《文》卷三十五）

梁辨疑

梁辨疑，字思问，为道家炼师。先住安邑之朝元观，后侨寓云朔，与崞山军节度使阎德刚善。德刚以清溪翁自号，颇与方外士游，召辨疑，为起道观，未果。辨疑嗣成其事于庚寅（1230）之次年，并为阎立祠，仍名朝元观。其师禹都之孙仲阳。友辛愿、刘祖谦、李辅之、武伯佐等。

元遗山《王无竞题名记》云：“乙巳（1245）秋，予与梁辨疑、李辅之、武伯佐游崞山祠，因得无竞‘崞山神’三字……”（《文》卷三十四）又《朝元观记》述辨疑继阎德刚建观始末，且云：“岁丁未（1247）春二月，梁炼师辨疑过新兴，踵门为予言（建观种种始末）……乃以此观仍朝元之旧，文石既具，幸吾子以先友溪南辛敬之、刘邓州光甫之故，而为之记。予诺之……禹都孙仲阳……与吾辛刘交甚款，辨疑其高弟云。望日，遗山真隐元某记。”（《文》卷三十五）

郎文炳

郎文炳，有心远斋。

元遗山有《郎文炳心远斋二首》诗（五古），句云：“道人掩关坐，挂眼无外物。”（《诗》卷二）按，道人，岂道士欤？

于道显（紫虚大师、离峰子）

于道显（1168—1232），文登（山东文登县）人。初事洛阳长生观全真道刘道士。年未二十，能以苦行自立，丐食齐鲁间。尝至许昌，寄止岳祠，忽一日大车载藁秸过而触其鼻，因有所悟，数年遍通内外学，又工为歌诗。南渡后道价重一时，正大中提点亳州太清宫，赐号紫虚大师，号离峰子。避壬辰（1232）之兵于卢氏，耶律楚材迎致邓下，以疾终，年六十五。与张内翰敏之、孙伯英有交。孙以北面事，竟为黄冠以殁。弟子卫致夷。

元遗山为作《紫虚大师于公墓碑》云：“有为全真之言者卫致夷状其师离峰子之行，请予为墓道碑曰……吾子尝许以铭，幸卒成之。予在三乡时，盖尝望见离峰子于众人之中，及官东南，离峰子亦尝寓书求予为录章封事。予雅知若人乐与吾属游，思欲叩其所知而未果也。且致夷求予文有年矣，今年复自聊城走数百里及予于济上，待之者又累月。予病，懒于笔墨，若谓有疑于其师者，然予于离峰子何疑哉……张内翰敏之，离峰子旧也，叙其歌诗曰……吾友孙伯英……一见师即北面事之，竟为黄冠以殁。张，予所敬；而孙，予所爱也。二君子且然，予于离峰子何疑哉！乃为之铭……”（《文》卷三十一）又《长真庵铭》云：“（王志明）入嵩山，师事紫虚于大师。”（《文》卷三十八）

李道人

李道人，生平不详。当时名士麻九畴、雷渊、刘勋、史学、赵元、王渥、段成己等均与之诗歌唱和。

元遗山有《李道人嵩阳归隐图》诗（五古）一首，句云：“可笑李山人，嗜好世所稀。逢人觅诗句，不恤怒与讥……京师不易居，我痴君更痴。山中酒应熟，几日是归期。”（《诗》卷二）

李大方（通玄大师） 李 闵

李大方（1159—1222），字广道，汾西人。七岁入道，师冲佑观道士郭师礼。十二岁诵经通，得度。往赵城，读书天宁道院。大定中游关中，讲师郝道本名重一时，一见以大器许之。郝被召，大方即主盟秦雍者二十余年。泰和七年（1207），受诏提点中都太极宫，赐号体玄大师，又被旨祈嗣设大醮，金章宗敬异之。卫绍王时奉诏为民求福，加号通玄大师。贞祐南渡，还乡，自号北山退翁。莘国公胥鼎镇平阳，请以祈雨，称其为“百世清规”。壬午（1222）秋避兵清凉山。元光元年（1222）卒，年六十四。族孙李闵，弟子元庆。与党怀英、赵沨、王庭筠有交。

元遗山为作《通玄大师李君墓碑》述其生平道行，且云：“癸卯（1243）冬，予自燕都还太原，道出范阳，君之族孙闵持萧炼师公弼所录事迹，以墓表见属……某谢曰：‘自予为举子时，熟君名，欲造其门，然以愚幼未敢也。幸当以不腆之文托君以传，其何敢辞？’乃为论次之。”（《文》卷三十一）又《李广道写真二首》诗（七绝），句云：“玄门此老留教在，沧海横流未必然。”（《诗》卷十）

袁从义（藏云先生）

袁从义（1159—1224），字用之，虞乡人。年十九入道，师事玉峰胡先生于金。玉峰，年八十，章宗特征授礼官，从义尽传其学。与麻平甫葺中条灵峰观，命高弟乔知先（字象之）居焉，结茅王官谷，为藏云道院，因以自号。与赵秉文、李纯甫友善，名流史季先、王隆吉、罗鸣道、李钦止、吉仲器、马元章、王可道、许德臣兄弟皆就传易道。又于《孔》《孟》书多所得，事母孝，生平不远出。抚里中孤子受学生长十余辈，且好医术，多济世活人，赈给饥民。正大甲申（1224），蒙古兵再略蒲、解，从义避乱山阳史华国家，保聚被攻，义不受辱，乃闭息土室而卒，年六十六。犹子袁致中。与李邦彦为乡曲，又与刘祖谦有交。

元遗山为作《藏云先生袁君墓表》述其生平道学，且云：“予罢内乡，（袁）致中介于刘邓州光甫丐予文以表先生之墓，及官京师，见闲闲公（赵秉文）亦以为言，并以挽诗见示。朔南丧乱，因循未暇而予心未始忘也。丁未（1247）春，芮城李邦彦过吾州。邦彦，先生乡曲，与之游甚款，用是重以斯文为请……乃为次第之，其铭曰……”（《文》卷三十一）

袁守素

袁守素，郝志朴、李存道之弟子，主王屋县通仙观。又师事寂然。

元遗山《通仙观记》云：“戊戌（1238）之秋，予客济上。（袁）守素为予言：‘通仙之所度勤亦至矣，不有以记之，则他日莫知所从来，吾二师（指郝志朴与李存道）者亦将湮灭而无闻，敢再拜以请。袁往年从予小功兄寂然授《老子章句》，且以吾宗奉仙老师明道为介，故为记之……”（《文》卷三十六）

元明道

元明道，济源奉先观道士。元遗山称同宗，居有澹轩，号奉先老师。

元遗山有《太子莲舟图三首，为济源奉先老师赋》诗（七绝），句云：“凭君莫问题诗客，不是韩驹第二篇。”题自注：“老师，吾宗盟。”（《诗》卷十二）又《宗人明道老师澹轩二首》诗（七绝），句云：“潞人澹社有来源，济水分流到澹轩。莫问轩中宾与主，一家同是潞州元。”（《诗》卷十三）又《通仙观记》云:“吾宗奉仙（当作“先”）老师明道。”（《文》卷三十五）按，《遗山新乐府》卷四《清平乐》小序云:“乙亥（1215）春，济源奉先观赋杏花词。”可参。

范炼师

范炼师，全真道士，原住东平正一宫，初事广宁全道太古真人郝大通，号玄同子。郝卒于赵州，丁酉（1237），范遂至赵州居之，得真定幕府参佐赵振玉（字国宝）夫人冀氏（即龙山冀京甫之伯姨）资助，重修太古观。癸卯（1243），居庆源道院，有太古堂。又曾从栖霞丘公学道，有玄通之目。弟子王仲徽等。

元遗山有《普照范炼师写真三首》诗（七绝），句云："倾盖论交了岁寒，眼中人物似君难"，"鹤骨松姿又一奇，化身千亿更无疑"（《诗》卷十四）。又《望卢氏西南熊耳岭》诗（七律）"偶成期会殆天怜"句自注："马、范二师，远在千里外。予往卢氏，皆得会面。"又《龙山赵氏新茔之碑》云："范、萧两炼师。"又《圆明李先生墓表》云："闻吾子（指元遗山）亦以普照范君之故知其名。"（《文》卷三十一）又《太古观记》述范得冀氏资修复太古观始末，且云："癸卯（1243）冬，予自燕都南归，炼师馆予于庆源道院，为予言：'冀（即冀氏）今殁矣，致力于吾门者，宜不可忘。子幸以文记之……'予北渡后，从炼师游既久……"（《文》卷三十五）又《伤寒会要引》云："戊戌（1238）之夏……（书于）范尊师之正一宫。"（《文》卷三十七）又《太古堂铭》云："癸卯（1243）冬，过庆源（军），馆于炼师所居，乃为作《太古堂铭》。"（《文》卷三十八）又《范炼师真赞》云："戊戌（1238）之夏，予过东平，留宿正一宫。时范炼师已东迈，门弟子出其写真，求予为赞（下述范之师承）……"（《文》卷三十八）

王恽《玉堂嘉话》卷七："王西溪云，元遗山录册中云：'东平范尊师庵内，见化饭王先生说渠海州为吏时岁贡……'"

郝讲师

郝讲师，疑即郝道本，李大方之师。太原人。

元遗山《送郝讲师住崇福宫》诗（七古）一首，题目注："郝，平晋人。"句云："大方之家几知津，郝君七十老斫轮。"（《诗》卷三）又《通玄大师李君墓碑》云："讲师郝君道本，名重一时，一见君（即李大方），即以大器许之。及郝君被召……"（《文》卷三十一）按，《通仙观记》载有郝志朴者，平阳人，见《文》卷三十五。又《太古观记》《太古堂铭》载有全真师宁海郝君（即郝大通），号广宁全道太古真人，见《文》卷三十五、三十八，均非此人。

秦志安（通真子）

秦志安（1188—1244），字彦容，出陵川秦氏。父秦略，字简夫，号西溪道人。正大中，略卒，志安年四十，放浪嵩少间，读方外书，转从道士游。河南破，北归师事披云先生宋德芳（1182—1247）于上党，纵览《道藏》，号通真子。遵师嘱，立局平阳，校刻《道藏》万八千余篇，道价重于一时。居樗栎堂，卒年五十七。曾撰全真道史《金莲正宗记》，著有《林泉集》等，弟子李志实、刘志玄等。

元遗山有《送杨次公兼简秦彦容、李天成》诗（五律）一首，句云："殷勤秦与李，无惜借余光。"（《诗》卷七）又为作《通真子墓碣铭》述其生平道行及刻书之功，且云："予始成童，及识通真子之大父，闲居嵩山，与西溪翁为诗酒之友者十五年。通真子以世契之故，与予道相合而意相得也。故（李）志实辈百拜求为其师作铭。今年春，刘志玄者复自济上，访予新兴……其勤有足哀者，乃为作铭……"（《文》卷三十一）又《中州集》卷七秦略小传云："子彦容，为黄冠师，今在平阳。"

李志源（圆明子）

李志源（1176—1246），邠之三水（今陕西旬邑县北）人。幼有孝行，父母卒，年未三十入全真道，师事玉峰周君。三数年，游诸方，与同业结茅以居，多济饥民。又十八年，筑室于三水，三年人莫见其面。周君召之还邠，主玉峰观，付以法席，号圆明子。正大末（1251），关中受兵，避地洛阳；洛阳破，侨寓东阿数年。甲午（1234），率法兄弟为王重阳（哲）营道观，事未毕，召驾西还。丙午（1246）卒，年七十一。同业潘志元、周志静，弟子陈志清。与普照范炼师、王特起有交。

元遗山为作《圆明李先生墓表》述其生平道行，且云："（丙午）明年夏四月，先生之同业潘志元、周志静，弟子陈志清来新兴，踵门致谒，以先生墓表为请曰：'吾圆明志师营成道讫功，将就太原谒文吾子，期以秋七月即途，而以事不果行。遗命吾属使必成夙志，其眷眷于吾子者如是。闻吾子亦以普照范君、幕府正之王君之故，知其名，能不以文字使少见于后乎？'予因问三子……乃为之铭。"（《文》卷三十一）

刘尊师（紫微先生）

刘尊师，画家，定襄人。道行高洁。

元遗山《九日读书山用陶诗……为韵赋十诗》诗（五古），句云："紫微老仙伯，少日见承平。甲子五百余，双瞳益清明……我有年德尊，公深乡曲情。思得菊潭酒，为公制颓龄。作诗语同游，明年复寻盟。看翁九节杖，翩翩上峥嵘。"（《诗》卷二）又《紫微刘丈山水为济川赋》诗（七古）一首，句云："画家李范真勍敌，方外只今谁第一。"（《诗》卷四）又《题刘紫微尧民野醉图》诗（七古）一首，句云："仙老曾经甲子年，戏间陈迹画中传。"（《诗》卷五）又《跋紫微刘尊师所画山水横披四首》诗（七绝），题自注："刘，时年八十六。"（《诗》卷十三）又《忻州天庆观重建功德记》云："今紫微刘君历六百甲子，道行淳笃，神观开朗。予方质以所闻，撰《新兴方志》。"（《文》卷三十五）又《跋紫微刘尊师山水》云："近世太原张公佐……之后，得紫微刘尊师。尊师爱画山水，晚得郭熙平远四幅，爱而学之，自是画笔大进。今年九十有七，为门弟子邵抱质作春云出谷、湖天清昼、千崖秋色、雪满群山，殊有典刑。抱质请予题记，因为书之。此翁定襄人，童帅入道，道行高洁，邃于玄学……予恐后人阅翁此笔，但与郭熙、公佐论优劣……故表而出之，癸丑（1253）冬……元某记。"（《文》卷四）。又《续夷坚志》卷四"王生冤报"条注："紫微刘尊师说。"

张炼师（或为张幾道）

元遗山有《赠休粮张炼师》诗（七律）一首，句云："见说西山好薇蕨，一枝青竹愿随君。"（《诗》卷三）又《张幾道炼师真赞》（《文》卷三十八）。按，张炼师与张幾道炼师，未知即一人否。

某方士

《金史》卷一二四《毕资伦传》云："镇江之囚，有方士亲尝见之（指毕资伦被蒙古俘，不屈投水死），以告元好问，及言泗州城陷资伦被执事，且曰：'资伦长身，面赤色，颧颊微高，髯疏而黄。资禀质直，重然诺，故其坚忍守节卓卓如此。'"

张志纯（天倪子）

顾嗣立《元诗选癸集·癸之壬》："张志纯，号天倪子，秦安埠上保人。六岁能诵五经，十二弃家入道，居全真宫数十载。道行超群辈，与元好问、徐世隆、杜仁杰游。"

某道人

《历城旧志》"吕公祠"条云："元遗山在太原，有道人常邀同食，且曰：'我家在济南趵突泉上，甚可乐也。公能从我游乎？'元曰：'有待数年。'后遗山过济南……忽梦道人揖之曰：'久约不相忆耶？何咫尺不枉顾？'醒而始悟。因起过北岸，入祠中，俨然坐上矣。因为重建此祠。"（见施注补载）

遗山失名、失姓之友或误为其友者

笔者按：前文《交游考》中已指出杨敬之、燕子和、李文卿、赵叔宝、刘巨济等五人并《僧道考》中明上人似系李俊民之友误为遗山所交者，此文不赘。

郭 侯

元遗山《学东坡移居八首》诗（五古），句云：“郭侯家多书，篇帙得遍窥。”（《诗》卷二）按，施注引元遗山《王黄华墨竹诗》题自注：“为郭辅之赋。”见《诗》卷五。又《费县令郭明府墓碑》所载郭嗣祖，见《文》卷二十八。又《广威将军郭君墓表》所载郭仲文，见《文》卷二十八。凡郭氏称侯者三人，未知孰是。

周 卿

元遗山有《别周卿弟》诗（七绝）一首，句云：“晚岁论诗辱见收，相从许久重相留……荒城后日思君处，风色萧萧入白头。”（《诗》卷九）又《寒食灵泉宴集序》载与宴者有“周卿”名（《文》卷三十七）。按，此二周卿均不载姓氏。施注云其时有李周卿之翰，已见录于前。另有郭周卿，二人未知孰是。

某嗣侯

元遗山有《嗣侯大总管哀挽二首》诗（五律）（《诗》卷七）。按，施注遍考其时嗣侯，未知究属何人。

承 之

元遗山有《孟州夹滩饮承之御史家》诗（五律）一首，题自注：“同钦叔作。”句云：“鸡黍成前约，干戈有此宵。”（《诗》卷七）按，史籍无载，未知其人。

崔雷诗社诸人

元遗山有《示崔雷诗社诸人》诗（七律）一首（《诗》卷九）。按，疑指崔遵、雷渊，然未敢妄断。崔、雷已见前录。

茂卿子 云正之

元遗山有《再赴阳城用韵，别茂卿、子云、正之》诗（七律）一首，句云：“祖席又成携手别，离杯何苦上眉酸。”（《诗》卷十）按，正之，亦为王特起字，已见前录。茂卿、子云，遗山集诗文他处未载。然此诗又见李俊民《庄靖集》，该集又有《寄史正之》《答史正之》《郎子云酒熟，李茂卿、史正之豪取不许》等诗。知茂卿姓李子云姓郎，正之姓史（非王特起），均俊民之友。则此诗系李诗窜入遗山集者，姑存之。

元遗山亲属考

元遗山的直系亲属和姻亲，是他社会关系中重要部分，直接影响到遗山一生的活动和著述。全面了解元遗山，也不能不考察他的家世和亲属。这方面有关考证，为遗山撰年谱的施国祁、李光廷等均有涉及，但未成专文。据知今遗山在河南的后裔尚存有元氏家谱，惟以条件所限，笔者未获亲见，颇以为憾。本文依遗山诗文及有关重要材料，作一考证，以备研究者参考，并俟他日得见元氏家谱相印证焉，谨此附识。

本文考证一遵本书《交游考》之例。

元　揔

元揔，字叔纲，初字羽阳，又名阿中，元遗山之幼子。

元遗山有《常山侄生四十月能搦管作字，笔意开廓，有成人之量，喜为赋诗，使（洒）洛诵之》（七古）诗一首，句云："大儿小儿舞商羊，东家西家捉迷藏。牙牙作群雁雁行，是中乃有常山郎（按，即白华子）。常常娇娇可怜虫，四岁未有三岁强……回头却看元叔纲，鼻涕过口尺许长。"（《诗》卷四）又《遗山新乐府》卷三《定风波》（其五）词一首，自注："儿子阿中百晬日作。"句云："醉眼看花驴背上，豪放，阿龄扶路阿中随。"

一 飞

元遗山有《得一飞侄安信》诗（五律）一首云：“音问他乡隔，存亡此日知。梦中忧冻馁，意外脱艰危。避地何嗟及，还家敢恨迟。衰年吾事了，似有鹿门期。”（《诗》卷七）按，遗山兄好谦有子搏，后为其叔父元升继后。以古人名、字取义相近例，一飞当即搏之字乎？搏，疑当作抟（摶）。’

程 延

程延，元遗山之外孙。李光廷《年谱》六十八岁下考云，遗山第三女珍之子。按，珍早卒，延当系长女真之子。真婿程端甫。

元遗山有《哭延孙》诗（五古）一首，句云：“儿生去年冬，闾里日相庆。今年迫周晬，疹痘俱已竟……一宵谁夺去，遽有亡辜横。情钟未难忘，力挽将安胜。忆昔点妆初，季女抱临镜……”（《诗》卷二）

元 升

元升（1216—1271），字德清。元遗山叔父。元德明、元格弟。以元遗山胞兄元好谦子博为孙，奉其后。

元遗山有《承奉河南元公墓铭》云：“贞祐丙子（1216），自秀容避乱河南，客居嵩山……乃始以兄陇城府见荫奏补得系承奉班，明年当调官，而以疾终……春秋五十有五。曾祖谊……祖春……考滋善，柔服丞；夫人同郡史氏，无子，以从孙好谦（即益之）之子搏奉其后。权厝金店东北一里所……遂为南迁第一祖矣。”（《文》卷二十五）

伯 安

元遗山有《示侄孙伯安》诗（五古）一首，句云：“伯安入小学，颖悟非凡儿。属句有夙性，说字惊老师……幸此掌中珠，未染如素丝……”（《诗》卷一）又《镇平寄侄孙伯安笔》诗（七绝）一首云：“隆颇犀角掌中珠，不见经年日念渠。领取阿翁郧管笔，试教学写问安书。”（《诗》卷二十一）。又《南冠录引》云：“岁甲午（1234），羁管聊城，益之兄邈在襄汉，遂有彼疆此界之限。侄抟俘执之平阳，存亡未可知。伯男子叔仪、侄孙伯安皆尚幼，未可告语。予年已四十有五……叔仪、伯安而下乃至传数十世……”（《文》卷三十七）

张　氏

张氏，元格妻，元遗山继母。赠河南县太君。

元遗山《太夫人五七青词》云：“伏念臣母张，妇德成家，母仪范世，俭必求于中礼，严不至于失慈。所以命臣者其道公，所以拊臣者其勤尽……”（《文》卷四十）又《为第四女配婚祭家庙文》云：“显考广威陇城府君（即元格）、显妣河南县太君张氏，以庚戌（1250）八月为第四女择配，得世官张氏之长子兴祖作婿……”（《文》卷四十）

郝经大德碑本《遗山先生墓铭》：“父格，显武将军、凤翔路第九处正将兼行陇城县令、骑都尉、河南县开国男，邑食三百户。妣河南县君张氏。”

又元遗山《示程孙四首》（其三）诗（五古），句云：“吾母河南君，闺门静无哗。殷勤教女孙，乃今成汝家。”（《诗》卷二）

张　氏

张氏，元遗山发妻。元遗山同乡秀容人，张翰女。

郝经《陵川集》卷三十五《遗山先生墓铭》：“（元遗山）前配太原张氏。”郝经大德碑本《遗山先生墓铭》：“（元遗山）前配同郡张氏，户部尚书林卿之女。”又元遗山《孝女阿秀墓铭》：“兴定己卯（1219）生于登封。年十三，予为南阳令，其母张病殁，孝女日夜哭泣……竟以开兴壬辰（1232）三月朔死。”（《文》卷二十五）又《中州集》卷八张翰小传云：“（翰）字林卿，秀容人。”

王　君

王君，元遗山外祖父。元遗山生母王氏之父。

元遗山《续夷坚志》卷一“王确为兄新挞”条云：“外祖柔服簿王君，祖母张氏。”该卷“白神官”条云：“外祖王君时为此县(鄜州洛交)主簿。吾舅(王)彦师再到洛交。”又《南冠录引》：“予以始生之七月出继叔氏陇城府君。”(《文》卷三十七)《金史》卷一二六《元德明传》：“元德明，系出拓跋魏，太原秀容人……有《东岩集》。子好问，最知名。”又元遗山《为第四女配婚祭家庙文》云：“显伯考赠中顺大夫东岩府君，显伯妣河南郡太君王氏。”又《续夷坚志》卷一“王全美母氏诗语”条云:“定襄王全美之母，从幼事佛……忽一日谓敏之兄(即元遗山亲兄)言：‘外生(甥)，我漫得一句，汝看作得偈否？’……母未几下世。”按，据此知，元遗山生母之族为王姓。

张伯达

张伯达，元遗山从舅。

元遗山《续夷坚志》卷二“都城夜怪”条云:“从舅张伯达。”又《续夷坚志》卷一“王确为兄所挞”条:“外祖柔服簿王君，祖母张氏。”知张伯达当系张氏兄弟辈。

程铁安(附程直、程简)

程铁安，一名仲卿，元遗山外孙。元遗山长女元真适进士程端甫，生子即铁安。端甫，名思温，东胜(今山西大同市)人，程震子。

元遗山有《示程孙》诗(五古)四首，句云:“六年念儿女，郁郁心不舒。程孙问安否，一月两寄书”，“吾女在吾家，先以安卑弱。虽然适贵门，一味甘俭薄……为说婿女贤，宅相知有托……生女四十年，今有为父乐”，“直孙年志学，玉立无纤瑕。简孙甫胜衣，芳兰茁其芽”(《诗》卷二)。按，直孙、简孙，当为元遗山另两个外孙。详诗意，直、简尚幼。此诗当示铁安者也。又《寄程孙铁安》诗(五律)一首，句云：“御史(指程震)阴功在，孙儿玉不如……几时随阿舅，尽读外家书。”(《诗》卷七)又《别程女》诗(七律)一首，句云："生女便知聊寄托"，"掌上明珠弃掷难"（《诗》卷八）。按，程女即长女元真，嫁程端甫，故称程女。又《御史程君墓表》："君讳震，字威卿……东胜人……子一人思温，举进士。"（《文》卷二十一）又《为程孙仲卿作》诗（古体）一首，句云："御史风节海内闻，诸郎楚楚皆玉立……外翁老去住山村，正要儿孙侍酒樽。"（《诗》卷五）

郝经《陵川集》卷三十五《遗山先生墓铭》，称元遗山"女三人，长适进士程端甫"；大德碑本《遗山先生墓铭》，称元遗山"女五人，长曰真，适进士东胜程思温"。

元滋新

元滋新（1135—1192），字仲美，元遗山族祖。

元遗山有《族祖处士墓铭》："公讳滋新，字仲美，弱冠就科举一不中，即以力田为业。年五十有七终于家，距今天子开兴壬辰（1232）四十年矣……为人寡言，言则微杂诙谐，所居韩岩五社，聚落千余家……君子如是而止矣。没而不书，族党之过，乃追为之铭。呜呼，此先君子之志，吾敏之兄欲成之而不及者也，铭曰……"（《文》卷二十五）

元　抚

元抚，又名叔仪，小字阿千，元遗山长子。后为元汝州知州。

元遗山《阿千始生》诗（五律）一首，句云："四十举儿子，提孩聊自夸……野夫诗有学，他日看传家。"（《诗》卷七）又《游天坛杂诗十三首》其五（七绝）自注："仙猫洞，是日子叔仪呼猫应者一。土人传燕家鸡犬升天，猫独不去。"此事又见《续夷坚志》卷四"仙猫"条。又《遗山新乐府》卷四《眼儿媚》，句云："阿仪丑笔学雷家。"又《南冠录引》云："伯男子叔仪、侄孙伯安皆尚幼，未可告语，予年已四十有五……"（《文》卷三十七）

郝经大德碑本《遗山先生墓铭》云，元遗山"子，男三人，长曰抚，奉直大夫、汝州知州，兼管诸军奥鲁劝农事”。

元　振

元振，又名叔开，小字宁儿。元遗山次子，后为元太原路参佐。

元遗山《即事》诗（七绝）一首，句云：“元家近日添新喜，掌上宁儿玉刻成。”自注：“宁儿，叔开小字。”（《诗》卷十二）又《宋周臣生子》诗（七绝）三首，句云：“雏凤来时鹤卵成，两儿前后不多争。阿宁解语应须道，犹是渠家百日兄。”（《诗》卷十二）

郝经大德碑本《遗山先生墓铭》，元遗山“子，男三人……次曰振，仕太原路参佐”。

元　真

元真，元遗山长女，适进士程思温。

郝经《陵川集》卷三十五《遗山先生墓铭》，元遗山“女三人，长适进士程端甫”。大德碑本《遗山先生墓铭》：“女五人，长曰真，适进士东胜程思温。”施注元遗山先生世系，疑元真小字阿容。

元　严

元严，为女冠，号浯溪真隐。元遗山次女，后诏为宫教。

元遗山《吴子英家灵照图》诗（七绝）二首，句云：“而今却羡庞家好，儿女生来只眼前。”自注：“时女严在卢氏，约归宁未至。”（《诗》卷十一）又《寄女严》诗（七绝）三首，句云：“添丁学语巧于弦，诗句无人为口传。竹马几时迎阿姊，五更教诵木兰篇”，“眼前儿女最关情，不见经年百感并。闻道全家解禅理，拟从香火问无生”（《诗》卷十一）。又《南冠录引》云：“手写《千秋录》付女严。”（《文》卷三十七）又《答大用万户书》云：“自西归鹿泉，值仲女（即严）病剧，诣太原留百许日。”（《文》卷三十九）

郝经《陵川集》卷三十五《元遗山先生墓铭》，记元遗山“女三人……

次为女冠”。大德碑本《遗山先生墓铭》：“女五人……次严，女冠，诏为宫教，号浯溪真隐。”

蒋平仲《小房随笔》：“元遗山，北方文雄也。其妹为女冠，文而艳。张平章当揆欲娶之，使人属裕之。辞以可否在妹，以为可则可。张喜，自往访之，觇其所向。至，则方自手补天花板，辍而迎之。张询近日所作，应声答曰：‘补天手段暂施张，不许纤尘落画堂。寄语新来双燕子，移巢别处觅雕梁。’张悚然而出。”按，此云遗山妹，然遗山无妹。当为遗山次女之误也。

元好谦

元好谦，字益之，元遗山长兄（元德明长子）。弟好古，字敏之。子搏。

元遗山《怀益之兄》诗（五律）一首，句云：“阿兄团聚日，曾话百年心。”（《诗》卷七）又《怀益之兄》诗（七律）一首，题注：“时在阌乡。”句云：“三年浪走空皮骨，四海相望只弟兄。”（《诗)卷八）又《南冠录引》云：“益之兄尝命予修《千秋录》，虽略具次第，他所欲记者尚多而未暇也。岁甲午（1234），羁管聊城，益之兄邈在襄汉，遂有此疆彼界之限。侄搏俘执之平阳，存亡未可知。”（《文》卷三十七）又《承奉河南元公墓铭》：“公讳升，字德清……始以兄陇城府见荫，奏补得系承奉班，明年……终。考滋善……（升）无子，以从孙好谦之子搏奉其后。”（《文》卷二十五）又《中州集》卷十元德明（东岩君）小传云：“（其诗）今所存者，特吾益之兄及门生辈所记忆耳。”

元　搏

元搏，元好谦之子，元遗山侄。搏疑当作抟（摶），或即一飞名。

元遗山《得侄搏信》诗（五律）二首，句云：“（搏）今日鄜州侄，知从虎穴还”，“虢驿传家信，坤牛玩吉占”（《诗《卷七）。又《承奉河南元公墓铭》：“（元升）无子，以从孙好谦之子搏奉其后。”（《文》卷二十五）

又《元氏集验方序》：“因录予所亲验者为一编，目之曰《集验方》，付搏、拊辈使传之。”（《文》卷三十七）按，拊即元抚，抚、拊通。又《南冠录引》：“侄搏俘执之平阳，存亡未可知。”（《文》卷三十七）

元好古

元好古（1183—1214），字敏之，元遗山次兄（元德明次子）。

元遗山《敏之兄墓铭》：“兄字敏之，讳好古。年二十就科举，时东岩已殁，太夫人年在喜惧……及再试不中，意殊不自得，又娶妇不偕……未几没于贞祐二年（1214）三月北兵屠城之祸，年二十九矣。”（《文》卷二十五）又《锦机引》：“文章天下之难事……予初学属文，敏之兄为予言如此。”（《文》卷三十六）又《续夷坚志》卷一有“敏之兄诗谶”条。又《中州集》卷十元敏之小传云：“未几没于北兵之祸，年三十一。”（按，与墓铭不同）并载其诗《读裕之弟诗稿，有“莺声柳巷深”之句，漫题三诗其后》（七律），句云：“吴下阿蒙非向日，新篇争遣九泉知”，“惭愧阿兄无好语，五言城下把降旌”，“传家诗学在诸郎，剖腹留书死敢忘”。原注：“先人临终，有剖腹留书之语。”

元　顺

元顺（1219—1232），小字阿秀，又名阿珍。元遗山第三女，适张某。

元遗山《书贻第三女珍》诗（七绝）一首，句云：“看取元家第三女，他年真作魏夫人。”（《诗》卷十四）又《孝女阿秀墓铭》：“孝女阿秀……好问第三女也。兴定己卯（1219）生于登封，年十三，予为南阳令，其母张病殁……竟以开兴壬辰（1232）三月朔死。”（《文》卷二十五）

郝经《陵川集》卷三十五《遗山先生墓铭》称元遗山“女三人，长适进士程端甫，次为女冠，次适张某”。大德碑本《遗山先生墓铭》称，元遗山“女五人，长曰真……次严……次顺，早卒”。按，元遗山有《为第四女配婚祭家庙文》云：“显妣河南县太君张氏先以庚戌（1250）八月为第四女择配，得世官张氏之长子兴祖。”（《文》卷四十）郝经《遗山先生墓铭》云：“女三人……次（指第三女）适张某。”又元遗山有女阿辛，早卒，或阿辛即适张者之姊，故以次元顺为第四女也。其婿当为张兴祖。

元叔闲

元叔闲，小字阿茶，适成和郎大都惠民司提点太原翟国才。元遗山第四女。

元遗山《即事》诗（七绝）一首，句云：“阿茶能诵木兰行。”自注：“阿茶，第四女，字叔闲。”（《诗》卷十二）又《寄女严》诗：“竹马几时迎阿姊，五更教诵木兰篇”（《诗》卷十一），指阿茶诵诗也。按，《为第四女配婚祭家庙文》云“先以庚戌八月为第四女择配，得世官张氏之长子兴祖作婿”（《文》卷四十），此第四女当指元顺，见上条。

郝经大德碑本《遗山先生墓碑》云，元遗山“女五人……次适成和郎大都惠民司提点太原翟国才”。

元阿辛

元阿辛，元遗山女，早卒。

元遗山有《清明日改葬阿辛》诗（七律）一首，句云：“金环去作谁家梦，彩胜空期某氏郎。”施注，《晋书·羊祜传》载祜五岁女弄金环事。按，遗山引此典，阿辛或当卒于五岁时邪？

陇西君

陇西君，元遗山姨母。

元遗山《姨母陇西君讳日作》诗（七绝）三首，句云：“竹马青衫小小郎，阿姨怀袖阿娘香”，“病起拈针眼未花，团栾儿女运司衙。今年得在应犹健，更好从头说外家”，“宝镜煌煌照九州，埋藏曾及见诸刘。鄜城今日无雷焕，紫气谁当辨斗牛”。自注言阳曲刘氏家大宝镜事，遗山姨母曾窥之，后镜埋，姨母能指镜处，故诗及之。按，诗云“外家”，当距阳曲县不远。

毛　氏

毛氏，元遗山续妻，祖籍临清，迁大名。毛端卿之女，毛矩（字仲方）之孙女。

元遗山《潞州录事毛君（伯朋）墓表》云：“曩予妇翁提举君（即毛端卿）以宗盟之故……”（《文》卷二十八）又《毛氏宗支石记》云：“（毛）矩，字仲方……生子一人曰端卿……端卿字飞卿……选注河南府录事判官……召为户部勾当官，复用荐书授同提举南京路榷货兼户部员外郎……生女三人（按，次女适元遗山）。”（《文》卷三十四）又《毛氏家训后跋语》云：“渭南君（即毛敬之）避地中方（即毛矩，字仲方），正卿方从事洛阳之西枢……某向在汴梁，妇翁提举（即毛端卿）以宗盟之故，与君通谱牒……公（即毛伯朋）夫人，予姨也……侄婿河东元某敛衽书。”（《文》卷四十）。《中州集》卷八毛提举端卿小传：“字飞卿，彭城人。父矩……（飞卿）累迁提举榷货司户部员外郎。”可参。另参郝经《广威将军潞州录高毛君墓志铭并序》（《陵川集》卷三十五）。

郝经《遗山先生墓铭》：“再配临清毛氏。”（《陵川集》卷三十五）大德碑本《遗山先生墓铭》同此。

何孟春《余冬序录》：“元遗山作《乔千户挽诗》：‘素旗无诔记连姻。’用潘岳《杨使君诔》之‘素旗’语乔、元皆毛氏婿也。”

毛伯朋

毛伯朋（1166—1215），名不详，伯朋为字，大名人。泰和初（1201）为灵宝县主簿，贞祐二年（1214）调潞州录事。乙亥（1215）冬，蒙古攻大名，义不受辱，触墙而死，年五十。夫人王氏，王翛然之孙女。子居谨（遗山集作居谦）、居政、居仁、居喜。长女适乔惟忠，次女适张柔。与元遗山岳父毛端卿为宗盟，通谱牒。

元遗山为作《潞州录事毛君墓表》述其生平家世，且云：“曩予妇翁提举君以宗盟之故，洎君伯仲通谱牒，至有骨肉之爱。奉公夫人之命，德义以墓表为请，因为论次。”（《文》卷二十八）又《毛氏家训后跋语》云：“渭南君避地中方……某向在汴梁，妇翁提举以宗盟之故，与君通谱牒，相好善已数十年矣……”（《文》卷四十）按，郝经《广威将军潞州录事毛君墓志铭并序》云：“（毛伯朋）母弟二：僖，字仲和，定远大将军，渭南令；仪，字敬之，年未及君（伯朋），迟之数年竟同解而仕……敬之既仕……”（《陵川先生文集》卷三十五）

毛端卿

毛端卿（1156—1215），字飞卿，彭城（今江苏徐州市）人。年二十，于济南从名士刘蟠于章丘，苦学不辍，以经义魁东平。泰和三年（1203）擢第，累迁提举榷货司、户部员外郎。刚明疾恶，坐与监察御史相可否，为所中伤，降郑州司候，改孟津丞。贞祐三年（1215）愤卒，年六十。《中州集》卷八有小传。父矩，字仲方。叔父镨。子思通。女三人，其一适元遗山。

元遗山作《毛氏宗支石记》述其家世、生平（《文》卷三十四）。又《毛氏家训后跋语》云：“某向在汴梁，妇翁提举君……”（《文》卷四十）又《潞州录事毛君墓表》云：“曩予妇提举君以宗盟之故……”（《文》卷二十八）

毛正卿　毛德义

毛正卿，生卒年不详，名居政，毛伯朋次子。曾任金朝忠显校尉、魏县五星镇酒官。弟居仁，字德义，修武校尉。

元遗山《潞州录事毛君（伯朋）墓表》云：“（伯朋）子男四人：居谦，明威将军，临淮簿；居政，忠显校尉、魏县五星镇酒官；居仁，修武校尉、通许醋盐。喜喜（当为居喜）早卒……兵破河南，张侯委居仁举（伯朋）夫人族属留之汴梁者北归，令群从安居鸡水之上。岁时燕乐，复见大门之旧。虽出侯恩义，而德义之力为多。顺天盛衣冠，德义从先生长者授诸经章句……曩予妇翁提举君以宗盟之故，洎君伯仲通谱牒，恩文备至，有骨肉之爱。奉公夫人之命，德义以墓表为请，因为论次之。”（《文》卷二十八）又《毛氏家训后跋语》：“渭南君（即毛仪，伯朋弟）避地中方，正卿方从事洛阳之西枢，君手书戒敕……提举（端卿）书与渭南，叙述始末……此书正卿亦尝见示，因得并渭南手笔细绎之……”（《文》卷四十）又《续夷坚志》卷三“抱阳二龙”条云：“顺天西北四十里抱阳岩宝教院大小二青龙……辛亥（1251）冬，予与毛正卿、德义昆仲、郝伯常、刘敬之诸人一游。”

张　柔

蒙古国顺天帅、世侯，元开国勋将，娶毛氏女，与遗山为姻亲（见本书《元遗山交游考》）。

乔惟忠

乔惟忠，张柔副师。娶毛氏女，与遗山为姻亲（见本书《元遗山交游考》）。

乔琚夫人张氏（静华君）

张柔之女，嫁乔惟忠之子乔琚（见本书《元遗山交游考》）。

元遗山家族姻亲世系表（据《遗山集》、《陵川集》等有关材料编绘）

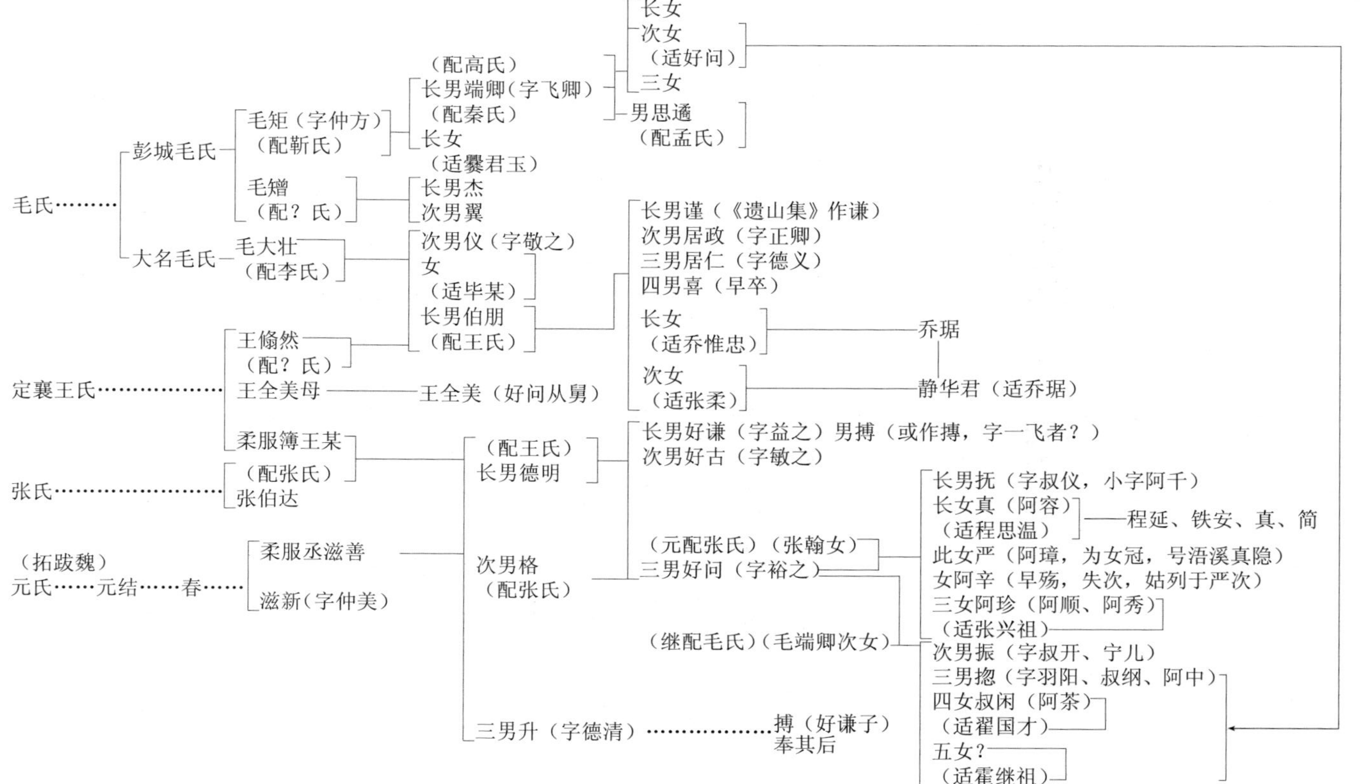

附录一

元遗山年谱要编

元遗山年谱之编撰，历来颇众，据笔者所知，有如下 11 种：

一、《元遗山先生年谱》一卷　　清翁方纲撰

见《苏斋丛书》乾隆嘉庆本、影印乾隆嘉庆本

《粤雅堂丛书》二编第十四集（分为三卷

《新编历代名人年谱集成》第一集，台湾 1978 年版

二、《元遗山先生年谱》二卷　　清凌廷堪（次仲）撰

见《校礼堂全集》

《安徽丛书》第四期《凌次仲先生遗书》

三、《元遗山先生年谱》一卷　　清施国祁（北研）撰

见《元遗山诗集笺注》附，《四部备要》（排印本，缩印本）集部之金元别集

《元遗山诗集笺注》附，人民文学出版社 1958 年版

以上三种均收入《石莲庵汇刻九金人集·元遗山先生集》附，又均收入张穆校订之《元遗山先生全集》，光绪间读书山房本二函十七册，秀容书院藏版

四、《广元遗山先生年谱》七卷　　清李光廷（北垣）撰

见《适园丛书》第十一集

五、《遗山先生年谱略》一卷　　清余集撰

见《得簃丛书》所收荣誉编《续夷坚志》附

《笔记小说大观》第四辑《续夷坚志》附

《丛书集成》初编文学类《续夷坚志》附（序号 2715）

《续夷坚志》附录，与无名氏《湖海新闻夷坚续志》合为一书，由中华书局 1986 年出版，常振国点校）

六、《元遗山年谱》一卷　　清诸成璧辑

有清道光九年本，见孙殿起录《贩书偶记续编》（上海古籍出版社 1977 年版）著录，笔者未见

七、《(元好问)年谱》　　近人夏敬观撰

见《学生国学丛书》之夏氏选注《元好问诗》导言附，商务印书馆民国二十九年（1942）版

八、《元遗山年谱》　　丁　晏撰

见日本小栗英一《元好问》解说部分所引，笔者未见

十、《元遗山年谱》汇纂二卷　　今人缪越编订

见《国风》第七卷第 3 号、第 5 号，南京钟山书局民国二十四年（1935）10 月、12 月版

十一、《（元好问）年谱》　　日本小栗英一编

见日本《中国诗人选集—》二集第 9 种，小栗英一著《元好问》附录，岩波书店昭和三十八年（1963）版

以上关于元遗山的年谱之作，以翁方纲、施国祁、李光廷、凌廷堪四家较早，互有得失。缪越先生所作《汇纂》，兼采前人成果，后出转精，考订审慎，

嘉惠后学实多，足资参证。笔者作此要编，重在遗山行迹、仕履、交游与重要作品年代可确知者，以《汇纂》为主要依据，参及诸家年谱，凡有个人见解、须说明之点，则以按语附焉。旨在提纲挈领，以简驭繁，为了解或研究遗山之助。惟限于学力，仍难免疏误，谨请方家有以教正，则幸甚也。

1190年

庚戌，金章宗明昌元年，宋光宗绍熙元年

秋七八月，始生于故乡忻州秀容县。姓元氏，名好问，字裕之，后自号遗山（遗山，本山名，即今山西定襄县神山）。

生父元德明，号东岩，未仕。生母王氏，定襄人。

元氏系出拓跋魏之后，故姓元氏。先世落籍汝州。远祖元结（字次山），唐时官礼部侍郎，著名诗人。五代末，元氏一支自汝州迁平定，遗山称乡郡。高祖元谊，曾于宋宣和间官忻州神虎军使。曾祖父元春，忠显校尉、隰州团练使，靖康末自平定迁忻。祖父元滋善，金正隆二年（1157）仕为柔服丞，遗山称铜山府君。叔父元格，曾兼行陇西县令，遗山称陇城府君，妻张氏。二叔父元升，字德清，以兄陇城荫补承奉班。兄二：长好古，字敏之；次好谦，字益之。又有小功兄寂然，时为黄冠。

是年，王庭筠39岁，赵秉文31岁，冯璧28岁，杨云翼20岁，完颜琇18岁，王若虚16岁，李纯甫13岁，李冶10岁，麻九畴7岁，雷渊6岁，王渥4岁。

是年，耶律楚材生，张柔生，王鹗生。

笔者按：遗山生月，诸家未考，遗山墓志未详，仅见王重民《中国善本书提要》（上海古籍出版社1983年版）考证，见该书第136页。以上年岁长于遗山者，均以周岁计。

1191 年

辛亥，金章宗明昌二年，宋光宗绍熙二年

2 岁。始生七月，出继为叔父元格子。

是年，赵天锡（字受之）生。

笔者按：遗山生于上年七八月间，始生七月出继为元格子，出继之时当在此年，遗山诸年谱误为上年。由此年起，遗山年岁之数，均系虚岁，从缪越先生《元遗山年谱汇纂》（下简称《汇纂》）之例也。

1192 年

壬子，金章宗明昌三年，宋光宗绍熙三年

3 岁。

是年，李汾生，李献能生，冀禹锡生。

1193 年

癸丑，金章宗明昌四年，宋光宗绍熙四年

4 岁。始读书，从母张氏学诵诗。

1194 年

甲寅，金章宗明昌五年，宋光宗绍熙五年

5 岁。从父元格官掖县（今山东历城县），过济南。

1195 年

乙卯，金章宗明昌六年，宋宁宗庆元元年

6 岁。

1196 年

丙辰，金章宗承安元年，宋宁宗庆元二年

7 岁。入小学，太原王汤臣称为神童。

1197 年

丁巳，金章宗承安二年，宋宁宗庆元三年

8 岁。学作诗。

1198 年

戊午，金章宗承安三年，宋宁宗庆元四年

9 岁。

1199 年

己未，金章宗承安四年，宋宁宗庆元五年

10 岁。

1200 年

庚申，金章宗承安五年，宋宁宗庆元六年

11 岁。从元格官冀州，金名臣路铎教之为文。是年，宋朱熹卒，年 71 岁。

1201 年

辛酉，金章宗泰和元年，宋宁宗嘉泰元年

12 岁

1202 年

壬戌，金章宗泰和二年，宋宁宗嘉泰二年

13 岁。是年，王庭筠卒。

1203 年

癸亥，金章宗泰和三年，宋宁宗嘉泰三年

14 岁。从元格官陵川，受学于郝天挺。是年，刘祁生。

1204 年

甲子，金章宗泰和四年，宋宁宗嘉泰四年

15 岁。在陵川学时文。识通真子秦志安之祖父秦事轲、父秦略。

1205年

乙丑，金章宗泰和五年，宋宁宗开禧元年

16岁。在陵川。曾赴试并州，道中作《雁丘词》。识刘昂霄于太原。是年，生父元德明卒，年48岁。

1206年

丙寅，金章宗泰和六年，宋宁宗开禧二年，

蒙古铁木真称成吉思汗，是为太祖元年

17岁。是年，徐世隆生。

1207年

丁卯，金章宗泰和七年，宋宁宗开禧三年，蒙古太祖二年

18岁。始一归忻州，仍回陵川。父教以民政。

1208年

戊辰，金章宗泰和八年，宋宁宗嘉定元年，蒙古太祖三年

19岁。于陵川学业成，随父之陇城令任所。曾至长安。

1209年

己巳，金卫绍王大安元年，宋宁宗嘉定二年，蒙古太祖四年

20岁。长女真生。

1210年

庚午，金卫绍王大安二年，宋宁宗嘉定三年，蒙古太祖五年

21岁。父元格卒官陇城，遗山扶柩归葬秀容。

1211年

辛未，金卫绍王大安三年，宋宁宗嘉定四年，蒙古太祖六年

22岁。是年，蒙古太祖攻金，军至中都，中都戒严。

1212 年

壬申，金卫绍王崇庆元年，宋宁宗嘉定五年，蒙古太祖七年

23 岁。是年先后间曾赴试燕都，并有游代州南楼事。

1213 年

癸酉，金卫绍王至宁元年、宣宗贞祐元年，宋宁宗嘉定六年，蒙古太祖八年

24 岁。曾在太原与吴庭秀兄弟于学舍讲习学问。

是年，蒙古分兵三路攻金。

1214 年

甲戌，金宣宗贞祐二年，宋宁宗嘉定七年，蒙古太祖九年

25 岁。蒙古兵南攻，遗山避兵阳曲、秀容间山中。

是年，金迁都汴京，史称“贞祐南渡”。蒙古复围中都。蒙古军入晋陷忻州，屠城。兄好古罹难，年 29 岁。

作品有：诗《石岭关书所见》《避兵阳曲北山之羊谷题石龛》。

笔者按：遗山《答聪上人书》：“仆自贞祐甲戌南渡河，时犬马之齿二十有五，遂登杨、赵之门，所与交如辛敬之、雷希颜、王仲泽、李钦叔、麻知几诸人，其材量文雅皆天下之选。”是言 25 岁有南下交游事，《汇纂》疑非在此年，当系此后一二年间事。此后遗山以诗文名传天下，本编不按年编列入所作，仅举其中写作时间可考且重要者附焉。

1215 年

乙亥，金宣宗贞祐三年，宋宁宗嘉定八年，蒙古太祖十年

26 岁。在乡避乱。

是年，蒙古破中都，大焚宫室。

作品有：诗《梁园春》。

1216 年

丙子，金宣宗贞祐四年，宋宁宗嘉定八年，蒙古太祖十一年

27 岁。忻州被兵，夏五月奉母张太夫人避乱南渡河，寓居三乡。十月，蒙古兵破潼关，避兵三乡女几山之三潭。叔父元升同时南迁，遗山称南迁第一祖。与刘昂霄游，识孙伯英。

是年，蒙古军围太原。作品有：诗《箕山》《元鲁县琴台》《虞坂行》《落槐》《八月并州雁》等；文《市隐斋记》。

1217 年

丁丑，金宣宗兴定元年，宋宁宗嘉定九年，蒙古太祖十二年

28 岁。在三乡，往汴京，以诗文见礼部尚书赵秉文，极受赏识，被人称为“元才子”。与刘昂霄、辛愿、赵元、英禅师等游。叔父元升卒。

作品有：诗《论诗三十首》《三乡杂诗》等；文《锦机引》等。

1218 年

戊寅，金宣宗兴定二年，宋宁宗嘉定十年，蒙古太祖十三年

29 岁。

笔者按：《汇纂》以本年行迹无明文可考。李谱言“是年由三乡移居登封，复往昆阳”，备参。

1219 年

己卯，金宣宗兴定三年，宋宁宗嘉定十一年，蒙古太祖十四年

30 岁。在登封。三女阿秀生。识刘光谦。

1220 年

庚辰，金宣宗兴定四年，宋宁宗嘉定十二年，蒙古太祖十五年

31 岁。居嵩下，六月与雷渊、李献能同游玉华谷。八月，至汴京。

作品有：诗《西园》《同希颜、钦叔玉华谷分韵得军、华二字二首》等；

文《兴定庚辰太原贡士南京状元楼宴集题名引》。

1221 年

辛巳，金宣宗兴定五年，宋宁宗嘉定十三年，蒙古太祖十六年

32 岁。三月，登进士第，不就选，主考者为赵秉文。宰相师仲安指责赵与杨云翼、雷渊、李献能为“元氏党人”，赵不为所动。遗山始识杨宏道，且交游日广，师友益众。

作品有：诗《家山归梦图》等。

1222 年

壬午，金宣宗元光元年，宋宁宗嘉定十四年，蒙古太祖十七年

33 岁。与李献能在孟津，曾赴召至汴京。

作品有：诗《怀叔能》等；词《临江仙·今古北邙山下路》等。

1223 年

癸未，金宣宗元光二年，宋宁宗嘉定十五年，蒙古太祖十八年

34 岁。春在嵩下，夏至昆阳(今河南叶县)，又尝过郾城(今河南漯河市)。与雷渊、冯璧游龙母潭。见刘从益于昆阳，并识张彀。见麻知几于郾城，识常仲明。

是年，金宣宗去世，哀宗立。刘昂霄卒。郝经生。

作品有：诗《缑山置酒》《光武台》《滁亭》《麦叹》《寄希颜诗（其一）》《昆阳二首》《叶县雨中》等；词《临江仙·世故迫人无好况》）等；文《叶县中岳庙记》。

1224 年

甲申，金哀宗正大元年，宋宁宗嘉定十六年，蒙古太祖十九年

35 岁。五月，在汴京，应宏词科，权国史院编修官。与陈规、雷渊、李献、王渥、王鹗、李纯甫、李汾等交游，尤得赵秉文器重。

是年，程震卒。震为监察御史，有直称，其子程思温娶遗山长女真。刘从益卒。

作品有：诗《赠答杨焕然》《芳华怨》《帝城二首》《燕府白兔》等；词《水调歌头·形神自相语》《蝶恋花·牢落羁怀愁有信》等；文《章宗皇帝铁券行引》《秦王擒窦建德、降王世充露布》《拟除司农卿制》《拙轩铭》等。

1225 年

乙酉，金哀宗正大二年，宋理宗宝庆元年，蒙古太祖二十年

36 岁。在汴京权国史院编修官。春，奉命赴郑州，见贾益谦，访先朝旧事。夏，告归嵩山。

作品有：诗《出京》《寄王丈德新二首》《仆射陂醉归即事》《郑州上致政贾左丞相公》等；文《刘景玄墓铭》《吏部掾属题名记》《警巡院廨署记》《杜诗学引》。

笔者按：行射陂在郑州。《杜诗学引》即归嵩时作。

1226 年

丙戌，金哀宗正大三年，宋理宗宝庆二年，蒙古太祖二十一年

37 岁。夏四月，过方城，从商帅完颜鼎至南阳。秋归嵩下。旋除镇平，不久即罢去。在方城与完颜鼎之弟完颜彝（小字陈和尚）友善。又以王渥介，与曹珏定交。是年，贾益谦卒。

作品有：诗《饮酒五首》《后饮酒五首》《丰山怀古》《镇平书事》等；文《良佐镜铭》。

笔者按：完颜彝，又名陈良佐，治朱子之学。金亡时战败被俘，壮烈不屈死。

1227 年

丁亥，金哀宗正大四年，宋理宗宝庆三年，蒙古太祖二十二年

38 岁。为内乡令。有淅江、菊潭、半山亭之游。交往之友有张澄、王渥、杜善夫、麻革、高永、康国、刘祖谦、邓州帅移剌瑗等。

作品有：诗《宿菊潭》《去岁君远游》《内乡县斋书事》等；词《临江仙·昨

夜半山亭下饮》《临江仙·夏馆秋林山水窟》等；文《坟云墓铭》。

1228 年

戊子，金哀宗正大五年，宋理宗绍定元年，蒙古皇子拖雷监国

39 岁。为内乡令，母张氏卒，丁内艰罢官，冬居县东南（或作西南）白鹿原菊水畔长寿新居，名“新斋”。与张澄“行斋”为邻。邓州帅移剌瑗辟以从事，辞谢之。

是年，杨云翼卒。王恽生。作品有：诗《观淅江涨》《阻雨张主簿草堂》《内相杨文献公哀挽三章》等；文《新斋赋》《行斋赋》。

1229 年

己丑，金哀宗正大六年，宋理宗绍定二年，蒙古太宗元年

40 岁。闲居内乡。子阿千生。与刘祖谦等往还。

作品有：诗《此日不足惜》《长寿山居元夕》等；词《蝶恋花·负郭桑麻秋课重》；文《长庆泉新庙记》《东坡诗雅引》。

1230 年

庚寅，金哀宗正大七年，宋理宗绍定三年，蒙古太宗二年

41 岁。曾赴邓州辟，仍在内乡。与康国等往还。

作品有：诗《邓州城楼》《自邓州幕府暂归秋林》等；文《孙伯英墓铭》《竹林禅院记》。

1231 年

辛卯，金哀宗正大八年，宋理宗绍定四年，蒙古太宗三年

42 岁。辟南阳令，内迁尚书省掾，移家汴京。妻张氏卒。与王渥、李汾等往还。

是年，雷渊、李纯甫、辛愿卒。

作品有：诗《宛丘叹》《岐阳三首》《希颜挽诗五首》等；文《希颜墓铭》《赞皇郡太君墓铭》《华严寂大士墓铭》《南阳县令题名记》《邓

州新仓记》。

1232 年

壬辰，金哀宗天兴元年，宋理宗绍定五年，蒙古太宗四年

43 岁。在京，官左司都事。哀宗将出逃，遗山言于时相，请以小字书国史一本随驾，不及行。此间续娶毛氏夫人。三女阿秀卒。与冯延登、刘祖谦、杨慥、白华、曹益甫等有往还。收养白华子白朴。

是年，完颜琦、赵秉文、李汾、王渥、李献能、麻九畴均卒。三月间蒙古军攻汴，金遣使求和，蒙古军退，京城解围。七月，飞虎卒杀蒙古使唐庆，和议绝。十二月，京中粮尽援绝，哀宗出奔，蒙古复围汴。史称“壬辰之变”。

作品有：诗《围城病中文举相过》《读靖康佥言》《雨后丹凤门登眺》《壬辰十二月车驾东狩后即事五首》等；文《闲闲公墓铭》《孝女阿秀墓铭》《赠镇南军节度使良佐碑》等。

1233 年

癸巳，金哀宗天兴二年，宋理宗绍定六年，蒙古太宗五年

44 岁。汴京受围，形势危急，城中人相食。正月，遗山以省令史许安国言上留守二相完颜奴申、完颜习捏阿不，谋安社稷、救生灵计。二相无策。旋守城西面元帅崔立叛变，杀二相，立卫王子完颜从恪为梁王，监国，又烧杀抢掠，无恶不作。大封伪职，欲授遗山为左司员外郎。并胁迫遗山、王若虚、刘祁、麻革等为己立功德碑。遗山为删定碑文，直书其事而已。四月末，遗山随百官被解送青城，五月北渡，羁管聊城。始编《中州集》。

是年正月，金哀宗渡河，兵败走归德。崔立以汴京叛，降蒙古。六月，哀宗入蔡州，蒙古与宋军合攻之。蒙古满城帅张柔入汴京，取史馆文献卫送北归。聂天骥等多人殉国。冀禹锡卒。

作品有：诗《南冠行》《癸巳除夜》《十二月六日》《癸巳四月二十九日出京》

《淮右》《俳体雪香亭杂咏十五首》《杂著四首》《癸巳五月三日北渡三首》等；文《聂元吉墓志铭》《聂孝女墓铭》《癸巳岁寄中书耶律公书》《中州集引》。

笔者按：崔立之变期间乃遗山一生重大转折期。其间有关遗山气节者，一为被迫撰碑，一为崔立伪职之授，一为蒙古军入汴后上书蒙古中书令耶律楚材。笔者详考其间曲折，知遗山撰碑，直书其事，以触怒崔立党，由友人李仲华营救，免遭凶害。遗山一生所有文字均未见自陈接受伪职。授官一事，最早见刘祁所作《归潜志》卷十二《录崔立碑事》，系一面之词，不可尽信。上书耶律楚材事性质，为遗山抢救史籍文献然，重在保护人才，继承文化，非谋私利己者可比。要之，三事均不足构成遗山气节问题。笔者有专文辨之，见本书。

1234 年

甲午，金哀宗天兴三年，金亡。宋理宗端平元年，蒙古太宗六年

45 岁。羁管聊城，居至觉寺中，生活困苦。与李彦深、徐世隆等有往还。

是年，正月金哀宗传位于东面元帅完颜承麟，是为末帝。蔡州城破，哀宗自缢死，承麟为乱兵所害，金亡。李献甫卒。六月，崔立为李伯渊刺死。

作品有：诗《西窗》《续小娘歌十首》《怀益之兄》《秋夕》《梦归》《徐威卿相过，留二十许日往高唐，同李辅之赠别二首》《即事》《甲午除夜》《聊城寒食》等；文《校笠泽丛书后》《清真观记》《南冠录引》《漆水郡侯耶律公墓志铭》等。

1235 年

乙未，蒙古太宗七年，宋理宗端平二年

46 岁。春仍在聊城，七月与杜善夫等游济南。还居冠氏，依冠氏令赵天锡。赵为资助作屋。与李天翼、赵复、白季昌、杨奂、，杨宏道、郭仲通、黄逸民等有交游。

是年，刘祁作《归潜志》，时年 32 岁，在浑源。

作品有：诗《学东坡移居八首》《济南杂诗十首》等；词《临江仙·叶叶荷花开处好》；文《代冠氏学生修庙学壁记》《济南行记》《紫微观记》。

1236 年

丙申，蒙古太宗八年，宋理宗端平三年

47 岁。居冠氏。三月随赵天锡往泰安会行台严实，并游泰山，旋返冠氏。六月，冯璧来访。

作品有诗：《戏题新居二十韵》《游泰山》等；文：《东游记略》《东坡乐府集选引》《故物谱》。

1237 年

丁酉，蒙古太宗九年，宋理宗嘉熙元年

48 岁。居冠氏。秋，还太原，归乡作外家别业。十二月，复返冠氏。还太原时尝过山阳（今河南焦作市）。与赵滋、商挺、李冶及僧徒太原照禅师、净文及道士圆曦有交游。

作品有：诗《天井关》《卫州感事二首》《怀州子城晚望少室》《别覃怀幕府诸君》《羊肠坂》《太原》《十二月十六日还冠氏，十八日夜雪》等；文《兴福禅院功德记》《外家别业上梁文》等。

笔者按：遗山自贞祐四年（1216）南渡河，至是年始一归故里，已二十一年矣。

1238 年

戊戌，蒙古太宗十年，宋理宗嘉熙二年

49 岁。复往东平（今山东东平县），依严实。秋八月，携家自冠氏还太原，至济源（今河南焦作市）。十月至山阳（今河南焦作市）。是年与严实、赵天锡及东平幕府宋子贞、徐世隆、李冶、张特立、康晔等诸名士及僧道名流有交往。

作品有：诗《酬韩德华送归之作》《云峡》《别康显之（即康晔）》《别张御史》《和仁卿演太白诗意》等；文《冠氏赵侯先茔碑》《通仙观记》《伤

寒会要引》等。

1239 年

己亥，蒙古太宗十一年，宋理宗嘉熙三年

50 岁。春发济源。四月，游天坛仙猫洞等处（在济源北），经铜鞮（今山西沁县），归忻州读书山。

作品有诗：《铜鞮次村道中》《读书山雪中》《发济源》《己亥十一月十三日雪晴，夜半读书山东龛看月》《游天坛杂诗》《杂诗六首道中作》《初挈家还读书山杂诗四首》等。

1240 年

庚子，蒙古太宗十二年，宋理宗嘉熙四年

51 岁。居秀容。十月，应严忠济聘往东平。

是年，严实卒，其子严忠济嗣位为东平路行军万户管民长官，重视儒士，有父风。赵天锡、冯璧卒。

作品有：诗《九日读书山用陶诗……为韵赋十诗》《十月二十日雪中过石岭关》等；文《内翰冯公神道碑铭》《蘧然子墓碣铭》《东平行台严公神道碑》《千户赵侯神道碑铭》。

1241 年

辛丑，蒙古太宗十三年，宋理宗淳祐元年

52 岁。客居东平。春末归秀容。交游严氏之外有阎珍、张圣予、宋文卿、勾龙瀛、刘子新、崔君卿、刘郁、田仲德并弟子张梦符（张澄子）、孙德谦等。

作品有：诗《赠别孙德谦》《答公茂》；文《郝先生墓铭》《故帅阎侯墓表》《答大用万户第一书》。

1242 年

壬寅，蒙古太宗之乃马真后元年，宋理宗淳祐二年

53 岁。家居秀容，欲营神山（今属定襄县）别业。

作品有：诗《感兴》等；文《寄庵先生墓碑》《资善大夫……夹谷公神道碑铭》《费县令郭明府墓碑》《忠武任君墓碣铭》。

笔者按：寄庵，李遹号，李冶之父，当时名士。

1243 年

癸卯，蒙古乃马真后二年，宋理宗淳祐三年

54 岁。居秀容，八月在燕京。旋南下过庆源（今河北赵县）。九月，游黄华山（在林虑县，即今河南林县）水帘及佛谷，复北返，过藁城，拜王若虚墓。冬应耶律楚材之请，为其父耶律履作碑文至燕京（为此遗山颇受人攻讦），遂经宏州（今河北阳原县），看望曹珏。冬由燕还乡，经范阳、庆源。在庆源与赵国宝交往。在燕与赵复有交。冬还乡时与张纬有交。

是年四月，王若虚卒。

作品有：诗《宝岩纪行》《赠答赵仁甫》《水藤纪异》《佛谷圣灯》《宏州赠曹丈子玉》《别纬文兄》《赠答赵仁甫》《黄华峪十绝句》等；文《朝列大夫同知洞间府事张公墓表》《内翰王公（若虚）墓表》《辅国上将军……康公神道碑铭》《奉国上将军……耶律公墓志铭》《龙山赵氏新茔之碑》《通玄大师李君墓碑》《赵州学记》《临锦堂记》《太古观记》《太古堂铭》《中书耶律公祭先妣国夫人文》《尚书右丞耶律公（履）神道碑》。

1244 年

甲辰，蒙古乃马真后三年，宋理宗淳祐四年

55 岁。春由燕归乡，过寿阳。夏五月，至崞县，游凤凰山、前高山，至燕京。秋，出京归里，又往洛阳，冬过洛西，以迁母张氏之墓也。至崞县游两山时与李之和、刘惠之、李干臣等交往。

是年，耶律楚材卒，其子耶律铸嗣为中书令。

作品有：诗《洛阳》《过三乡望女儿村追怀溪南诗老辛敬之二首》《善应寺五首》等；文《通奉大夫礼部尚书赵公神道碑》《广威将军郭君墓表》《显武将军吴君阡表》《寿阳县学记》《创开滹水渠堰记》《两山行记》等。

1245 年

乙巳，蒙古乃马真后四年，宋理宗淳祐五年

56 岁。在内乡迁母葬还秀容。秋，游崞山祠，与梁辨疑、武伯佐、李辅之同行。冬，往东平，过张圣予所居“新轩”，曾谒孔林（在曲阜）。

作品有：诗《曲阜纪行》《甲辰秋洛阳得黄葵子……》《旧国》《为邓人作诗》等；文《国子祭酒……内翰冯君神道碑》《资善大夫吏部尚书张公神道碑铭》《王无竞题名记》《手植桧圣像赞》。

1246 年

丙午，蒙古乃马真后五年、定宗元年，宋理宗淳祐六年

57 岁。自东平归秀容，过彰德。

是年，曹珏卒。

作品有：诗《乔千户挽诗》《益都宣抚田侯器之燕子图诗……》等；文《朝散大夫同知东平府事胡公神道碑》。

1247 年

丁未，蒙古定宗二年，宋理宗淳祐七年

58 岁。家居秀容，李邦彦、梁辨疑等道士来访。春游三泉（在今山西代县）。八月，葬母张氏。

作品有：诗《哭曹征君子玉二首》《耀卿西山归隐图》等；文《圆明先生墓表》《藏云先生袁君墓表》《朝元观记》《与枢判白兄（华）书》。

1248 年

戊申，蒙古定宗三年，宋理宗淳祐八年

59 岁。往南宫看望长女婿程思温。九月，过宁晋，返秀容。与董德卿有交。是年，子阿中生。

作品有：诗《示程孙四首》《别董德卿》；文《大司农丞康君墓表》《清真道院营建疏》《南宫庙学大成殿上梁文》。

1249 年

己酉，蒙古海迷失后元年，宋理宗淳祐九年

60 岁。四月，由忻往真定，客真定总府经历张德辉处。真定提举赵国宝为刻《中州集》成，张为作序。九月往燕京。冬，出都，返至顺天度岁。郝经于顺天拜遗山为师。

作品有：诗《赠答郝经伯常》《自题中州集后五首》；文《嘉议大夫……王公神道碑铭》《恒州刺史马君神道碑》《信武曹君阡表》《令旨重修真定庙学记》《三皇堂记》《杨叔能小亨集引》《木庵诗集序》《孔道辅击蛇笏铭》《毛氏家训后跋语》。

笔者按：其时张柔为顺天路万户。遗山与张柔均娶毛氏女，为姻亲（毛氏为遗山继配）。郝经在张柔幕府，故有师生之谊。

1250 年

庚戌，蒙古海迷失后二年，宋理宗淳祐十年

61 岁。二月，自真定还秀容。五月，过真定。七月，往顺天路万户张柔处观金实录。交游者如上年。

作品有：文《天庆王尊师墓表》《顺天府营建记》《李参军友山亭记》《忻州天庆观重建功德记》《十七史蒙求序》《陶然集诗序》。

1251 年

辛亥，蒙古宪宗元年，宋理宗淳祐十一年

62 岁。五月，来太原，宿大悲僧舍。九月，至真定，冬过顺天，与毛正卿、毛德义兄弟，郝经、刘敬之游顺天抱阳岩宝教院。

作品有：诗《与同学敬鼎臣宿顺天天宁僧舍》《常仲明教授挽词》等；文《真定府学教授常君墓铭》《善人白公墓表》《顺天万户张公勋德第二碑》等。

笔者按：时真定乃史天泽帅府，遗山文中称“镇州”“镇阳”者，即指真定。遗山为真定府学教授常仲明作挽词、墓铭，铭曰：“北渡后来镇阳，仲明在焉。”可见真定、镇阳为一地异称。

1252 年

壬子，蒙古宪宗二年，宋理宗淳祐十二年

63 岁。夏，与张德辉北上桓州，觐见元世祖忽必烈于藩府，请世祖为儒教大宗师，并免儒户兵赋，获准。归后十月游平定，受平定帅聂珪之礼遇。旋受东平严忠济聘，往东平，居须城（东平路治所）。在东平与张圣予、张特立、萧汉杰、贾显之等交游。

作品有：诗《壬子冬至新轩张兄圣与求为儿子阿平制名……》《游承天悬泉》《九日登平定涌云楼故基》《贺中庸老再被恩纶》《过皋州寄聂侯》《贾漕东城中隐堂》《赠萧汉杰》《乡郡杂诗五首》等；文《通奉大夫钧州刺史……参议张君神道碑铭》《南峰先生墓表》《苏彦远墓铭》《东平行台严公祠堂碑铭》《东平贾氏千秋录后序》《送高雄飞序》。

笔者按：壬子遗山与张德辉北觐元世祖之月，史籍不详。考《元史·世祖纪》：“岁壬子，帝驻桓、抚间。”六月间，世祖至漠北晋见蒙哥，七月出师征云南。知七月之前当在桓州（今内蒙古正蓝旗一带），故遗山北觐当在此时。又，承天悬泉，在平定境内。中庸老，即张特立，壬子，世祖赐以嘉名，曰“中庸先生”。贾漕即贾显之。皋州指乐平（今山西昔阳县），原属平定州，金兴定四年（1235）升皋州。乡郡，指平定。高雄飞即高鸣。

1253 年

癸丑，蒙古宪宗三年，宋理宗宝祐元年

64 岁。在东平。夏至燕京。冬，以行台严氏之召又赴东平。交游者众。

作品有：诗《刘时举节制云南》《送崔梦臣北上》《王敦夫祥止庵》等；文《王黄华墓碑》《御史张君墓表》《宣武将军孙君墓碑》《致乐堂记》《鸠水集引》《曹南商氏千秋录》等。

笔者按：此年交游甚众。《曹南商氏千秋录》为商挺作，《鸠水集引》为宋子贞作。刘时举即刘时中，并崔梦臣、王敦夫皆为遗山友人。李光廷《年谱》以遗山《寒食灵泉宴集诗序》作于是年，其中录有诸友名如韩德华、李周卿、靖德昭（靖天民之子）、勾龙瀛、张圣予、刘诩、孙德谦、张梦符等人，且以灵泉寺在鹿泉（遗山有鹿泉新居，在今河北获鹿县）。然缪越《汇纂》以上述诸友皆东平幕客，不当聚于鹿泉。而序中云："出天平北门三十里而近，是为凤山之东麓，有寺日灵泉。"考遗山称凤山，例指代州凤凰山，与鹿泉、东平相距亦远。岂鹿泉或东平亦有凤山者乎？疑问颇多，难以遽断，姑存之。

1254 年

甲寅，蒙古宪宗四年，宋理宗宝祐二年

65 岁。正月，过故关（今山西娘子关南二十里）。六月，游五台山。七月，还太原，九日游获鹿龙泉寺。十二月，出真定。

作品有：诗《赤石谷》《甲寅九日同临漳提领王明之、鹿泉令张奉先、贾千户令春、李进之、冀衡甫游龙泉寺，僧颢求诗二首》《台山杂咏十六首》等；文《新轩乐府引》《张仲经诗集序》等。

笔者按；是年遗山传学于王恽事，时间可疑。据王恽《遗山先生口诲》（见《秋涧集》）述此事在此年春二月遗山与张德辉自汴北归过卫州时。然遗山已有《甲寅正月二十三日故关道中三首》之诗。如正月已入晋，二月则不当在卫。

或王恽误记下年事于此年，遗山下年有《乙卯二月二十一日归自汴梁……》诗，可参证。

1255 年

乙卯，蒙古宪宗五年，宋理宗宝祐三年

66 岁。二月，由汴梁归，往太原视女严病。八月，在真定，往东平十一月返真定。在东平应严忠济请，为东平府新学落成作记，又参与校士，选阎复等四人。与王君璋有交往。在真定有答聪上人（刘秉忠）书。

是年，杨奂卒。

作品有：诗《乙卯十一月往镇州》《乙卯二月二十一日归自汴梁……》《约严侯泛舟》《乙卯端四日》；文《濮州刺史毕侯神道碑铭》《东平府新学记》《陆氏通鉴详节序》《答大用万户第二书》。

1256 年

丙辰，蒙古宪宗六年，宋理宗宝祐四年

67 岁。在获鹿寓所。刘器之为遗山写真。九月二十六日携全家游龙泉寺。

作品有：诗《祁阳刘器之以墨竹得名，今年春薄游鹿泉，因为余写真……》《鹿泉新居二十四韵》《丙辰九月二十六日携家游龙泉》；文《故河南路课税所长官兼廉访使杨公（奂）神道之碑》《跋东坡和渊明饮酒诗后》《题许汾阳诗后》。

1257 年

丁巳，蒙古宪宗七年，宋理宗宝祐五年

68 岁。在东平，与吴辨夫、张仲可有交。七月归。九月四日卒于获鹿寓所。归葬秀容。郝经铭其墓。

作品有：诗《张村杏花》；文《告山赟禅师塔铭》《尚药吴辨夫寿冢记》《如庵诗文序》《琴辨引》《跋张仲可东阿乡贤记》。

附录二

参考文献目录

（截至 1988 年）

笔者按：关于元遗山研究的古代文献材料，及近世整理、选注之专书以及国内外学术界的发表的论著、文章，包括必要的参考文献等，其数量之多，难以尽举。近年山西省古典文学学会同忻州师专中文系将合编《元好问研究资料汇编》《元好问研究论文集》二书，后书已由山西人民出版社出版。这将为学术界开展对遗山的研究带来很大便利，我盼望前书能早日问世。本文所著录的有关遗山研究的文献目录，当有大部分收入以上二书者，但以笔者研究遗山范围、题目之所需，亦有不在二书收录者，因此一并选编，以便读者与研究者参考。文中著录文献，除少数文章特别是港台、国外学者的个别论著，限于条件，未及寓目外，大部分文献均不同程度地资以本书撰写中采用或参考，故谨列举其次，以示不敢掠美。

本目录所举不求完备，选录之原则为：一、研究遗山必读之文献材料。二、确有相当学术价值的论著文章，仅作一般性介绍者则略去（不全略）。三、古籍版本则举版本易求易见者，不备举全部版本，且尽可能举近年新出的版本，论著文章也标明出处，以便查阅。四、虽不直接涉及遗山的论著文章，但关系紧要、不可不读者亦收录。五、本目录分七类编列。目录所收或有重要遗漏或疏误处，切盼指正。

一、遗山著述、作品及注释

《遗山先生文集》四十卷、附录一卷　四部丛刊影印明弘治十一年（1498）本

《遗山先生文集》四十卷、附录一卷　明储巏辑、清康熙四十六年（1707）无锡华希闵剑光阁刻本

《元遗山先生集》四十卷、《新乐府》四卷、《续夷坚志》四卷、末一卷、考证三卷、年谱四卷、广年谱二卷　清张穆校补，光绪七年（1881）忻州读书山房刻本，民国十三（1924）年增补本

《元遗山志》四卷　清樊焕章纂辑，光绪三年（1877）晋省靴巷晋魁斋刻本，山西省图书馆藏

《元遗山先生集》四十卷、附录一卷、补载一卷　清吴重熹辑，光绪间海丰吴氏刻《石莲庵汇刻九金人集》本

《遗山集补遗》一卷　民国孙德谦辑《金源七家文集补遗》稿本

《元遗山集补遗》　杨鉴编，1979年抄本，山西省图书馆藏

《遗山集》一卷　清顾嗣立辑康熙顾民秀野草堂刻《元诗选·初集·甲集》本

《元遗山先生文选》　清李祖陶选道光二十五（1845）年刻《金元明八大家文选》本

《遗山题跋》　奇晋斋丛书本，《丛书集成》本

《遗山先生诗集》二十卷　明弘治十一年（1498）李瀚刻本

《遗山先生诗集》二十卷　明毛氏汲古阁刻元人十种诗本

《宋金三家诗选》 清沈德潜选，齐鲁书社 1983 年版

《元遗山诗集》八卷 清乾隆四十三年（1778）万廷兰刻本

《元遗山诗集笺注》 施国祁笺注，人民文学出版社 1958 年版

《遗山乐府编年小笺》 缪越笺注，《词学季刊》1936 年 6 月 9 日，3 卷 2、3 期

《中州集》 中华书局上海编辑所 1962 年版

《续夷坚志》《湖海新闻夷坚续志》 中华书局 1986 年版

《元好问诗》 夏敬观选注，商务印书馆《学生国学丛书》民国二十九（1942）年版

《元好问诗词集》 贺新辉辑注，中国展望出版社 1987 年 2 月第 1 版

《辽金元诗选》 章夷孙选注，古典文学出版社 1958 年版

《元好问诗选》 郝树侯选注，人民文学出版社 1959 年版、1983 年版

《遗山乐府编年小笺》 吴庠编，中华书局香港分局 1982 年 7 月版

《元好问诗选》 陈沚斋选注，广东人民出版社 1985 年版

《金元明清词选》 夏承焘、张璋选注，人民文学出版社 1983 年版

以上系以遗山本人著述为主的文献，其未著录者甚夥。欲知其详，请参阅山西省图书馆编的《元好问著作目录及论文索引》。

二、有关遗山研究的文献、论著

《金史》 元脱脱等修撰，中华书局 1975 年点校本

《元史》 明宋濂等修撰，中华书局 1976 年点校本

《新元史》 民国柯绍志撰，北京中国书店 1982 年影印复耕堂线装本、中华书局 1986 年《二十五史补编》本

《归潜志》 金刘祁撰，崔文印点校，中华书局 1983 年版

《大金国志》 宋宇文懋昭撰，崔文印点校，中华书局 1986 年版

《国朝文类（元文类）》 元苏天爵撰，四部丛刊本

《元朝名臣事略》 元苏天爵撰，商务印书馆《丛书集成》本，民国二十五年（1936）版，中华书局 1962 年线装本

《河汾诸老诗集》 金房祺编，中华书局上海编辑所 1958 年版

《闲闲老人滏水文集》 金赵秉文撰，四部丛刊本

《滹南遗老集》 金王若虚撰，四部丛刊本

《陵川先生文集》 元郝经撰，四部丛刊本

《陵川集》 元郝经撰，四库珍本

《秋涧先生大全文集》 元王恽撰，四部丛刊本

《谷音》 元杜本编，中华书局 1958 年版

《庶斋老学丛谈》 元盛如梓撰，《丛书集成》本，江苏广陵古籍刻印社《笔记小说大观》第十册，1983 年版

《藏春集》 元刘秉忠撰，四库全书·集部别集类

《小亨集》 金杨宏道撰，四库珍本

《还山遗稿》 元杨奂撰，四库全书·集部别集类

《青崖集》 元魏初撰，四库珍本

《静修先生文集》 元刘因撰，四部丛刊本

《双溪醉隐集》 元耶律铸撰，四库全书·集部别集类

《湛然居士文集》 元耶律楚材撰，中华书局 1986 年版

《全金诗》 清郭元釪编，清内府刊本，扬州诗局本

《金文最》 清张金吾编，光绪八年（1882）粤雅堂刊本，光绪二十一年（1895）刊本

《金文雅》 清庄仲方编，光绪辛卯（1891）江苏书局重刊本

《金诗纪事》 民国陈衍辑撰，商务印书馆1936年本

《元诗选》 清顾嗣立选，中华书局1987年以来陆续出版

《元诗纪事》 民国陈衍辑撰、李梦生校点，上海古籍出版社1987年版

《牧庵集》 元姚燧撰，四部丛刊本

《雪楼集》 元程钜夫撰，四库全书·集部别集类

《清容居士集》 元袁桷撰，四部丛刊本

《道园学古录》 元虞集撰，四部备要·集部

《滋溪文稿》 元苏天爵撰，四库全书·集部别集类

《静轩集》 元阎复撰，四库珍本

《困学斋杂录》 元鲜于枢撰，《丛书集成》本

《山房随笔》 元蒋正子撰，《历代诗话续编》中华书局1983年版

《鲒埼亭集外编》 清全祖望撰，四部丛刊本

《廿二史札记校证》 清赵翼撰，王树民校证，中华书局1984年版

《瓯北诗话》 清赵翼撰，人民文学出版社1981年版

《石洲诗话》 清翁方纲撰，人民文学出版社1981年版

《七言诗三昧举隅》 清翁方纲撰，《清诗话》上海古籍出版社1963年版、1978年版

《愚庵小集》 清朱鹤龄撰，上海古籍出版社1979年版

《金源札记》 清施国祁撰，《丛书集成》本

《宋元学案》 清黄宗羲撰，四部丛刊本

《续资治通鉴》卷一百六十六“考异” 清毕沅撰，中华书局1986年版

《御批通鉴集览》宋理宗绍定五年批语 清乾隆帝敕撰，乾隆末内府刊本，其他旧刊本颇多

《日知录》 清顾炎武撰，上海古籍出版社 1985 年精装本

《金源纪事诗》 清汤运泰撰，同治癸酉（1873）淮南书局重刻本

《金史纪事本末》 清李有棠撰，崔文印整理，中华书局 1980 年版

《元史本证》 清汪辉祖撰，中华书局 1984 年版

《说诗语》 清沈德潜撰，人民文学出版社 1979 年版

《随园诗话》 清袁枚撰，人民文学出版社 1982 年版

《归田诗话》 明瞿佑撰，《历代诗话续编》中华书局 1983 年版

《艺苑卮言》 明王世贞撰，《历代诗话续编》中华书局 1983 年版

《说学斋稿》 明危素撰，四库全书·集部别集类

《养一斋诗话》 清潘德舆撰，《清诗话继编》上海古籍出版社 1983 年版

《静居绪言》 清阙名编，《清诗话续编》上海古籍出版社 1983 年版

《十驾斋养新录》 清钱大昕撰，上海书店 1983 年版

《诗比兴笺》 清陈沆撰，上海古籍出版社 1981 年版

《南濠诗话》 明都穆撰，《历代诗话续编》中华书局 1983 年版

《思益堂日札》 清周寿昌撰，中华书局 1987 年版

《谪星说诗》 民国钱振锃撰，《名山全集》

《初白庵诗评》 清查慎行撰，《敬业堂集》四部丛刊本

《古欢堂集·杂著》 清田雯撰，江苏广陵古籍刻印社《笔记小说大观》第十七册，1983 年版

《读雪山房唐诗凡例》 清管世铭撰，《栗香室丛书》本

《蛾术编》 清王鸣盛撰，商务印书馆 1958 年版

《昭昧詹言》 清方东树撰，人民文学出版社 1984 年版

《射鹰楼诗话》 清林昌彝撰，上海古籍出版社 1988 年版

《雪桥诗话》 民国杨钟羲撰，《求恕斋丛书》本

《诗源辩体》 明许学夷撰，人民文学出版社 1987 年版

《白朴戏曲集校注·附编》 王文才校注，人民文学出版社 1984 年版

《金史简编》 张博泉著，辽宁人民出版社 1984 年版

《金代经济史略》 张博泉著，辽宁人民出版社 1981 年版

《中国大百科全书·金代文学卷》 中国大百科全书出版社 1987 年版

《元朝史》 韩儒林等著，人民出版社 1986 年版

《元史》 中国大百科全书出版社 1985 年版

《金朝史》 姚从吾著，民国三十四年（1945）版

《中国通史第六册》 蔡美彪等著，人民出版社 1979 年版

《谈艺录》 钱锺书著，中华书局 1984 年版

《中国文学批评史》 郭绍虞著，上海古籍出版社 1982 年版

《宋金元文论选》 人民文学出版社 1984 年版

《中国文学批评史大纲》 朱东润著，上海古籍出版社 1983 年版

《中国文学发展史》 刘大杰著，古典文学出版社 1957 年版

《杜甫戏为六绝句集解·元好问论诗三十首小笺》 郭绍虞著，人民文学出版社 1978 年版

《全金元词》 唐圭璋编，中华书局 1979 年版

《金元散曲》 隋树森编，中华书局 1981 年版

《论诗绝句二十种辑注》 吴世常注，陕西人民出版社 1984 年版

《元史论集》 南京大学历史系元史研究室编，人民出版社 1984 年版

《元史论丛》第一辑、第二辑、第三辑 中华书局 1982—1986 年版

《辽金元文学》 苏雪林著，商务印书馆民国三十七年（1948）版

《辽金文学作品选》 周惠泉、朱治国选注，吉林时代文艺出版社 1986 年版

《辽金元艺文志》 香港世界书局民国三十六年（1947）版

《元代少数民族诗选》 王叔磐等选注，内蒙古人民出版社 1981 年版

《戏曲小说丛考·白朴年谱》 叶德均著，中华书局 1979 年版

《耶律文正公年谱·余记》 王国维撰，《湛然居士文集》附《王国维遗书》第 11 册，上海古籍书店 1983 年版

《穹庐集》 韩儒林著，上海人民出版社 1982 年版

《宋明理学史》 侯外庐等著，人民出版社 1984 年版

《南宋初河北新道教考》 陈垣著，科学出版社 1958 年版，中华书局 1962 年版

《中华二千年史》（卷四） 邓之诚著，中华书局 1983 年版

三、有关遗山研究的单篇论文

《儒术》 鲁迅，《且介亭杂文集》

《元遗山之诗学》 寄斧，《北京益世报》1926 年 5 月 18 日至 6 月 12 日

《元遗山诗集校勘记》 王永祥，《东北丛刊》1931 年 6 月第 18 期

《元遗山论诗绝句》 郭绍虞，《中国新论》1936 年 3 月 1 日第 2 卷第 3 期

《金源的文囿》 许文玉，郑振铎编《中国文学研究》下，上海书店 1981 年再版

《对于金代作家元好问的一二理解》 程千帆，《文史哲》1957 年第 6 期

《金元诗人元好问》 郝树侯，《山西师范学院学报》1958 年第 2 期

《元好问及其丧乱诗》 陈中凡，《文学研究》1958 年第 1 期

《简评〈元好问诗选〉》 赵廷鹏，《光明日报》1960 年 5 月 1 日

《“豪华落尽见真淳”》 林柏，《辽宁日报》1962 年 9 月 12 日

《“真淳”质疑及其他》 刘仁，《辽宁日报》1962年10月19日

《略论元好问的诗论》 吴庚舜，《光明日报》1964年7月19日

《试再申论“饭山”与“闲骨”》 傅庚生，《光明日报》1962年9月23日

《论“戏为六绝句”与“论诗三十首”》 郭绍虞，《学术月刊》1964年第7期

《读遗山乐府》 沈祖棻，《文学遗产增刊》第11辑，中华书局1962年版。修改后收入程千帆《闲堂文薮》，齐鲁书社1984年版

《评元好问的论诗三十首》 李言，《中国古典文学研究论丛》第1辑

《练就几幅笔墨——谈〈论诗三十首〉》 钟法，《山花》1979年第6期

《从元好问论诗说起》 孔令枝，《文学报》1981年5月14日

《元好问诗论初探》 李正民，《西南师院学报》1981年第4期

评元好问《论诗绝句三十首》 陈书龙，《中南民族学院学报》1982年第2期

《元好问词艺术初探》 赵兴勘、王广超，《徐州师范学院学报》1983年第1期

《略论元好问的〈蟾池〉诗》 王同运，《苏州大学学报》1983年第2期

《元好问〈论诗三十首〉二解》 陈长义，《文艺理论研究》1984年第2期

《试论元好问的“以诚为本”说》 朱良志，《安徽大学学报》1984年第4期

《元好问词艺术再探》 赵兴勤、孔繁华，《晋阳学刊》1986年第3期

《论元好问的气节问题》 降大任，《光明日报》1985年9月18日

《〈元遗山诗集〉未收和误收的诗》 赵廷鹏，《晋阳学刊》1987年第5期

《元好问与他的忻州诗》 王玉声，《春潮》1983年第3期

《元好问与蒙古国关系考辨》 黄时鉴，《历史研究》1981 年第 1 期

《元好问在癸巳之变前后》 孔繁华、肖舟，《徐州师范学院学报》1984 年第 4 期

《元好问与他的老师郝天挺》 王怀忠、魏填平，《上党史话》，山西人民出版社 1981 年版

《移巢别处觅雕梁——关于元好问之妹》 阳笙，《文史知识》1982 年第 4 期

《元好问与史学》 张博泉，《晋阳学刊》1985 年第 2 期

《元好问在山西》 姚乃文，《晋阳学刊》1985 年第 1 期

《元好问在河南》 姚乃文，《中州学刊》1986 年第 1 期

《金代诗歌创作》 范宁，《文学遗产》1982 年第 4 期

《读书山之由来》 李峭仑，《晋阳学刊》1985 年第 2 期

《元好问的“外家”在何处》 李峭仑，《晋阳学刊》1985 年第 4 期

《试论元好问的〈续夷坚志〉》 李正民，《晋阳学刊》1986 年第 1 期

《关于元好问诗歌的两个问题》 侯外庐，《光明日报》1985 年 9 月 24 日

《关于元好问生平的几点订正》 王玉声，《晋阳学刊》1985 年第 1 期

《元好问和他的丧乱诗》 耿森，《文科通讯》1985 年第 5 期

《论元遗山论诗绝句三首》 陈惠丰，深圳大学复印资料

《元好问诗论》 刘禹昌，《武汉大学学报》1980 年第 5 期

《元好问》 聂思言，《语文教学通讯》1980 年第 1 期

《元遗山和范宽的〈秦川图〉》 卢兴基，《文学遗产》1986 年第 2 期

《元好问诗论的民族特色》 李正民，《文学遗产》1986 年第 2 期

《元遗山金亡后社会交游考》 降大任，《忻州师专学报》1987 年第 2 期，1988 年续完

《试论元遗山〈论诗绝句〉第十五首》 邓昭祺，《文学遗产》1986年第2期

《法贵天真　诗家坦途》 李蹊，《晋东南师专学报》1985年第8期

《一种讽谕　万种情思》 徐贵印，《太原日报》1985年9月19日

《金代散文浅论》 周惠泉，《晋阳学刊》1985年第3期

《元好问〈论诗三十首〉辨释》 蔡厚示，《光明日报》1986年8月26日

《元好问诗论》 蔡厚示，《福建论坛》1987年第1期

《元遗山诗论的传统性与创造性》 卢兴基，《社会科学战线》1986年第4期

《元好问论诗三十首》 钱仲联，香港商务印书馆《艺林丛录》第6编

《金代文学初探》 周惠泉，《社会科学战线》1983年第3期

《金词概述》 王志华，《山西大学学报》1984年第4期增刊

《赋到沧桑句便工》 赵廷鹏、郭政、宫应林，《文学遗产》1986年第6期

《试论耶律楚材、元好问、丘处机》 李桂枝，《中央民族学院学报》1984年第4期

《元好问在癸巳之变中的思想转折》 刘泽，《忻州师专学报》1986年第1期

《元好问卷入崔立碑事述评》 文思期，《忻州师专学报》1986年第1期

《造就诗人元好问的几个重要因素》 李峭仑，《忻州师专学报》1986年第1期

《国家不幸诗人幸　赋到沧桑句便工》 徐贵印，《雁北师专学报》1985年第2期

《元遗山诗词用韵考》 鲁国尧，《南京大学学报》1986年第1期

《元好问与佛教》 姚乃文，《五台山研究》1986年第4期

《元好问〈徽公塔铭〉注》 温玉成，《山西大学学报》1985 年第 3 期

《试论元好问碑记文章的史学价值》 李峭仑，《忻州师专学报》1987 年第 2 期

《元好问研究综述》 姚乃文，山西省社科院《信息波》1984 年第 4 期

《刘祁与〈归潜志〉》 乔樱，《雁北师专学报》1986 年第 2 期

《元代山西史家二刘考》 穆德全，《山西大学学报》1984 年增刊第 4 期

《关于忽必烈“附会汉法”的历史考察》 白纲，《中国史研究》1981 年第 4 期

《耶律楚材评传》 李慎仪，《史学月刊》1981 年第 4 期

《略论郝经》 张跃铭，《内蒙古社会科学》1981 年第 5 期

《论蒙金关系》 任崇岳，《社会科学辑刊》1986 年第 6 期

《论忽必烈“行汉法”的原因》 赵华富，《史学月刊》1985 年第 4 期

《论郝经的政治倾向》 白纲，《中国史研究》1985 年第 4 期

《论金代文化发展的特点》 张博泉，《社会科学战线》1986 年第 1 期

《金代道教试论》 张荣铮，《天津师大学报》1983 年第 1 期

《全真道的兴起及其与金王朝的关系》 郭旃，《世界宗教研究》1983 年第 3 期

《论金代的民族融合》 张荣铮，《天津师大学报》1984 年第 3 期

《略论全真道的思想源流》 陈俊民，《世界宗教研究》1983 年第 3 期

《金元之际北方理学发展的特点及社会作用》 徐远和，《晋阳学刊》1986 年第 2 期

《〈元史·王文统传〉书后——略论元初统治集团关于“采用汉法”的斗争》 欧阳琛，《江西师院学报》1980 年第 2 期

《耶律楚材父子信仰之异趣》 陈垣，《陈垣史学论著选》，上海人民出

版社 1981 年版

《蒙古前期汉文人进用之途径及其中枢组织》 唐长孺，《学原》2 卷第 11 期，1948 年 11 月

《金元杜诗学探析》 许总，《江海学刊》1987 年第 3 期

《论金朝文化结构及其宫廷文学》 张啸虎，《中南民族学院学报》1987 年第 2 期

《金元二代的衍圣公》 陈高华，中华书局《文史》第 26 辑，1987 年版

四、港台所刊有关遗山研究的论著、文章

《元遗山善改人诗》 董寿，台湾《大陆杂志》1951 年 7 月，3 卷 2 期

《元遗山喜见前人诗句入诗》 董寿，台湾《大陆杂志》1951 年 7 月

《元遗山诗〈帝城〉二首》 董寿，台湾《大陆杂志》1951 年 6 月，2 卷 10 期

《元遗山其人其诗》 茧庐，台湾《畅流》1956 年 8 月，14 卷 1 期

《元遗山论诗的特识》 吴天任，台湾《民主评论》1956 年 9 月，7 卷 17 期

《读遗山诗小记》 瞿荆州，台湾《民主评论》1956 年 7 月，7 卷 14 期

《金代文宗元遗山》 杜若，台湾《合肥》1978 年 6 月，19 卷 5 期

《元遗山撰崔立碑疑案》 吴天任，台湾《大陆杂志》1965 年 3 月，30 卷 5 期

《元遗山论诗三十首笺释》 王韶生，台湾《崇基学报》1966 年 5 月，5 卷 2 期

《遗山论诗诠证》 王礼卿，台湾 1976 年台北版

《元遗山论诗绝句讲疏》（上） 陈湛诠，台湾《浸会学报》1968 年 3 卷 1 期

《元遗山其人其诗》 孙克宽，《诗与诗人》1965 年台北版

《元遗山研究》 续琨，台湾《台北》1974 年

《元遗山诗学研究》 陈石庆，台湾辅仁大学中国文学研究所硕士论文，1977 年

《元好问与〈中州集〉》 黄清士，台湾《艺文丛辑》3 编，1976 年 12 月

《元遗山评传》 吴天任，台湾《中国诗学》季刊 1971 年 6 月，8 卷 2 期，香港学海书楼讲学录第 4 集，1964 年版

《元好问研究》 李长生，台湾《台北》1979 年，又台湾文史哲出版社 1949 年 7 月版

《诗人元遗山研究》 李冠礼，正中书局民国六十二年（1973）5 月版

《元好问癸巳上耶律楚材书的历史意义与书中五十四人行事考》 姚从吾，台湾大学《文史哲》学报 1982 年，《姚从吾先生全集》六，台北正中书局 1982 年版

《金元之际元好问对于保全中原传统文化的贡献》 姚从吾，台湾《大陆杂志》26 卷 3 期；《姚从吾先生全集》六

《元诗研究》 包根弟，幼狮文化事业公司民国三十六年（1947）版

《元世祖崇行孔学的成功与所遭遇的困难》 姚从吾，台湾《史学汇刊》第 2 期

《忽必烈对汉化态度的分析》 姚从吾，台湾《大陆杂志》11 卷 1 期

《宋辽金史的纂修与正统之争》 陈芳明，台湾中华丛书《宋史研究集》第七辑，民国六十三年（1974）9 月

《元好问与〈中州集〉》 陈学霖，香港《饶宗颐教授南游赠言集》1970 年 1 月

《元遗山其人其作的一些探讨》 曾杰成，1985 年 9 月全国元好问学术讨

论会复印件

《元遗山著述考》 香港中文大学中文学会 1960 年版

《元好问》 汪应龙，《中国文学史论集》第 3 辑，1958 年 4 月

《元史研究论集》 袁冀，台湾商务印书馆民国六十三年（1974）9 月版

《元好问传记资料》 一至八册，台湾、天一出版社民国七十一年（1982）5 月版

五、国外所刊有关遗山研究的论著、文章

《元好问》 小栗英一，日本，岩波书店昭和三十八年（1963）版，该书序言节译见《晋阳学刊》1985 年第 2 期

《元好问》 铃木修次，日本，东京集英社《汉诗大系 20》1965 年 4 月

《元遗山的诗论》 梅津幸子，日本，《九州中国学会报》22 号，1979 年

《元遗山的〈中州集〉》 梅津幸子，日本，《九州中国学会报》23 号，1981 年

《元好问的诗》 林雷光《入矢教授、小川教授退休纪念》，《中国文学语学论集》，1974 年东京版版

《关于金亡后元好问的诗》 中树嘉弘，日本，加贺博士退宫纪念《中国文史哲学论文集》1979 年版

《元遗山的史诗……》 铃木虎雄，日本，《怀德》26 号，1955 年

《征服王朝》 藤枝晃，日本，近畿印刷株式会社昭和二十三年版

《元代知识分子与科举》 安部健夫，日本，《史林》42 卷 6 号，1959 年 11 月

《耶律一族与元好问》 中野美代子，日本，《江上波夫教授古稀纪念论

集》第 3 卷，1977 年东京版

《元好问的文学批评》 W·T·第马斯，英国，《哲学博士论文集》第 2 卷，牛津大学 1977 年版

《女真族的文化和金国（10 世纪至 1234 年）**》** 沃罗比约夫，苏联，莫斯科 1983 年版

《元好问论诗绝句》 G·T·威世德，美国，谬申奈尔·奥士提申论文卷 33，由德国威士巴登墓碑出版社 1982 年版，精装本

《中国诗选》 郭沫若、H·T·菲德连柯合译，苏联，国家文艺书籍出版社，莫斯科 1957 年版，内收元遗山《俳体雪香亭杂咏》俄译诗

《中国古典诗选》 P·德米埃维尔编译，法国，巴黎 1962 年版，内收元遗山法译诗四首

六、年谱

见本书第 455—456 页所列。

七、工具书

《金史人名索引》 姚景安编，中华书局 1980 年版

《元史人名索引》 崔文印编，中华书局 1982 年版

《中国历史地图集第 6 册》 中华地图学社 1975 年版

《元人文集篇目分类索引》 陆峻岭编，中华书局 1979 年版

《中国历史大辞典·辽夏金元史》 上海辞书出版社 1986 年

《中国历史纪年表》 方诗铭编，上海辞书出版社 1980 年版

《元人传记资料索引》 王德毅等编，中华书局 1987 年版

增补：

1989—2016 年关于元遗山的参考文献

一、遗山著述、作品及注释

《元好问全集》 山西人民出版社 1990 年版

《续夷坚志》 上海古籍出版社 1996 年版

《元好问全集》 山西古籍出版社 2004 年版

《元遗山诗集笺注》 山西古籍出版社 2005 年版

《元好问诗词选》 狄宝心选编，中华书局 2005 年版

《元遗山金元史述类编》 降大任、魏绍源等编注，山西古籍出版社 2007 年版

《中国家庭基本藏书：元好问集》 李正民解评，山西古籍出版社 2008 年版

《元好问诗编年校注》 狄宝心校注，中华书局 2011 年版

《历代总集选刊：中州集》 华东师范大学出版社 2014 年版

《元好问全集（山西文华）》 姚奠中主编，三晋出版社 2015 年版

《元好问词评析》 姚奠中编著，商务印书馆 2016 年版

二、有关遗山研究的论著

《元好问传》 郝树侯、杨国勇著，山西人民出版社 1990 年版

《元好问诗词研究》 贺新辉著，中国妇女出版社 1990 年版

《元好问》 郭杰著，春风文艺出版社 1990 年版

《元好问论诗三十首集说》 刘泽著，山西人民出版社 1992 年版

《纪念元好问 800 诞辰文集》 姚奠中等著，山西人民出版社 1992 年版

《元好问诗探艺录》 齐存田著，中国国际广播出版社 1998 年版

《腹心欤 / 寇仇欤——元好问传》 刘明浩著，东方出版社 1999 年版

《元好问评传》 钟屏兰著，文津出版社 1999 年版

《元好问暨金人诗传》 章必功著，吉林人民出版社 2000 年版

《元好问》 温作君著，山西人民出版社 2001 年版

《元好问资料汇编》 孔凡礼编著，学苑出版社 2008 年版

《元好问诗歌接受史》 张静著，中国社会出版社 2010 年版

《元遗山研究》 赵兴勤著，文津出版社 2011 年版

《元遗山论诗绝句讲疏》 陈湛铨著，商务印书馆（香港）有限公司 2014 年版

《元好问传》 朱东润著，上海古籍出版社 2016 年版

三、有关遗山研究的单篇论文（选录）

《五年来元好问研究概述》 刘泽，《晋阳学刊》1990 年第 1 期

《元好问的民族观初探》 唐国军，《广西民族学院学报（哲学社会科学版）》1990 年第 1 期

《元好问研究发微》 周惠泉，《社会科学战线》1990 年第 3 期

《时代与元好问》 张博泉，《晋阳学刊》1990 年第 3 期

《元好问晚年诗歌创作论略述》 刘泽，《文学遗产》1990 年第 4 期

《论元好问诗风的衍变》 蔡厚示，《文学遗产》1990 年第 4 期

《试论元好问碑记文章的文学价值》 李峭仑、蔚润明，《晋阳学刊》1990 年第 5 期

《元好问的成就与其举试态度的关系》 孙育华，《晋阳学刊》1990年第5期

《元好问〈壬辰杂编〉探赜》 陈学霖，《晋阳学刊》1990年第5期

《元好问研究的新收获》 周惠泉，《中国社会科学》1991年第2期

《论元好问》 周惠泉，《山西师大学报（社会科学版）》1992年第2期

《元好问史院告归原因之推断》 李峭仑，《晋阳学刊》1994年第2期

《元好问诗文理论的美学系统》 李正民，《民族文学研究》1994年第2期

《元好问诗论的审美观》 张国荣，《学术论坛》1994年第3期

《元好问对中国宗教史的贡献》 杨国勇，《河南师范大学学报（哲学社会科学版）》1995年第1期

《略论元好问的史学成就》 周宝荣，《史学月刊》1995年第4期

《元好问美学思想简论》 邹吉忠，《四川师范学院学报（哲学社会科学版）》1995年第5期

《略论元好问的人生取向》 谢泰峰，《西北民族学院学报（哲学社会科学版）1997年第2期

《〈元好问全集〉标点中的一些问题》 张剑光，《古籍整理研究学刊》1997年第3期

《谈元好问对文学后辈的培养》 辛一江，《昆明师专学报》1998年第3期

《龙腾虎卧之观：元好问的诗》 周惠泉，《古典文学知识》1998年第6期

《论元好问的词学思想》 赵维江，《齐鲁学刊》1998年第6期

《论元好问对元散曲的开创之功》 田同旭，《山西大学学报（哲学社会科学版）》1999年第2期

《元好问与河汾诸老交游述略》 索宝祥、周菊艳《殷都学刊》1999年

第 3 期

《“魏帝诸孙”：元好问》 周惠泉，《古典文学知识》2000 年第 3 期

《元好问研究百年之回顾与反思》 刘锋焘，《山西大学师范学院学报》2000 年第 3 期

《元好问诗学简论》 章必功，《深圳大学学报（人文社会科学版）》2000 年第 1 期

《论元好问的散文成就》 姚乃文，《晋阳学刊》2000 年第 3 期

《元好问的文艺思想与金元之交的文坛》 李献芳，《中国文学研究》2003 年第 3 期

《试论元好问的理趣诗》 李量，《咸阳师范学院学报》2005 年第 1 期

《试论佛教对元好问的影响》 李正民、牛贵琥，《民族文学研究》2005 年第 3 期

《〈元好问全集〉增补诗辨误》 张静，《民族文学研究》2009 年第 3 期

《北宋之后：元好问与中国诗歌传统》 颜庆余，复旦大学 2008 年博士论文

《元好问与道教》 高桥幸吉，《民族文学研究》2008 年第 2 期

《金末文风嬗变与元好问的散文审美理论》 王树林，《民族文学研究》2008 年第 3 期

《民国诗话中的元好问研究史料发覆》 刘达科，《江苏大学学报（社会科学版）2009 年第 1 期

《元好问〈中州集〉的文学史意义》 王辉斌，《三峡大学学报（人文社会科学版）》2010 年第 4 期

《元好问佚诗考》 张建伟、吴晓红，《民族文学研究》2010 年第 2 期

《论元好问以传奇为词现象》 赵维江、夏令伟，《文学遗产》2011 年

第 2 期

《元好问墓之修葺与题诗考述》 詹杭伦，《北京化工大学学报（社会科学版）》2011 年第 3 期

《论元好问与金代的乐府诗》 王辉斌，《贵州师范学院学报》2011 年第 5 期

《论元好问的跨民族交往》 胡传志，《民族文学研究》2011 年第 5 期

《元好问诗集的版本与校勘》 颜庆余，《图书馆理论与实践》2012 年第 4 期

《〈元好问全集〉勘误》 徐海英，《湖北社会科学》2013 年第 2 期

《读元好问诗文札记》 胡传志，《江苏大学学报（社会科学版）》2013 年第 2 期

《1980 年代以来元好问诗歌及诗歌理论研究文献综述》 于东新、张文苧，《图书馆学研究》2014 年第 22 期

《明人之元好问研究文献辑录》 孙宏哲，《图书馆学研究》2015 年第 22 期

《元好问与金史》 关儒茜、李德山，《北方论丛》2016 年第 2 期

附录三

降大任先生学术年谱

□张勇耀　整理

1943 年

4 月 3 日，先生生于成都。

1962 年　十九岁

7 月，考入山西大学历史系。

1967 年　二十四岁

6 月，大学毕业。次年任忻州市工交局干事。

1975 年　三十三岁

调入山西人民出版社任编辑。

1977 年　三十四岁

调入西藏日报社任编辑。

1979 年 三十六岁

3 月,《关于杨业晚节的一个疑点》发表于《山西大学师范学院学报》第 3 期。

1980 年 三十七岁

1 月,《文章宁复见为人：谈人品与文品的关系》发表于《名作欣赏》第 1 期。

2 月，《仓央嘉措及其〈情歌〉》发表于《西藏群众文艺》第 2 期。

3 月，《试谈圆的美》发表于《社会科学战线》第 3 期。

8 月 20 日,《仓央嘉措〈情歌〉的思想性和艺术特色》发表于《西藏日报》，该文获西藏自治区文学评论二等奖。

10 月，调入山西省社会科学研究所(1983 年改为山西省社会科学院),任《晋阳学刊》编辑。

1981 年 三十八岁

3 月，《〈垓下歌〉的真实性与倾向性》发表于《编创之友》第 3 期。

1983 年 四十岁

1 月，《且说这条鱼》发表于《晋阳文艺》第 1 期。

4 月，《再谈杨业晚节的疑点》发表于《山西大学学报》第 4 期增刊。

5 月，《咏史初探》发表于《晋阳学刊》第 5 期。

6 月 29 日，《评价历史人物宜用“阶段论”》发表于《光明日报》，引发该报短论争鸣。《新华文摘》1983 年第 9 期转载。香港《争鸣》1984 年第 9 期及《文摘报》等摘介。本人对争鸣文章撰文答辩，发表于《晋阳学刊》1997 年第 4 期。

8 月，《在女神的故乡》（与张秋怀合著）由青海人民出版社出版。

1984 年　四十一岁

1 月，《晋国史研究综述》发表于《新华文摘》第 1 期。

4 月，《咏史与怀古有别》发表于《社会科学战线》第 4 期。

1985 年　四十二岁

1 月，《〈外家别业上梁文〉释考》发表于《晋阳学刊》第 1 期，该文 1990 年获省首届社科研究优秀成果二等奖。

9 月，《山西地方史论丛第一辑》（与山西大学历史系合编）由山西人民出版社出版。

9 月 18 日，《论元好问的气节问题》发表于《光明日报》。

12 月，《咏史诗注析》（与张仁健合著）由山西人民出版社出版，1991 年 6 月山西教育出版社再版。

是年，参编由《晋阳学刊》组织的《中国现代社会科学家传略》第 1—6 辑，由山西人民出版社出版。撰写其中《张颔学术传略》一文。

与山西大学历史系合编《山西地方史论丛（第一辑）》，收集山西地方史专家所作论文二十四篇，是改革以来第一本地域史论文集。由山西人民出版社出版。

1986 年　四十三岁

4 月，《现实主义与相似论》发表于《思维科学》第 4 期。

8 月，《唐风集》（与张成德合编）由北岳文艺出版社出版，收入当代晋人或他省晋籍诗家如赵树理、郝树侯、姚奠中、张颔、孙功炎、陈巨锁、殷宪、梁归智等四十六人古体诗三百余首，是改革开放以来山西第一本当代旧体诗选本。

1987 年 四十四岁

1 月，《文化十五问》发表于《晋阳学刊》第 1 期，同年《文摘报》择要转载。《新华文摘》第 4 期转载。

3 月，《元遗山的教育思想与实践》发表于《教育理论与实践》第 3 期。

7 月，《民谣俗谚与社会生活》发表于《晋阳文艺》第 7 期。

12 月 23 日，《对文化史研究的一些反思》发表于《光明日报》。

1988 年 四十五岁

5 月，《美与艺术》由希望出版社出版。

10 月，《元遗山新论》由北岳文艺出版社出版。该书有 1990 年 5 月 2 日《光明日报》书评及 1991 年《中国社会科学》专文评价，1992 年该书被中央民族大学汉语言文学系选为研究生教材。该书获山西省社科院优秀成果二等奖。

1989 年 四十六岁

1 月，《关于现实主义反映论等问题》发表于《批评家》第 1 期，《人大复印资料》1989 年第 5 期转载，《文摘报》1989 年 4 月 2 日摘介。同月，《从"身轻一鸟过"说起》发表于《山西文学》第 1 期。

4 月，《黄河古诗词》（选注）由希望出版社出版（黄河丛书）。

5 月，《为赵树理辩护》发表于《批评家》第 5 期，《文摘报》摘介。

12 月 6 日，《评文化上的"西方化"》发表于《山西日报》。

1990 年　四十七岁

1 月，《论儒学道德论的批判继承》发表于《理论探索》第 1 期；《变形，现代派的玩火魔术》发表于《火花》第 1 期。

4 月，《傅山书论“人奇字自古”说辩正》发表于《山西大学学报》第 4 期。

8 月 13 日，《元好问研究与祖国统一》发表于《人民日报·海外版》。

是年，《侯方域、魏禧、汪琬散文选》应上海古籍出版社特约，由香港三联书店出版。

1991 年　四十八岁

1 月，《再论儒学道德论的批判继承》发表于《理论探索》第 1 期。

是年，参编《山西人名辞典》，由山西人民出版社出版。

1993 年　五十岁

是年被评为山西省社会科学院研究员。

3 月，《论老、易哲学与唯物辩证法》发表于《晋阳学刊》第 3 期，《新华文摘》第 8 期摘介。

12 月，《气生道成·人体潜能探幽》由北京燕山出版社出版（跨世纪中学生文库）。

1994 年　五十一岁

是年，获得国务院特殊津贴专家待遇。

2 月，《论毛泽东的文化扬弃论》发表于《哲学研究》第 2 期首篇，笔名常乐。

2 月，《论杰出人物不能决定历史及其发展的快慢》发表于《理论探索》第 2 期。

3 月,《诗歌“诚本”说辨析：从遗山论潘岳谈起》发表于《上海大学学报》第 3 期。

5 月，《古人家训》（选编）由希望出版社出版（农村少年文库）。

1995 年　五十二岁

1 月，《茶禅一味》发表于《文史知识》第 1 期。

5 月，《文化扬弃律》发表于《晋阳学刊》第 5 期。

12 月，《神秘之术》由书目文献出版社出版。

1996 年　五十三岁

1 月,《中国人文科学研究的危机》发表于《山西大学师范学院学报》第 1 期。

5 月,《常德·美德·盛德：道德体系三层次论》发表于《晋阳学刊》第 5 期，此文获 1997 年省精神文明建设“五个一工程”优秀作品奖。

6 月，《像玫瑰般芬芳：彭斯的一首诗与中国三首古情歌的对比赏析》发表于《名作欣赏》第 6 期。

1997 年　五十四岁

4 月,《评价历史人物宜用“阶段论”的答辩》发表于《晋阳学刊》第 4 期。

5 月，《“中庸”的变通性》发表于《社会科学战线》第 5 期；《权：儒家方法论之最高原则》发表于《晋阳学刊》第 5 期。

6 月，《关于伪劣学术的思考》发表于《编辑之友》第 6 期。

1998 年　五十五岁

1 月，《异哉，如此史学“新论”》《傅山的乡梓情缘》发表于《晋阳学刊》

第 1 期。

2 月，《改造“无人身”的史学》发表于《晋阳学刊》第 2 期。

3 月，《史学与政治》《陈寅恪与当代中国》发表于《晋阳学刊》第 3 期。

4 月，《等价交换与道德建设》发表于《理论探索》第 4 期。

5 月，《家谱学兴起有感》发表于《晋阳学刊》第 5 期。

1999 年　五十六岁

3 月，《“典型论”质疑》发表于《晋阳学刊》第 3 期，此文获 2000 年省文联文艺评论一等奖。

5 月，《咏史再探》发表于《晋阳学刊》第 5 期；《千载钓台咏严光》发表于《名作欣赏》第 5 期。

6 月，《传统文化首先要保守》发表于《晋阳学刊》第 6 期；《自古帝王多流氓：读周良宵〈皇帝与皇权〉》发表于《黄河》第 6 期；《辜鸿鸣：“在德不在辫！”》发表于《中华读书报》6 月 2 日。

2000 年　五十七岁

1 月，《彻底的唯物主义者是有所畏惧的》发表于《晋阳学刊》第 1 期；《伪造古迹之风不可长》发表于《史志研究》第 1 期；《飞廉与铜马，毕竟是两物》发表于《山西晚报》。

2 月，《古籍今译难评量》发表于《晋阳学刊》第 2 期；《孔子“五罪”质疑》发表于《社会科学战线》第 2 期。

3 月，《“得脑”的本字及其他》发表于《语文研究》第 3 期；《品味孤独，消解孤独：东林〈八月〉组诗鉴赏》发表于《名作欣赏》第 3 期。

4 月，《文人批“左”的三不智》发表于《黄河》第 4 期。

5 月 30 日，《张颔先生的学术风格》发表于《山西晚报》。

2001 年　五十八岁

3 月，《中国史研究在历史观上的三大误区》发表于《学术界》第 3 期。

7 月 11 日，《不待谈也要谈》发表于《中华读书报》。

是年获山西省社科院、中共山西省直机关“创优争先”活动优秀党员称号。

2002 年　五十九岁

是年，获山西省社科院“五一劳动奖章”。

2003 年　六十岁

是年，获山西省社科院文化学首席专家称号，从《晋阳学刊》主编退休。

1 月，《话说山西》由山西古籍出版社出版，张颔先生作序。2004 年此书被评为“最受读者喜爱的十种晋版图书”之一。

6 月，《咏史注赏》由长征出版社出版。

是年，《编余论札》由《晋阳学刊》编辑部编印，收入从事编辑行业二十年来所写论文六十四篇。

2004 年　六十一岁

是年，任三晋文化研究会副会长。

1 月，《万家史韵》（选注）由中国社会出版社出版。

3 月，《咬嚼余秋雨论争文萃》（主编）由书海出版社出版。

5 月，《山西史纲》由山西人民出版社出版。

6 月，《女皇武则天》由山西春秋电子出版社出版。

7月，《话说太原》（与杨光亮合著）由山西科学技术出版社出版。

2005年 六十二岁

4月，《侯马盟书研究》由山西春秋电子出版社出版。

是年，《元遗山与太原》发表于《晋阳文化研究》第一辑，由山西古籍出版社出版。

2006年 六十三岁

受有关部门委托，对1976年文物出版社出版的《侯马盟书》进行整理、增补、重编，完成《侯马盟书（增订本）》，由山西古籍出版社出版，并附入与张颔先生合作的前言，及本人撰写的长文《盟书研究综述》与先秦赵氏世系表。

8月2日，写作《傅山与佛教》，后收入《勺斋论札》一书。

2007年 六十四岁

7月，《元遗山金元史述类编》（与魏绍源、狄宝心合编）由山西古籍出版社出版；《明清之际的布衣奇士傅山》发表于《文史知识》第7期。

8月，《华夏文明看山西》（与张秋怀合著）由希望出版社出版。

是年，《傅山的反常之论》被收入《傅山纪念文集》，由山西人民出版社出版。

2008年 六十五岁

3月，《走西口与晋商》发表于《山西社会主义学院学报》，获祁县晋商文化论坛论文一等奖。

8月，《勺斋诗稿》由山西北方画院刊印。

2009 年　六十六岁

是年，《魏晋北朝并州（晋阳）地区各民族大融合述略》发表于《晋阳文化研究》第三辑，由三晋出版社出版。

2010 年　六十七岁

6 月，《三晋历史文化特质》由三晋出版社出版。

11 月，《中国现代化的症结》由台湾秀成资讯科技公司出版。

2011 年　六十八岁

1 月 14 日，《天下为公赞傅山》发表于《山西日报》。

3 月，《国学心解》由中国社会出版社出版。

11 月，《中国症结》由中国社会出版社出版。

是年,《论元遗山多方面的历史文化贡献》发表于《晋阳文化研究》第 5 辑(由三晋出版社出版）。

2012 年　六十九岁

是年改任三晋文化研究会特聘专家。从 2004 年至是年主编《三晋历史文化研究》丛书共 92 种，其中自撰 4 种。

7 月 31 日,《“三代帝师”祁公风采：推荐〈祁寯藻纪念馆丛书〉》发表于《山西日报》。

8 月,《山西辛亥志士的高风亮节·山西辛亥革命前后大事记》《黄河金三角》由三晋出版社出版（《三晋历史文化丛书》第 37 辑）。

12 月 6 日,《唐诗为什么好：以几首春梦诗为例》发表于《山西经济日报》。

2013 年　七十岁

是年，《傅山的价值观与当今道德建设》发表于《傅山论坛》第二辑。

2014 年　七十一岁

10 月，《勺斋论札》由三晋出版社出版（三晋学人书系），收入编辑生涯三十余年所写论文 80 篇（含原《编余论札》中的部分文章）。

2015 年　七十二岁

是年与董剑云合作主编《三晋历史人物》第五册、第六册，以省内部准印证 42 号出版。

2016 年　七十三岁

12 月，《山西史纲》（增订版）由三晋出版社出版。

是年，《傅山的天下观与〈六韬〉的关系》刊载于《傅山论坛》第 3 辑。

2017 年　七十四岁

病休。增订《元遗山新论》，更名为《元遗山论》，由三晋出版社出版。